承德市志·广播电视志

（1989—2015）

承德广播电视台广播电视志编纂委员会　编

方志出版社
Publishing House of Local Records

图书在版编目（CIP）数据

承德市志·广播电视志 ：1989—2015 / 承德广播电视台广播电视志编纂委员会编. —北京 ：方志出版社，2022.8

ISBN 978-7-5144-5241-9

Ⅰ. ①承… Ⅱ. ①承… Ⅲ. ①承德－地方志②广播工作－概况－承德－1989-2015③电视工作－概况－承德－1989-2015 Ⅳ. ①K292.23②G229.272.23

中国国家版本馆 CIP 数据核字(2023)第 042366 号

责任编辑：高孟君
责任校对：刘玉霞
责任印制：梅中英
出 版 者：方志出版社
地　　址：北京市朝阳区潘家园东里 9 号（国家方志馆 4 层）
邮　　编：100021
网　　址：http://www.zgfzcb.cn
发　　行：方志出版社图书营销中心（010-67110500）
印　　刷：承德金鼎源彩色印刷有限公司
开　　本：889 毫米×1194 毫米　1/16
印　　张：23.5
字　　数：371 千字
版　　次：2022 年 8 月第 1 版
印　　次：2022 年 8 月第 1 次印刷
定　　价：580.00 元

1994 年，承德电视台新闻部被评为河北省先进集体。图为市领导刘志兵（前排左四）与获奖代表

1996 年 1 月，广播电影电视部副部长田聪明（前排右三）到承德丰宁满族自治县考察电影放映工作

1996 年 6 月，广播电影电视部副部长何栋材（右四）到承德〇五转播台考察工作

1996 年 10 月，广播电影电视部社会管理司司长郭宝新（右二）、承德市委副书记张国斌（右一）为承德广播电视机房楼奠基剪彩

1996年12月，市领导柳宝全（前排左四）、赵曙光（前排左三）、于树茂（前排右三）看望市广播电视局领导班子成员

1997年11月，广播电影电视部、省广播电视厅领导到承德〇五转播台考察工作

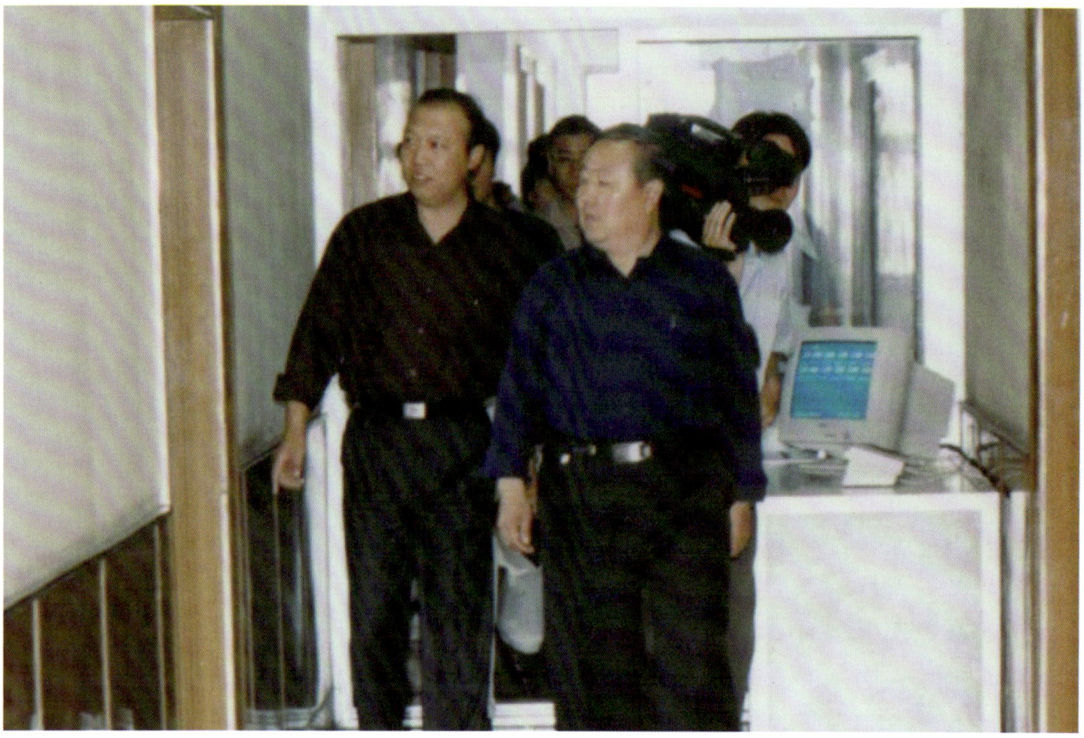

2005 年，承德市委书记赵文鹤（前排右一）到承德人民广播电台直播间考察工作

2009 年 6 月 22 日，省委常委、宣传部部长聂辰席（右三）在市领导杨汭（左四）、刘学军（左三）等陪同下，到市广播电视局考察工作

2009 年 6 月，省委常委、宣传部部长聂辰席（左一）到承德广播电视报社考察工作

2011 年 9 月，市委常委、宣传部部长赵险峰（左二）到承德广播电视台考察工作

1989 年 7 月，全省广播节目交流邀请会在承德召开。图为与会代表合影

1990 年 8 月 21 日，河北省地区电视台协作会第二届年会代表

1993年6月29日，承德地市合并之前承德地区广播电视局全体人员

1993 年 7 月，地市合并后新的市广播电视局领导班子成员

1999 年 2 月 9 日，承德人民广播电台记者王九凤（前排右三）荣获河北省首届“十佳”新闻工作者称号

2002年，市广播电视局在承德举办第二届广播电视技术能手竞赛

2003年6月，市广播电视局领导班子成员

2003年6月，市广播电视局举行地市合并10周年暨十佳优秀新闻工作者表彰大会

2004年8月3日，中国电视艺术家协会秘书长工作会议在承德召开

2004年春节前夕，承德广播电视台领导慰问1085转播台一线员工

2005年，市广播电视局领导在承德人民广播电台录播间考察工作

2008 年 4 月，市广播电视局举行新闻业务研讨会

2008 年 4 月，中国传媒大学教学科研实习基地落户承德

2008 年 5 月，市广播电视局党组成员研究部署工作

2009 年，中央人民广播电台播音员王铁成到承德为广播电视采编播人员作专题讲座

2009 年，河北电视台主持人于辉到承德为广播电视采编播人员作专题讲座

2009年9月4日，全省广播电视宣传管理工作座谈会在承德召开

2012 年 5 月，省、市广电部门领导在承德广播电视台进行安全播出大检查

2012 年 7 月 23 日，承德广播电视台召开中层岗位竞聘演讲会

2014年10月29日，承德广播电视台召开党的群众路线教育实践活动总结大会

2014年10月29日，市委宣传部副部长、承德广播电视台台长梁世杰在党的群众路线教育实践活动总结大会上讲话

1990 年 5 月，承德地区人民广播电台编辑赵启林（右一）在编辑部与通讯员共同修改稿件

1994 年 6 月，到承德考察的林业部常务副部长祝光耀（前排右一）接受承德电视台记者王英（前排左一）现场采访

1994 年，承德地区电视台采编人员在机房制作节目

1995 年 8 月，承德电视台记者成毅、李卫祥在普宁寺采访

1996 年，承德电视台记者杨润忠（左一）在滦河源头采访承德防风固沙工程

2000 年 9 月 28 日，承德电视台记者郭荣秋（右一）、刘平（左一）在国家射击队采访奥运会射击冠军蔡亚林（左二）

2003 年，承德人民广播电台副台长王造兰（左）与编辑李瑞鲜（右）共同修改稿件

2004 年 12 月，承德电视台在兴隆县拍摄专题片《冰儿的故事》。左为记者陈曦，右为兴隆党史办原主任佟靖功

2006年3月9日，承德人民广播电台记者汪贵（左）在北京采访出席全国两会的钟南山（右）

2006年4月27日，承德人民广播电台记者张宁哲（左）采访中央人民广播电台著名播音员方明（右）

2006年7月，承德人民广播电台主持人焕华主持《相约在此时》节目

2006年12月，承德人民广播电台主持人韩冰（右）、甘泉（左）主持《百姓热线》节目

2006 年，承德电视台主持人管媛媛主持《承德新闻》节目

2006 年，承德人民广播电台工作人员在研究广告业务

2006 年，承德人民广播电台采编播人员共同研讨新闻节目的播出制作工作

2007 年 8 月，承德电视台主持人刘姝婧主持《民声直达》节目

2007 年，承德电视台主持人王辉主持《承德新闻》

2008 年 6 月，承德电视台记者杨文欢（中）、钱锋（右）在采访中

2008年6月，承德电视台记者董亮（中）、刘粤（右）在采访

2008年6月，承德电视台技术中心蔚小勇（前排中）在直播现场录制节目

2008 年 9 月，承德电视台技术负责人在直播现场检查设备运行情况

2008 年 9 月，承德电视台技术人员在直播现场调试设备

2008 年 9 月，承德电视台记者石胜杰（前排左）、主持人王辉（前排右）在直播现场采访

2008 年 9 月，承德人民广播电台记者刘婕（右一）在直播现场采访天津市民

2008 年 10 月，承德电视台技术中心张伟在直播现场录制节目

2009 年冬，承德人民广播电台记者李瑞鲜（右）在围场满族蒙古族自治县采访义务照料聋哑老人的围场教师张国富（左）

2011 年 3 月，承德人民广播电台主持人小迟（左）、芳芳（右）在主持《百姓热线》节目

2011 年 6 月，承德广播电视台记者林琳（前排左一）、邱旭东（前排右一）在采访社区居民

2011 年 6 月，承德广播电视台记者杨宇锡（右二）、韩东瀚（右一）在采访中

2012 年 8 月，承德广播电视台记者王赫远采访环卫工人

2012年10月，承德广播电视台公共生活频道主持人张帅在熟悉稿件

2012年10月，承德广播电视台公共生活频道孙岚丽（中）、钱锋（左）、刘梦琪（右）一起策划选题

2012 年 12 月，承德广播电视台主持人石林（左一）在《今日聚焦》栏目开播十周年庆典上采访嘉宾

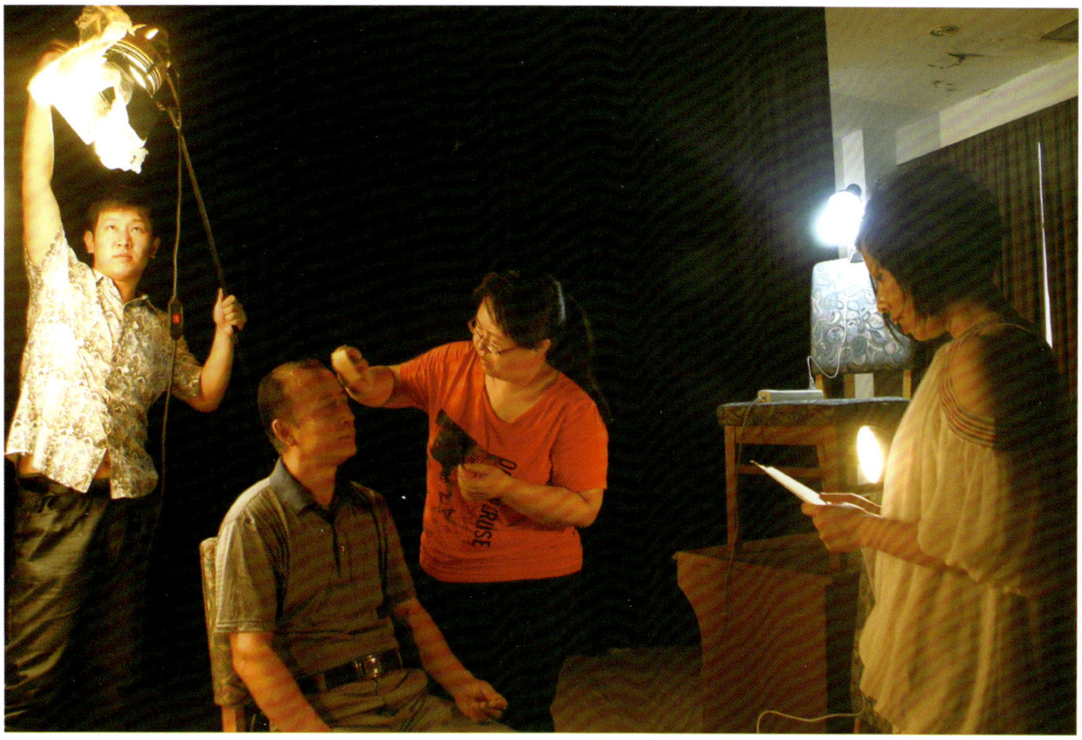

2013 年 6 月，承德广播电视台旅游文化频道栾凤杰（右一）、潘菲（右二）、赵耀（左一）在准备采访拍摄中

2013年，承德广播电视台采编人员在制作节目

2014年11月8日，承德广播电视台《今日聚焦》记者曾鹏在农村大集采访

2015 年 3 月，承德广播电视台举办“建设京津水源地，承德全民在行动——绿色崛起新常态，新闻记者走基层”采访活动。市委宣传部副部长、承德广播电视台台长梁世杰（右）在兴隆县采访

2015 年 3 月 20 日至 5 月上旬，承德广播电视台举办“建设京津水源地，承德全民在行动——绿色崛起新常态，新闻记者走基层”采访活动。承德广播电视台总编辑杨正义（左二）在开发区与记者商议采访计划

2001年6月16日，第十九届中国电视金鹰奖广告评奖会在承德召开

2002年夏季，由多家国内媒体参与的聚焦承德采风活动开机仪式在承德举行

2006年4月，承德人民广播电台建台60周年暨《百姓热线》听众见面会在市中心广场举行

2007年2月，承德人民广播电台在市广播电视局召开通联工作座谈会

2008 年 6 月，参加《聚焦承德》采风活动的部分国内媒体记者在承德采访

2008 年 6 月，参加《聚焦承德》采风活动的部分国内媒体记者在避暑山庄采访

2008年7月22日，承德人民广播电台与天津人民广播电台联合举办的大型采访活动“千里滦河行”启动仪式在承德举行

2008年9月16日，承德人民广播电台与天津人民广播电台在天津举行“千里滦河行”联合直播活动

2008年12月，第三届“创意中国，和谐世界”文化产业论坛在承德召开。市广播电视局与浙江传媒签署合作意向书

2009年6月，承德电视台《民声直达》节目在市中心广场举行观众见面会

2009年8月19日，承德人民广播电台与唐山人民广播电台签订《新闻交流合作意向书》

2012年12月31日，承德广播电视台举办《今日聚焦》栏目10周年庆典暨观众见面会

2013 年 7 月 19 日，承德广播电视台举行《百姓热线》群众路线教育实践活动

“2013 京津市县区电视媒体聚焦承德”大型易地采访记者在承德采访

2014 年 9 月 2 日，“对标发展推动协作”聚焦县区采访活动（隆化站）开机

2014 年 11 月 8 日，承德广播电视台在市中心广场举行听众、观众见面会

2015 年 5 月 12 日，“对标发展 推动协作”聚焦鹰城（营子站）采访活动开机

2015 年 9 月 23 日，“聚焦承德——滦平行”易地采访活动在滦平开机

1995 年，承德电视台摄制的电视剧《我和爸爸们》拍摄现场

1998 年 6 月，市广播电视局举行第四届业余主持人大赛，图为部分评委及观众

1998 年 6 月 20 日，市广播电视局领导及主持人与中央台虹云（前排左四）、赵赫（二排右二）合影

1999 年 9 月 17 日，市广播电视局与中信国安信息产业股份有限公司合建网络公司签字仪式在承德举行

2003 年，承德人民广播电台采编播人员为工作在抗击非典一线的医务人员和“非典”患者捐款

2003 年夏，新丝路中国模特大赛承德赛区总决赛现场

2005 年 12 月，承德人民广播电台举办全市推新人歌手大赛

2005 年，新丝路中国模特大赛承德赛区总决赛在承德举行

2006 年 5 月，承德人民广播电台在承德举行建台 60 周年纪念大会

2007 年 9 月，“山庄月 · 中华情”中央电视台中秋晚会在承德避暑山庄举行

2008年4月，著名作家何申（右）、词作家刘俭（左）做客承德人民广播电台直播节目

2008年5月14日，市广播电视局全体职工为汶川地震灾区捐款

2008 年 5 月，承德人民广播电台举办携手献爱心义演活动，为四川汶川地震灾区募捐。图为市民踊跃捐款

2008 年 5 月，承德人民广播电台在承德剧场前举办携手献爱心义演活动，为汶川灾区募捐。图为义演现场

2008 年 5 月，承德人民广播电台旅游生活广播开机仪式在承德举行

2008 年 7 月 2 日，市广播电视局召开欢迎援川记者载誉归来暨“聚焦承德”电视采风活动总结座谈会

2008年，市广播电视局拍摄承德形象宣传片《我在承德》，演员佟丽娅（左二）等参加拍摄

2008，承德电视台录制“山庄中秋 燕赵情韵”音乐晚会

2009 年 1 月 12 日，市广播电视局举行全市广电系统迎新春联欢会

2009 年 7 月 10 日，市广播电视局举办全市广播电视主持人大赛，评委正在为选手打分

2009 年 7 月 10 日，参加广播电视主持人大赛总决赛的获奖选手与领导及评委合影

2009 年夏，承德广播电视报举办首届婚庆博览会

2009 年冬，市广电系统迎新春书画摄影展开展，图为部分书画作者与广电职工座谈

2009 年，《承德广播电视报》发行全市各县区千家万户

2009 年，承德电视台《民声直达》栏目观众见面会

2010 年 10 月，中央电视台《走遍中国》栏目走进承德电视节目举行开机仪式

2010 年 12 月 1 日，承德广播电视台高清电视转播车交接剪彩仪式在承德举行

2010 年，承德新闻网举行开通仪式

2010年，承德广播电视台技术人员到北京周边收测云雾山发射台转播的承德台广播电视节目信号覆盖质量

2011年8月， 承德广播电视报在天津航母主题公园举办小记者夏令营活动

2011 年，1085 转播台机房一角，工作人员正在值机

2012 年 6 月 2 日，承德市人民政府、土豆网联合在承德举办“2012 承德土豆映像节”

2012年12月4日，电影《咱们是亲人》主人公原型范振喜（左）、编剧康丽华（中）导演孟奇（右）出席首映典礼

2012年，承德市广播电视“十佳栏目”“十佳主持人”评选活动颁奖典礼在承德举行

2012承德十大广播电视新闻、承德十大广播电视人物颁奖典礼在承德举行

2013年，承德广播电视台《今日聚焦》栏目开播十周年庆典现场

“美丽承德”——2013 年承德广播电视台春节晚会在承德大剧院举行

2013 年，承德新闻网在承德举办首届网络春晚

2013年，承德与北京合拍电视连续剧《打狗棍》。图为《打狗棍》剧照

承德广播电视台参与拍摄的电影《农民股东》剧照

2014年3月，承德广播电视台参与拍摄的电影《密道追踪》剧照

2014 年 5 月 23 日，承德广播电视台部分职工到市消防支队参加“消防日”体验活动

2014 年 8 月 23 日，承德广播电视台“为梦想插上翅膀” 爱心助学活动在金龙广场举行

2014年，承德广播电视台创作推出大型连续广播剧《魂归塞罕坝》。图为录制现场

2015年2月9日，承德十大广播电视新闻、承德十大广播电视新闻人物颁奖晚会现场

2015 年 3 月，承德广播电视台广播新闻综合频率“吾心为爱”项目走进兴隆县半壁山镇佛爷来村

2015 年，承德广播电视报、承德新闻网承办中小学汉字听写大赛

2021 年 12 月 24 日，承德广播电视台召开《承德市志·广播电视志》评审会。图为承德市地方志办公室领导讲话

2021 年 12 月 24 日，承德广播电视台召开《承德市志．广播电视志》评审会。图为承德广播电视台领导讲话

2016 年 10 月 21 日，《承德市志·广播电视志》部分编写人员合影

2021年12月24日，《承德市志·广播电视志》部分编写人员和评审专家合影

序　言

相对于岁月的轮回，半个甲子是那么的短暂。

而对于一个广播电视台的成长，27年却使他们从幼稚走向成熟，从原生走向现代。27年，伴随着共和国成长的脚步，承德广播电视台与人民共鸣，与时代同行，书写了辉煌的创业历程。

经过27年的艰苦努力，几代广电人励精图治，创新创优。如今，承德广播电视台已经由1989年的“单频率”、转录电视剧“单频道”发展成为拥有3个广播频率、3个电视频道、1份《承德广播电视报》，另有承德新闻网、承德手机台等集多种媒介形式为一身的全市唯一一家全媒体机构，成为宣传党和政府的大政方针、凝聚民众精神的中坚力量。全台下辖两个处级转播台，两个科级电影放映单位和一个台属经营性企业集团，职工总数达到1300余人。经过20余年努力，全台已经实现办公程序、新闻制作、播出流程、安全监控等多个部门的自动化、数字化。踏着改革的铿锵鼓点，一个深耕本土、联合融合的现代广播电视传媒机构，正阔步走在加快发展的大道上。

2010年，按照河北省广播电视局要求，承德广播电视台（原市广播电视局）曾组织人员编写了《承德广播电视志（1946—2009)》。志书第一次比较详尽系统地描述了承德广播电视诞生、发展、成长以及体制机制变化的漫长历程，成为资治之作。2015年，按照承德市地方志编纂委员会要求，承德广播电视台负责承担《承德市志·广播电视志（1989—2015)》编写任务。前后27年的时空跨度，久远的历史，期间有的前辈已逝，有的因时过境迁，许多事情记不清楚，加上一些档案资料的缺失，给志书的撰写增加了很大难度。但是，承德广电人有着多年养成的迎难而上的优良作风，各部门在志书编纂委员会的领导下，选派得力人员，多种途径搜集资料，夙兴夜寐、笔耕不辍，经过7年多的工作，终于完成志书初稿。

此次新编的志书以年为序，纵横结合，详近略远，不尚浮华，虽文字平平，却也句句珠玑。它的每一条、每一行都蕴含着承德广电人的攀登与奋斗，创新与进步，蕴含着志书编写人员的心血和汗水。

以史为鉴可知兴替。回顾历史，总结过去，是为开启我们更新、更加美好的征程。当前，随着信息产业的快速发展，各媒体间的融合、渗透，广播电视“主流媒体”的地位日益面临更加严峻的挑战；随着经济社会发展步伐的加快，中共承德市委、市政府对新闻宣传工作要求越来越高；随着生活水平的提高，广大听众对广播电视的需求日益呈现多样化、个性化等，所有这些，都要求我们要进一步解放思想，更新观念，加快改革步伐，全力实施品牌打造工程、实施扩大覆盖工程、实施安全保障工程、实施产业带动工程、实施管理创新工程、实施人才培养工程，以更好地提升舆论引导能力，推进承德广播电视传媒产业的进一步升级。

希望通过这部新编的《承德市志·广播电视志》,总结历史经验,传播光荣传统,鼓舞职工斗志,开创美好未来。时代在前进,社会在发展。广播电视工作使命崇高，责任重大。相信只要坚持与时俱进，开拓创新，抓住机遇，狠抓落实，承德的广播电视事业一定会有新的跨越性的发展。

是为序。

承德广播电视台党委书记、台长 苏永民

2023 年 5 月 1 日

凡　例

一、本志以马克思列宁主义、毛泽东思想、邓小平理论、“三个代表”重要思想及科学发展观、习近平新时代中国特色社会主义思想为指导，坚持辩证唯物主义和历史唯物主义的立场观点和方法，客观真实地记述承德市广播电视事业发展的历史和现状，以发挥地方志书“存史、资治、育人”的作用。

二、本志遵循《地方志工作条例》《地方志书质量规定》等法规，坚持横分竖写、述而不论等编纂原则，突出地方特色。志书由概述、大事记、附录组成。以专志为主体，采用章节体结构。

三、志书上限始于1989年，下限断于2015年。空间范围，以2015年12月31日承德市行政区划为准，不越境而书。

四、志书采用述、记、志、传、图、表、录7种体裁，以志为主，彩色照片置于卷首，表随文插附。

五、遵循事以类聚、类为一志的原则，采用章节目体式。分章、节、目3个层次，共设9章32节116目。

六、志书采用规范的现代语体文，运用客观的记叙文体，简洁流畅。以第三人称行文记事，不议论，不评说，直书其事，寓褒贬于叙事之中。

七、志书以本部门及中国人民银行承德分行公布的统计数字为准。数字书写以中华人民共和国标准（GB／T15835—2011）《出版物上数字用法》为准。

八、志书中使用的各种计量单位名称和符号，一般遵循国家1993年发布、1994年7月1日起实施的中华人民共和国法定《量和单位》。

九、行文记事使用标点符号，执行最新颁布的中华人民共和国标准（GB／T15834—2011）《标点符号用法》。

十、需要使用“年代”的，一律以世纪加年代标示，例如“20世纪80年代”“20

世纪90年代”。

十一、志书一律使用第三人称，人物直书其名，必要时姓名前加职务，姓名后不使用“同志、先生、老师、同学”等称谓，不用“书记、×长”等职务名称。地名以2015年年底地名为准。机构、会议、时政事物、社会事物等名称在行文中首次出现时使用全称，并括注规范简称。少数民族自治县称谓第一次出现时使用全称，其后使用规范简称。个别古地名括注今地名。1993年6月，承德地、市合并前的承德市指原辖1县3区的承德市。

十二、坚持生不立传原则。本志人物简介中收录承德籍人在国家级以上广播电视工作中取得优异成绩的人物，按生年排序；先进集体及先进个人收录市级以上对承德市广播电视事业发展做出贡献的人物；民间有贡献或有感人事迹者，运用以事系人的方法，人随事出，记入志书。

十三、入志资料遴选于本部门档案及各科室、各有关部门、各县（市、区）呈报为主，其他资料来源于书籍、报刊及个人提供。一律不注明出处。

十四、有关志书保密事宜，由承德广播电视台保密机构负责审定。

承德市地方志编纂委员会

名誉主任：柴宝良　市委书记

主　　任：王亚军　市委副书记、市政府市长

副 主 任：卢　健　市委常委、市政府常务副市长

傅海旺　市委常委、市委秘书长

董正国　市人大常委会副主任

王利华　市政协副主席

委　　员：杨玉甫　市政府秘书长

李　勇　市委副秘书长、市委办公室主任

薛莲蒂　市政府副秘书长、地方金融监管局局长

房宝占　市委组织部常务副部长

王亚君　市委宣传部常务副部长

孙　立　市委保密机要局局长

林国华　市财政局局长

杨海涛　市委党史研究室主任

何元武　市发改委主任

王成军　市教育局局长

苏艳华　市科技局局长

刘树华　市民政局局长

王泽辉　市人社局局长

唐秋华　市旅游和文化广电局局长

王东利　市国资委主任

马广春　市市场监管局局长

遇建军　市统计局局长

任溧馨　市档案馆馆长

杨　振　承德军分区政治工作处主任

奚晓红　市地方志办公室主任

承德市志部门志专业志编辑部

总　　编：奚晓红

副 总 编：迟卫国

编　　审：兰　岚

责任编辑：蔡国栋　路海红　李连山　焦廷勤　郝洪喜　袁　芳

摄　　影：曹　静

《承德市志·广播电视志》编纂委员会

（2015 年—2019 年）

主 任 委 员： 梁世杰

副主任委员： 杨正义　伊志山　陈克军　赵德强　计卫泽　杨海儒　李新华　张少华　狄凤举

委　　员： 曹新平　陈　伟　胡春燕　李北松　李　哲　柳艳民　刘　播　马少华　孟宪国　石　成　王剑辉　王少府　杨玉秀　张　杨

主　　编： 梁世杰

副 主 编： 杨正义

执 行 主编： 张少华

执行副主编： 杨玉秀　陈　伟

责 任 编 辑： 武承颖　路晶晶　刘学梅　张绍华　杨欣宇　陈　昊

编　　辑： 敖大伟　白丽莉　曹雅杰　丁世玉　郭志捷　刘　爽　刘首成　刘学梅　李德生　孟　杰　王德明　王新红　王文博　王海东　武承颖　邢　进　夏艳春　辛　玲　张亚军　张绍华　赵　薇

《承德市志·广播电视志》编纂委员会

（2019年—2023年）

目　录

第三章　电　视

第四章　报纸与新媒体

第五章　影视剧制作与放映

第六章　基础设施建设

第七章　综合管理

第八章　党建工作与文明单位建设

第九章　先进集体和先进个人

附　录

概　述

1989—2015年，是中国改革开放、经济发展的黄金时代。承德广播电视台也迎来加快发展的大好时机。27年来，承德广播电视事业在追求卓越中茁壮成长，在改革创新中枝繁叶茂，取得巨大的成就。到2015年年末，已经发展成为拥有3套广播节目、3个电视频道、1个智慧承德手机台和1份广播电视报、1个承德新闻网的传媒机构。成为一个集可听、可视、可读、可感等传播手段及服务于一体的全媒体平台，成为全市人民文化生活中不可缺少的一部分，为承德的文化建设与经济建设、政治建设、社会建设以及生态文明建设做出自己的贡献。

一

承德新华广播电台开播于1946年4月30日，当时中波功率只有250瓦。1989年后，承德广播事业取得长足进步，发射功率从500瓦、1000瓦到2000瓦，广播覆盖面积越来越大。除加大中波广播功率外，又增加调频广播。1993年7月承德地市合并。1995年，全市有广播电台10座，广播转播台5座，发射功率为130.25千瓦。进入21世纪，承德广播事业发展更是日新月异。调频广播覆盖面由全市扩大至北京、天津、唐山等周边地区，播出技术设备开始向全固态化和数字化方向迈进。先进的数字音频自动播出系统，架构于先进的计算机网络和高性能的数字音频设备，能够完成广播节目的录制、编排、播出和广告制作以及整个系统的总体管理。广播节目由1套增至3套，分别是新闻综合频率、交通文艺频率、旅游生活频率。此外，各县区广播电台也陆续恢复自办节目。全市有1197个行政村实现“村村通”广播，广播覆盖率达到全市人口的90%以上。

承德电视台于1985年10月1日正式播出。当时发射功率只有50瓦，仅能覆盖市区。1993年地市合并后，为把电视事业做大做强，承德广播电视台（原市广播电视局）多方筹集资金加快发展，逐步形成由无线、有线、微波、卫星地面接收等综合手段组成的传输网络，电视发射功率由初建时的50瓦逐步加大到1000瓦、2000瓦、3000瓦、5000瓦，全市电视覆盖率达到92%。进入21世纪，承德电视事业发展进入黄金期，完成“村村通”工程，全市有线光缆网络总长达到8000千米，主干电缆总长8600千米。电视设备逐步更新，购置了播出自动化系统，数字化水平和节目质量都有大幅度提升。新建发射机房，更新发射设备，重建发射铁塔，实现对中央、省、市3套电视节目的无线覆盖和安全优质播出。2008年奥运会召开前夕，市级有线数字电视实现整体转换，农村10万名用户实现有线数字电视转换。截至2015年，全市（包括县、区）共有电视台12座，承德电视台有3套节目播出。

进入21世纪，随着信息传播技术的飞速发展和时代进步，承德广播电视台又投资建设承德新闻网和承德手机台。新闻传播途径大为扩展，传播速度更快，群众收听收看方式更为便捷。

二

27年间，承德广播电视台在宣传工作中，认真执行党的路线、方针、政策，坚持经济建设为中心，大力宣传四项基本原则，积极报道农村推动联产承包责任制，城市实行经济体制改革，各行各业取得的建设成就，以及社会主义精神文明建设成就。在指导思想上，坚持以正面宣传为主，以稳定、鼓劲为基调，注重全面、准确，力戒片面与不实，受到广大群众的信任与欢迎。

随着事业建设的日新月异，承德广播电视宣传工作日渐成熟。工作中，坚持贴近生活、贴近群众、贴近实际原则，加强信息量，注重时效性、可听性与可视性，宣传工作开创了新的局面。承德人民广播电台、承德电视台认真组织广播电视从业人员钻研业务技术知识，加强学术交流，促进广播电视宣传水平进一步提高，节目趋向丰富多彩。承德人民广播电台推出《承德新闻》《百姓热线》《今晚新闻报道》《第一前沿》《飞跃城市》《法理民生》《891热线》《有事您说话》等节目，深受广大听众喜爱；承德电视推出《承德新闻》《民生直达》《今日聚焦》《今日视点》《快乐出发》《人文承德》等节目，在社会上具有较高知名度。

2013年，承德广播电视台提出“办好听、办好看的广播电视”的要求，各频率频道进行大规模改版，确定“中心—频率”相结合的组织结构。同年，还进行中心、频率（频道）负责人竞争上岗。改版赢得频率频道节目质量的大幅提升，全台上下每年推出多档新节目，助推频率频道收听收视率提升；推出“十佳栏目、十佳主持人评选”活动，将品牌节目的检测权交给市场，交给听众、观众；成立非凡影视公司，合作拍摄影视剧，电视剧《打狗棍》一炮打响，引起强烈社会反响。

27年间，承德广播电视台一直把培育和践行社会主义核心价值观作为一项重要的政治任务，贯穿在全台自办节目及所有环节中，创新开展“核心价值观优秀节目展评活动”。2011年，新闻综合频道开展“为梦想插上翅膀”爱心助学行动。5年来，筹集学费100余万元，让近90名品学兼优，家庭贫困的孩子顺利走进大学校门，获得市委书记公开表扬。此外，通过举办群众广泛参与的公益活动，每年吸引数十万公众践行核心价值观，以多种形式捐款捐物数百万元。

面对传媒行业的深刻变局，承德广播电视台全力进行产业转型升级，积极探索与新媒体的融合发展之路。经不懈努力，已形成以承德手机台为中心，微博、微信、微视发布平台为支点的新媒体传播集群，影响力不断提升。

三

随着广播电视事业的飞速发展，管理工作不断加强。宣传管理主要掌握舆论宣传的政治方向，保证党的路线、方针、政策的贯彻执行，使广播电视真正发挥党、政府和人民的喉舌作用。事业管理严格按照中央制定的政策法规办事，制定事业发展规划，实行频道、频率管理，规范技术设施的运行和维护管理，监督检查各类违法行为，确保事业健康发展。

承德广播电视自诞生之日起，一直在市委、市政府领导下开展工作。市委主要负责人多次到电台、电视台现场办公，为两台创造良好的工作条件。1993年7月承德地市合并后，新组建的市广播电视局成立编委会，组建局总编室。加强对宣传工作的指导，做好全市宣传工作的协调和对县区台宣传业务的指导。

承德广播电视事业在不断发展的同时，不断加强对业务、人员、技术和设备的管理。20世纪90年代，制定一套规范的机房管理制度，修订广播、电视、转播台、微波站的各项管理制度。进入21世纪，由于事业的发展和科技的进步，市广播电视局设立科技管理部门，制定科技发展规划鼓励科技创新。

承德广播电视系统重视队伍的发展和人才的培养教育。在招录人员过程中，现场考试，整体衡量，择优录取。每年都请专家对采、编、播、技术人员进行业务和技术培训，还相继出台《编辑、记者道德规范》《行政权力公开告知》等多项管理制度。在人才使用上，台党委（局党组）坚持民主集中制，重大事情全部在党委（组）会上议定，坚持正确的用人导向和选人用人标准。1989—2015年的27年间，市级广播电视队伍从240人发展到1300人。

四

回顾承德广播电视事业的发展历程，有许多经验值得总结：

必须坚持正确的舆论导向，坚持为社会主义、为人民服务的宗旨。广播电视与社会政治、经济、文化多方面关系密切，影响力巨大。因此，在宣传口径上必须与党中央保持高度一致，以保证舆论引导的正确，造福于民。

必须注重节目质量。广播电视重在社会效益，办节目必须坚持从实际出发，突出地域特色，贴近群众，推陈出新，丰富多彩。还要注意节目的思想性和艺术性，既有正确方向，又能引人入胜。

必须加强事业建设。发展广播电视事业要充分调动各方面积极性，紧跟经济发展步伐，努力做到广播电视事业与社会发展同步；要做好事业建设规划，坚持科技进步，追踪发展潮流。

必须重视队伍建设。要加强思想教育、纪律教育和作风教育，要求广播电视工作者养成严谨务实的工作态度，努力完成各项任务。同时，加强业务培训和技术训练，教育广大职工扎扎实实地学业务、学技术，提高自身的素质和水平。

牢记使命，肩负重托。在承德新一轮改革发展中，承德广电人整装待发，将以力争第一的雄心壮志，以敢为人先的拼搏精神，从承德看全国，从中国看世界，向世界发出承德的声音。

大事记

(1989—2015)

1989年

1月20日，1988年度承德优秀电视片评奖结束。这是由中国电视艺术家协会承德分会与承德地区电视台联合举办的。该次评奖中，有37部电视专题片、电视科教片、电视短剧、电视小品、电视新闻等获奖。承德地区电视台的电视特写《一对英雄结伉俪》、隆化县委组织部的电视专题片《阳光洒满莲花山》获一等奖。

1月，双桥区牛圈子沟镇下二道河子村村民自筹资金8万元安装全市第一家村办有线电视台（乙种）。4月开播，全村320户居民，能够收看到4套电视节目，同时放映1套录像节目，并通过有线电视电缆传送2套调频广播。

3月14日，1988年度承德地区新闻评奖工作结束。有18人获个人对上宣传新闻稿件数量奖（数量奖指新闻报道因在省和中央级新闻媒体播发的数量多而获得奖励），9篇新闻稿件被评为好稿奖，7篇新闻稿件获得好稿鼓励奖。

4月16日，承德地区人民广播电台被河北人民广播电台评为1988年度新闻报道先进集体。

4月29日，承德地区电视台播发全区广大干部认真学习《人民日报》社论，决心以实际行动维护安定团结局面的消息。

5月20日，承德地区人民广播电台、承德地区电视台播发承德地委关于贯彻国务院总理李鹏在首都党政军干部大会上讲话的通知，并播发地委召开扩大会议，学习讨论李鹏重要讲话的消息。

6月10日，河北省投资85万元在平泉建1000瓦中波转播台。建成后，平泉县境内人口基本上能较好地收听河北人民广播电台节目。

7月3日，中共承德地区委员会、承德地区行政公署召开新闻、文艺界部分人士座谈会。

11月18日，由地委宣传部、地区民委联合录制的电视艺术片《紫塞风情》在中央电视台播放。《紫塞风情》以满族风情为主线，展现承德地区的秀丽风光和自然资源，荣获河北省对外宣传电视片优秀奖。

12月15日，〇五转播台微波站在全省微波工作评比中获第一名。河北省广播电视厅予以通报表彰。

从本年度开始，承德地区行政公署广播电视局连续3年每年派出1名科级干部到滦平县小营满族乡挂职扶贫。1989—1991年，先后有李春科、王岗、赵启林3人到滦平县小营满族乡任副乡长（1991年，小营满族乡与哈叭沁满族乡合并，成立新的小营满族乡），帮助小营满族乡发展广播电视事业，先后建立高山广播电视转播台2座，架设广播线路20千米，全乡均能收听收看中央和河北省及承德广播电视节目，为早日摆脱贫困做出贡献。

1990年

1月中旬，承德县上谷乡自筹资金2万元，在本乡电视差转台台址建起全市第一家乡级卫星地面接收站。转播中央第一、第二套电视节目，全乡及临近的乡、镇村群众能够收看到4套电视节目。

3月30日，市广播电视局成立史志领导小组，具体布置研究修志工作。4个月后，完成《承德市广播电视大事记》《承德市广播电视志》《承德市广播电视新闻志》初稿。

6月30日，市委宣传部在承德地区行政公署广播电视局召开地、市《承德市广播电视新闻志》初稿评审会议。市新闻志初稿被审评通过后上报河北省广播电视厅。

7月3—4日，省广播电视厅召开史志编纂工作研讨会，河北省广播电视厅领导及省新闻研究所的负责人到会并讲话，表扬承德地、市和唐山市、张家口地区修志工作，对《承德市广播电视志》做了肯定，也提出修改意见。

7月14日，河北省第二届地、市广播电台新闻研讨会在承德召开。

1991年

9月13日，承德地区农村有线广播工作会议在兴隆召开，承德地委、行署领导李世文、李景华出席并讲话。

12月，〇五转播台荣获1991年度全国广播电影电视系统先进集体。

1992年

3月17日，承德地区行政公署直属新闻和理论部门负责人座谈会召开。地委委员、宣传部部长李世文到会并讲话。在讲话中提出，深化改革大潮已经到来，新闻和理论部门要站前沿、做动力、有作为，要根据学习和改革建设实践中反映出来的重点问题，组织开展研讨并应用好研讨成果，为改革开放和经济建设提供依据，发挥理论的指导作用。

3月，中共承德市委任命张守仁为市广播电视局党组书记、局长。

3月，承德地区行政公署任命刘俭为地区广播电视台局（台）局（台）长。

7月4日，承德地区人民广播电台8篇作品获省好新闻奖。其中，长篇通讯《情系望火楼》获一等奖，《红果的喜与忧》《我区农村普遍成立救灾互济会》获二等奖，另有5篇作品获三等奖。

10月10日，〇五转播台全部设备达甲级状态。10月以后，山上夜间气温已降至0℃左右。全体值机人员不顾寒冷，一停机就攀天线、调机，终于把4部调频机、2部电视发射机、3部发电机及天线全部检修完毕，使设备处于甲级状态。

10月31日，承德地区人民广播电台向人硕、刘世杰撰写的论文《加大力度，拓宽广度，开掘深度》获省广播电视宣传管理类一等奖，并被《中国记者》《采写编》《视听月刊》等刊物采用。

12月，中共承德地区委员会任命刘俭为地区广播电视局党组书记。

1993年

6月23日，《承德视听周报》创刊，四开四版。

7月1日，地市广播电视机构同时合并为承德市广播电视局（以下简称“市广播电视局”），刘俭为第一负责人，张守仁为第二负责人。

8月1日，投资160万元筹建承德有线电视台。于12月30日正式开播，中共承德市委书记李月辉、市长柳宝全亲临剪彩。当时，有线电视用户3000户。

10月26日，市人大常委会任命刘俭为市广播电视局局长。

11月11日，承德人民广播电台、承德电视台、承德有线电视台被市编委核定为副处级事业单位，并将承德市中波台更名为1084转播台。

12月，承德电视台举办地市合并后的第一台春节联欢晚会。晚会在云山饭店大厅举行，中央电视台主持人王宁、全国著名演员李仁堂、承德电视台主持人李丽君共同主持晚会。国内许多演员参加演出，市主要领导集体出席晚会。

1994年

4月，由局台合一体制（局台合一指局与台是两块牌子、一个班子，局与台关系紧密）改为局领导台体制。承德市委任命杨景旺为承德人民广播电台台长，李申有为承德电视台台长，钱国忠为承德有线电视台台长。

6月18日，市广播电视局决定并报经省广播电视厅批复成立“山庄之声”经济台，使用频率为97.6兆赫调频广播。对外使用“山庄之声经济台”呼号，为承德人民广播电台的台中台，经济独立，自收自支，节目直播，人员招聘。节目播出一改多年使用的录播为直播。

12月，成立承德广播电视发射中心。将原来1084台、电视转播科、微波站、电视台播出部、电台技术部5个单位合并。下设中央机房、河北机房、微波机房、电视二频道机房、调频机房、中波发射机房。

1995年

7月，中央电视台在《与你同行》栏目播出“承德行”（45分钟），在《中国报道》栏目播出承德专版（30分钟）。

11月18日，“山庄之声”经济台停播。

1995年，承德电视台摄制电视剧《我和爸爸们》在中央电视台一套节目黄金时段播出。该剧由孙健编剧，中央电视台导演李童执导，北京电影制片厂谢平摄影。该剧荣获全国公安“金盾奖”二等奖，河北“鱼水工程”一等奖，河北省“五个一”工程奖。

1995年，投资30万元更新承德人民广播电台设在雾灵山的1000瓦调频发射机为3000瓦，使电台节目覆盖由8县3区扩大到北京、天津、唐山、廊坊等地区。

1996年

4月29日，举办承德人民广播电台成立50周年座谈会。市领导及离退休老新闻工作者应邀参加。

9月26日，投资470万元的承德电视台雾灵山转播台建设任务完成，实现承德电视台节目向各县区的发射转播。市长傅贵武出席开通仪式。

9月，中央电视台在《祖国各地》栏目播出“我说承德”（30分钟），在《东西南北中》栏目播出承德文艺节目（30分钟）。

1997年

4月，〇五转播台荣获1996年度全国广播电视技术维护评比先进台站。

6月，承德人民广播电台与承德市教委、承德露露集团联合举办第一届“露露杯”儿童故事、作文大赛。

8月，承德人民广播电台与承德中华职业学校联合办学，开办主持人与播音员专业中专班。承德电视台加入中国广播电视学会文艺研究会并成为常务理事单位。

9月，在省影视中心，中共河北省委主要领导审看了承德电视台拍摄的电视剧《我和爸爸们》并给予高度评价。

同年，承德电视台拍摄的音乐电视《山谷里有一朵小花》获首届中国儿童音乐电视大赛铜奖。

1998年

1月1日，市广播电视局由局管台体制（局管台体制指承德人民广播电台、承德电视台和承德有线电视台台长由市政府任命，市广播电视局负责管理）改为局台合一体制（局与台两块牌子、一个班子，局与台关系紧密）。局长刘俭兼承德人民广播电台、电视台和有线电视台台长。

2月，副局长孙淑琴任电台总监，副局长孙健任电视台总监。

3月，承德人民广播电台建立听评员队伍。聘请社会热心人士和专业人员定期收听广播节目，记录听评意见，每月召开听评员会议，听取意见建议，定评节目等级。

5月，由承德电视台与中央电视台联合摄制的音乐电视《太阳雨》获第二届中国儿童音乐电视大赛金奖。

7月28日，承德电视台拍摄的3集电视专题片《滦河·承德》在中央电视台第七套节目播出。

8月15日，承德电视台拍摄的大型专题片《从避暑山庄走出的城市》在中央电视台《祖国各地》播出。

12月，广播剧《交警爸爸们》获省第五届精神文明建设“五个一”工程奖。

1999年

2月8日，承德电视台在市广播电视局演播大厅首次采用现场直播的方式向全市8县3区同步播放春节晚会。

5月22日，市计划委员会、市广播电视局联合召开全市“村村通广播电视工程”实施计划座谈会，就实施“村村通广播电视工程”做出具体部署。按照国家和省规划目标，到2000年，全市所有行政村实现“村村通”广播电视，都能收看到中央一套省一套电视节目，收听到中央和省两套广播节目。

7月16日，在全国第三届百家电视台音乐节目展评中，承德电视台荣获4个奖项。音乐风情片《承德音画》获得金奖，同时，获得优秀摄影摄像奖和组织奖；音乐电视片《滦河情》获得银奖。

同年，《承德音画》获得首届国际电视城市风情片铜奖。

9月9日，市广播电视局与北京中信国安信息产业股份有限公司合作，市广播电视局以承德有线电视台资产入股，中信国安以现金入股，成立了承德市信广联有线广播电视宽带综合信息网络有限责任公司，举行了签字仪式。

9月9日，由市公安局与承德人民广播电台联合策划的13集系列报道《警察的故事》获金盾新闻奖，并获第四届全国公安系统“金盾文化工程”广播二等奖。

11月，承德人民广播电台交通文艺台试播。开办节目《山庄快车》《午间直播室》《人在旅途》，全天播出18个小时。

12月31日，中央民族歌舞团在承德电视台演播大厅演出大型歌舞节目，从而拉开承德市迎接新世纪大型庆典活动帷幕。

12月31日晚，承德人民广播电台、承德电视台分别对承德市迎接新世纪大型庆典活动《世纪畅想》进行现场直播。

2000年

1月1日，承德电视台、承德人民广播电台在避暑山庄举办世纪婚礼、世纪老人、世纪婴儿大型庆典活动，来自承德8县3区的1000多人参加。

2月15日，承德市信广联有线广播电视宽带综合信息网络有限责任公司召开第一届董事会，选举刘俭为公司董事长、廖小同为公司副董事长，聘任聂建航为总经理、钱国忠为副总经理。

2月24日，刘俭赴京参加国家广播电影电视总局和人事部联合召开的全国广播电影电视系统双先会议，荣获先进工作者称号。

3月7日，全市“村村通”广播电视汇报调度会议召开，副市长于树茂到会并讲话。全市“村村通”工程经过一年的实施取得很大进展，到2000年春节前共完成盲村任务390个，占总任务的43%，一些县区已完成总任务的70%以上。

5月8日，京津和环渤海城市电视宣传会议在承德召开。北京电视台、天津电视台有关负责人参加，中共承德市委常委、宣传部部长赵曙光、承德市人民政府副市长宋振华出席会议。

5月，市信广联有线电视网络公司举行挂牌仪式，标志着对承德有线电视台进行公司化改制，实现事业单位企业化经营管理。

同月，〇五转播台荣获中共承德市委、承德市政府实绩突出单位。

8月16日，被媒体称为承德新闻界维权第一案的承德人民广播电台记者汪贵、赵启林状告胡震杰和《民主与法制》杂志社名誉侵权案结案。承德市中级人民法院判决汪贵、赵启林胜诉。

8月30日，承德电视台与北京电视台联合举办“饮水思源燕山情”大型文艺演出并进行现场直播。

8月，承德电视台摄制的音乐电视片《我爱

承德我爱家》获文化部“新世纪全国城市之歌大赛”艺术大奖金奖等7项奖励；《相约新千年》获全国广电学会第四届百家电视台电视音乐节目展评银奖；专题片《追忆宗镜阁》获全国广电学会最高级别专家奖。

9月28日，承德电视台记者郭荣秋等到国家射击队采访承德籍悉尼奥运会射击冠军蔡亚林。新闻专题在中央电视台体育频道、国际频道、《晚间新闻》等播出。

9月30日，全市实现村村通广播电视。截至8月底，1197个广播电视盲村施工任务全部完成。

9月，承德人民广播电台在全省高山台中首次使用全固态调频广播发射机，新上一部全固态5000瓦调频立体声发射机，标志着承德电台在播出设备上实现全固态化和数字化。

10月，承德电视台摄制的音乐风情电视片《承德音画》获第十八届中国电视金鹰奖最佳摄像奖和优秀作品奖。

11月8日，承德市“村村通”工程通过省验收。

12月21日，市广播电视学会成立。

同年，市政府办公室下发整合县以下广电体制的文件。

同年，市广播电视行政执法部门，加大执法力度，通过违规必受处罚和主动上门做正面工作两种方式，在两年内清除或整合了除承德钢铁公司之外的所有小片网络，确保了广播电视播出的安全。

2001年

3月1日，市广播电视局技术管理中心成立。下设局总工办（科技科）、电视播出部、电视转播部、电视技术部、调频技术部、微波站、1084台等9个科级单位，定岗70人。负责全局广播电视节目的制作、播出、发射、传输、转播和全市广电系统技术管理工作。

3月23日，全市对上新闻宣传工作会议召开，中共承德市委常委、宣传部部长赵曙光出席会议并讲话。平泉、兴隆、丰宁3个县分别介绍对上新闻宣传的做法和经验。会上还对2000年对上新闻宣传先进单位、先进个人进行表彰。

10月18日，由承德电视台、承德中药集团联合创意制作的电视公益类广告片《乌鸦喝水》获第十九届中国电视金鹰奖电视广告类最佳作品奖和最佳制作单项奖。

10月26日，承德人民广播电台记者王九凤，在北京出席中华全国新闻工作者协会六届一次理事会开幕式，并在北京人民大会堂受到党和国家领导人的接见。

10月，承德人民广播电台开展听众调查，《承德新闻》《百姓热线》《983新闻广角》《相约在此时》等节目被评为听众喜爱的节目。

11月8日，召开表彰荣获两届金鹰奖作品座谈会。中共承德市委副书记杜金卿、市人大常委会副主任朱德灵、省文联副主席郭秋良、省作家协会副主席何申出席座谈会。杜金卿向《承德音画》《乌鸦喝水》的创作人员颁发奖金。省文明办发来贺电表示祝贺。

11月9日，召开会议庆祝第2个记者节。中共承德市委副书记杜金卿、市人大常委会副主任朱德灵、副市长于树茂等领导出席会议。石佩荣、于清溪、王晓洁、孙冠珉等获十佳新闻工作者称号。

12月，电台自筹资金23万元，安装数字音频自动播出系统ADB-2000，承德电台的节目编辑制作实现了计算机应用和数字化制作播出。

市政府办公室下发整合县以下广电体制的文件。全市于2001年完成了县以下广电体制的理顺，县广电局对乡镇站实施垂直管理，乡镇管理村。这在全国属于首创。

2002年

5月1日，承德人民广播电台与全国48家城市电台共同参与的大型互动旅游同步直播节目《飞越城市》正式启动。

6月16日，承德人民广播电台举行《百姓

热线》节目500期与百姓见面活动，20余家职能部门、窗口单位现场为百姓答疑解惑，排忧解难，受到广泛关注与好评。

6月17日，由中国广播电视学会和中共承德市委、市政府联合举办的露露杯“2002聚焦承德”大型异地采访活动拉开帷幕，全国15家卫视台参与此项活动。采访活动以“新世纪、新承德、新发展”为主题。

6月18日，“2002聚焦承德”电视异地采访活动开机仪式在德汇门广场举行。中国广播电视学会纪录片研究委员会副会长兼秘书长贡吉久，中国广播电视学会纪录片研究委员会副秘书长白忠祥，中国旅游节目协会秘书长耿德文和中共承德市委副书记王永泰，中共承德市委常委、宣传部部长王洪斌，承德市人民政府副市长于树茂、政协承德市委员会副主席马致君出席开机仪式。全国15家上星卫视台的有关负责人及采编人员，在承德参加城市广播发展研讨会的各省市广播电台记者参加开机仪式。

6月，市广播电视局获市级精神文明单位称号。

7月1日，市政府任免职通知，高登银为市广播电视局〇五转播台台长；杨正义为承德人民广播电台台长（试用期一年）。

7月30日，市广播电视局举办第二届全市广播电视技术能手竞赛。

8月2日，省第四届广播新闻交流研讨会在承德召开，河北人民广播电台台长杨国钧出席会议，中共承德市委常委、宣传部部长王洪斌到会祝贺，并向与会者介绍了承德的经济、社会发展情况。

8月，市广播电视局获省“双学双比”竞赛活动先进协调单位。

11月9日，承德人民广播电台记者首次参与中共十六大会议报道，分别对全市出席中共十六大代表进行采访，并在省台播出。

11月，市广播电视局被省广电局授予“党的十六大安全播出先进单位”称号。

12月，被省版权局、省新闻出版局授予“全省执行著作权法先进单位”称号。

同月，被市政府授予“以德治市先进单位”称号。

同年，《2002聚集承德》电视异地采访活动成功举办，制作完成17部专题片，在全国各地播出。

由中央电视台与承德市委宣传部联合摄制的《东西南北中〈走进承德〉》特别节目，50分钟音乐风情片，在中央一套黄金时段播出，引起广泛关注和热情赞誉。

承德电视台金鹰电视广告有限公司成立。

承德人民广播电台在承德商城开播《商城直播室》，主持人、编导与听众近距离接触。

承德广播电视报社被省版权局、省新闻出版局授予全省执行著作权法先进单位。

完成寿王坟铜矿，黑山铁矿，双塔山丝绸厂等大中企业有线电视与地方广电系统整合，进一步理顺管理体系。

承德信广联网络公司市区、市县1063千米光缆主干线自愈网全面贯通，为进一步开发宽带网络资源提供了新的平台。

2003年

1月，市广播电视局被中共承德市委宣传部授予新闻宣传先进单位称号。

2月，被市政府授予“实施农业科技‘绿色增收计划’先进单位”。

3月22日，承德人民广播电台记者采写的《筷子树向人们发出的环保警示》获得第十四届中国新闻奖二等奖，填补了承德广电国家级大奖的空白。

3月，被市政府授予“‘两个确保’工作先进单位”称号。

同月，〇五转播台维护成绩突出，荣获2002年度全国广播电视技术维护评比先进台站。

4月6日，著名评书演员单田芳与承德听众见面会在市中心广场举行，近万名听众参加活动。

4月17日，承德电视台首次播发全市防治非典新闻。拍摄的反映市公交公司和幼儿园等单位严密消毒,预防非典的新闻,是日晚分别在《承德新闻》和河北电视台《河北新闻联播》中播发。

6月26日，市广播电视局举办承德地市广播电视局、承德地市广播电台、电视台合并10周年，承德有线电视台建台10周年，承德广播电视报创刊10周年大型庆典活动。

7月12日，承德电视台在金山岭长城举办非典后承德旅游市场启动仪式。

8月6日，承德电视台与中央电视台合作，在避暑山庄德汇门广场录制《百家讲坛》节目，阎崇年先生作现场讲述。该节目9月5日12：30分在中央电视台10套播出。

8月22日，承德电视台举办承德市首次新丝路模特大赛。

8月，承德电台与河北、辽宁、广东、江苏、湖北五家电视台合作，以避暑山庄为知识内容，在承德电视台演播厅录制益智类节目《五星擂台》。在避暑山庄肇建300周年前夕，该节目同时在五家电视台的卫星频道播出。

同月，市广播电视监测站成立，实施对全市广播电视节目的监测。同月，在平泉举办第三届全市广播电视技术能手竞赛。

9月5日，市广播电视局派出50名采、编、播和技术人员参与“避暑山庄肇建300周年庆典大会”宣传报道工作。承德电视台配合河北电视台进行现场直播，承德人民广播电台联合北京电台进行全国旅游广播网成员台同步直播。

9月16日，“避暑山庄300年特展”在北京开幕，承德人民广播电台利用手机回传信号的方式对开幕式进行现场直播。

同年，市广播电视局精品生产取得新突破，有29件广播电视作品获省以上奖励，其中一等奖4件。

同年，1085转播台、1084转播台管理体制为省广播电视局与市广播电视局共管。

2004年

4月，承德电台记者汪贵被评为河北省劳动模范，并参加全省新闻战线三项教育演讲团，到省内6市巡回报告。

5月19日，都市频道改版为承德电视台第3频道实现全天播出。

6月20日，省优秀新闻工作者到承德作报告，全市新闻工作者300多人参加报告会。

7月，孙林任市广播电视局党组书记、局长。

同月，〇五转播台荣获河北省委先进基层党组织。

9月，承德电视台组织承德市内演员到河北电视台录制《承德之声》专场演唱会，在河北电视台播出。

10月，承德电视台在市中心广场举办《每日关注》300期观众见面会，现场组织部分职能部门与观众交流。参加人员1000多人，接待群众100多人。

11月8日,召开第五届中国记者节庆祝大会，中共承德市委常委、宣传部部长王洪斌出席大会并讲话。

12月，承德影视家协会获全国先进民间社团组织称号，刘俭获第四届全国百佳电视艺术工作者称号。

12月31日，技术管理中心撤销。电视播出部、电视技术部、演播厅管理部并入电视台，调频技术部并入电台。电视转播部恢复为电视转播台，1084台更名为1084转播台与微波站，为局直属技术部位。

同年，承德电视台投资近百万元自行设计、安装、配置软硬件，组装一批CANOPUS非线性编辑设备。

同年，有60多个执法部门和窗口单位的负责人相继走进承德电台《百姓热线》栏目直播间与群众对话。全年接听群众热线1000余次，群众反映的绝大部分问题得到较好解决。

同年，承德电视台的《承德新闻》《今日聚焦》和《每日关注》栏目对政府关注、百姓关心的环境、教育、物业、医疗卫生、旅游秩序等热点问题进行多角度深入报道，促使一些久拖不决的问题得到妥善解决。

同年，承德人民广播电台在省台发稿203件，在中央台发稿25件。承德电视台在省台发稿232件，在中央台发稿25件。有10部专题片在中国历史文化名城电视协作网主办的《名城掠影》节目中播出，19部专题片在美国斯科拉电视网播出。两台共有47件作品获省级以上奖励，广播剧《风雪望火楼》获省第十届文艺振兴奖。

同年，信广联有线电视网络公司投资1648万元完成市区网改工程，提高网络传输质量和自动化管理水平。

2005年

1月，承德电视台取消自建台以来一直延续的周二下午停播维修日，统一3个频道开播和结束时间，全年累计增加播出时间416小时。

7月，承德电视台承办2005年第二届新丝路模特大赛承德赛区总决赛，辽宁省朝阳市的13名选手参加复赛，5名选手参加决赛。承德市有7人入选河北赛区总决赛十佳，有4人分获冠、亚、季军，1人荣获全国总决赛十佳。

7月，市广播电视局开始实施全市广电网络整合。将辖区内8个县和双滦区、鹰手营子矿区2个区的10处有线电视网络，包括资产、债务与人员从原县区广电局的事业管理体制中剥离出来，统一整合。

10月10日，组建承德广通信息网络有限公司，在全省率先实现县级有线电视网络一体化管理。

11月28日，承德电视台举行建台20周年庆典。中共承德市委书记赵文鹤等领导为庆典题词。

12月，市广播电视局“HFC双向网络升级改造工程”获省广播电视局科技成果三等奖；“承德有线电视宽带综合信息网络工程”项目获国家首届“新闻科学技术奖”。

同年，市广播电视局通过资本运作，成功完成资产置换项目并购置红楼宾馆。宾馆占地面积17000平方米，建筑面积13600平方米。

同年，承德电台全年在中央电台发稿39篇，在河北电台发稿206篇。承德电视台在中央电视台发稿30条，在河北电视台发稿235条。两台共有52件作品获省级以上奖项。其中，一部电视专题片获国家级奖，4件广播电视作品获省级一等奖，25件作品获省级二、三等奖。

2006年

1月，承德广电书画院成立。

2月，全市“两会”期间，电台、电视台对“市政府领导答政协委员提问”进行现场直播并取得成功。

3月8日，承德人民广播电台记者赵启林、汪贵专程赴京，采访正在参加全国“两会”的全国政协委员，曾在承德工作过的抗击“非典”先进人物钟南山。钟南山在纪念册上题词：“春华秋实六十载，广播人人都喜爱”，祝贺承德人民广播电台成立60周年。

4月28日，承德人民广播电台举行建台60周年纪念大会。中国广播电视协会会长李丹，中共承德市委副书记郭群分别在大会上致辞。

4月，承德电视台举办“聚焦劳动保障”活动，是电视聚焦活动第一次把镜头对准市直部门，市劳动保障局是聚焦的第一个市直部门。

5月27日，举行《百姓热线》与听众见面活动，邀请市直20多家政府职能部门和窗口单位的负责人就百姓关心的话题与现场观众互动，当天共现场接受群众投诉和咨询1000多人次，解答问题720多个，向广大听众现场馈赠收音机660台。

7月，市广播电视局迁址办公。市广播电视局机关、承德人民广播电台、承德电视台、承德广播电视报、承德电视台广告中心、承德广通公司均迁入新址。

8月，承德人民广播电台举办“星星火炬”少年儿童英才大赛。

9月，承德电视台举办“网通杯”业余主持人大赛，承办2006新丝路模特大赛河北赛区总决赛。

9月，广播电视发射台在佟山沙子梁建成，将原电视发射台、微波站、调频机房合并整体搬迁到发射台新址。

10月22日，策划实施市委书记赵文鹤走进中央人民广播电台新闻直播间活动。市委书记赵文鹤走进中央人民广播电台中国之声《新闻直播间》，利用半个小时时间，向全国和海内外的听众朋友全面介绍承德市在改革开放、经济建设和和谐社会建设等方面所取得的巨大成就。许多听众通过手机短信与市委书记赵文鹤和中央台主持人交流，节目播出的同时收到海内外短信400多条。

10月25日，无线电视（中央一套、河北经济、承德新闻）在佟山发射台新址播出发射。

11月1日，调频（89.1兆赫，97.6兆赫，99.2兆赫，107.6兆赫）在佟山发射台新址播出发射。

同年，市广播电视局共有17件广播电视作品获省级以上奖励。获奖数量和质量在全省地市级新闻媒体名列第一。其中，《驮背上的希望》获中国新闻奖三等奖，广播单本剧《将军和冰儿》获第六届中国广播剧研究会专家奖银奖，还有3篇作品获河北新闻奖一等奖。

同年，承德电视台建立自己的网站，成为反映电视台各类节目和日常工作的重要平台。

2007年

1月1日，承德电视台开播新闻节目《直播承德》，时长60分钟，由《承德新闻》《每日关注》《今日聚焦》《民生直达》4档栏目组成，涵盖时政新闻、民生新闻、新闻评论和新闻访谈类节目。

2月，设计完成全局广播电视信号传输系统，实现电台、电视台、监控信号的双路光缆、双路微波互为备份传输。

3月，市广播电视局被市委授予2006年度信访工作优秀单位；被国家语委授予二类城市语言文字工作先进集体。

3月，承德电视台对市“两会”人大会议开幕式进行直播。是电视台对市“两会”开幕式首次电视直播。

8月，市广播电视局举办全市首届广播电视“十佳栏目”“十佳主持人”评选活动。电台的《百姓热线》《承德新闻》《相约在此时》，电视台的《承德新闻》《今日聚焦》《健康》和广播电视报的《八面风》等获得“十佳栏目”。韩志红、赵焕华、王高博、管媛、刘姝婧、汤迎红、黄利平等获得“十佳主持人”。

9月25日，承德电视台配合中央电视台在避暑山庄举办《山庄月·中华情》中秋晚会。

11月7日，召开全市庆祝记者节暨“十佳新闻工作者”“十佳新闻奖”表彰大会。会上宣读《关于表彰2007度“承德市十佳新闻工作者”“承德市十佳新闻奖”的决定》，市领导向获奖者颁奖。

同月，广通信息网络有限公司投资6700万元建设市县环网，搭建全市统一的有线电视前端。投资800万元实施大规模的网络改造工程，新增有线电视用户12万户，用户总数由网络整合前的48万户发展到60万户。年经营收入9000万元，比2005年增加2500万元。

12月，承德人民广播电台组织实施“科学发展燕赵行”大型系列采访活动。由河北电台和省内其他各市电台记者15人组成采访报道组，在承德采访一周时间，记者们采制的10篇录音报道同一时间在河北电台和省内其他市电台同时播出。

同年，承德人民广播电台、承德电视台有37篇作品获省级以上奖励。其中，《小饭盒树起大形象》等3篇作品获河北新闻奖一等奖，8篇作品获二等奖。上宣外宣数量和质量都创下历史新高，电台在中央和省台发稿分别完成年度任务的130%和150%，电视台分别完成任务的250%和150%。

同年，承德电视台将《承德新闻》《每日关注》《今日聚焦》《民声直达》4个栏目整合为《直播承德》，扩展了收视空间，新闻传播效果进一步提升。

同年，市广播电视局荣获全省党的十七大安全播出先进集体。承德电视台新闻中心被市政府授予青年文明号荣誉称号。承德电视台举办承德首届车房展大型系列活动，发掘新的创收增长点。全年两台广告经营收入达到3057万元。

2008年

1月，市广播电视局被省人事厅、省广播电视局授予河北省广播电视系统先进集体。

5月12日，汶川特大地震发生后，全局迅速行动，及时调整新闻宣传重点，抽调精干力量投入到抗震救灾报道中。电视台在《承德新闻》《今晚新闻报道》等节目中播发抗震救灾稿件100多篇，《百姓热线》节目组第一时间与市卫生局、市红十字会等单位联系，为赈灾募捐牵线架桥，节目播出当天就募集到赈灾款项18万元。《相约在此时》节目组在承德剧场举办“我们在一起——地震无情人有情”赈灾义演，筹得善款34000元。电视台专门购置一套移动采编设备，派出两名记者深入四川救灾一线，首次尝试远距离异地同步电视新闻报道，先后在《承德新闻》中发稿20多篇，得到市委、市政府的好评。

6月16日，“聚焦承德”全国电视媒体大型采风活动开机仪式在承德举行。中央电视台、北京电视台、天津电视台、河北电视台等全国22家电视媒体参加采风活动。广电部原副部长刘习良、市长张古江为采风活动揭幕。张古江致辞。市领导刘学军、张建国、于列等出席开机仪式。

6月，承德信广联有线电视网络公司启动市区有线数字电视整体转换工程。经过不懈努力，于奥运会召开前完成8.4万户整体转换任务，到年底实现市区全部10万户的整体转换任务。

7月，承德人民广播电台与天津人民广播电台联手推出“纪念改革开放30周年，保护水源大动脉，千里滦河行”大型主题采访活动。活动历时2个月，行程6800千米，播发稿件200篇。

7月，《承德广电研究》创刊，每季度一期。

8月，承德电视台派出马建良、陈小波组成援建报道组随市援川施工队赴四川采访。每天用互联网回传前线援建的新闻，先后共在《承德新闻》发稿20多篇，马建良被评为优秀党员，陈小波火线入党。

9月，市广播电视局被中共承德市委、承德市人民政府授予奥运安保暨“迎创抓促”活动先进集体奖。

11月，移动多媒体广播电视（CMMB）工程完工，在佟山广播电视发射台实现播出发射。

同年，承德人民广播电台、承德电视台、承德广播电视报共有18件作品获省级以上奖励。其中，承德人民广播电台采制的《捡个老人当妈养》荣获中国新闻奖二等奖。承德人民广播电台在中央台和省台发稿分别达到29篇和312篇，承德电视台在中央电视台和省台发稿分别达到26篇和344篇。

同年，广通公司共投资10395万元，新架光缆4069千米，电缆2900千米，改造老网用户5万户，新增用户10万户，全年经营收入完成9500万元。

同年，市广播电视局与北京捷先影视公司共同拍摄承德形象宣传片《我在承德》，摄制完成后先后在中央电视台、北京电视台、河北电视台等省级以上电视台滚动播出，对宣传承德起到积极作用。《我在承德》还荣获全国城市形象宣传片二等奖，河北影视“奔马奖”优秀作品等荣誉。

2009年

1月，市广播电视局被中共承德市委、承德市人民政府授予2006—2007年度文明单位称号。

2月，被中共承德市委、承德市人民政府授予2008年度信访工作优秀单位称号。

同月，市广播电视局更名为市广播电影电视局。

3月，省局批准承德台在开发区大石山设立转播台，转播中央、省、市广播电视节目，期间建成机房并转播相关节目。

4月22日，市广播电视局召开学习科学发展观调研成果交流大会。

4月，按国家、省、市要求，电影行政管理完成职能划转工作。市属电影公司和电影院人员、资产全部交由市广播电视局管理。

同月，成立电影管理科。

同月，组建承德金田数字电影院有限公司。开展“一村一月一场电影”工程，全市电影发行、放映工作有序开展。

5月，承德电视台与市文学艺术界联合会、市音乐家协会联合举办《承德之声》歌曲演唱会。

7月10日，2009承德广播电视主持人大赛落幕。共有110名选手参赛，收到网络投票17万多张，报纸投票3000张，经过初赛和复赛，决出10强。张帅获得冠军。另评出二等奖2名、三等奖3名、单项奖6名、优秀奖11名。

8月19日，承德人民广播电台与唐山人民广播电台签署合作协议。承德、唐山两地电台在深入协商的基础上，共同签订《新闻交流合作意向书》。为双方在更广泛领域、更专业化层面建立长期战略性合作机制掀开新的篇章。

8月，投资300万元对电视台现有播出和传输系统进行整体数字化改造，前端节目摄制、后期节目播出均实现自动化。

9月，承德电视台、唐山电视台、秦皇岛电视台共同推出“冀东新闻联播”节目，每月两次在3台新闻中同时播出，专题节目也实现3台不定期互换播出。

9月，广通公司数字传媒中心项目开工建设，总投资3000万元。

11月，积极推进广通公司有线网络的跨区域重组，承德广通公司全资加入中广有线，成功实现企业改制。通过改革，广通公司长期以来形成的沉重债务负担从根本上得到解决。全年完成有线数字电视整体转换56万户，占总户数的89%，超出年初任务数26万户。

11月，出资100万元参股省CMMB移动多媒体项目，筹建市CMMB移动多媒体广播电视运营公司。在已完成双桥老城区范围内6套广播电视节目发射的基础上，又在开发区、双滦区规划设计补点发射台，扩大多媒体广播电视覆盖。

12月14—17日，第三届中国国际广播电台“外籍记者看河北”采访活动对中共承德市委书记杨汭进行专访。在接受采访时杨汭提出，让世界感受到承德的历史文化和现代化发展的融合，以“四大一推一建”活动为契机，建设国际旅游城市。

12月，市广播电视局抽调力量开始筹备2009年“十大新闻、十大新闻人物”评选颁奖晚会和全市广电系统迎春联欢会。电视台筹办2009“情系承德”新年新诗会。

12月，对经营部位体制机制进行改革。电视台广告中心从事业单位剥离，注册成立承德广视文化传播有限公司，下辖电视广告分公司、电视购物分公司和会展分公司，实行总经理负责制。

同年，承德人民广播电台、承德电视台实现在中央台和省台的上宣新突破。承德人民广播电台在中央人民广播电台全年发稿38篇，在河北人民广播电台发稿305篇；承德电视台在中央电视台发稿50篇，在河北电视台发稿530篇。

同年，承德电视台有3件作品获国家级奖励。其中，《八旬老人为牺牲战友吹响“集结号”》荣获中国新闻奖三等奖；承德人民广播电台有2件作品获国家级奖励，《千鹤山的呼唤》获中国广播影视专题大奖，填补了承德广电系统的空白。

同年，承德广播电视报社实行总编辑负责制，市广播电视局下放人权、财权、经营权，对员工实行绩效工资。

同年，市广播电视局被河北省广播电视局授予国庆60周年安全播出先进单位。广播电视发射台迁建工程获全省广播电视科技成果一等奖，这是有史以来市广电系统获得的最高科技奖项。

2010年

1月7日，市广播电视局邀请市旅游局、建设局、城管局及公交公司等20多个单位和社会各界代表，召开“四大一推一建”活动座谈会。

1月24日，2009承德十大电视新闻、十大电视新闻人物颁奖典礼在乾阳大酒店举行。

1月25日，市广播电视局在乾阳大酒店召开全市广播电影电视系统工作总结暨部署大会。

3月24—27日，第26届河北新闻奖摄影作品评选在承德举行。

3月，市广播电视局被中共承德市委、承德市人民政府授予2009年度信访工作优秀单位并荣获2009年度全市宣传思想文化工作创新奖。

4月15日，市广播电视协会召开第三届第二次理事会。

4—5月，承德电视台派出4个电视记者组。分赴洛阳、嘉兴、桂林、潍坊4地采访，对标外地在发展旅游产业、转变发展方式上的经验。在《承德新闻》中开设《开展对标活动·建设国际旅游城》专栏，连续播发4个城市对标系列报道16集；在《今日聚焦》栏目播发评论4篇。

5月，承德人民广播电台派出2名记者赴浙江杭州、江苏苏州就建设国际旅游城市和转变经济发展方式两项主题进行异地对标采访。2名记者分别对苏杭的旅游、经济发展进行深入采访，通过电话连线的方式，对所见、所感进行报道，发稿数达到了20篇。这次重大采访活动是承德人民广播电台建台以来的首次大型异地对标采访。

6月21日，省广播电影电视局局长杨慧到承德广播电视台、〇五转播台视察工作。

6月22日，市文化广电新闻出版局、承德广播电视台、市文化市场行政执法大队3个单位举行成立揭牌仪式。

7月16日，“联通杯”第二届广播电视“双十佳”颁奖典礼在承德广播电视台举行。《百姓热线》《承德新闻》《直播承德》等被评为“十佳栏目”，甘泉、管媛、刘姝婧等获得“十佳主持人”殊荣。

7—8月，云雾山调频转播台建成并开始转播承德旅游生活广播节目。发射频率105.8兆赫，于8月15日20时正式播出。

9月25日，中国承德国际摄影艺术大展举行启动仪式。

10月22日，中央电视台《走遍中国·承德专辑》开机仪式在德汇门广场举行。

11月8日，在承德广播电视台报告厅举行全市广电系统庆祝第11个记者节暨表彰大会。

11月9日，全市第十二届广播电视节目研讨会在承德广播电视台举行。

11月11日，承德地方传媒资讯门户网站——承德广电网正式上线开通。

11月16日，省广播电视播出秩序集中治理活动联合检查组一行到承德广播电视台检查指导工作。

12月，市广播电视局被中共承德市委、承德市人民政府授予2008—2009年度文明单位并荣获2009—2010年度爱国卫生工作先进集体。

2011年

5月19日，全国电视《聚焦承德》大型异地采访活动在承德市普宁寺门前正式启动。36家电视台200余名采编人员参加采访活动，所拍摄的节目在中央台国际频道播出。

6月16日，在承德剧场隆重举行市直机关单位庆祝中国共产党成立90周年“颂歌献给党”群众性歌咏比赛。承德广播电视台代表队获得一等奖。

9月6日，中共承德市委常委、宣传部部长赵险峰到承德广播电视台调研。

10月29日，“联通杯”2011广播电视主持人大赛总决赛在承德大剧院举行。

11月8日，举办全市广电系统庆祝第12个记者节及表彰大会。

11月，承德广播电视台举办全市广电系统新闻业务大讲堂。邀请中国传媒大学电视与新闻学院院长高晓虹和中央电视台新闻中心策划部副主任余伟利来承授课。

2012年

1月11日，“吉祥承德”2012年春节晚会在承德大剧院录制。该台晚会荣获全省优秀电视春节文艺晚会节目评选一等奖，全国春节晚会节目评选二等奖。

2月1日，全国政策科学研究会副会长赵琛在承德广播电视台举办讲座。广播电视一线人员以及经营部位人员参加学习。

2月6—10日，CMMB项目部与广科院、数码视讯工程人员共同完成CMMB市区佟山基站、双滦区西平台基站、开发区大石山基站及前段机房CMMB设备监控采集系统的安装调试工作。

5月2日，承德广播电视台投资50万元的计算机网络升级改造工程完成。

6月2日，由承德市政府、土豆网联合举办的“土豆映像节”颁奖典礼在市尚亚休闲文化产业园隆重举行。

8月23日，承德广播电视台邀请北京电视台新闻专栏摄制组来承德采访报道。

9月，承德广播电视台对台属各岗位负责人实行竞聘上岗，对广播电视频率频道名称、栏目设置和工作人员进行调整。广播频率调整为新闻综合频率、交通文艺频率和旅游生活频率；电视频道调整为新闻综合频道、公共生活频道和旅游文化频道。10月1日(广播)和10月18日(电视)，新改版的节目分别与受众见面。广播自办节目时长由每天的20小时增加到23小时45分钟；电视自办节目时长由每天的2小时28分钟增加到2小时48分钟。

9月22日，中共承德市委决定杨正义任承德广播电视台总编辑、党组副书记，不再担任承德广播电视台副台长、党组成员职务。

10月1日，承德广播电视台旅游生活频率重新改版后开播。

12月4日，在承德大剧院举行十八大献礼影片《咱们是亲人》首映典礼。影片荣获2012中美第八届电影节“金天使奖”和“杰出乡村电影奖”，并在全国各大院线上映。

12月7日，“承德联通”杯第三届广播电视“双十佳”评选活动颁奖典礼在承德大剧院举行。中央电视台主持人鞠萍、河北电视台主持人于辉为获奖者颁奖。

12月30日，承德广播电视台广播新闻综合频率《相约在此时》栏目举办“感受温暖、传递真情”迎新春庆元旦听友联谊会。

2013年

1月1日，承德广播电视台举行《今日聚焦》开播10周年庆典活动。

1月30日，2012承德十大广播电视新闻、承德十大广播电视人物颁奖典礼在承德大剧院举行。

1月31日，“美丽承德”承德广播电视台2013年春节联欢晚会在承德大剧院举行。

2月6日，中共承德市委常委、宣传部部长赵险峰到承德广播电视台及佟山广播电视发射台看望一线新闻工作者和技术人员。

2月18日，承德广播电视台召开2012年工作总结暨2013年工作部署大会。

2月28日，承德广播电视台出台《绩效工资分配考核实施办法》(试行)，自2013年1月1日起执行。

4月20日，中共承德市委决定梁世杰任承德广播电视台台长、党组书记；孙林不再担任承德广播电视台台长、党组书记职务。

4月26日，由市委宣传部、市总工会、市体育局、承德广播电视台联合主办的全民健身登山大赛在僧冠峰景区开赛。

4月，承德广播电视台交通文艺频率加入"河北交通广播联盟"，并成为"中国广播协会交通广播宣传委员会"成员单位。

5月13—21日，承德广播电视台记者参加河北电台《太行燕山百村行》报道活动。

6月7—8日，承德广播电视台交通文艺频率与市出租车管理处、市交警支队、宽广超市集团组建"爱心送考车队"，通过"学习雷锋、爱心送考"活动搭建常态化、大众化的学习雷锋活动平台。

6月14日，第十五届承德广播电视节目奖颁奖及节目研讨会在承德广播电视台举行。

6月15日，承德广播电视台学习考察团成员到云南省丽江广播电视台考察学习。

7月19日，承德广播电视台举行《百姓热线》节目群众路线教育实践活动，市住建局、市环保局等10个部门负责人与百姓面对面交流。

8月6日，"聚焦承德"京津市（县区）电视媒体采访活动举行开机仪式。

9月，承德广播电视台新闻综合频率推出"同饮滦河水、共思幸福源"——"纪念引滦入津工程通水30周年，重温滦河行"主题宣传活动。以记者连线、录音报道、新闻专稿、直播间记者讲述等方式展现承德、天津两地人民为保护水源所做努力。

10月10日，在北京举行电视剧《打狗棍》卫视全国首播新闻发布会。中共承德市委常委、宣传部部长张庆祥，中共承德市委宣传部副部长、承德广播电视台台长梁世杰出席发布会。《打狗棍》的播出，成为承德历史文化的全新看点和一张响亮的名片。

10月12日，河北省"十二五"广播电视高山无线发射台站基础设施建设项目——承德市发射台项目在佟山发射台开工。项目包括建设120米发射塔、改造机房供水、供电等工程。项目总投资450万元。

10月18日，承德广播电视台交通文艺频率举办改版周年庆典暨976微电影宣传片《我愿意》首映式，《976交通文艺广播完全实用手册》同时首发。

10月22日，承德广播电视台、市广播电视协会共同举行2013承德广播电视主持人大赛总决赛暨颁奖典礼。

10月31日，承德广播电视台台长梁世杰、总编辑杨正义带队赴石家庄广播电视台、秦皇岛广播电视台学习考察。

11月18日，召开"中国广播电视出版社承德图书出版中心"揭牌仪式暨《承德广播电视报》创刊20周年及承德新闻网上线3周年座谈会。

12月5日，承德广播电视台广播新闻中心组织召开通联工作会议，总结2013年通联工作，表彰先进并就2014年工作进行研讨。

12月24—27日，承德广播电视台组织全台新闻采编人员岗位培训。邀请中国首届范长江新闻奖获得者、高级编辑、中央人民广播电台评论部原主任、北京市委宣传部三项教育专家库成员曹仁义授课。

12月30日，召开市广播电视协会第四届会员代表大会暨常务理事会。会议通过《第三届理事会工作报告》和《承德市广播电视协会章程（修改案）》，选举第四届协会理事会理事、常务理事和协会领导机构。

2014年

年初，承德广播电视台组织电视记者多次赴围场塞罕坝采访，拍摄新闻素材200多分钟，采访20余人，为中央电视台报道塞罕坝先进群体事迹积累第一手资料。配合河北电视台记者完成《追梦》《筑梦》《圆梦》3篇反映塞罕坝精神的系列报道，在《河北新闻联播》头条播出。

1月26日，中共承德市委常委、宣传部部

长张庆祥到承德广播电视台看望慰问新闻工作者，并向他们致以节日的问候和新春的祝福。

4月10日，承德非凡影视文化传媒有限公司和鹰手营子矿区广播电视台负责人正式签署电影《火车快跑》联合摄制合同。

6月14日，由中共隆化县委、隆化县人民政府、承德广播电视台、北京亚天盛世传媒有限公司联合拍摄的电影《水煮金蝉》入围上海国际电影节。

6月30日，承德广播电视台举办庆“七一”大会，对全台先进基层党组织、优秀党务工作者和优秀党员予以表彰。共有9个党支部、6名党务工作者、13名优秀共产党员受到表彰。

7月24日，由承德广播电视台等联合主办的书画大赛作品展开幕式暨颁奖典礼隆重举行。

7月，承德广播电视台与国内13家广播电视台共同发起成立“中国世界文化和自然遗产城市广电媒体联盟”。

8月9日，承德广播电视台联合江苏卫视举办的“《非诚勿扰》走进金龙购物广场全国嘉宾招募活动”获得成功。

8月21日，由中共河北省委宣传部、中共承德市委、承德市人民政府及市文广新局、承德广播电视台等联合出品的76集电视剧《勇敢的心》在北京卫视、天津卫视、江苏卫视、山东卫视首播。

8月23日，由承德广播电视台、丰宁大汗行宫等主办的“践行社会主义核心价值观——2014丰宁大汗行宫‘为梦想插上翅膀’爱心助学行动第四季”落幕。全市12名贫困学子接受了爱心企业、团体和个人捐赠的助学金。

9月，举办北京电视台“聚焦承德”采访活动，北京电视台派出6个频道的摄制组到承德采访，共采制18篇反映承德发展变化和历史文化的新闻、专题及访谈节目，“十一”期间在北京电视台各频道集中播出。

10月，总投资450万元的佟山广播电视发射台基础设施建设项目全部完成。

11月，承德广播电视台参与摄制的电视剧《打狗棍》获第十届中美电影节金天使奖。

12月，“976承德交通广播”拍摄的微电影《我愿意》，获得中国广播电视协会与广东清远电视台微电影大赛“优秀作品奖”，在央视电影频道网站播出。

2015年

1月23日，2014年度承德十大广播电视新闻、承德十大广播电视新闻人物颁奖典礼在承德大剧院举行。

1月，承德广播电视台在2014年度中央人民广播电台新闻报道中发稿量名列全国地市台前茅，荣获“十强”称号。

3月，开展“建设京津水源地，承德全民在行动——绿色崛起新常态，新闻记者走基层”活动，历时近1个半月，台领导和记者60多人走进8县4区的企业、乡村、学校、社区、工地，采制播出601篇新闻作品。

5月5日，为配合省重点项目观摩团到承德观摩，承德广播电视台抽调技术和直播人员组成报道组，完成观摩团在承德期间的直播任务。

5月12日，由承德广播电视台、市广播电视协会主办，中共鹰手营子矿区委员会、鹰手营子矿区人民政府承办的“对标发展 推动协作”聚焦鹰城采访活动在鹰手营子矿区正式启动，承德广播电视台和8县2区广播电视台共11个采访组参加活动。

5月21日，中央人民广播电台评论部原主任曹仁义到承德，为承德广播电视台全体采编人员授课。

5月27日，中共承德市委宣传部副部长、承德广播电视台党组书记、台长梁世杰以“认真践行‘三严三实’，争做优秀的媒体人”为题，为全台职工上专题党课。

5月31日—6月1日，中共承德市委宣传部副部长、承德广播电视台台长梁世杰和电视旅游文化频道编导蒲实应邀赴印度尼西亚，参加由中国民间组织——国际交流促进会与东盟基金会共同举办的第二届中国—东南亚民间高端对话会。会议期间，台长梁世杰和编导蒲实承担对话会的报道及部分会务工作，为对话会圆满成功做出积极贡献。

6月1日早6点，FM100.6旅游生活频率更名为承德旅游音乐广播。

6月30日，中共承德广播电视台机关党委举办庆祝中国共产党成立94周年暨“一先双优”表彰大会，对台内5个先进基层党组织、8名优秀党务工作者、13名优秀共产党员进行表彰。会后，举办“‘三严三实’汇聚力量，实现广电新发展”辩论赛。

8月6日，全市电视节目制作经验交流研讨会在滦平县召开。

9月23日，北京电视台“聚焦承德——滦平行”采访活动媒体见面会在滦平县举行，采访活动11月9日结束。

9月，智慧承德手机台上线。

10月25日，承德广播电视台、市教育局联合举办“梦想的力量——城乡儿童公益画展”，活动历时4个月，120名城乡儿童作品获奖。

10月29日，承德广播电视台邀请北京人民艺术剧院演员、一级编剧梁秉堃到承德，对采编人员进行革命传统教育培训。

10月，976承德交通文艺广播被承德市政府授予“承德市应急广播”称号，承担应急广播职责。

11月6日，承德广播电视台举办《好记者讲好故事》演讲大赛，庆祝第16个记者节。

第一章 机构人员

承德广播电视台，隶属市委管理部门序列，由市委宣传部直接管理。它的前身分别是地区行政公署广播电视局、市广播电视局、市广播电影电视局。

1984年1月，地区行政公署广播事业局改为地区行政公署广播电视局；1984年7月，市广播事业局撤销，成立市广播电视局。1985年至1993年6月，地、市广播电视局均为局台合一体制，局长兼台长。2002年4月，改广播电视局局台合一体制为局管台体制。2010年10月，按照全省文化体制改革统一部署，新成立承德广播电视台。由市委宣传部管理，机构规格相当处级，经费形式为财政性资金基本保证。

第一节 机构设置

一、承德地区广播电视局（合并前）

1984年1月，地区行政公署广播事业局改为地区行政公署广播电视局，孟宪一任局长。1985年，局直属单位增加承德地区人民广播电台、承德地区电视台。1988年12月，局机关职能科室调整为人秘科、保卫科、行政科、宣传事业科、技术办公室。局直属单位增加了音像服务公司、微波站、电视转播科、1084转播台，全员240人。1992年3月，刘俭任局长。经上级批准，增设财会科。

二、承德市广播电视局（合并前）

1984年7月，市广播事业局撤销，成立市广播电视局，刘非任副局长（当时无正职）。1985年5月至1988年1月，张振民任局长。局内设机构有人秘科、行政科、事业科、广播电视服务公司；直属单位是承德人民广播电台、承德电视台，职工总数94人。1988年7月至1992年4月，仇联众任局长。1992年4月至地市合并前，张守仁任局长，内部机构增设保卫科，职工总数127人。

三、承德市广播电视局（合并后）

1985年至1993年6月，地、市广播电视局均为局台合一体制，局长兼台长。1993年7月，地、市广播电视局合并为市广播电视局，刘俭任第一负责人，张守仁任第二负责人。1993年10月，市机构编制委员会办公室下发文件，市广播电视局为局管台体制。市人大任命刘俭为局长，市委任命杨景旺为承德人民广播电台台长，李申有为承德电视台台长，钱国忠为承德有线电视台台长。合并后的市广播电视局设10个科室，分别是人秘科、行政科、宣传科、事业科、音像科、财会科、保卫科、老干部科，纪检组与监察室合署办公。后根据事业发展、职能转变和工作需要，先后对相关机构予以调整。

1994年，人秘科分设为人事科和办公室。同年12月，成立承德广播电视发射中心。

1996年设立总工办。1997年，宣传科改称总编室。1998年1月，市机构编制委员会办公室下发文件，市广播电视局改为局台合一体制，市委任命刘俭为局长兼任三台台长，杨景旺、李申有、钱国忠任副局长。

2000年，撤销音像科，音像市场管理职能划转到市文化局。2001年3月，成立技术管理中心，发射中心并入技术管理中心，职能范围扩大。同时成立行政管理中心。2002年4月，在机构改革工作中，市政府办公室下发文件，批准《承德市广播电视局职能配置、内设机构和人员编制方案》。改广播电视局局台合一体制为局管台体制，局长不再兼任台长。内设机构为6个职能科（室），分别为办公室、总编室（宣传科）、人事教育科、计划财务科、社会管理科、科技科。纪检（监察）机构和机关党组织按有关规定设置，人员在机关总编制内核定。2004年7月，孙林任局长。2009年2月，按省统一要求，经市机构编制委员会办公室批准，将市文化局管理的电影发行放映行政管理职能和所属电影发行放映事业单位，整建制划入市广播电视局。市广电局更名为市广播电影电视局，孙林任局长。

2010年10月，按照全省文化体制改革统一部署，经市编办批准，市广播电影电视局机构和职能调整，将原市广播电视局行政管理职能划入市文广新局，新成立承德广播电视台。由市委宣传部管理，机构规格相当处级，经费形式为财政性资金基本保证，孙林任台长，设35个内设机构。

行政管理机构设置8个，分别是办公室（党委办公室）、总编室、人事处、财务处、科技处、安全保卫处、后勤服务处、离退休干部处。宣传、科技保障机构设置27个，分别是广播电视通联部、广播电视播音指导部、大型节目策划部、广播电视网站管理部、网络视听节目部、广播新闻部、广播上宣部、广播旅游生活部、广播交通部、广播评论部、广播技术部、广播制作部、电视时政新闻部、电视新闻评论部、电视社会新闻部、电视专题节目部、电视外宣部、电视旅游生活节目部、影视节目交流部、电视技术部、电视制作部、电视播出部、广播电视发射台、广播电视1084转播台、广播电视监测台、广播电视微波站、广播电视干扰台。核定事业编制369名，核定领导职数5名。其中：台长、总编辑各1名，副台长3名（副处级）；核定科级领导职数77名（37正40副）。

2013年4月，梁世杰任台长。

四、承德人民广播电台

经广播电视部批准，承德地区人民广播电台（调频）于1985年1月1日试播音，发射功率为1000瓦，调频频率为104兆赫，每天早晚两次播音，共4小时35分钟。5月1日正式播音，呼号为承德地区人民广播电台。编辑部设经济组、政文组、通联资料组、文播组。采、编、播除原有人员和从报社等单位调入外，还面向社会公开招聘10名编辑、记者。

1989年2月，进行机构调整，地区编委批准地区电台下设机构为：总编室、新闻科、文播科、专题科、技术科。

1986年9月，市编委批准市电台下设机构为总编室、新闻部、专题部、播出部、技术部。

1993年7月1日，地、市合并前，两台先期合并。8月31日，市政府常务会议同意电台规格级别为副处级事业单位。

1994年2月21日，市编办[1994] 6号文批复同意电台内设部室9个，分别是公关部、总编室、新闻部、技术部、广告信息部、专题部、文艺部、制作部、播音部，规格为科级单位。

1994年4月，由局台合一体制改为局领导台体制，局长不再兼任电台台长。

1994年6月18日，承德人民广播电台建立的“山庄之声经济台”正式开播。下设《新闻纵横》《午间直播室》《都市晚风》《今夜星辰》4档节目，节目采用直播形式播出。

1995年11月18日，“山庄之声经济台”停播撤销，共播出17个月。

1996 年 1 月 1 日，电台对节目进行改版。节目设置和播出采取直播与录播相结合的形式。

1997 年 1 月 16 日，电台进行节目调整，突出自办节目。

1997 年 3 月 3 日，电台成立编委会。

1998 年 1 月 1 日，市广播电视局由局管台体制改为局台合一体制，局长刘俭兼任电台台长。

1998 年 12 月 28 日，孙淑琴任电台总监，杨正义、王造兰任副台长。

1999 年 1 月，电台对节目进行较大调整，并实现全天节目直播。

2001 年 2 月，电台机构进行重大调整。由原来的节目领办人制，改为新闻中心、节目中心、交通文艺中心、广告中心 4 个中心。人员实行双向选择，竞争上岗。3 月，台总编室改为台办公室，由 6 人减为 3 人，其余人员充实到一线。

2002 年 7 月，杨正义任电台台长。

2003 年 6 月，刘和平任电台台长。

2005 年 7 月，经国家审批电台交通文艺频率成为正式频率，覆盖范围由市区扩大到京津唐等周边地区。

2006 年，电台建台 60 周年。4 月 28 日，在锦江文冠饭店举办纪念大会。市委、市人大、市政府、市政协领导出席，中央台、省台及部分兄弟台领导参加了纪念大会。承德台新闻频率、交通文艺频率进行现场直播，历时 3 个小时。同时，组织出版 20 多万字的电台回忆录《岁月留声》及画册《承德人民广播电台建台 60 周年》。全国记协主席邵华泽亲笔为回忆录题写书名。7 月 15 日，电台迁入新址（原开发区红楼宾馆），凌晨 5 点 55 分开始播音。迁入新址后，全天播音近 20 个小时。

2008 年 5 月 9 日，电台“旅游生活”广播正式开播。

五、承德电视台

承德电视台是在 20 世纪 80 年代电视事业蓬勃发展的形势下起步的。1981 年以前，承德只有 1 座电视转播台，全市有 1800 余台黑白、彩色电视机。1982 年，地区广播事业局开始筹建电视录像转播台。当年经省广播电视部门批准，利用二频道于 8 月和 12 月相继转播中央电视台和河北电视台新闻节目录像。

1983 年第十一次全国广播电视工作会议后，按照中央“尽快实现四级覆盖”的精神，经逐级请示批准，地区电视台、承德（市）电视台于 1985 年 10 月 1 日同时正式播出，发射功率各为 50 瓦。两台共同使用二频道，地区台每星期二、四、六、日（隔周）播出，市台星期一、三、五、日（隔周）播出。地区局管理体制为局台合一体制，局长孟宪一兼任台长。市局由局长或副局长分管电视台工作。各台编制 10 人，下设总编室、新闻部、专题部、广告部。因当时设备简陋，只有几台 V1820 摄录机、盘式录像机和背包机等，仅能维持新闻节目录制、播出，专题节目则是不定期播出。每天播出的新闻、专题和文艺类节目加在一起 5 ～ 6 个小时。

1986 年，地区广播电视局通过外联争取资金，开通了承德微波中继站至地区电视台之间的光缆，传输中央电视台节目。新建 180 米铁塔。7 月 1 日，二频道、四频道使用新设备播出后，不仅覆盖面有所扩大，收视的清晰程度也大为改观。随着事业的发展，采编播人员也不断增加，1988 年两台有 57 人。除新闻节目外，还开辟了《经济广角》《七彩阳光》《晚间一刻钟》《欢乐周末》及其他综合栏目。

1993 年地、市合并，给电视事业的发展带来新的机遇。两台合并后，呼号为“承德电视台”，领导管理由广播电视局台合一改为局管台体制，局长不再兼任台长，任命李申有为电视台台长。设副台长 3 人，电视台下设 5 部 2 室，即新闻部、专题部、文艺部、技术部、广告部、总编室、办公室。后把专题部改为经济部、政教部，成为六部两室。由于人员的增加、节目的调整，每天播出时间也有增加。除新闻以外，专题下设 6 个栏目。

1994 年，市委把扩大电视覆盖列为必办的大事之一。到 1996 年，共投资 470 万元，于当年 9 月完成雾灵山转播台建设任务，实现承德电视台节目向各县、区的发射和转播，覆盖率达到 40%。

1998 年，从人员到节目作一次重大的调整，管理体制由局管台改为局台合一体制。局长刘俭兼任电视台台长，另派副局长孙健到台里任总监，实行总监领导下的中心制。无线电视台节目与有线电视台节目进行整合，原来的无线电视节目改为以时政新闻为主的新闻综合频道，为一套节目；有线电视台的两个栏目《双桥纵横》《双滦经纬》和广告划归承德电视台管理，组建以文艺影视为主的公共频道，为二套节目。两套节目每天播出时间增加到 33 小时 30 分钟。其中，自办节目 32 小时 55 分钟。电视台原下设的部、室改为新闻中心、节目中心、技术中心和广告信息中心 4 个中心，另设总编室、办公室。节目也作了调整，新闻中心下设 3 个栏目，节目中心下设 7 个栏目。技术中心主要负责设备维护、检修和日常管理。

2000 年，市广播电视局成立节目评审委员会，对节目中心的 7 个栏目定期评审。当年，电视台成立外宣中心，加强对承德历史、人文、艺术、旅游、风光的宣传力度。

2001 年，实行节目先审后播制度。对新闻中心的 3 个栏目在播出前进行评审，评出等级，与工资挂钩；并依据季度收视率调查，对 29 个栏目实行末位淘汰制。

2002 年，市委提出政企事业分开，广电局的机构随之又改为局管台的体制，台长暂时空缺。

2003 年，杨正义为电视台台长，设副台长 4 人。适年恰逢避暑山庄筹建 300 周年，承德电视台与中央电视台、河北电视台、湖北电视台等多家省级电视台联合，共同打造以避暑山庄文化为内容的大型节目。其中，央视十套《百家讲坛》节目，请中国人民大学清史专家王思义到承德，在德汇门前录制了《百家讲坛——避暑山庄》。

2004 年，投资 120 万元，自己设计、建立数字非线性编辑体系，电视的制作、播出初步实现由传统模拟式向数字化的过渡。在节目设置上增加民生节目《每日关注》。

2005 年年初，开辟都市频道，以资讯类节目为主，设置《都市资讯》等几个栏目。宣传管理进一步加强，在强化台编委会职能的基础上，建立各中心编委会，强化宣传宏观调控，优化节目资源配置，频道统一管理、统一编排制度更加完善。为彻底解决每周播出断档问题，播出部位划归台管理后，规范值机工作管理，对值机人员实行满工作日工作，从此取消了周二的播出维修日，延长播出时间，全年累计增加播出时间 416 小时。

2006 年，从节目生产管理入手，在选题、核算、节目编排、入库等管理环节上，逐步搭建起与深化改革相适配的管理体系。完善台信息交流反馈机制，实现舆论反馈和信息上传常规化。成立制作部，将节目制作、包装栏目从总编室分离，实现节目制作、栏目包装从总编室分离。成立编程部，负责全台三套节目的播出程序编排，理顺编排、入库、播出环节。

2007 年，为构建人尽其才、人才辈出的管理体系，对全台各部位人员进行较大范围的调整，一批年轻同志充实到关键岗位，为电视台的长远发展注入新的生机和活力。

2008 年年初，电视台抽调部分业务骨干充实到《每日关注》和《民生直达》两个栏目中。设立文艺中心，重点打造文艺节目，丰富文艺节目内容。

第二节 工作职能

一、承德广播电视台职能

承德广播电视台隶属市委管理部门序列，由市委宣传部直接管理。承担全市广播电视新闻宣传、事业建设、产业发展、技术保障等工作职能。

2009年，经市编办审批，承市机编[2009]5号文批复意见：将市文化局所承担的“电影发行放映管理、市场准入、农村和社区等电影公共服务、农村电影放映工程的实施、指导基层电影队伍建设、电影专项资金的收缴和管理”等职责统一划入市广播电视局。将市文化局所承担的“协调全市电影发行放映工作和电影发行放映的市场监管”职责统一划入市广播电视局。

2010年，经市编委承市机[2010]55号批复，组建承德广播电视台，其主要职责：一是坚持党管意识形态原则。全面贯彻执行党和国家有关广播电影电视工作的路线、方针、政策，牢牢把握正确舆论导向，努力提高宣传水平和质量。二是努力繁荣广播、电影、电视艺术创作和节目生产，做好全市电影放映普及工作，不断满足人民群众日益增长的精神文化生活需求。三是统一管理广播电视台的人事、财务及其他各项事务，推进全市广播电视事业不断发展和壮大。四是做好节目创新和科技创新，推进技术进步，努力提升广播电影电视宣传和科技水平。五是负责制定并组织实施广播电视产业发展规划，抓好广电相关产业经营；依照政府授权，管理经营广播电视台内所有国有资产，并确保其保值、增值。六是承办市委、市政府交办的其他事项。

2012年，市编委批复承市机编[2012]87号文件，同意调整机构设置并调整主要职责为：贯彻落实上级有关广播电影电视工作的方针、政策，牢牢把握正确舆论导向，努力提高宣传水平和质量；做好广播、电影、电视艺术创作和节目生产工作；做好全市电影放映普及工作；负责制定广播电视产业发展规划并组织实施；抓好广电相关产业经营。

二、办公室职能

2010年，全省文化体制改革统一部署，承德广播电视台设办公室（党委办公室）。按职能设置要求，办公室负责综合协调、督办全局（台）各部位贯彻落实局（台）党组部署的各项工作；负责起草、撰写全局（台）综合性文字材料；按程序制发公文，负责公文管理、文书档案管理、机要收发；承担机关财务管理、信访接待、公务接待、机关保密、文印管理、行政后勤、车辆管理、值班值宿等工作；组织安排综合性会议及会议纪要撰写等工作。开展广播电视改革发展方略调查研究，提出合理化建议。负责编写、上报各类信息。

行政后勤工作主要包括水、电、暖、通讯等基础设施日常维修及维护，意外抢修，发电机日常维护，环境绿化、亮化，卫生保洁，机关食堂管理，固定资产登记管理，办公设施设备维护及维修，节能减排等。

为了使管理工作有章可循，制定“后勤服务管理制度”“机关食堂管理办法”“物业管理条例”“用电管理办法”等各项规章制度。

三、宣传管理职能

2006年，市广播电视局进一步加强和改进了局编委会，局编委会是局对广播电视宣传进行管理和综合协调的工作班子。市广播电视局总编室作为编委会的办事机构，在编委会的领导下行使日常宣传管理和协调职能。编委会的主要工作为根据当时宣传工作实际，制定报道计划，指导全局及县区宣传工作，评议与监督两台及各县区广播电视节目。同时，不定期组织全市业务研讨和节目评比。

经过十多年历史变革，市广播电视局宣传管理科主要职能为负责全局广播电视宣传管理工作，制定广播电视宣传报道计划，研究全市广播电视宣传报道动态及宣传工作改革，组织两台节目评审、评奖，评选推荐优秀节目，组织监听、监视直属自办节目，收听、收视率调查，加强全市广播电视宣传管理工作。

为提升市广播电视局宣传工作质量，自2005年以后，市广播电视局相继出台《承德市广播电视局宣传工作应急预案》《承德市广播电视局节目质量评估体系标准》《承德市广播电视局编委会工作细则》《承德市广播电视局关于表彰奖励广播电视获奖作品的规定》及《补充规定》和《承德市广播电视局关于对上、对外宣传的奖励办法》等规章制度，使全市广播电视宣传管理工作制度化、规范化。

为促进全市广播电视节目创优，打造精品栏目节目，1999年开始，市广播电视局每年举办一次全市节目质量研讨会，成为全市广播电视业务研讨和交流的平台。迄今为止已举办十届，促进全市广播电视节目整体水平的提升。积极指导两台做好上宣、外宣工作和协调沟通外联工作，并结合实际每季度制订宣传报道计划，积极协助拍摄推介承德的宣传片。同时，负责新闻宣传、舆情信息和动态日报信息工作。在局党组的大力支持下，通过举办全市业余主持人大赛等大型活动来打造广播电视的整体形象。

市广播电视局从1999年开始组织召开全市广电系统提高新闻节目质量研讨会，市县两级广播电视节目整体水平不断提高。另外，市广播电视局十分注重通过走出去和请进来的形式培育锻炼队伍。每年聘请中央台、河北电视台、中国传媒大学的专家来承，讲解有关广播电视新闻工作中的新思维、新动向，促进全市广播电视事业不断发展。

2010年6月，成立承德广播电视台。原市广播电视局总编室、承德电视台总编室、承德人民广播电台办公室合并，成立承德广播电视台总编室，履行宣传管理职能。改革后，宣传管理范围由过去包括市台和各县区台在内的全市广电系统的宣传管理，变为以承德广播电视台、承德新闻网、承德广播电视报为主的市台自身宣传业务管理。

总编室的主要职责是负责全台宣传管理，对广播、电视、承德广播电视报、承德新闻网、手机台、微信公众号等平台重大宣传报道进行指导、协调和督办；制定下发全台重点时期宣传报道计划及市委、市政府阶段性重点工作和重大活动的报道方案，并督导广播、电视、承德广播电视报、承德新闻网等平台贯彻落实；制定科学有效的广播电视节目质量评价体系，组织好广播电视节目的考评；负责全台宣传信息的搜集整理，办好《承德广电信息》；承德广播电视协会的日常事务性工作；中国新闻奖、中国广播影视节目大奖、河北新闻奖、河北广播影视节目奖、河北奔马奖等奖项报奖材料的收集、上报及证书、奖金的发放工作；组织好承德广播电视节目奖的评奖工作；全市主持人大赛、全市“十佳主持人、十佳栏目”评选、记者节等大型活动的组织；广播、电视栏目和主持人的宣传推广；全市广播电视系统采编播人员技能提高培训；组织全市广电系统人员集中外出学习考察；《承德广播电视》杂志的编辑、出版、发行工作；记者证领取、换证、验证；对上、对外宣传统计工作及广播、电视上宣部位绩效工资的审核工作；县区台对市台的上宣统计、做表、寄发工作；广播、电视部位年度经费预算调整的预算；电视部位每月主持人补助报表；电视部位困难补助统计报表；电视各频道每天电视节目导视的制作；电视各频道每天电视节目入库、编程；电视晚会、会议直播的节目切换；电视部位实习人员的登记、管理；电视部位办公室及电视机顶盒的调配、管理；完成台里交办的其他工作。

自2010年以后，先后完成《承德广播电视台宣传部位绩效工资实施办法》《承德广播电视台节目评价实施办法》《承德广播电视台上宣统计办法》《承德广播电视台更改电视播出节目的规定》《承德广播电视台实习生管理实施办法》等文件的起草、修订工作，使承德广播电视台的宣传管理工作制度化、规范化。

《承德广电研究》杂志是承德广播电视台的自办刊物，2014年，承德广播电视台总编室对杂志的编辑思路、发展方向进行了调整，将刊物更名为《承德广播电视》。本着贴近基层的宗旨，从图片和内容上向基层、一线倾斜，并进行彩色印刷，增强了刊物的贴近性、观赏性。

四、财务管理职能

1989年—1992年，承德地区广播电视局、承德市广播电视局均未单独设立财务科。承德地区广播电视局会计归属行政科管理，承德市广播电视局会计由办公室管辖，两局加在一起共有9名财务人员。1992年，由于财务收支业务量加大，承德地区广播电视局经上级批准，单独成立了财务科，财务人员共7人。

1992年，由于财务收支业务量加大，地区局经上级批准，单独成立了财务科，财务人员共7人。其中，电台、电视台设二级财务，归属局财务科统管，人员由局下派。2008年，改革管理体制，创新内部机制，财务管理体系得到优化。

2006年，建立《承德市广播电视局财务管理制度》。从经营管理、资金管理、财务报销管理、个人借贷管理、采购管理、固定资产管理、发票管理、会计月报管理8个方面进行改进、规范，实现了财务管理的规范化、制度化和科学化，提高了资金的整体使用效益。

2013年，财务管理工作实现规范化、制度化、科学化管理，进一步提高资金使用效益，加快广播电视事业健康发展。根据《事业单位会计制度》《广播电视事业单位财务制度》和客观实际的变化对《承德广播电视台财务管理制度》进行修改和完善。进一步规范了预算管理、经费使用、固定资产购置和发票管理。并制定《承德广播电视台财务管理改革实施方案》，财务运行方式继续实行统收统支，收支两条线管理方式，财务活动统一计划、统一管理、统一核算，实行全面预算、切块经费、分级核算的方法进行核算管理。

2015年，对《财务管理制度》《财务处工作职责》《财务人员岗位职责》进行完善，明确处室人员岗位职责权限、工作分工、纪律要求，增强了财务人员的工作紧迫感和责任感，做到了财务工作长计划、短安排，使财务工作在制度化、规范化的良好环境中更好地发挥作用。

五、技术管理职能

广播电视技术系统是一个复杂庞大的体系，技术维护管理是确保技术体系安全稳定运行的有力保障。

从20世纪70年代开始，市广播电视局设立技术科，全面负责广播电视技术管理和技术维护工作。广播电视技术管理工作逐步实现“科学化、标准化、规范化”的管理目标。建立健全了以值班、检修维护、安全播出、事故报告、学习培训、考核奖惩、统计报表、检查评比等为主要内容的规章制度体系。制定《承德市广播电视技术工作管理规范》《广播电视技术维护管理工作竞赛评比办法》和《广播电视安全播出竞赛评比办法》，为实施科学管理提供有力保障。

从20世纪90年代初开始，在全市范围内组织开展广播电视技术维护管理竞赛评比，并参加全国、全省广播电视技术维护管理竞赛评比工作。

安全播出是广播电视系统的根本任务和中心工作。重点包括四个方面，即防止技术设备事故、防止人为操作事故、防范攻击破坏、防范突发事件和重大灾难性事故。

科技创新是广播电视发展的源泉和动力。市广播电视局于1999年成立广播电视科学技术委员会，下设中波、调频电视、传输网络、广播电视技术4个专业委员会。

第三节 人员任职

一、1989—1993 年人员任职情况

（一）承德地区广播电视局人员任职情况

1989 年—1992 年 3 月，孟宪一任地区广播电视局党组书记、局长。党组成员：王金良、向人硕、高德福、李申有、张东旭、段发奎、刘和平。1992 年 3 月，刘俭任地区广播电视局党组书记、局长。

（二）承德市广播电视局人员任职情况

1988 年 7 月—1992 年 3 月，仇联众任市广播电视局党组书记、局长。党组成员：刘非、钱国忠、李近川、靳玉茹、杜学忠。1992 年 3 月，张守仁任市广播电视局党组书记、局长。

（三）承德人民广播电台、承德电视台人员任职情况

1985 年—1992 年 3 月，孟宪一任承德地区人民广播电台台长（地区局台合一体制）。1992 年 3 月—1993 年 6 月，刘俭任承德地区人民广播电台台长。

1985 年 10 月—1993 年 4 月，孟宪一任承德地区电视台台长（地区局台合一体制）。1993 年 7 月—1998 年 2 月，李申有任承德电视台台长（地市合并后局管台体制）。

表 1–3–1 1989 年—1993 年承德地区广播电视局领导一览表（排列以到局就职时间先后为序）

姓　名	职　务	任职年月	备　注
孟宪一	党组书记、局长	1983 年 12 月—1992 年 3 月	广播电视局
王金良	党组成员、副局长	1983 年 12 月—1991 年 4 月	
向人硕	党组成员、副局长	1983 年 12 月—1993 年 5 月	
高德福	党组成员、副局长 党组成员、总工程师	1983 年 12 月—1988 年 7 月 1988 年 7 月—1993 年 6 月	
李申有	党组成员、副局长	1988 年 10 月—1994 年 5 月	
张东旭	党组副书记、副局长	1991 年 5 月—1993 年 6 月	
段发奎	党组成员、纪检组长	1991 年 9 月—1993 年 6 月	
刘　俭	党组书记、局长	1992 年 3 月—1993 年 6 月	1992.12 任党组书记
刘和平	党组成员、副局长	1993 年 5 月—1993 年 6 月	

表 1-3-2　1989—1993 年市广播电视局领导一览表

姓　名	职　务	任职年月	备　注
刘　非	党组成员、副局长	1984 年—1991 年	广播电视局
仇联众	党组书记、局长	1988 年 7 月—1992 年 4 月	
钱国忠	党组成员、副局长	1988 年 7 月—1993 年 6 月	部队正团待遇
李近川	党组成员、副局长	1990 年—1992 年 3 月	
张守仁	党组书记、局长	1992 年 3 月—1993 年 6 月	
靳玉茹	党组成员、副局长	1992 年—1993 年 6 月	
杜学忠	党组成员、副局长	1991 年 9 月—1993 年 6 月	

表 1-3-3　1989—1993 年承德人民广播电台历任台长、副台长一览表

姓　名	职　务	任职年月	备　注
杜学忠	副台长	1985 年—1991 年 9 月	承德人民广播电台
孟宪一	局长兼台长	1985 年—1992 年 3 月	地区局台合一体制
刘世杰	副台长	1988 年 10 月—1998 年 9 月	地区台
向人硕	常务副台长	1992 年—1993 年 5 月	副局长（常务副台长）
刘　俭	局长兼台长	1992 年 3 月—1993 年 6 月	
	局长兼台长	1998 年 2 月—2002 年 7 月	
吴建明	副台长	1990 年 11 月—1993 年 5 月	市　台
	山庄之声经济台台长	1994 年 3 月—1995 年 2 月	
赵东升	副台长	1990 年—1993 年 5 月	市　台
杨淑华	副台长	1992 年—1993 年 5 月	市　台
杨旭东	副台长	1993 年 3 月—2006 年 9 月	地市合并后

表 1-3-4　1989—1993 年承德电视台台长、副台长一览表

姓　名	职　务	任职年月	备　注
孟宪一	局长兼台长	1985 年 10 月—1993 年 4 月	地区台局台合一体制
李申有	副台长	1987 年 2 月—1993 年 7 月	地区台 1988.10 为副处级
	台　长	1993 年 7 月—1998 年 2 月	地市合并后局管台体制

续表 1-3-4

姓　名	职　务	任职年月	备　注
郭淑贤	副台长	1991年10月—1993年4月	地区台
丁树峰	市台副台长	1987年—1991年	
闫应时	市台副台长	1987年—1989年	
刘　俭	局长兼台长	1992年3月—1993年6月	局台合一体制
	局长兼台长	1998年2月—2003年6月	

二、1993—2009年人员任职情况

1993年7月，承德地区广播电视局和承德市广播电视局合并为承德市广播电视局。刘俭任党组书记、局长，张守仁任党组副书记、副局长。

1994年9月，仇联众任党组副书记、副局长；1995年2月，孙淑琴任党组副书记、副局长；1998年2月，孙健任党组副书记、副局长。

2004年7月，孙林任承德市广播电视局党组书记、局长。2006年5月至2009年，伊志山任党组副书记、副局长。

1993—2009年，承德人民广播电台、承德电视台、承德有线电视台及各转播台站、信广联公司、广通公司、局机关党委、局工会、共青团、妇委会、群众电影院等领导任职情况详见表1-3-5。

表1-3-5　1993—2009年市广播电视局（2009年2月改称市广播电影电视局）领导一览表

姓　名	职　务	任职年月	备　注
刘　俭	党组书记、局长	1993年7月—2004年7月	1993年7—9月 任第一负责人
张守仁	党组副书记、副局长	1993年7月—1994年9月	1993年7—9月 任第二负责人　正处级
张东旭	党组成员、副局长	1993年7月—1996年5月	正处级
段发奎	党组成员、纪检组长	1993年7月—1997年5月	
高德福	党组成员、总工程师	1993年7月—1997年7月	
靳玉茹	党组成员、副局长	1993年7月—1996年5月	1996年提正处级
杜学忠	党组成员、副局长	1994年5月—2002年2月	
仇联众	党组副书记、副局长	1994年9月—2002年2月	正处级
孙淑琴	党组成员、党组副书记、副局长	1995年2月—2007年8月	正处级
于　文	党组成员、副局长	1996年5月—2002年2月	

续表 1-3-5

姓　名	职　务	任职年月	备　注
丁贵祥	党组成员、纪检组长	1997 年 5 月—2010 年 8 月	
钱国忠	党组成员、副局长	1998 年 2 月—2002 年 2 月	
杨景旺	党组成员、副局长	1998 年 2 月—2002 年 2 月	正处级
李申有	党组成员、副局长	1998 年 2 月—2002 年 2 月	
孙　健	党组成员、党组副书记、副局长 2003 年 10 月兼〇五台书记	1998 年 2 月—2010 年 8 月	2003 年提正处级
陈克军	党组成员、总工程师 党组成员、副局长	1999 年 2 月—2002 年 8 月 2002 年 8 月—2010 年 8 月	
姜琪瑞	党组成员、副局长	2003 年 4 月—2010 年 8 月	
乔　吉	副局长	2003 年 6 月—2005 年 8 月	
孙　林	党组书记、局长	2004 年 7 月—2010 年 8 月	
孙守民	党组成员、副局长	2005 年 10 月—2008 年 8 月	
伊志山	党组副书记、副局长	2006 年 5 月—2010 年 8 月	
刘和平	党组成员、电台台长	2003 年 6 月—2006 年 11 月	
	调研员	2006 年 11 月—2009 年 7 月	主持电台全面工作
杨正义	党组成员、电视台台长	2003 年 6 月—2010 年 8 月	
计卫泽	党组成员、电台台长	2009 年 9 月—2010 年 8 月	
张廷柱	党组成员、副局长	2009 年 9 月—2010 年 8 月	
李德成	党组成员、副局长	2009 年 12 月—2010 年 8 月	

表 1-3-6　1993—2009 年承德人民广播电台历任台长、副台长一览表

姓　名	职　务	任职年月	备　注
杜学忠	常务副台长	1993 年 7 月—1994 年 5 月	副处级
刘和平	副台长	1993 年 7 月—1994 年 4 月	副处级
杨景旺	台　长	1994 年 5 月—1998 年 2 月	局管台体制、正处级

续表 1-3-6

姓　名	职　务	任职年月	备　注
王造兰	副台长	1995 年 6 月—2004 年 7 月	
赵和强	副台长	1997 年 3 月—2008 年 7 月	
孙淑琴	总　监	1998 年 2 月—2002 年 6 月	副局长、正处级
杨正义	台　长	2002 年 7 月—2003 年 6 月	局管台体制
王剑辉	副台长	2002 年 12 月—2008 年	
刘和平	台　长	2003 年 6 月—2006 年 11 月	正处级
计卫泽	副台长	2004 年 7 月—2009 年 9 月	

表 1-3-7　1993—2009 年承德电视台台长、副台长一览表

姓　名	职　务	任职年月	备　注
张廷柱	副台长	1993 年 6 月—2002 年 8 月	
孙　健	副台长	1994 年 7 月—1998 年 2 月	副处级
	总　监	1998 年 2 月—2002 年 7 月	副局长
何庆魁	副台长	1996 年—1999 年	
吴秀云	副台长	1994 年 7 月—2004 年 7 月	
田增义	副台长	1996 年 5 月—2004 年 7 月	
郭荣秋	副台长	1996 年 5 月—2004 年 7 月	
韩英晖	副台长	2002 年 12 月—2009 年	
杨正义	台　长	2003 年 6 月—2009 年	副处级
王　琦	副台长	2004 年 7 月—2006 年 3 月	
王克明	副台长	2004 年 7 月—2009 年	
宋晓静	副台长	2009 年—2015 年	
刘　芳	副台长	2009 年—2015 年	

表 1–3–8　1992—2009 年市广播电视局机关党委历任书记、副书记一览表

姓　名	职　务	任职年月	备　注
张东旭	书　记	1992 年—1993 年 9 月	党组副书记、副局长兼机关党委书记
贾　岩	副书记	1992 年 5—1993 年 9 月	
张守仁	书　记	1993 年 9—1994 年 9 月	党组副书记、副局长兼机关党委书记
贾　岩	副书记	1993 年 9—1995 年 3 月 1997 年—1998 年 11 月	
仇联众	书　记	1995 年 8 月—2002 年 2 月	党组副书记、副局长兼机关党委书记
吴克凌	副书记	1998 年 11 月—2002 年 6 月	
孙淑琴	书　记	2002 年 6 月—2005 年 10	党组副书记、副局长兼机关党委书记
董巧玲	副书记	2002 年 6 月—2003 年 6 月	专　职
孙守民	书　记	2005 年 10 月—2008 年 9 月	副局长兼机关党委书记
马少华	副书记	2004 年 6 月—2009 年	
伊志山	书　记	2008 年 10 月—2009 年	党组副书记、副局长兼机关党委书记

表 1–3–9　市广播电视局工会历任主席、副主席一览表

姓　名	职　务	任职年月
于　文	主　席	1996 年—2004 年
王洪超	副主席	1997 年—2008 年
杨旭东	副主席	1998 年—2005 年
杨田林	主　席	2004 年—2005 年
张廷柱	主　席	2005 年 3 月—2009 年

表 1–3–10　共青团承德市广播电视局委员会（1998 年 1 月成立）历任书记、副书记一览表

姓　名	职　务	任职年月
董巧玲	书　记	1999 年 5 月—2009 年
石　成	副书记	1999 年 5 月—2009 年
敖大伟	副书记	1999 年 5 月—2009 年

表 1–3–11　市广播电视局妇委会历任主任、副主任一览表

姓　名	职　务	任职年月
纪春景	主　任	1998 年 4 月—2002 年 2 月
刘　英	副主任	1998 年 4 月—2002 年 2 月
柴素贞	主　任	2002 年 2 月—2009 年
韩燕荔	副主任	2002 年 2 月—2009 年

表 1-3-12 市广播电视局〇五转播台历任领导一览表

姓　名	职　务	任职年月	备　注
祁占怀	副台长	1991 年 5 月—1992 年 7 月	正处级
	台　长	1992 年 6 月—2002 年 7 月	正处级
孟宪一	兼书记	1991 年 6 月—1993 年 5 月	正处级
张东旭	兼书记	1993 年 5 月—1995 年 3 月	正处级
仇联众	兼书记	1995 年 3 月—2002 年 9 月	正处级
孙淑琴	兼书记	2002 年 6 月—2003 年 10 月	正处级
孙　健	兼书记	2003 年 10 月—2008 年	正处级
于　文	副书记	1991 年 6 月—1993 年 5 月	副处级
徐化勤	副书记	1993 年 5 月—2002 年 2 月	副处级
张廷柱	副书记	2002 年 8 月—2004 年 12 月	副处级
于清溪	副书记	2005 年 11 月—2009 年	副处级
汤金珍	副台长	1991 年—1992 年	副处级
高登银	副台长	1995 年 3 月—2002 年 7 月	副处级
	台　长	2002 年 7 月—2014 年	正处级
徐树林	副台长	1995 年 3 月—2008 年 6 月	副处级
张瑞森	副台长	1995 年 3 月—2002 年 7 月	副处级
乔　吉	副台长	2003 年 6 月—2005 年 8 月	副处级
王德永	总工程师	1991 年 6 月—1993 年 10 月	副处级
庞建军	总工程师	1995 年 3 月—1998 年 10 月	副处级
方向云	总工程师	2003 年 7 月—2004 年 7 月	副台长为副处级
	副台长	2004 年 11 月—2014 年	
李德生	副台长	2009 年 5 月—2015 年	正团级待遇

表 1-3-13　1085 转播台领导一览表

姓　名	职　务	任职年月	备　注
杜文楼	主　任	1984 年—1991 年	
	台　长	1991 年—1998 年 10 月	1991 年 1085 由科级升格为副处级，台长为副处级
张孝玉	书　记	1991 年—1992 年	副处级
王志轩	副台长	1991 年—1998 年	
王　岗	副台长	1991 年—2008 年 7 月	
杨东彬	书　记	1992 年 5 月—1998 年 9 月	副处级
李亚军	书　记	1998 年 9 月—2000 年 12 月	副处级
王志轩	台　长	1998 年 10 月—2008 年 9 月	副处级
李　平	书　记	2002 年 6 月—2005 年 11 月	副处级
杨旭东	书　记	2005 年 2 月—2009 年	副处级

表 1-3-14　1084 转播台领导一览表

姓　名	职　务	任职年月
付　今	主　任	1985 年 3 月—1991 年 7 月
冯宗训	副主任	1985 年 3 月—1989 年 7 月
王　岗	副书记、副主任	1985 年 3 月—1989 年 7 月
曾显成	副书记	1989 年 7 月—1993 年 5 月
金为民	主　任	1991 年—1998 年 7 月
孟兆海	主　任	1998 年 10 月—2006 年 4 月
贾维利	副主任	2006 年 4 月—2009 年

表 1-3-15 承德有线电视台、信广联网络有限公司、有线网络管理中心领导一览表

姓　名	职　务	任职年月	备　注
钱国忠	台　长	1994 年 5 月—1998 年 2 月	
于　文	副台长	1994 年 7 月—1995 年	副处级
赵东升	副台长	1994 年 7 月—1997 年	
李春科	副台长	1996 年 5 月—2006 年 6 月	
马　力	副台长	1995 年 3 月—2003 年	
王小华	副台长	1998 年 12 月—2006 年 2 月	
刘　俭	局长兼主任	2001 年 12 月—2004 年 7 月	2001 年改有线网络管理中心
钱国忠	副总经理	2000 年—2002 年	此期间成立信广联网络公司
吴建明	副总经理	2002 年 2 月—2003 年 5 月	信广联
纪春景	副总经理	2003 年 5 月—2004 年 7 月 2004 年 7 月—2009 年	（兼网管中心主任） 副处级
张洪亮	副主任	2006 年 9 月—2009 年	

表 1-3-16 承德广通信息网络有限公司领导一览表
（2006 年 4 月第一次董事会第一次会议选举产生）

姓　名	职　务	任职年月
孙　林	董事长兼总经理	2006 年 4 月—2009 年
孙淑琴	副董事长	2006 年 4 月—2009 年
姜琪瑞	副董事长	2006 年 4 月—2009 年 11 月
丁贵祥	监事会主席	2006 年 4 月—2009 年
董巧玲	秘　书	2006 年 4 月—2009 年
刘树森	副总经理	2006 年 4 月—2009 年

承德广通信息网络有限公司董事：

孙　林、孙淑琴、孙　健、伊志山、刘和平、姜琪瑞、陈克军、杨正义、孙守民、纪春景、狄凤举、刘树森、林立民、腾　伟、汪亚洲

表 1-3-17 群众电影院历任班子成员一览表

姓 名	性别	职 务	任职时间	备 注
柳建明	男	经 理	1983 年 3 月—1992 年 1 月	
权洪飞	男	支部书记	1990 年 9 月—1996 年 2 月	1992 年 1 月—1993 年 3 月主持影院工作
王国军	男	副经理	1991 年 5 月—1996 年 2 月	
张文平	男	经 理	1993 年 3 月—1996 年 2 月	
李 富	男	经 理	1996 年 2 月—2003 年 7 月	2003 年 7 月—2007 年 9 月任支部书记
丁长生	男	支部书记	1996 年 2 月—2003 年 7 月	
王 敏	男	副经理	1996 年 2 月—2003 年 7 月	
任文发	男	经 理	2003 年 7 月—2015 年 2 月	2007 年 9 月—2015 年 2 月任支部书记
齐求实	女	副经理	2003 年 7 月—2012 年 5 月	
刘首城	男	副经理	2005 年 3 月—2015 年	
李 哲	男	经 理	2015 年 2 月—2015 年	2013 年 8 月—2015 年 2 月任副经理
王丽萍	女	副经理	2015 年 2 月—2015 年 12 月	
付宏艳	女	副经理	2015 年 2 月—2015 年 12 月	
权若斌	男	副经理	2015 年 2 月—2015 年 12 月	

三、2010—2015 年人员任职情况

2010 年，承德广播电视台成立，孙林任市委宣传部副部长，承德广播电视台党组书记、台长。孙健任承德广播电视台党组副书记、副台长，伊志山任党组副书记、副台长。党组成员:陈克军、杨正义、计卫泽、丁贵祥、杨海儒、赵德强、李新华。

2012 年 9 月，杨正义任承德广播电视台党组副书记、总编辑。

2013 年 4 月，梁世杰任市委宣传部副部长，承德广播电视台党组书记、台长。

表 1-3-18 2010 年 8 月—2015 年 12 月承德广播电视台领导一览表

姓　名	职　务	任职年月
孙　林	宣传部副部长、党组书记、台长	2010 年 8 月—2013 年 4 月
孙　健	副台长、党组副书记	2010 年 8 月—2011 年 10 月
伊志山	副台长、党组副书记	2010 年 8 月— 2014 年 12 月
陈克军	副台长、党组成员	2010 年 8 月—2015 年 6 月
杨正义	副台长、党组成员	2009 年 12 月—2012 年 9 月
计卫泽	副台长、党组成员	2010 年 8 月—2015 年
丁贵祥	纪检组组长、党组成员	2010 年 8 月—2011 年 9 月
杨海儒	纪检组长、党组成员	2011 年 10 月—2015 年
杨正义	总编辑、党组副书记	2012 年 9 月—2015 年
梁世杰	台长、党组书记	2013 年 4 月—2015 年
赵德强	副台长、党组成员	2014 年 12 月—2015 年
李新华	副台长、党组成员	2015 年 6 月—2015 年

表 1-3-19 调研员、副调研员一览表

姓　名	职　务	任职年月
张少华	调研员	2010 年 8 月—2015 年
董巧玲	副调研员	2010 年 8 月 -2013 年 8 月

表 1-3-20 保留待遇一览表

姓　名	职　务	任职年月
刘小朋	保留正处级非领导待遇	2009 年 9 月—2013 年 10 月
刘和平	保留正处级非领导待遇	2009 年 12 月—2013 年 8 月
李　平	保留副处级领导职务	2009 年 12 月—2014 年 11 月
郭荣秋	保留副处级非领导职务	2009 年 12 月—2012 年 12 月
纪春景	保留副处级领导职务	2012 年 5 月—2015 年

表 1–3–21　2010 年承德广播电视台〇五转播台领导一览表

姓　名	职　务	任职年月
于清溪	副书记	2009 年 12 月—2013 年 8 月
高登银	台　长	2010 年 8 月—2015 年 1 月
方向云	副台长	2010 年 8 月—2015 年 1 月
李德生	副台长	2009 年 6 月—2015 年
吴荣生	党支部副书记	2013 年 8 月—2015 年
张云珉	党支部书记	2011 年 10 月—2014 年 12 月
伊志山	台长、党支部书记	2014 年 12 月—2015 年
董文才	副台长	2015 年 12 月—2015 年

表 1–3–22　2010 年承德广播电视台 1085 转播台领导一览表

姓　名	职　务	任职年月	备　注
杨旭东	书　记	2009 年 12 月—2012 年 5 月	副处级
王晓华	台　长	2012 年 9 月—2015 年	
杨润忠	党支部书记	2012 年 9 月—2015 年	

表 1–3–23　承德有线广播电视网络管理中心领导一览表

姓　名	职　务	任职年月
纪春景	主任	2010 年 8 月—2012 年 5 月
李新华	主任	2012 年 9 月—2015 年 6 月

表 1–3–24　共青团承德广播电视台委员会历任书记、副书记一览表

姓　名	职　务	任职年月
董巧玲	书　记	2010 年 8 月—2013 年 8 月
石　成	副书记	2010 年 8 月—2013 年 8 月
敖大伟	副书记	2010 年 8 月—2013 年 8 月
刘　璠	书　记	2013 年 9 月—2015 年
孟宪林	副书记	2013 年 9 月—2015 年
路晶晶	副书记	2013 年 9 月—2015 年

表 1–3–25 承德广播电视台妇委会历任主任、副主任一览表

姓 名	职 务	任职年月
柴素贞	主 任	2010 年 8 月—2015 年 9 月
韩燕荔	副主任	2010 年 8 月—2015 年 9 月
徐 敏	主 任	2015 年 9 月—2015 年

第二章　广播

承德广播电视台广播部位的前身是承德人民广播电台，始于1946年创建的承德新华广播电台，至2015年已69年。

1958年9月，在河北人民广播电台承德转播台和承德市广播站的基础上组建承德人民广播电台。1993年7月1日，地、市合并前，两台先期合并。1994年6月18日，承德人民广播电台建立的“山庄之声经济台”正式开播，节目采用直播形式播出。1999年1月，电台对节目进行较大调整，并实现全天节目直播。2006年7月15日，电台迁入新址（原开发区红楼宾馆），凌晨5点55分开始播音。2010年6月，电台与电视台合并，合并后统一称承德广播电视台。2012年10月，新闻综合广播、交通文艺广播、旅游音乐广播3个频率全部实行总监制。

第一节　节目设置

随着社会日新月异的发展，人民对精神文化的需求不断提高。承德广播电视台根据听众需求不断调整节目设置。1989年—2001年，承德人民广播电台先后对广播节目设置进行3次较大范围调整。从原来的只有1套广播节目增加到3套。广播节目全天播出时间从几个小时增加到50多个小时，实现全天广播节目直播。

一、新闻类节目

承德人民广播电台新闻类节目的采访、编辑、播出，主要由新闻专题部门承担。

1989年年末，承德地区人民广播电台对新闻、专题节目进行较大调整。打破原来的节目和人员编组，集中精力办好两个板块节目。第一个板块是把早晨的15分钟《承德新闻》和15分钟专题节目合并为一个30分钟板块式新闻专题性综合节目《雾灵之声》。这个节目集新闻性、服务性于一体，以区内新闻为主，兼发少量外地新闻信息，增加指导性强的评论和有一定深度的报道，并抓住一些热点问题给人们解疑释惑。其中有《承德新闻》《他山之石》《新闻话题》《经济透视》《人物专访》《热线服务》等小栏目，每星期一至星期六播出。第二个板块是星期日播出的《缤纷世界》以文艺性、服务性为主，直接与听众沟通思想，交流感情。

1993年7月，承德地区人民广播电台、承德人民广播电台合并为承德人民广播电台。承德人民广播电台新闻部负责《承德新闻》的采、编、播工作；专题部负责《企业采风》《田园交响》《经济空间》《热点话题》《相约在此时》《法制节目》《少儿节目》的采编工作；文艺部负责《评书联播》《音乐歌曲戏剧》等文化娱乐类节目；广告信息部负责承揽、播出、制作广告节目。

1994年6月18日，承德人民广播电台“山庄之声经济台”开播，以直播形式播出《新闻纵横》《午间直播室》《都市晚风》《今夜星辰》四档节目。1994年，承德人民广播电台新闻中心成立，重点承担《承德新闻》等主要新闻节目采访、编辑、播出任务。1995年4月18日，“山庄之声经济台”在承德商城设置直播间对外播音。1995年，电台优秀节目评选中，《田园交响》被评为优秀节目，《相约在此时》《经济空间》和“山庄之声经济台”的《新闻纵横》等被评为群众喜爱的节目。1996年1月1日，电台节目改版。《承德新闻》由录播改为直播，专题节目直、录播相结合。《热点话题》节目开办与听众互动栏目“热线投诉”，对听众反映的热点难点问题派记者深入采访，并协调有关部门予以解决，深受听众欢迎。1999年1月19日，电台对全年节目内容和播出形式做了较大调整。由原来的直录播结合改为全部直播，增加并开办交通文艺频率。这次改版将原来的直播时间由225分钟增加到860分钟，增设了《百姓热线》《938新闻广角》等节目。《938新闻广角》是将新闻节目中播出的有分量、有价值的内容再次深入采访，进行更详尽、更全面的报道。《百姓热线》则根据百姓衣、食、住、行等生活中面临的大量问题，直接面对听众，倾听群众呼声。5月，电台又对部分节目进行微调，增加《市场博览》和《普通人家》栏目。10月，电台交通文艺频率开播。除转播部分省交通台和国际台节目，自办节目有新闻类节目《山庄快车》。

2001年3月1日开始，电台将每天两次播音改为全天播音，相关节目再次进行调整。增加了正点新闻。早7点至7点50分的节目整合为早新闻（包括承德新闻、四海传真、百姓热线、新闻广角、生活向导、天气预报）；话题类节目《社会透视》；娱乐类节目《综艺半小时》；《法治新干线》改为《法制30分》在正午12点播出，《正午时光》顺延播出。2003年1月1日起，电台新闻综合频率将原来的“早新闻”改版为《新闻大视野》。内容包括承德新闻及国内、国际新闻；百姓热线（周二、周四、周六）；新闻广角（周一、周三、周五）；周日为百姓热线反馈和生活向导。每天上午9点至10点增加新闻杂志类节目《八面来风》；10点至11点开辟《旅游金线》节目，包括每周六的“飞越城市”和5分钟的《跟我学英语》以及60分钟的《体坛纵横》节目。2004年1月1日起，交通文艺频率停止转播省交通台和国际台节目。自办节目增加60分钟的《都市晨风》，60分钟的《商城直播室》，30分钟的《都市生活秀》，120分钟的《阳光中转站》，60分钟的《新闻晚班》，40分钟的《都市传说》，35分钟的《平安心语》，25分钟的外购节目《可乐加冰》等。20∶30—20∶50转播河北台《河北新闻》。

2006年，承德人民广播电台加强和改进新闻宣传工作。年初，新闻中心第一次派出两名记者随团采访参加省两会的承德市代表委员。特派记者采取网络和电话回传等方式，及时报道承德代表团和代表委员动态，共发稿30多篇，在河北电台发稿7篇。5月27日，举行《百姓热线》与听众见面活动，邀请市直20多家政府职能部门和窗口单位的负责人就百姓关心的话题与现场观众互动，当天共现场接受群众投诉和咨询1000多人次，解答问题720多个，向广大听众现场馈赠收音机660余台。10月22日，成功策划实施市委书记赵文鹤走进中央人民广播电台新闻直播间活动。市委书记赵文鹤走进中央人民广播电台中国之声《新闻直播间》，利用半个小时时间，向全国和海内外的听众朋友全面介绍承德市在改革开放、经济建设和和谐社会建设等方面所取得的巨大成就。许多听众通过手机短信与市委书记赵文鹤和中央台主持人交流，节目播出的同时收到海内外短信400多条。

2006年，为配合总结“十五”计划成就，谋划“十一五”规划工作，在新闻类节目开设“落实市委十一届九次全会精神、加快承德经济发展”专栏、“展十五成就，谱辉煌明天”专栏、“开拓新思维，谋求新发展”专栏、“优化经济环境、加快承德发展”专栏、“建设社会主义新农村”

专栏等。同时，台里对现有节目进行集中会诊，拿出整改方案。《百姓热线》节目增加“热线回声”和“热线追踪”内容；《体坛纵横》节目借世界杯契机进行全面改版，增加访谈及互动内容，拉近节目与观众的距离；《动感车世界》节目寻求专业人士，节目的指向性更加明晰；《时尚全接触》节目增加两个新栏目《乐吧》和《你听我说》。2007年，为配合市委、市政府中心工作，在新闻类节目开设《落实重点工作，推进民心工程》专栏。中共十七大期间，开设《展示新成就，迎接十七大》《落实十七大精神，谋划大发展》专栏。

2007年12月，承德人民广播电台紧扣建设河北北厢经济社会发展强市主线，发挥广播优势，组织实施了“科学发展燕赵行”大型系列采访活动。由河北电台和省内其他市各市电台记者15人组成采访报道组，在承德采访一周时间，记者们采制的10篇录音报道同一时间在河北电台和省内其他市电台同时播出。

2008年5月12日，四川汶川县发生强烈地震。面对突发事件，电台快速反应，对3套节目做出调整。新闻类节目立即组织抗震救灾报道，《非听不可》《天下故事》《阳光中转站》《畅游承德》《听歌游世界》等节目打破原有的节目形态，以抗震救灾为主题，关注最新的灾区形势，弘扬众志成城的民族气魄，讲述感人至深的亲历故事，播放充满爱心和励志的歌曲，和听众一起为灾区祈福，为四川加油。

2008年，为宣传改革开放30周年所取得的成就，纪念引滦入津25周年，承德人民广播电台和天津人民广播电台联合推出“保护水源大动脉、千里滦河行”大型主题宣传活动。两台组成联合采访组从滦河源头丰宁满族自治县大滩镇，沿上、中、下游进行体验式采访报道，累计行程6800多千米，发回报道200多篇，加深了津承两地人民的相互了解和情感共鸣。9月，承德人民广播电台、天津人民广播电台在天津市三叉河口“引滦纪念碑”处联合举行“纪念改革开放30周年 保护水源大动脉 千里滦河行”大型主题宣传活动现场直播。这次大型主题宣传活动成为承德人民广播电台成立以来历时最长、范围最广、发稿量最大、媒体影响力最强的一次主题采访活动。

2009年，《早安承德》节目开设“学习实践科学发展观，促进承德经济大发展”专栏，每天都有关于“干部作风建设年活动”“学习实践科学发展观活动”的新闻报道。11月下旬在“晚间新闻报道”“承德新闻”和“百姓热线”中开设了“市容面貌大变样、市民素质大提高”“城市文明大家谈”专栏，对城市容貌环境和不文明现象开展舆论监督。开设“创建国家园林城市，美化生活环境”“创建卫生城”“承德60年”“承德英模”“政协60年”专栏。

为反映承德解放60年特别是改革开放30年来的巨大变化，策划大型直播节目《魅力承德——直播各县区（行业、部门）》，周六新闻综合频率、交通文艺频率两个频率并机直播，对各县区、各部门的重点工作集中宣传。

2010年5月，承德人民广播电台派出2名记者赴浙江杭州、江苏苏州就建设国际旅游城市和转变经济发展方式两项主题进行异地对标采访。2名记者分别对苏杭的旅游、经济发展进行深入采访，通过电话连线的方式，对所见、所感进行报道，发稿数达到20篇。这次重大采访活动是承德人民广播电台建台以来的首次大型异地对标采访。

2011年，《今晚新闻报道》《承德新闻》节目开设“新春记者走基层”“建设国际旅游城市记者一线行”栏目，推出“察民情、解难题、促发展、保稳定”“紫塞先锋”专栏。

2012年，《今晚新闻报道》《承德新闻》开设“寻访普通人报道身边事”“基层建设年活动”“学习贯彻十八大精神、推动承德跨越发展”专栏。

2012年，改版后的新闻综合频率，在每档节目前滚动播出全球新闻资讯，在重点收听时段策划了三档新闻专栏节目《第一前沿》(9：00—10：00)《891热线》(12：00—12：30)《民生60分》(17：00—18：00)。

2012年10月1日起，新闻综合广播进行全新改版。围绕大新闻、小综合的格局，加强午间和晚间高峰档民生节目《891热线》《民生60分》。同时，与综治办等多家单位联合推出法律节目《法理民生》。增设文学节目《听文与君识》，一批新闻性、服务性强的节目在逐渐站稳脚跟，收听人群逐步扩大。《民生60分》开办子栏目《承德榜样》，节目直播过程中主持人与先进人物的访谈以新闻故事方式定期播出，以此弘扬美德、构建和谐、传递信心，表达向上向善的生活态度。1月，推出市“社会责任联盟”系列访谈节目，热力集团、自来水公司、266医院等多家联盟理事单位负责人相继走进直播间接受访谈。“3•15”期间，栏目组推出《特别奉献，诚信维权，有你有我》消费维权周。两会期间，推出《民生60分在两会特别报道》，邀请代表委员与基层百姓做互动交流，利用直播间的热线实现代表委员和基层群众以及主持人的三方通话，就食品、教育、环保、医疗、就业等热议的民生话题展开讨论对话。

2013年9月，为纪念引滦入津工程通水30周年，新闻综合频率以记者连线、录音报道、新闻专稿、直播间记者讲述等方式展现两地人民为保护水源做的努力。2015年5月1日，新闻综合广播对节目进行调整，《891乐说生活》综合原有的《第一前沿》和《民生60分》的精华内容，丰富了早间新闻板块。

二、文娱旅游类节目

文化娱乐节目是人们精神文化生活不可缺少的一部分，为了适应不同听众群体对广播节目的需求，广播文艺类节目不断进行调整。文化娱乐节目由开始的节目三部、四部负责到改制后的交通文艺广播和旅游生活广播，更加系统专业地将娱乐性和文化内涵结合起来，努力满足新时代听众对文娱旅游节目的深度需求。

1994年，电台开办相声曲艺类节目《梨园精品》《文学芳草地》。

1996年1月1日，电台对节目进行改版，专题节目采取直播与录播相结合的形式，新开办节目《开心时刻》(18：00—19：30)

1996年8月16日，电台与中国国际广播电台联办的《皇家旅游城——中国承德》开播。

1997年1月16日，电台对内容相近的节目予以合并，文化娱乐类节目突出自办的音乐、戏曲节目。

1998年，国际路易威登老爷车拉力赛有本市车手参加，电台增设专门节目，派记者全程跟踪报道，每日播出。同年，电台还创作播出100集系列广播节目《著名旅游胜地——承德》，并参加了海峡两岸节目交流。

1999年10月，交通文艺频率开办了话题类节目《976直播室》，情感类节目《人在旅途》，娱乐类节目《欢乐正前方》，还有评书、音乐、戏曲类节目，并随时插播路况信息。

2000年1月1日，电台对一套节目进行整合，增加了新节目，由原来的每天3次播音改为2次播音。

2002年1月18日，电台一套改为新闻综合频率，全天播音时间延长30分钟。3月，与全国52家城市电台每周六共同开办《飞越城市》节目，通过双向连线直播，介绍各自城市的旅游市场和人文景观。下午增加了《非常流行》，晚间增加了《星夜茶座》和《文学芳草地》。交通文艺频率增加了《一路风情》《金曲百花园》《音乐直通车》《英语教学》4档自办节目。

2003年，电台开办一档全新的体育节目——《体坛纵横》，播出时间15：00—16：00，节目内容以当日体育信息为主。

2004年6月8日，新闻综合频率节目播出时间延长至24点结束。22点20分至24点开办了《星空有约——午夜相伴》。

2005 年 1 月 1 日，新闻综合频率对全天节目进行改版。

2005 年 1 月，交通文艺频率增加《动感车世界》《成长在线》。通过改版的节目是《都市风景线》《生活资讯》《开心驿站》《时尚全接触》和《缘分的天空》。

2007 年 7 月 18 日，交通文艺频率节目进行相应调整，推出《听说很精彩》《资讯新干线》《铿锵麦克风》3 档全新节目，节目的整体水准和可听性有很大提升。

《听说很精彩》是一档娱乐节目同时开通热线，与听众形成互动。《铿锵麦克风》为访谈话题节目，形式自由多变，风格轻松活泼。内容多与当时听众熟知的热点话题和节日相关。如开播后不久就推出的“走进广播人”“中秋节”等系列访谈。特别是与辽宁朝阳电台联手，为走失五年的聋哑老人寻找亲人——围场山村教师张国富 5 年如一日，收养聋哑老人的感人事迹在承德、朝阳两地引起轰动。

《铃动新天地》是承德电台与移动公司合办的一档文艺类互动节目。以赠送彩铃为主要内容，主持风格轻松活泼，受到很多听众喜爱，每天短信平台都会收到几十条留言。

2008 年北京奥运会期间《体坛纵横》节目专门开设“承德人看奥运”“奥运进行时”“奥运课堂”等子专栏。

2008 年 5 月 9 日，电台旅游生活广播在经过 1 个多月的试播后正式开播。节目定位：一是旅游，重点向外推介承德的旅游资源；二是生活，向承德人宣传健康生活理念；三是娱乐，缓解上班一族紧张情绪。依节目定位开办一系列好听又有内涵的节目。

《畅游承德》根据承德得天独厚的区位和旅游优势，充分挖掘承德不同的地域景观和风土人情，向海内外游客推介承德本土的旅游特色，把名城承德推向世界。

《听歌游世界》是一档音乐旅游节目。

《非听不可》定位在娱乐、音乐，风格时尚动感。与国内各大音乐制作公司合作，第一时间介绍播放最新歌曲，并邀请本市资深音乐人走进直播间。另外，还设有《天下故事》和《1006直播生活》两档节目。

2009 年 3 月 1 日，交通文艺频率和旅游生活广播部分节目进行调整重组。调整后的交通文艺频率播出时间为每天 05：55 到 24：00，全天播音 18 个小时（周二下午 13：30—17：30 检修机器）。除保留原有栏目《早安承德》《开心驿站》外，还将原旅游生活广播中《经济生活进行时》《听歌游世界》《玫瑰风景线》等栏目移至交通文艺频率。新增设音乐类节目《音乐梦工厂》，生活服务类节目《品质生活》和晚间谈心参与类节目《城市不夜曲》。

2010 年，交通文艺频率交通文艺部负责旅游生活频率文艺类节目采编播出。《开心驿站》《阳光中转站》等几档直播节目在台里节目考评中多次获 A 乙类节目。同年至 2012 年 8 月，新闻播出部有 3 档节目《早安承德》《体坛纵横》《城市不夜曲》在交通文艺频率。同年 10 月，旅游生活广播以长书节目与综艺节目为架构，将节目进行全新设置。长书节目，包括古典及现代评书、小说和广播剧。同年 12 月，旅游生活广播加入北京电台旅游节目联盟。

2015 年 2 月 1 日起，交通文艺广播开办了《976 汽车联盟》《全城热恋》《我们爱旅游》《我是汽车人》《向职场出发》《小城大德》《娱乐 9 号线》等一系列栏目。

2015 年 5 月 1 日，新闻综合广播节目进行调整。《东游西逛》保留原来旅游节目的权威品牌；《我听我乐》是全新的车文化节目；《宜家时光天天热购》是全新推出的电台购物节目；《爱房爱家》是之前保留的房产、家装节目；《城市入口》是城市对话、情感交流的互动节目；《就一起听吧》打造的是全新的新闻娱乐化脱口秀节目。

2015 年 6 月，旅游生活广播与石家庄音乐广播合作，改版为旅游音乐广播，全天 18 个小时好音乐不间断直播。

三、综合服务类节目

广播综合服务类节目是伴随着社会发展时代进步，特别是广大听众精神文化生活水平的提升应运而生的。承德人民广播电台通过编辑制作一档档高品质节目，逐步建立起与听众互动连通的桥梁。

1996 年 1 月，《企业采风》《商海漫游》栏目开播。

1997 年 1 月 16 日，电台举办儿童故事作文大赛，吸引众多少年儿童参与。

1999 年 10 月，电台交通文艺频率开播。开设自办话题类节目《976 直播室》，情感类节目《人在旅途》，娱乐类节目《欢乐正前方》。

2001 年 3 月 1 日，电台进行节目调整。增加了《健康咨询台》《生活与保健》《健康之友》《空中彩桥》和《养生之道》等服务类节目。

2007 年 7 月 18 日，交通文艺频率节目调整，推出《资讯新干线》《铿锵麦克风》等 4 档全新节目。《资讯新干线》开设“财通天下”，每天及时播报股市动态，分析理财之道；“交通面对面”连接交通、运管等职能部门介绍政策法规，解答各种问题；“信息快递”为听众发布各类生活信息；“交通快递”“路况信息”及时播报违章车辆信息，交通路况信息，直接服务于司机群众。《铿锵麦克风》邀请了著名硬笔书法家庞中华，著名曲作家龚耀年等文化名人。

2008 年 5 月 9 日，旅游生活广播正式开播。节目定位为旅游、生活、娱乐。其中，《经济生活进行时》以关注经济、服务消费为宗旨。在财经资讯、金融理财、消费维权等方面全方位服务承德市民。充分利用本地资源，围绕节目的贴近性、实用性，设有每日市场行情、每周质量报告、消费者热线、理财时间等栏目。

《玫瑰风景线》是一档为女性量身打造的生活服务类节目，在为听众传播时尚资讯的同时，用女性的眼光观察世界，用现代文明的眼光关注女性。

《有事您说话》突出简单、快捷的服务特点，增加了网上交流平台。

2009 年 3 月，《品质生活》推出了《元旦美食总动员》《怎样过春节？》特别节目。

《成长在线》是一档关注未成年人成长的栏目。为使节目内容更加完善，2010 年新开办《小点子信箱》，就孩子成长中的各种问题和家长孩子共同寻找科学、健康的解决之道。

2010 年，为宣传“走转改”活动，《品质生活》节目特别推出“百姓故事”专栏。通过主持人到一线采访，制作播出《带病坚守大山 18 载的乡村代课老师贾桂艳》《帮助别人是一种快乐的隆化爱心联盟的创办者杨艳》《走出校门却一病不起的 24 岁大学生张扬》等一系列发生在听众身边的百姓生活故事，多次被评为台 A 乙类节目。

2011 年，交通文艺频率每月 15 日和残联联办《阳光心态》专栏。与石家庄《老年杂志》共同携手，为老年人提供最新的相关信息。《资讯新干线》增加现场直播报道环节，在两会、党代会期间成功进行多次现场直播报道。与保定电台合作播出了《春天里最温暖的故事》，讲述李维贺老夫妇与一群非亲儿女的感人故事。在《有事您说话》环节为听众发布各类生活实用信息 30000 多条，接听各类听众电话 50000 多次。在节目中成功地为车祸中受伤的女孩孔梓镜募集到 50 多万元手术款，并远赴连云港全程跟踪报道。

2012 年 2 月 13 日，世界首个广播日，新闻综合频率和廊坊及吉林旅游广播联合制作特别节目《情有独钟——我的广播情结》，通过先期采访本台广播前辈和优秀记者、主持人，然后在节目当天通过连线播出的方式让承德、廊坊、吉林三地的听众充分领略广播的独特魅力。3 月 5 日，《相约在此时》组织爱心团队成员到市福利院、市敬老院看望孤儿和老人，为他们表演节目，帮助理发打扫卫生，和孩子们玩耍；让爱心行动的魅力温暖更多的人。3月8日的国际妇女节特别节目利用节目不同时间段，做成连续性节目,6位主持人分3组在《玫瑰风景线》(14：00—15：00)《铃动新天地》(18：00—19：00) 和《相约在此时》(21：00—21：30) 节目中播出。

2012年8月，广播节目实行总监制。在原有的节目基础上，根据市场定位和听众收听习惯进行重新划分和调整，由以前的节目一至四部，新闻播出部和评论部按频率划分为新闻综合广播、交通文艺广播、旅游生活广播3个频率。

同年10月1日起，新闻综合广播全新改版。与综治办等多家单位联合推出法制节目《法理民生》，增设了文学节目《听文与君识》。《法理民生》是一档与本市公检法司相关部门合作的法制类节目。与市公安局合办《承德警事》,其中，《今日110》每日发布承德治安形势分析，对盗窃、诈骗、抢劫等案件多发地区的分布及如何防范等做出提示。与市法院合办《法槌之音》，上半年25位法官做客直播间。与山庄、君兴、承天等律师事务所合作，近百名律师对涉法事件从法律角度进行解析并接受市民的法律咨询。同年9月，交通文艺广播与承德交警合作将路况信号直接引入直播间，广播节目第一次实现真正意义上的路况直播，这在全省广播中是第一家。10月，各部位实行竞争上岗，交通文艺广播所有节目进行调整 ，周末进行大板块播出。改版后，开设《976音乐时间》《缤纷移动》《城市快车道》《你好 taxi》《我的青春我的城》《一路畅听》等新栏目。

《城市快车道》是一档路况资讯类直播节目。每天早晨8点到9点，主持人为听众搜罗最新鲜的本地资讯及国内外新闻、即时路况，同时带来最犀利的互动话题，并开通官方微博、热线、QQ群等平台，便于听众随时互动。

《你好 taxi》以出租车司机及相关群体为关注对象。节目设有出租司机俱乐部、976热心司机光荣榜、出门打个车、976司乘热线等。

《一路畅听》是在下班晚高峰到来之前播出的一档集路况信息、交通资讯、生活提示、话题交流为一体的互动性直播节目。每天下午4点到5点，以鲜明的贴近性、反应的快速性和服务的陪伴性，成为移动人群获取即时资讯的交流平台。

2013年2月和8月，新闻综合频率推出关注留守儿童寒假和暑假生活的系列活动。活动以嘉宾访谈、场外记者和留守儿童代表全程热线回传三个板块，就留守儿童急需关注的现状做全面报道，节目播出后受到广泛关注。

2014年，新闻综合广播主要时段加强直播互动性。将原有的13：00—14：00《午后听书时间》改为《人人都爱收音机》，节目趋向综合娱乐内容；18：00—18：45的《听文与君识》改为《hello 微博》；文学节目并入22：00—22：30改名为《夜阑书香》。

2014年5月和7月，《相约在此时》成功举行了五四青年节特别节目和七一特别节目，吸引大批听众参与到城市公益活动中来。

2015年2月1日，交通文艺广播开办《976汽车联盟》《全城热恋》《我们爱旅游》《我是汽车人》《向职场出发》《小城大德》《娱乐9号线》等新节目。

《976汽车联盟》是一档集买车、卖车、养车、修车为一体的服务类节目，为听众提供全方位的汽车服务。节目中设置“爱车全攻略”“选车进行时”“爱车有话说”“淘淘二手车”等栏目，邀请业界权威人士作专业指导。

《向职场出发》是一档职场节目，是承德首档广播职场真人秀节目。

第二节 收听调查与广播业务交流合作

一、收听调查

为广泛吸收听众意见，电台每年年底举办一次大型听众座谈会，从节目设置、形式、广播用语、播音腔调和速度等，全面听取意见，并认真总结，然后传达给每一位采、编、播人员，要求他们吸取教训，改进工作。除此，电台还组织10多名“听评员”每月底对所办节目进行分析点评。并根据听评结果定出等级，公之于众，奖优罚劣。如今，这一制度已坚持10年。

为了扩大听众调查范围，电台于1996年、1998年、2001年3次在《承德广播电视报》刊登选票，面向社会开展较大规模听众调查。在2001年开展的调查中，共收到10000多选票，《承德新闻》《百姓热线》《法制30分》《开心时刻》《938新闻广角》《相约在此时》《大千世界》《山庄快车》和《欢乐正前方》被评为听众喜爱的节目。其中，《承德新闻》《百姓热线》《法制30分》收听率分别达到83.6%、64.4%、63.7%。

为了表彰热心听众，扩大听众群，电台从2000—2005年无偿为听众派发收音机5000多台。同时，电台各节目部经常组织各项活动使听众参与到节目中来。

2009年，交通文艺频率《品质生活》节目开播，于5月份和市妇联儿童部合作宣传本市“春蕾计划”的开展情况，并在节目进行中开通热线成功的为围场县的特困儿童联系到捐助对象。节目播出后反响强烈，承德商城的商户集体为特困儿童捐助了生活用品。

2010年8月，电台交通文艺部举办推新人歌手大赛，分设美声、民族、通俗三个类别。各县区，各单位团体个人踊跃参赛，比赛评选出一、二、三等奖及优秀奖。

2010年9月，交通文艺频率利用教师节和中秋节两大节日与广大教师和高校同学共同举办文化宣传活动。与市民政局福利彩票发行管理中心携手成功举办“首届‘福彩杯’校园武林大赛”。10月，举办第三届“夕阳无限好　相约在此时”听友联谊会。

2011年5月，交通文艺频率与双桥区环卫局和本市高校百名学生走上街头清扫垃圾，宣传环保知识，举办“环保我先行”实践活动。6月，就国际管乐艺术节选址承德制作特别节目《避暑山庄　和合承德》，进一步拉近承德与世界的距离。7月，中国共产党成立90周年制作特别节目“向党说句心里话”。节目现场连线与共和国同龄的老党员及“70”后、“80”后的年轻党员。10月，在九九重阳节成功举办第四届“夕阳无限好，相约在此时”大型听友联谊会。

2012年，为提升广播媒体的社会影响力，交通文艺广播连续20次举办“976欢乐大派送活动”，吸引参与司机1000多人次。

2012年春节期间，新闻综合频率《相约在此时》节目推出暖冬活动。连续6年帮扶广播听众中的老弱病残家庭，为他们送去米面油。1月17日，为15户贫困听众送去温暖，也吸引更多周边城市的听众加入到“相约爱心团队”。

2012年11月，交通文艺广播成立“976车友会”，发展会员4000多人，并在短短7个月时间里成功组织3次大型自驾活动。12月，创建了承德媒体的第一个官方认证微博，拥有粉丝50000多人。

2012年12月，旅游生活广播加入北京电台旅游节目联盟，为进一步扩大承德的知名度和影响力搭建一个更广阔的舞台。

2013年元旦，交通文艺广播推出大型公益互动活动“寻找承德最美司机”。设置“976司机光荣榜”环节，将司机捡到的乘客遗忘物品，直接通过电话在节目中播出，并将拾金不昧的司机记录在976热心司机光荣榜上。从过去的失主打电话寻找丢失物品，到司机主动给节目组打电话送还丢失物品，这一改变提升了节目的社会影响力。

2013年4月，四川雅安地震，新闻综合广播率先联络相关商家和本市书法艺术家，举行“雅安我们在一起”赈灾义演义卖募捐活动，现场募捐、义卖的1万元全部交给市红十字会。5月份，推出“天津爱心车队助学行”活动，爱心车队走进宽城、围场两所贫困小学，共计为学校和师生捐助体育器材、课外读物、学习用具、教学用具价值56000元。8月份，推出“守望爱、关注留守儿童暑假生活”系列活动，邀请留守儿童问题专家、农村基层教育工作者、社会爱心机构负责人、民间爱心人士做嘉宾访谈。场外记者、留守儿童代表全程热线回传，展现留守儿童暑期生活全貌。10月份，推出《点亮心灯，残健同行》891盲人节特别活动。活动当天，志愿者带领盲人去影城听电影，理发师给盲人理发，请盲人吃饭，通过多种方式给予这个社会特殊群体一份爱护和关心。11月份，推出“新闻综合频率社区行”活动，记者、主持人深入社区，走访调查听取基层百姓的声音，反映社区好人好事、解决百姓疑难杂事。

记者节到来之际，以女记者的名义发起“女童保护——爱蕾行动”。公益活动由新闻综合频率工作人员、教育界、法律界专家带队，深入承德县三家乡孤山小学，通过调查问卷、专家讲课等方式普及儿童防性侵知识，提高孩子自我保护意识。

2013年5月，旅游生活广播与铁道旅行社合作，推出带听众港澳游活动。活动分三批进行，出游人数达200人左右。之后，又与各大旅行社组织了海南游、华东五市游、西藏游。

2013年6月，交通文艺广播拍摄形象宣传微电影《我愿意》。这也是第一部承德媒体投资出品的微电影。

2014年4月27日，旅游生活广播举办全民健身大型登山活动，倡导健康理念，为生活增添色彩。活动共有50多家单位，700多人参与。

2014年4月中旬，新闻综合广播组织听众开展爱心传递活动，为血液病患者张丽华捐款2000多元。5月8日，《相约在此时》与市妇联和爱心联盟共同举办了绘画书法拍卖会。国际助残日，倡议听众到敬老院和福利院看望老人孩子。7月，推出第三季“守望爱”品牌公益活动，特邀全国“女童保护”项目专业讲师来承，为两所学校的留守儿童发放宣传书册，普及自我保护知识，并现场培训项目志愿者。频率与项目组签署“女童保护”项目协议。由频率发起成立南北公益大联盟，吸纳12支公益团队。以“关注弱势群体、加快和谐社会建设”为联盟宗旨，成立之初便发起“唤醒你的耳朵，听到爱的声音，澳大利亚‘魏基成天籁列车’助听器捐赠启动仪式暨南北公益大联盟公益晚会”，为承德地区听障者捐赠1031部价值206万元的助听器。

2014年5月，交通文艺广播成立承德976文化传媒有限责任公司。

2014年7月，旅游生活广播加强与各县旅游局联系，充分挖掘本地旅游资源。在暑期到来的时候，推出承德市短途游等项目。

2014年8月8日，旅游生活广播充分发挥自身频率优势，全程策划运作“龙玺御园”杯2014“舞味俱全”全民健身广场舞大赛。来自市、县区58支代表队1800多人参加。参与范围之广，人数之多，刷新以往同类比赛纪录。他们中最大年龄75岁，最小年龄13岁。

2015年2月，交通文艺广播全面去除药品讲座广告，实现全天候节目无讲座播出，这也是承德第一个无药品广告的广播频率。5月，又成立了承德媒体的第一个智库组织“976智库英雄会”，汇聚各界精英百余人。6月，创建交通文艺广播微信官方订阅号，这也是承德传统媒体的第一个微信订阅号。10月31日，交通文艺广播被市政府确定为“承德市应急广播”。

2015 年 7 月，旅游音乐广播倡导低碳环保、全民健身、乐活徒步走、健康新生活。在第 44 个世界环保日到来之际，由市环境保护局，市体育局，承德广播电视台、承德旅游音乐广播联合举办千人徒步走活动。市直机关，企事业单位，社区市民团体近千人徒步行走，起止地点中心广场及行走途中吸引众多市民关注。

2015 年 8 月，旅游音乐广播携手天泰文化传播有限公司等共同举办“DJ 领跑荧光夜”活动，旅游音乐广播从总监到各 DJ 主持人做了充分的准备，活动有 1000 多人参加。

2015 年 11 月，旅游音乐广播举办朗诵、故事、作文达人秀大赛。从幼儿到小学生、中学生、大学生共有 2000 多人报名参赛，评选出各类别的一、二、三等奖和故事大王。

二、广播业务交流

1981 年，承德人民广播电台正式加入全国地市州盟广播电台节目交换会。每年 3 次（音乐节目交换会、长书节目交换会、曲艺文艺节目交换会），电台工作人员带着笨重的机器和大量沉重的开盘带奔赴会议地点。把自己制作的优秀节目送出去、同时带回来自全国各地好的广播作品。展出的作品主要有长篇评书《三国演义》《隋唐演义》《胡家将》《杨家将》及很多名家戏曲唱段、相声段子。参展作品都是在那个时候由电台工作人员肩扛手提带回来的。带出去的很多节目，侯毅录制的小说《超级女谍》《苍生》等都获得各地同行及听众的好评。

1996 年 8 月 16 日，承德人民广播电台与中国国际广播电台联办《皇家旅游城——中国承德》节目开播。

1998 年，电台创作播出 100 集系列配乐广播节目《著名旅游胜地——承德》，参加海峡两岸节目交流。

2002 年，承德人民广播电台邀请中央人民广播电台采编播人员来承德调研走访。8 月底，中央电台先后有 23 人到承德采访。

20 世纪 90 年代初期，通过积极争取，播音员金秋参加中央人民广播电台在四川万县举办的全国省级电台播音员培训班。

进入 20 世纪 90 年代中期，全国广播事业迎来黄金发展期，电台也不失时机地走出家门学习外省市电台先进的办台理念，汲取营养使自身的节目也得到了长足的发展和进步，一批优秀的节目应运而生。1994 年开始，先后派编、采、播、节目制作、技术等一线工作人员走出去考察学习，足迹遍布省内各地市及辽宁、海南、山东、云南、浙江等省份。同时，也利用外地媒体（如陕西、上海、四川等地）来承德做客的机会，与他们交流学习，得到了很多启示。

2004 年—2008 年，电台每年都要派一线采、编、播（主持）人员到南方发达地区电台学习、考察、交流。2006 年 7 月，根据南方办台经验推出的《资讯新干线》《铃动新天地》《听说很精彩》《铿锵麦克风》等节目，一经面世，便受到了广大听众的关注和认可。3 个频率也不断的“走出去，引进来”。

2008 年，承德电台《铿锵麦克风》节目与朝阳台合作，为走失 5 年的聋哑老人寻找亲人。山村教师张国富 5 年如一日收养聋哑老人的感人事迹在承德、朝阳两地引起反响。

2009 年 8 月，承德电台与唐山电台签订合作协议，两台在新闻宣传、人员交流等方面达成广泛合作意向。

2012 年 10 月，交通文艺广播参与省交通台全省“交通文明天使”评选承德站活动，被授予此次活动的最佳组织奖。

2012 年 11 月，由交通文艺广播总监带队，组织骨干人员到山东交通广播学习交流。

2012 年，交通文艺广播与承德广播电视报、承德新闻网进行整体合作，并在承德新闻网开办宣传网页。与长城网、燕赵都市报等媒体建立合作关系。

2013年，交通文艺广播正式加入中国交通宣传委员会，并于10月参加在贵州举办的交宣委年会。

2014年，交通文艺广播参加在西安举办的交宣委学习交流会。4月，交通文艺广播到江苏交通广播学习交流。10月8—13日，交通文艺广播全国历史文化名城采风活动，走进云南漾濞。制作的节目专题《走进漾濞》在交通文艺广播播出，并获得二等奖。

2014年9月，新闻综合广播到石家庄考察学习，与石家庄广播电台和河北广播电台进行友好交流与合作。

2014年12月，旅游生活广播到山东济南台交流学习。

2014年，承德电台与河北电台共同举办“走两环看发展”大型采访活动，共播出报道21篇。

三、广播业务合作

激烈的媒体竞争环境下，广播如何提升传播力，走出去、争发展、谈合作，实现共赢成为广播同人的一致共识。从1981年承德人民广播电台正式加入“全国地市州盟广播电台节目交换会”开始，承德人民广播电台几乎每年都会把自己制作的优秀节目送出去、同时带回来自全国各地的优秀广播作品。同时，线下活动也积极开展，与商家客户友好互动。在很好地展示自身优质节目资源的同时，不断丰富广播节目内容。

1998年、1999年两年就为中国国际广播电台制作节目176期，为台湾有关电台制作节目98期。据统计，1998年到2005年，电台在中央台发稿近200篇、省台发稿1200多篇，在宣传承德等方面做出了突出的贡献。

2002年，电台加入由全国54家电台共同打造的全国广播协作体。在一档名为《飞越城市》的双向直播旅游节目中，通过各台间连线直播的方式推介自己城市的旅游资源和旅游亮点。该节目每周一期，很好地向外推介承德旅游资源，让外地听众了解承德，也让本地听众开阔了眼界。

2003年，电台利用上海东方传媒集团负责人来承的机会，积极争取与上海东方电台、北京经济电台合作。利用全国广播媒体旅游协作网，在全国多家省级媒体同步直播避暑山庄肇建300周年大型庆典活动。在很好地宣传承德的同时也树立了承德广播形象。

2006年10月22日中午，承德台成功策划实施市委书记赵文鹤走进中央台中国之声《新闻直播间》，利用30分钟时间，向全国和海内外听众全面介绍承德市在改革开放、经济建设和和谐社会建设等方面所取得的巨大成就。许多听众通过短信与市委书记赵文鹤和中央台主持人进行交流，节目播出的同时就收到海内外短信400多条。

2007年10月15日中共十七大召开的当天，中共承德市委书记赵文鹤再次走进中央台《新闻直播间》“说紫塞发展，谈和谐承德”，成为中共十七大期间第一位接受中央台专访的市级十七大代表。11月16日，承德市长作为中央台嘉宾，接受了中央台中国之声《直播中国——走进承德》专访，节目历时50分钟，采访过程中，与全国听众实现了互动。同时，中央台、河北台、承德台和中国广播网、紫塞明珠网都进行了现场直播。

为使交流合作更为直接，承德台对省台和兄弟台组织的活动都积极派员参加。2007年，省台组织了“科学发展燕赵行”大型系列采访活动，由河北电台和各市台记者共15人组成的采访报道组赶赴全省各地进行采访报道。采访过程中各台同时发稿。承德台把这次活动作为交流合作的良好机遇，不但派精兵强将参与，还在报道组在承德采访的7天过程中，全力支持与配合。记者们采访的10篇录音报道在采访结束后的第2天，同一时间在河北电台和省内其他市台同时播出，其宣传效果和舆论强势前所未有。

2007年、2008年两年，承德台对上宣传实现重大突破，有18篇稿件被中央台《全国新闻联播》《新闻和报纸摘要》节目播发。

2008年，又与天津台合作，组织“千里滦河行”大型主题采访活动。新闻中心派出骨干记者，足迹遍布承德8县3区及唐山、天津等地，累计行程6800多千米，发回稿件200多篇。为近年来历时最长、投入人力最多、发稿最多、涉及面最广、社会影响力最大、社会效益和经济效益双丰收的跨区域大型联合采访活动。承德台还把对外对上宣传作为交流与合作的重要环节，以此提高承德的知名度和美誉度。

2008年4月15日，电台与中央人民广播电台、河北人民广播电台联合推出大型直播中国特别节目——《春潮涌动话承德》。在50分钟的时间里，时任承德市委书记走进直播间，畅谈近年来承德经济社会所发生的巨大变化，并重点对富民强市《六项行动计划》的提出与落实以及它的实施给承德经济社会所带来的巨大影响等问题进行重点阐述。在节目直播过程中，承德台派出多路记者，从各个现场发回报道，在国内外产生重大影响。

2008年11月14日起，中国国际广播电台全球广播《新闻会客厅》栏目和国际在线网站向全球陆续播发由承德电台联手中国国际广播电台采访制作的大型系列报道——中国改革开放30周年之魅力承德。内容包括“魅力承德之民间艺术——藤氏布糊画”“利用科技生态保护文物——访承德市文化局副局长项阳”“避暑山庄里的外国人”“承德打造生态园林城市”“承德旅游：从事业到产业”“旅游胜地避暑山庄”等。图文报道涉及乔杖子剪纸、汉藏建筑风格合一的普宁寺等。

2012年8月，中央人民广播电台早间节目部党支部来承德开展“走、转、改”活动。在承期间，编辑、记者、主持人走近滦平县周台子村，感受这个村在党组织的带领下，由贫困村走上承德第一村的历程。深入了解承德市立足丰富的旅游文化资源，发展文化产业取得的成效。两篇稿件在中国之声龙头节目“新闻和报纸摘要”播出。

2013年5月，与河北电台合作开展“太行燕山百村行”走进承德大型采访活动，四路记者分赴承德各个县区乡村集中采访，共播发稿件20篇。

2013年9月，中央人民广播电台早间节目部走近承德探访承德为保护京津水源、保护生态做出的努力和牺牲，相关报道在“新闻和报纸摘要”“新闻纵横”中播出。

2014年4月，与河北电台合作开展“走两环、看发展”走进承德大型采访，3路记者入社区、进厂矿、走农家，共采写稿件21篇。

2014年8月，电台配合中央电台采访，在“新闻和报纸摘要”“新闻纵横”播出3期系列报道《问诊京津冀》，相关内参被中央有关领导批示。

2015年6月，与河北电台合作开展“走进魅力村镇”活动，集中发稿8篇。

2013年、2014年、2015年，连续3年被评为中央电台市级媒体发稿“十强”单位。连续3年被评为河北广播联盟发稿银奖单位。

2010年—2015年，在中央台发稿近510多篇，省台发稿近2800多篇，为宣传承德做出突出贡献。

2015年10月，交通文艺广播被市政府命名为“承德市应急广播”，承担应急广播职责。在几次大雪、大雾的特殊天气中迅速、准确地将突发事件预警信息进行传输，为减少人民群众生命财产损失提供有力保障。在认真贯彻京津冀协同发展的理念下，与北京交通台建立合作关系，实现路况信息一体化播出，并加入“京津冀广播联盟”，参与节目的播出与制作，更好在全省树立了976承德交通广播的良好形象。

交通文艺广播从2012年开始连续4年举办出租车爱心送考活动，并及时将活动信息上传至省交通广播对上宣传。

从2002年开始，承德广播加入由全国54家电台共同打造的全国广播协作体。在《飞越城市》的双向直播旅游节目中，通过各台间连线直播的方式推介自己城市的旅游资源和旅游亮点，该节目每周六上午1期，2010—2014年近200期节目很好地向外推介承德旅游资源。

近年来，广播剧《交警爸爸》《飞船即将坠落》等作品相继摘取国家及省部级大奖。其中，《将军与冰儿》是与北京台合作并在北京台录制的，《送娘回家》《魂归塞罕坝》《穷山沟创奇迹》都聘请了河北话剧团演员参与创作。

四、广播节目获奖情况

承德人民广播电台新闻从业人员牢记自己身上的职责使命，深入基层挖掘真实的群众声音，采写出一篇篇真实、准确、有温度的新闻。据不完全统计，1996—2008年，共获得国家级奖项14个；1992—2008年，获得河北省新闻奖一等奖作品33个；2010—2014年，获得其他奖项28个。

表2–2—1　1989–2015年承德广播电视台广播部位获国家级奖项作品一览表

获奖时间	等级奖项	作品名称	主创人员
1989年	第三届全国法制好新闻三等奖	一场伪证官司的前前后后	王凤麟
1989年	全国市级电台广播戏曲节目评比金龙二等奖	介绍活跃在我市的一支业余京剧演唱队伍和他们的京剧选段	张秀发
1990年	全国优秀少儿广播节目三等奖	一套少儿节目	杨淑华
1990年	中国广播电视学会戏曲广播三等奖	双塔仙子	方　田
1991年	中国广播电视学会戏曲广播三等奖	南梆子四平调唱腔欣赏	张秀发
1993年	光明日报“名人专访”写作竞赛一等奖	老科学家的日常生活——访周培源	李凤龙
1996年	第五届全国社会治安综合治理好新闻三等奖	改变沙漠的是水，有水才会有绿洲	赵启林　汪　贵
1996年	中国广播奖	密林深处孟家屋	汪　贵
1998年	第十四届全国优秀广播广告优秀奖	活性乳	王晓杰　计卫泽　冯　霞　焦瑞清　敖大玮　白佩珍　吴　越　于广承

续表 2-2-1

获奖时间	等级奖项	作品名称	主创人员
1998年	第十四届全国优秀广播广告优秀奖	普宁寺	王晓杰 计卫泽 冯 霞 焦瑞清 敖大玮 白佩珍 吴 越 于广承
1998年	中国晚报新闻奖二等奖	恩人，让我叫您一声“妈”	汪 贵
2000年	第十六届全国优秀广播广告节目二等奖	保护文物人人有责	杨正义 计卫泽 王晓杰 敖大玮 金 秋
2000年	第十六届全国优秀广播广告节目三等奖	“樱花”牌抽油烟机	王晓杰 计卫泽
2000年	中国广播电视学会农研会优秀节目奖	朱总理视察沙区后	王九凤 张 欣 于广承 冯 霞
2000年	中国晚报新闻奖一等奖	“小记者”状告民主与法制社	李瑞鲜 王幸子
2001年	中国广播电视学会奖“面向新世纪的广播电视”论文二等奖	把握脉博，制造丰富的精神食粮	吴建明 杨田林 宋晓静
2001年	“新世纪、新农村、新农民”全国农民读书征文二等奖	我与义务宣传员30年	杨 广 王九凤
2002年	国家广播电影电视总局广播节目技术质量三等奖	城市名片	王德明 冯 霞
2003年	第十四届中国新闻奖广播消息二等奖	筷子树向人们发出的环保警示	汪 贵 丁双飞
2003年	在中国作家世纪论坛五周年庆典中获全国作品评比一等奖	《占房》（中篇小说）	王九凤
2003年	在中国作家世纪论坛五周年庆典中获全国作品评比一等奖	山高水长情意深	王九凤

续表 2-2-1

获奖时间	等级奖项	作品名称	主创人员
2003年	第三届“黄河杯”全国艺术大赛中获三等奖	过年好	王九凤
2003年	中华纵横全国诗画摄影征文评选二等奖	苹果绿色的百褶裙	王九凤
2005年	中国新闻奖三等奖	驮背上的希望	汪　贵　赵启林　王剑辉　李瑞鲜　王晓华
2006年	中国广播剧专家奖银奖	将军与冰儿	北京人民广播电台　承德人民广播电台
2007年	全国关注森林新闻三等奖	让大树住进城市	王赫远　李凤龙
2007年	第十八届中国新闻奖广播专题二等奖	捡个老人当“妈”养	李瑞鲜　张宁哲　甘明锋　汪　贵　郭春元
2007年	中央台优秀节目评选新闻类二等奖	千鹤山的呼唤	张小艳　汪　贵　王剑辉　魏漫伦　王　敏
2007年	全国法制好新闻广播新闻三等奖	“跨省联合调解”破解跨区纠纷	刘　宁　刘　婕　赵焕华　步晓宇
2008年	中国广播影视广播专题大奖	千鹤山的呼唤	承德人民广播电台
2008年	中国广播剧专家奖银奖	送“娘”回家	承德人民广播电台
2008年	全国广播电视行业联合采访行动《解放承德》及同名百集系列节目创新联播中被评为“三等节目”	解放承德	王剑辉　张宁哲　王春杰　刘　洋　刘和平　计卫泽　汪　贵
2009年	第十届中国广播剧研究会广播剧专家奖连续剧铜奖	穷山沟创奇迹	承德人民广播电台
2011年	中国新闻奖三等奖	真情永远	李瑞鲜　汪　贵　韩志红　张宁哲　王春杰　侯　丽

续表 2-2-1

获奖时间	等级奖项	作品名称	主创人员
2012年	全国历史题材创新创优二等奖	抗日英雄麻利嫂	汪贵 胡慧梅 吴春晓 李瑞鲜等
2012年	中国国际广播新闻奖二等奖	为了一个永远的约定	杜岩卿 李瑞鲜 孙立宏 纪青云
2012年	中国广播电视协会三等奖	城市快车道	赵秋蕾 田雨欣 赵海林 王春杰
2012年	中国广播电视协会三等奖	灰色交通	张 洋 胡慧梅 康笑语 王 欢
2013年	中国广播电视协会三等奖	一路畅听	张 强 胡慧梅 田雨欣 康笑语
2013年	中国广播电视协会三等奖	新媒体时代广播的创新之路	张 强 胡慧梅 赵秋蕾 康笑语
2014年	中国残疾人联合会第十一届各地人民广播电台残疾人节目展播一等奖	五年·七年——两个残疾人朋友的生命故事	刘 婕 赵焕华 刘允丽 曹雅杰
2014年	第四届全国历史题材广播电视节目创新创优广播系列二等节目称号	戈壁滩上的绿色梦想	王赫远 王剑辉 迟凤东 孟 洁
2014年	2013—2014年度中国广播影视大奖广播电视节目奖获得广播现场直播类提名	同饮滦河水、共思幸福源	刘 婕 刘 瑾 杨正义 王剑辉 陈 伟 丁双飞 褚宝镜 王德明
2014年	第87届全国城市电台经济信息交流会优秀广告作品三等奖	光盘行动	胡春燕 孟 洁 孙 亮
2014年	第87届全国城市电台经济信息交流会优秀广告作品三等奖	尊重孩子，学会倾听	胡春燕 孟 洁 孙 亮
2015年	第十六届中国广播剧研究会广播剧专家奖连续剧铜奖	魂归塞罕坝	梁世杰 杨正义 计卫泽 刘 婕 孙 健 王剑辉 王德明 孙丽佳 丁双飞 王赫远 刘 洋 曹雅杰 王濯尘 陈 伟 徐秀娟 刘 瑾 侯 丽 李琳琳 赵海林 韩志红 张 强 迟凤东 张宁哲

表 2–2—2　1989–2015 年承德广播电视台广播部位获河北省新闻奖一等奖作品一览表

获奖时间	等级奖项	作品名称	主创人员
1989年	河北省好新闻专稿一等奖	临危不惧 勇斗歹徒 众志成城 邪不压正	王占举　刘和平　王晓杰　张 华　李月华
1989年	河北省好新闻评论一等奖	面对红果跌价的西地人	赵炳昕　敖希圣　胡乃实
1989年	河北省地市电台节目交换中获一等奖	乐音缕缕飞塞外 情洒华夏上水间	侯效东
1990年	河北省女新闻工作者1990年度好新闻一等奖	让孩子们也入迷	王剑辉　宋晓静
1990年	河北省第四届地、市电台文艺节目交流会	《热河冷艳》《美啊，承德》	林东光
1991年	河北省优秀广播电视播音论文一等奖	准确，是播音创作的基础	张秀发
1991年	河北省优秀广播电视社教节目对农一等奖	爱的颂歌	汪　贵
1991年	河北省社教节目一等奖	艺苑奇葩清宫宴乐舞	杨淑华
1991年	黄河陇海区域第四届优秀节目评选一等奖	浅谈音响在广播通讯中的作用和应注意的几个问题	王剑辉　钱国忠
1992年	河北省好新闻评选广播新闻一等奖	乘上科技快车才能急起直追	赵启林
1992年	河北省好新闻评选广播新闻一等奖	非凡的一越	汪　贵
1992年	河北省好新闻评选广播新闻一等奖	今日柯受良飞跃成功，明日金山岭誉满全球	王晓杰　李书林
1992年	第三届河北广播学会优秀论文评比一等奖	加大力度、拓宽广度、开掘深度	向人硕　刘世杰

续表 2-2-2

获奖时间	等级奖项	作品名称	主创人员
1992年	河北省社教节目一等奖	少儿俱乐部栏目	杨淑华
1992年	河北省社教节目一等奖	承德的传统美食	杨淑华
1993年	河北省优秀广播电视社教节目一等奖	老杖子的路这样走	李越华　王造澜
1993年	河北省地、市电台文艺节目展播一等奖	贺新春	侯效东　祝东芬
1993年	河北省地、市电台文艺节目展播一等奖	紫塞风	韩建民　徐秀娟　王大石
1994年	河北省优秀广播电视节目一等奖	靠科技之浆，荡科技之舟	吴建明　王晓杰
1995年	河北新闻奖广播新闻专题一等奖	塞外女警官——辛彩霞	王晓杰　敖大玮　张宁哲
1995年	河北新闻奖广播社教对台节目一等奖	清晨祝福对台特别节目	李　楠
1996年	河北新闻奖电视社教一等奖	孟家屋	汪　贵
1996年	河北新闻奖广播新闻一等奖	科技的承诺	王剑辉　白云龙　石佩荣　王大石
1996年	第三届大地之光征文三等奖	明星镇的风采	王九凤
1996年	河北省社会治安综合治理好新闻一等奖	改变沙漠的是水，有水才会有绿洲	赵启林　汪　贵
1997年	河北新闻奖广播社教一等奖	一位农民画家的追求	王九凤　焦瑞清　冯　霞　于广承　白佩珍
1997年	第四届大地之光征文通讯一等奖	心系大南沟	王九凤
1999年	河北省好新闻评论一等奖	一把永不锩刃的反贪之剑	吴　越　韩　冰

续表 2-2-2

获奖时间	等级奖项	作品名称	主创人员
1999年	河北省广播电视奖一等奖	好人王大妈的故事	汪　贵
1999年	全省首届“五四新闻奖”一等奖	绿色行动——托起明天的太阳	王剑辉　张宁哲
2000年	河北新闻奖一等奖	闪光的金牌	汪　贵　李瑞鲜　赵启林
2000 年	河北人民广播电台庆建党80周年征文一等奖	义务宣传三十载，文化科技献乡亲	王九凤　张　欣　于素民
2001年	河北新闻奖一等奖 河北省广播电视新闻奖广播新闻一等奖	一份特殊的荣誉证书	汪　贵　赵启林　褚宝镜
2001年	河北省广播电视新闻奖广播新闻一等奖	萨马兰奇与中国农家女	刘　婕　王剑辉
2001年	河北省广播电视新闻奖广播广告一等奖	保护环境，绿化家园	冯　霞　于广承　焦瑞清　刘　瑾
2002年	河北新闻奖一等奖 河北省广播电视新闻奖一等奖	退耕还林话养羊	赵启林　汪　贵　张丽华
2002年	河北新闻奖一等奖	保护文物	杨正义　王晓杰　计卫泽　敖大玮
2002年	河北省广播电视新闻奖广播社教类一等奖	古刹喇嘛消防兵	王剑辉　刘　婕　张育萍　杨正义
2002年	河北省广电局科学技术委员会优秀技术论文一等奖	调频立体声发射机编码器故障分析与检修	裴跃波　杨旭东
2003年	河北新闻奖一等奖	筷子树向人们发出的环保警示	汪　贵　丁双飞
2003年	河北新闻奖一等奖	关注酒泉，关注神州五号	李凤龙　王剑辉　刘和平
2003年	河北新闻奖一等奖	名城的士	敖大玮　孟　洁　毛　健　贾平萧 计卫泽　王晓杰

续表 2-2-2

获奖时间	等级奖项	作品名称	主创人员
2003年	河北省广播电视新闻奖广播新闻一等奖	大山里走出的好军医——说说抗非英雄李晓红	汪　贵　赵启林　张丽华
2004年	河北新闻奖一等奖	谁来保护我们的水源地	王赫远　王剑辉　孟　洁　吴　越　王化美
2004年	河北新闻奖一等奖	我们离奥运精神还有多远	汪　贵
2004年	河北省广播电视新闻奖广播社教一等奖	七旬夫妇的麻雀情	刘　婕　汪　贵　王剑辉　王晓华　张育萍
2004年	河北省广电局科学技术委员会优秀技术论文一等奖	调频立体声发射机频偏与导频信号的关系	裴跃波　杨旭东
2004年	在党风廉政杂志社、廉政风云杂志社举办研讨会上被评为一等奖	风水宝地（短篇小说）	王九凤
2004年	河北省文艺振兴作品	风雪望火楼（广播剧）	承德人民广播电台
2005年	河北新闻奖一等奖	驮背上的希望	汪　贵　赵启林　王剑辉　李瑞鲜　王晓华
2005年	河北广播影视奖一等奖	抗日英雄麻利嫂	李瑞鲜　汪　贵　吴　越　李求实
2006年	河北新闻奖一等奖	小饭盒树起大形象	汪　贵　李瑞鲜　陈　曦
2006年	河北影视奖一等奖	两个老人和一份遗愿	刘　婕　刘　宁　王赫远　王剑辉　李凤龙
2008年	河北省第十一届文艺振兴奖（2003—2007年度）作品奖	将军与冰儿（广播剧）	承德人民广播电台
2008年	河北新闻奖一等奖	佟占海25年“种”文化	冯　华　汪　贵　李瑞鲜　赵启林　徐　敏

续表 2-2-2

获奖时间	等级奖项	作品名称	主创人员
2008年	河北新闻奖一等奖	返乡农民工的出路在哪里	刘　婕　赵启林　甘明锋　王剑辉　王赫远
2009年	河北新闻奖一等奖	单亲女孩冯父康	李瑞鲜　汪　贵　杨枷琪　孔德贻　李琳琳　张　强
2010年	河北新闻奖一等奖	普通汽车修理工被重汽集团聘为“荣誉技术顾问”	李瑞鲜　孙　林　计卫泽　刘跃利
2010年	河北新闻奖一等奖	偏桥村新农村建设纪实	孙　林　伊志山　计卫泽
2010年	河北广播影视奖一等奖	滦河源头夕阳红	吴　娜　杨　硕　曹雅杰　张　强　李宝峰　李芳芳
2011年	河北广播影视奖一等奖	好人王东民	刘　婕　陈　伟　刘　宁
2011年	全省政法综治优秀新闻作品一等奖	21年的承诺	王　哲　王赫远　王德明　王春杰
2012年	河北新闻奖一等奖	承德小伙于清泉暴雨中托举出29条鲜活的人命	王赫远　杨枷琪　冯　华
2012年	河北影视奖一等奖	为了一个永远的约定	杜岩卿　李瑞鲜　孙立宏　纪青云　王广文　吴芳等
2013年	河北广播影视奖一等奖	女童保护爱蕾行动	刘　婕　刘　宁　李丽俐　刘　洋　吴　娜　吴春晓
2013年	河北省优秀播音员主持人一等奖		胡慧梅
2014年	河北新闻奖一等奖	公交车上的紧急救援	杨枷琪　张晓梅　艾　洋　李瑞鲜
2014年	河北广播影视奖一等奖	寻找遗落的萨满音乐	丁双飞　王剑辉　王德明　韩志红　曹雅杰　徐秀娟

续表 2-2-2

获奖时间	等级奖项	作品名称	主创人员
2014年	河北广播影视奖一等奖	公益的力量	刘 婕 赵焕华 张 闻 徐端阳 王德明 刘 瑾 陈 伟 王剑辉 丁双飞 曹雅杰 徐秀娟 吴 越
2014年	河北省第十一届“五个一”工程	穷山沟创奇迹	孙 健 王剑辉 刘 婕 王德明 刘 瑾 赵焕华 迟凤东 赵海林 张 扬 韩志红 甘明锋 侯 丽 张慧君 胡慧梅 方 医 李琳琳 张宁哲
2014年	河北省第十一届各地人民广播电台残疾人节目展播一等奖	五年·七年——两个残疾人朋友的生命故事	刘 婕
2015年	河北广播影视奖一等奖	用“时代记忆”编织“文化乡愁”	刘 婕 王剑辉 刘 瑾 徐端阳 张 闻 陈 伟 刘允莉 李子初 丁双飞 张晓梅 曹雅杰 步晓宇 徐秀娟 孟宪林 吴 越 王 峥 白云龙
2015年	河北广播影视奖一等奖	上半年《承德三宝》下半年《串门》	康笑语 胡慧梅 张 洋 张 强 吴春晓 赵秋蕾
2015年	河北省广播节目技术质量奖一等奖	《魂归塞罕坝》	刘 洋
2015年	河北省第二届“善行河北”广播电视公益广告一等奖	中国梦	程秋理 胡春燕 敖大玮 孟 洁

表 2-2—3　1989—2015 年承德广播电视台广播部位获省级奖项作品一览表

获奖时间	等级奖项	作品名称	主创人员
1989年	河北省好新闻二等奖	辛然，我们都在关心你	高　杰　杨淑华　王大石
1989年	河北省广播电视系统好新闻评比听众信箱二等奖	关于对独生子女教育的思考	杨淑华 王剑辉
1989年	河北省广播电视新闻二等奖	承德地区果林生产调查	赵海春 向人硕
1990年	河北省好新闻少儿广播二等奖	好少年专栏、少儿俱乐部生活知识问答	杨淑华
1991年	河北新闻奖广播专稿二等奖	红果的喜与忧	王造澜　张　蔚　向人硕
1991年	河北省好新闻评选广播新闻二等奖	喜新厌旧常变化“媳妇不穿婆婆鞋”	李　楠
1991年	河北人民广播电台展播节目二等奖	春节文艺节目	侯效东
1991年	河北省广电系统《我与电视》征文二等奖	电波自有九霄情	林东光
1992年	河北省好新闻评选广播新闻二等奖	本市新闻节目	林东光
1992年	河北省好新闻评选广播新闻二等奖	让我们脚踏实地地向前走	林东光
1992年	河北省好新闻评选广播新闻二等奖	承德县石灰窑乡因地制宜综合开发走自我发展之路	林东光　吴建明
1992年	河北省好新闻评选广播新闻二等奖	苦命人笑了	林东光
1992年	河北省好新闻评选广播新闻二等奖	大步迈向外面的世界	侯云福
1992年	河北省优秀广播社教节目二等奖	春风唤雨	汪　贵
1992年	河北省优秀广播电视社教节目评选二等奖	为了父老乡亲的企盼	杨淑华　李　楠

续表 2-2-3

获奖时间	等级奖项	作品名称	主创人员
1993年	河北省好新闻评选消息二等奖	红果卖难	林东光
1993年	河北省好新闻评论二等奖	高产还要优质	王造澜
1993年	河北省好新闻评论二等奖	“卖”字的效应	汪　贵
1993年	河北省优秀广播社教节目二等奖	卖果难引起的思考	林东光　吴建明
1993年	河北省优秀广播电视社教节目评选二等奖	承德奇观棒槌山	杨淑华
1993年	河北省优秀广播社教节目二等奖	相逢在山庄 两岸心相连	王晓杰
1994年	河北省广播电视新闻节目二等奖	情系长城	汪　贵
1994年	河北省广播电视社教节目二等奖	雪中送炭以后	王九凤
1994年	河北省广播电视社教节目二等奖	服装市场高价现象谈	宋晓静　汤雪梅　陈　伟 吴建明
1995年	河北省好新闻广播社教对外节目二等奖	游承德普陀宗乘之庙	杨淑华
1996年	河北新闻奖广播新闻二等奖	实行内部聘任制， 稳定职工队伍	郭春元　王剑辉　石佩荣
1996年	河北新闻奖广播新闻二等奖 河北省社会治安综合治理好新闻二等奖	心系百姓，警融于民	赵启林　汪　贵
1996年	河北新闻奖广播新闻二等奖	隆化县村村挂银幕， 月月有电影	赵启林　汪　贵
1996年	河北新闻奖社教类二等奖	把真情献给父老乡亲	张晓梅
1996年	河北省广电局科技进步二等奖	05台调频发射机 控制台	杨旭东
1997年	河北新闻奖广播社教类二等奖	送一份温暖给王琦	张丽华　焦瑞清　赵焕华 徐秀娟

续表 2—2—3

获奖时间	等级奖项	作品名称	主创人员
1997年	河北新闻奖广播社教类二等奖	正午时光	李　楠　韩　冰　赵焕华　焦瑞清
1997年	河北新闻奖二等奖	希望之桥	汪　贵
1997年	河北新闻奖广播新闻二等奖	实行内部聘任制，稳定职工队伍	王剑辉　郭春元
1997年	河北新闻奖广播社教二等奖	理论园地	吴　越
1997年	河北新闻奖广播社教类二等奖	让窝心果变成开心果	张晓梅　冯　霞
1997年	河北省好新闻广播社教二等奖	重新扬起生命的风帆	杨淑华
1997年	河北新闻奖广播新闻二等奖	山村公仆情	陈　伟　王剑辉　郭春元
1997年	河北省台举办市县台对农村节目展播二等奖	靠养牛走向致富路	王九凤
1998年	河北新闻奖外宣二等奖	皇家旅游城——中国承德	冯　霞
1998年	河北省广播电视优秀节目评选二等奖	爱学生胜过爱亲生儿女	王九凤
1998年	河北省广播电视优秀节目评选二等奖	下岗女工当自强	张宁哲
1999年	河北省好新闻评选二等奖	磴上乡集日接待群众来访	吴　越　韩　冰
1999年	河北新闻奖外宣二等奖	举目尽神州——台北归来话台北	李　楠　冯　霞　白佩珍
1999年	河北新闻奖外宣二等奖	小集邮迷	杨景旺　李　楠　白佩珍　冯　霞
1999年	河北省广播电视奖评选广播社教二等奖	父母一样的关怀	王九凤
2000年	河北省广播电视新闻奖广播新闻社教二等奖	爱心洒满小饭桌	张丽华　王赫远　徐秀娟

续表 2-2-3

获奖时间	等级奖项	作品名称	主创人员
2001年	河北新闻奖二等奖 河北省广播电视新闻奖 广播社教类二等奖	承德人民共盼北京申奥成功	叶建军 张育萍 李瑞鲜 刘 婕 张宁哲 王剑辉
2001年	河北新闻奖二等奖	萨马兰奇与中国农家女	刘 婕 王剑辉
2001年	河北省广播电视新闻奖 广播新闻二等奖	蘑菇峪乡的“荣誉公民”	王九凤 张 欣 冯 霞
2001年	河北省广播电视文艺奖 广播文艺二等奖	深情回报	徐秀娟 张惠君 侯 丽
2001年	河北省社会治安综合治理好新闻二等奖	家庭道德委员会使三合义村成为道德村	汪 贵 张宁哲
2001年	河北省广播电视播音与主持作品奖广播主持类二等奖	百姓热线	韩 冰
2001年	河北省广播电视播音与主持作品奖广播播音类二等奖	整点新闻	吴 越
2001年	河北省广播电视播音与主持作品奖广播播音类二等奖	文学芳草地	张 欣
2001年	河北省广播电视文艺奖 二等奖	深情的回报	徐秀娟 张慧君 侯 丽
2002年	河北新闻奖二等奖	倾听群众心声，尽力解疑释惑	韩志红 郭春元 刘 番
2002年	河北新闻奖二等奖 河北广播电视新闻奖社教二等奖	这里的毕业生为什么如此抢手	张丽华 韩燕荔
2002年	河北省广播电视新闻奖 广播社教二等奖	绿色再就业之路	王九凤 冯 霞 张育萍
2002年	河北省广播电视新闻奖 广播新闻二等奖	承德警察去维和	汪 贵 赵启林 杨正义
2002年	河北省广播电视新闻奖 论文论著二等奖	城市传说	张 强 张 洋 胡慧梅

续表 2-2-3

获奖时间	等级奖项	作品名称	主创人员
2002年	河北省广播电视文艺奖广播音乐二等奖	情真“艺”切——听小艺	徐秀娟　张惠君　侯　丽
2002年	河北省广播电视文艺类广播综艺类二等奖	承德市第二届乾阳杯推新人歌手大赛颁奖晚会	徐秀娟　张惠君　侯　丽　叶建军
2002年	河北省广播电视新闻奖论文论著二等奖	如何增加娱乐节目的益智教育功能	张　强
2002年	河北省广电系统技术管理、维护优秀论文二等奖	浅述广播电台数字音频自动播控系统	裴跃波
2002年	河北广播节目技术质量奖二等奖	城市名片	王德明　冯　霞
2002年	河北省广电系统技术管理、维护优秀论文二等奖	合理降低广播电视发射台运行费用的探讨	裴跃波　杨旭东
2003年	河北省广播电视新闻奖广播社教类二等奖	商鹤羽的护鸟情	赵旭辉　汪　贵　张彦斌　赵　伟　吕　冰
2003年	河北新闻奖二等奖	中国网络游戏第一案	王赫远　刘　婕　甘明锋
2003年	河北新闻奖二等奖	避暑山庄肇建300年	杨正义　王剑辉　张宁哲
2003年	河北省广播电视新闻奖广播社教类二等奖	在荒山上开拓就业路的人	王九凤　刘　洋　吴　越　王高博
2003年	河北省广播电视新闻奖广播社教类二等奖	庆祝避暑山庄肇建300周年特别节目	杨正义　刘和平　王剑辉　刘　瑾　张宁哲
2003年	河北省广播电视播音与主持二等奖	“非典”的日子——畅想篇	白佩珍　甘明锋
2003年	河北广播节目技术质量奖二等奖	洁白的爱	王德明　杨旭东
2004年	河北新闻奖二等奖	当干部就要为百姓干事	汪　贵　王　哲　王化美　李瑞鲜　桑海峰
2004年	河北省广播电视新闻奖广播社教类二等奖	骑自行车千里考察的村主任	赵旭辉　汪　贵

续表 2-2-3

获奖时间	等级奖项	作品名称	主创人员
2004年	河北新闻奖二等奖	“返乡创业”路更宽	甘明锋 李凤龙 赵启林 王剑辉 计卫泽
2004年	河北新闻奖二等奖	扶弱助残，构建和谐社会	郭春元 敖大玮 孟 洁 毛 健 刘允莉 贾平萧
2004年	河北省广播电视新闻奖广播新闻二等奖	直选进社区	刘 婕 王赫远
2004年	河北省广播电视新闻奖广播新闻二等奖	来自南极的汇报	李瑞鲜 汪贵 赵启林
2005年	河北新闻奖二等奖	“天下第一鸟”现身丰宁	李瑞鲜 赵启林 吴春晓 汪 贵 王高博
2005年	河北影视奖二等奖	马文兰女士的幸福生活	丁双飞 韩志红 甘明锋 冯 艳 侯 丽
2006年	河北新闻奖二等奖	由“补人头”到“补项目”	王化美 王赫远 赵启林 张晓梅 丁双飞
2006年	河北新闻奖二等奖	害虫变佳肴增收又环保	汪 贵 李瑞鲜 张 强
2006年	河北新闻奖二等奖	我要留下来	甘明锋 吴 娜 王高博 曹雅杰 郭春元 王德明 王赫远
2006年	河北影视奖二等奖	在路上	刘 婕 刘 宁 赵焕华 李凤龙 王剑辉 吴 越
2007年	河北新闻奖二等奖	农民李路正央视元宵晚会放歌	李瑞鲜 张 强 高 洁 王海东 刘 洋
2007年	河北影视奖二等奖	一天的成长	丁双飞 刘 婕 赵焕华 刘 洋 徐秀娟 王德明
2008年	河北影视奖二等奖	地震无情人有情	赵焕华 刘 婕 刘 宁 褚宝镜 徐秀娟 步晓宇
2008年	河北影视奖二等奖	盲人	刘 婕 程自锦 赵焕华 徐秀娟 刘 洋 冯 华

续表 2-2-3

获奖时间	等级奖项	作品名称	主创人员
2008年	河北省广播节目质量奖二等奖	大爱无边	王德明　曹雅杰　赵焕祥
2009年	河北新闻奖二等奖	山里娃的好老师	王剑辉　刘　婕　刘　宁　程自锦
2009年	河北新闻奖二等奖	张伶九喜收80大寿“贺礼”	汪　贵　武海波　范文博
2009年	河北新闻奖二等奖	矫正跑偏的权力	刘　婕　丁双飞　韩志红　徐秀娟
2009年	河北新闻奖二等奖	村民让村官下了岗	李瑞鲜　周　卉　燕　芳
2009年	河北新闻奖二等奖	张伶九两封家书被国家博物馆收藏	李瑞鲜　侯　丽　迟凤东　汪　贵
2009年	河北影视奖二等奖	为了那一段不能忘记的记忆	刘　婕　李桂东　刘　宁　迟凤东　徐秀娟　赵　丹
2009年	河北影视奖二等奖	评剧在承德	徐秀娟　张慧君　田博兴　程自锦　赵焕华　张爱凤
2010年	河北影视奖二等奖	让梦想飞——2010年度城市最具影响力群体 新生代农民工群像素描	刘　婕　王春杰　曹雅杰　李　玮　李国轩　陈　曦
2010年	河北新闻奖二等奖	拆迁暴富——该怎样理性面对	刘　婕　刘　宁　王剑辉　孙　林
2010年	河北新闻奖二等奖	坝上村医李树然	王赫远　曹雅杰　冯　华　刘　婕
2010年	河北新闻奖二等奖	从文保专家到文物大盗	刘　婕　王赫远　吴　娜　刘　瑾　丁双飞　韩志红
2011年	河北影视奖二等奖	20年集雨兴水，穷山沟走出富民路	王赫远　王　哲　王剑辉　王瑞君　冯　华　刘　洋
2011年	河北影视奖二等奖	和合承德	胡慧梅　吴春晓　张爱凤　康笑语　王　欢　庞晓静

续表 2-2-3

获奖时间	等级奖项	作品名称	主创人员
2011年	2010年—2011年度河北省残疾人好新闻评选二等奖	爱在平安夜	刘 婕 李凤龙
2012年	河北新闻奖二等奖	请农民工吃顿饭	刘 婕 王剑辉 张 闻 徐端阳 刘 瑾 陈 伟
2012年	河北新闻奖二等奖	美丽护士栾金颖	王剑辉 刘 婕 杨博宇 刘允丽
2012年	河北新闻奖二等奖	被留守的孩子	刘 婕 刘 瑾 葛昌秋 朱捷文 王剑辉 胡慧梅 方 医
2012年	河北影视奖二等奖	守望·爱——我们在行动	刘 瑾 刘 婕 吴 娜 张爱凤 李丽俐 敖大玮
2012年	河北广播影视节目奖二等奖	和合承德	胡慧梅 吴春晓 张爱凤 康笑语 王 欢 庞晓静
2012年	“善行河北”新闻宣传优秀作品二等奖	承德小伙于清泉暴雨中托举了29条鲜活生命	王赫远 冯 华 杨枷琪 贾 楠
2012年	河北省广播节目技术质量奖二等奖	每天片花	刘 洋
2013年	河北新闻奖二等奖	追梦塞罕坝	王赫远 杨枷琪 刘 婕 王剑辉
2013年	河北新闻奖二等奖	隆化客车司机猝死 生命尽头保护乘客安全	曹 蕾 吴春晓 代小振 李瑞鲜
2013年	河北新闻奖二等奖	同饮滦河水、共思幸福源	刘 婕 刘 瑾 陈 伟 丁双飞 王剑辉 褚宝镜
2013年	河北影视奖二等奖	五年、七年——两个残疾朋友的生命故事	刘 婕 赵焕华 王剑辉 曹雅杰 胡慧梅 王德明
2013年	河北影视奖二等奖	漫漫寻子路，“大爱父亲”袁成让上百名少年“奴工”回家	李瑞鲜 胡慧梅 张 强 迟凤东 韩志红 冯 华
2014年	河北新闻奖二等奖	王麻子沟的经验告诉我们什么	韩志红 周丽蕴 张丽华 徐秀娟

续表 2-2-3

获奖时间	等级奖项	作品名称	主创人员
2014年	河北新闻奖二等奖	公共场所戒烟	敖大玮 刘 瑾 王德明
2014年	河北广播影视节目奖二等奖	魂归塞罕坝	王剑辉 刘 婕 王德明 陈 伟 徐秀娟 孙丽佳 孙 健 刘 瑾 侯 丽 李琳琳 赵海林 韩志红 张 强 迟凤东 张宁哲 刘 洋 计卫泽 杨正义 梁世杰 王赫远 丁双飞 曹雅杰
2014年	河北影视奖二等奖	南北公益大联盟公益晚会	赵焕华 刘 婕 张 闻 徐端阳 王德明 徐秀娟 曹雅杰 胡慧梅 张晓梅 敖大玮 李 冰
2014年	河北影视奖二等奖	王老凿抗日传奇	刘景义 刘宇昕 陈 伟 张丽华 刘 婕 奇 迹
2015年	河北新闻奖二等奖	“蹭油”现象何时了	杨枷琪 张晓梅 侯 丽 吴春晓
2015年	河北新闻奖二等奖	争分夺秒！北京999急救中心直升机夜航转运承德危重病患	王 哲 刘 宁 步晓宇 李凤龙
2015年	河北影视奖二等奖	山庄组曲之《四面云山》	康笑语 张 洋 胡慧梅 张 强 赵海林 敖翔妍
2015年	河北影视奖二等奖	抗战堡垒村——王厂沟	王赫远 孙 亮 迟凤东 毛 健 孟 洁 刘 遥
2015年	河北省委宣传部“好记者好故事”二等奖	价值观的故事	胡慧梅

表 2-2—4 1989-2015 年承德广播电视台广播部位获省级三等奖及优秀奖目录

获奖时间	等级奖项	作品名称	主创人员
1989年	河北省好新闻理论广播三等奖	谰言遮不住真理的光辉	杨淑华
1989年	河北省好新闻广播专稿三等奖	段家兄弟改河造田50亩	桑海峰 汪 贵
1989年	河北省好新闻少儿广播三等奖	少儿节目	王剑辉 杨淑华
1989年	河北省地市台国庆节目展播奖	塞外有这样一片绿色	王剑辉
1989年	河北省地市台国庆节目展播优秀作品三等奖	丰宁之路	李越华
1989年	河北省地市电台节目交换中获优秀奖	洪母骂畴	侯效东
1989年	河北省对台宣传稿件优秀奖	承德奇观棒槌山	杨淑华
1990年	河北省广播电视优秀节目三等奖	太子牌矿泉水引起关注	汪 贵 高福尊
1990年	黄河流域城市电台第三届专题节目评比三等奖	同青年人谈敬老	王剑辉 杨淑华 杜学忠 钱国忠
1990年	河北省地市电台春节文艺节目展播三等奖	春节综合文艺节目	侯效东 侯 义 依 兰 兴 中 王芝山
1991年	河北省好新闻广播专稿三等奖	乳白色的启示	侯云福
1991年	河北省好新闻广播新闻三等奖	一桌两制	汪 贵
1991年	河北省优秀广播电视社教节目评选组合三等奖 河北省农业好新闻三等奖	长城种子遍地花	月 华

续表 2-2-4

获奖时间	等级奖项	作品名称	主创人员
1991年	河北省优秀广播电视社教节目评选组合三等奖	关于离异子女抚养和教育及独生子女如何健康成长问题	杨淑华
1991年	河北省优秀广播电视社教节目评选对农三等奖	走出困惑的庄稼汉	杨淑华
1991年	河北省优秀论文三等奖	地方台节目如何办出地方特色	杨淑华
1991年	河北电台“党魂在老区”征文三等奖	一片情深在老区	李越华
1991年	河北省优秀广播电视社教专稿三等奖	实践证明科学技术是第一生产力	吴建明
1992年	河北省好新闻广播新闻三等奖	酒香也怕巷子深	计卫泽
1992年	河北省好新闻广播新闻三等奖	春风送暖浴深情	侯云福
1992年	河北省广播电视社教节目评选三等奖	依依山水情尽在不言中	杨淑华
1992年	河北省优秀广播社教节目评选三等奖	不愁双目看不见只缘光明在心头	王晓杰
1992年	河北省优秀广播电视播音作品三等奖	本市新闻	张秀发
1992年	河北省好新闻三等奖	一石激起千层浪	张晓梅
1993年	河北省好新闻专题三等奖	政策放宽，管理从严	赵启林
1993年	河北省好新闻消息三等奖	王代表做广告	汪　贵
1993年	河北省好新闻专题三等奖	困在深山有远亲	汪　贵
1993年	河北省好新闻消息三等奖	平泉县毛房乡在全市率先实行股份制农建	赵启林

续表 2-2-4

获奖时间	等级奖项	作品名称	主创人员
1993年	河北省优秀广播社教节目三等奖	承德市输送机总厂抓机遇发展第三产业	吴建明 李 楠
1993年	河北省优秀广播电视播音作品三等奖	承德新闻	方 田
1993年	河北省地市台国庆展播节目三等奖	一个成功的合资企业	吴建明
1994年	河北省广播电视社教节目三等奖	曙光	汪 贵
1994年	河北省优秀广播社教节目评选三等奖	稻花是怎样飘香	王九凤 王晓杰
1994年	河北省广播电视新闻节目三等奖	违章司机上街执勤接受教育效果好	吴建明
1994年	河北省广播电视新闻节目三等奖	武烈河水受污染水源牵动众人心	赵启林
1994年	河北省广播电视新闻节目三等奖	山雨欲来风满楼	王剑辉 吴建明
1994年	河北省广播电视新闻节目三等奖	红牛，亲人在呼唤你	王剑辉 褚宝镜
1994年	河北省广播文艺节目评选曲艺节目三等奖	山城笑星	焦瑞清 冯 霞 徐秀娟
1994年	河北省广播文艺节目评选戏曲节目三等奖	戏曲百花园	焦瑞清 冯 霞 徐秀娟
1994年	河北省优秀广播文艺节目评选综合文艺节目三等奖	相约在此时	王德明 侯效东
1994年	河北省优秀广播文艺节目评选综合文艺节目三等奖	星期天综艺舞台	王德明 侯效东
1994年	河北省广播电视播音作品三等奖	今夜星辰	韩志红

续表 2-2-4

获奖时间	等级奖项	作品名称	主创人员
1995年	河北省新闻奖广播新闻三等奖	爱，创造生命的奇迹	王九凤
1995年	河北省新闻奖广播新闻三等奖	靓女弄潮	杨淑华
1995年	河北省新闻奖广播新闻三等奖	走出山门闹市场	王玉民
1995年	河北省新闻奖广播新闻三等奖	办好“衙门”事儿 当好“娘家”人儿	赵启林　汪　贵
1995年	河北省新闻奖广播新闻三等奖	卖柴随礼的联想	赵启林　汪　贵
1995年	河北广播文艺节目评选广播文艺三等奖	相约在此时	王德明
1995年	第四届河北省优秀论文三等奖	浅谈节目主持人的魅力	张秀发
1995年	河北省广播电视新闻节目三等奖	无怨无悔的追求	宋晓静　王小杰
1996年	河北省新闻奖广播社教三等奖 第三届大地之光征文三等奖	明星镇的风采	王九凤
1996年	河北新闻奖广播社教三等奖	咱们的好书记	张丽华　张宁哲
1996年	河北新闻奖广播新闻三等奖	汽车医院下乡来	陈　伟　王剑辉
1996年	河北新闻奖广播社教三等奖	儿童乐园	张丽华　徐秀娟
1996年	河北省广播电视文艺节目评选广播文艺三等奖	文学芳草地	焦瑞清　赵焕华　丁双飞 冯　霞

续表 2-2-4

获奖时间	等级奖项	作品名称	主创人员
1996年	河北省广播电视文艺节目评选广播文艺三等奖	学习孔繁森 讴歌孔繁森	焦瑞清
1996年	河北省广播电视文艺节目评选广播文艺三等奖	相约在此时	焦瑞清　冯　霞　杨学明　侯效东
1996年	河北省社会治安综合治理好新闻三等奖	社会需要正义 时代呼唤见义勇为	赵启林　汪　贵
1996年	河北省广播电视播音作品三等奖	金秋岁月	吴　越
1996年	河北省林业好新闻三等奖	忠诚的哨兵——隆化县茅荆坝国营林场工人郝俊	王九凤　李凤龙
1996年	河北省林业好新闻三等奖	志在山绿民富	王九凤
1996年	河北省广播电视局科技进步三等奖	中波发射机主备机三年保持甲级指标	杨旭东
1997年	河北新闻奖广播新闻三等奖	农产品也要注册商标，争创名牌	张丽华　徐秀娟
1997年	河北省广播电视文艺节目评选广播文艺三等奖	相约在此时	王德明
1997年	河北省广播电视播音作品评选三等奖	正午时光	赵焕华
1997年	河北省优秀论文三等奖	为企业发展创造良好舆论环境	杨淑华
1997年	河北省社会治安综合治理好新闻三等奖	大山深处的巡回法庭	张晓梅
1997年	河北省社会治安综合治理好新闻三等奖	从专司副职和五个一抓起，探索山区农村社会治安综合治理新模式	张丽华

续表 2-2-4

获奖时间	等级奖项	作品名称	主创人员
1997年	河北省音乐台主办今日交通人征文优秀音响作品奖	公交女司机孙建荣	白云龙　张宁哲
1998年	河北新闻奖三等奖	爱学生胜过亲生儿女	王九凤
1998年	河北新闻奖外宣三等奖	著名旅游胜地——承德（23集）	焦瑞清　冯　霞　白佩珍
1998年	河北新闻奖三等奖	下岗女工当自强	张宁哲
1998年	河北省广播电视优秀节目三等奖	退伍军人于汇龙千里抗洪成为河北第一人	汪　贵
1998年	河北省广播电视优秀节目三等奖	农民雒文友驾“红旗”车独闯国际赛事	汪　贵
1998年	河北省优秀论文作品评选三等奖	增强广播新闻时效性简析	陈伟　王剑辉　张　欣
1998年	河北省广播电视播音作品评选三等奖	文学芳草地	赵焕华
1998年	河北省广播电视播音作品评选三等奖	简明新闻	吴　越
1998年	河北省广电厅科技进步三等奖	在调频发射台主备发射机3年保持甲级指标项目中	杨旭东　裴跃波　冯宗训　冯　敬
1998年	河北省广电系统技术管理、维护优秀论文三等奖	试论广播电视技术管理	杨旭东 裴跃波 冯宗训
1999年	河北新闻奖外宣三等奖	用爱心点燃圣火	李　楠　焦瑞清
1999年	河北新闻奖三等奖	父母一样的关怀	王九凤
1999年	河北新闻奖三等奖	亲情最真 活性乳最纯	王晓杰　计卫泽　白佩珍
1999年	河北省广播电视奖广播新闻类三等奖	山庄东路两千延长米虎皮宫墙露出原貌	汪　贵　李瑞鲜

续表 2-2-4

获奖时间	等级奖项	作品名称	主创人员
1999年	河北省广播电视奖广播新闻类三等奖	我市公安系统开展的常到百姓家看看活动受到群众好评	汪 贵 赵启林
1999年	河北省广播电视奖广播新闻三等奖	世纪购房，千禧安居	王赫远 王剑辉
1999年	河北省广播电视奖广播社教三等奖	绿色行动——托起明天的希望	王剑辉 张宁哲
1999年	河北省广播电视播音与主持作品奖三等奖	艺苑芳草	赵焕华
1999年	河北省广播电视播音与主持作品奖三等奖	百姓热线	韩 冰
1999年	河北省广播电视播音与主持作品奖三等奖	人间真情唤驻青春	张 新
1999年	河北省广播电视播音与主持作品奖三等奖	绿色行动——托起明天的希望	韩 冰
1999年	河北省新闻学会优秀论文三等奖	谈谈新闻节目改革的一些问题	林东光
2000年	河北新闻奖三等奖	红旗镇“政策年历”普法到农户	张晓梅
2000年	河北新闻奖三等奖	避暑山庄	杨正义 王晓杰 计卫泽
2000年	河北省广播电视新闻奖公众性节目三等奖	思想工作到位，企业精神不垮	王九凤 赵焕华 冯 霞
2000年	河北省广播电视播音与主持作品奖三等奖	承德新闻	张育萍 于广承 吴 越
2001年	河北省广播电视新闻奖广播社教三等奖	朱总理观察沙化区以后	王九凤 张 欣 于广承 焦瑞清
2001年	河北省广播电视新闻奖广播社教三等奖	义务宣传30年 文化技术献乡亲	王九凤 张 欣 冯 霞
2001年	河北省广播电视新闻奖广播新闻三等奖	非凡一越 为申奥助威	李瑞鲜 张宁哲 王剑辉

续表 2-2-4

获奖时间	等级奖项	作品名称	主创人员
2001年	河北省广播电视文艺奖广播文艺三等奖	我是山里小歌手	徐秀娟　张惠君　侯　丽
2001年	河北省广播电视播音与主持作品奖三等奖	我和我的父亲	胡慧梅
2001年	河北省广播电视播音与主持作品奖三等奖	热线情牵百姓家——反馈问题、接听热线	韩志红
2001年	河北省广播节目录制技术质量奖语言类三等奖	伴您旅游	冯　霞　焦瑞清　王德明
2001年	河北省市县级播音员主持人大赛三等奖		胡慧梅
2001年	河北省社会治安综合治理好新闻三等奖	林凤龙勇擒杀人凶手	汪　贵
2001年	河北省广播节目录制技术质量奖广播剧三等奖	飞船即将坠毁	冯　霞　焦瑞清　王德明
2001年	河北省广播电视局科技创新三等奖	在《GB9851型广播播控台》项目中	车　瑛　赵和强
2002年	河北新闻奖三等奖	旅游金线——喇嘛义务消防队	王剑辉　刘　婕　杨正义
2002年	河北新闻奖三等奖	希望的田野	张丽华　甘明锋　王剑辉
2002年	河北新闻奖三等奖	承德警察去维和	汪　贵　赵启林　杨正义　王春杰
2002年	河北新闻奖三等奖 河北省广播电视新闻奖广播社教等奖	女儿在小汤山	王赫远　甘明锋　赵焕华　王剑辉　杨正义
2002年	河北省广播电视新闻奖广播社教类三等奖	闯京郊的“海字”人	王剑辉　甘明锋　杨正义

续表 2-2-4

获奖时间	等级奖项	作品名称	主创人员
2002年	河北省广播新闻奖论文论著类三等奖	从新处着眼 以精制取胜——采访《萨马兰奇与中国农家女》的几点体会	王剑辉　刘　婕
2002年	河北省广播电视新闻奖广播新闻三等奖	一条残疾人连接残疾人的法律咨询热线	杨淑华　赵焕华
2002年	河北省广播电视新闻奖广播社教三等奖	请总理放心，小坝子在变	张丽华　杨正义
2002年	河北省广播电视新闻奖广播新闻三等奖	英雄民警李廷伟	王剑辉　刘　婕　杨正义
2002年	河北省广播电视新闻奖广播社教三等奖	“庆祝十六大，同心筑辉煌”特别节目	杨正义　王剑辉　叶建军 刘　瑾　冯　霞　焦瑞清
2002年	河北省广播电视新闻奖广播新闻三等奖	“党员先锋号”公交车亮相承德	王剑辉　李瑞鲜
2002年	河北省广播电视新闻奖广播新闻三等奖	张三营镇农民智力打工“闯”天下	李元军　代晓振　白云龙
2002年	河北省广播电视文艺奖广播文艺三等奖	大话西游	张　强　焦瑞清　白佩珍
2002年	河北省广播电视播音与主持作品奖三等奖	电影原声地带	刘　瑾
2002年	河北省广播节目技术质量奖三等奖	歌曲《花为媒》	王德明
2002年	河北省广播电视优秀论文论著类三等奖	公益广告（乌鸦喝水）的特色	杨淑华
2002年	河北省广播电视新闻奖论文论著三等奖	抓住新闻事实的深层亮点	汪　贵　赵启林　李瑞鲜
2002年	河北省广播电视局优秀科技论文三等奖	CATV寻址收费管理控制系统概述	裴跃波

续表 2—2—4

获奖时间	等级奖项	作品名称	主创人员
2002年	河北省广电局科技创新三等奖	《调频发射台主备发射机3年保持甲级指标》项目中	杨旭东　冯宗训　裴跃波　张玉敏　冯　敬
2002年	河北省广电系统技术管理、维护优秀论文三等奖	音频输入信号相位与电平差对调频立体声广播质量的影响	裴跃波　杨旭东
2002年	在第七届华北地区广播技术协会中获三等奖	调频立体声发射机编码器故障分析与检修	裴跃波　杨旭东
2003年	河北省第十届文艺振兴奖	风雪望火楼	承德人民广播电台
2003年	河北新闻奖三等奖	苍鹭鸟的呼唤	汪　贵　李凤龙
2003年	河北新闻奖三等奖	解聘老物业，选择新管家	刘　婕　甘明锋
2003年	河北新闻奖三等奖 河北省广播电视新闻奖广播社教三等奖	女儿在“小汤山”	王赫远　甘明锋　赵焕华　王剑辉　杨正义
2003年	河北新闻奖三等奖	都是大棚拱架惹的祸	李瑞鲜　刘彦玲
2003年	河北新闻奖三等奖	山庄老酒	敖大玮　计卫泽　焦瑞清　刘允莉　曹雅杰　王晓杰
2003年	河北新闻奖三等奖	真诚倾听群众呼声，尽力解决百姓难题	韩志红　丁双飞　王剑辉
2003年	河北省广播电视新闻奖广播新闻三等奖	新杖子乡注册果品商标带动果农增收	王　哲　王赫远
2003年	河北省广播电视新闻奖广播新闻三等奖	关注北京朝阳法院中国网络游戏第一案	王剑辉　张宁哲　王赫远　刘　婕　甘明锋　车　瑛　付昕东

续表 2-2-4

获奖时间	等级奖项	作品名称	主创人员
2003年	河北省广播电视新闻奖广播社教三等奖	旅游金线	刘 瑾 丁双飞 王德明 王剑辉 李琳琳 钱 锋 冯 霞
2003年	河北省广播电视新闻奖广播新闻三等奖	百姓热线	王剑辉 郭春元 韩志红
2003年	河北省广播电视新闻奖广播社教三等奖	音乐老人	甘明锋 褚宝镜 张晓梅
2003年	河北省广播电视文艺奖广播文艺三等奖	第三届“金龙杯”推新人歌手大赛颁奖晚会	徐秀娟 张惠君 侯 丽
2003年	河北省广播电视播音与主持作品奖三等奖	八面来风	吴 越
2003年	河北省广播电视播音与主持作品奖三等奖	连线直面“非典”的白衣战士	韩志红
2003年	河北省抗击“非典”斗争征歌评选活动中获三等奖	歌曲《战胜非典》（曲）	叶建军
2003年	河北省广播节目技术质量奖三等奖	专题文艺《电影原声带》	王德明
2003年	河北广播电视局科技进步三等奖	1084中波发射机连续5年保持甲级指标	孟昭海 魏松枝 陈克军 杨旭东 田 原
2003年	河北省广电系统技术管理、维护优秀论文三等奖	飞利浦电路调频发射机典型故障的分析与处理	裴跃波 杨旭东
2004年	河北新闻奖三等奖	七旬夫妇的麻雀情	刘 婕 王剑辉 王晓华 汪 贵 候云福

续表 2-2-4

获奖时间	等级奖项	作品名称	主创人员
2004年	河北新闻奖三等奖 河北省广播电视新闻奖（258）1167	小平在承德	甘明锋　褚宝镜　王剑辉 张晓梅　丁双飞　甘明锋 褚宝镜　张晓梅　王剑辉 王高博
2004年	河北新闻奖三等奖	直选进社区	王赫远　刘　婕　郭春元
2004年	河北新闻奖三等奖	一位艾滋病患者的生存现状	丁双飞　王剑辉　甘明锋 王晓华　刘　瑾
2004年	“宣传河北好新闻”三等奖	“雷锋公司”亮承德	李瑞鲜　汪　贵　赵启林 王剑辉
2004年	河北省广播电视新闻奖 广播新闻三等奖	返乡创业路更宽	甘明锋　李凤龙　赵启林 张晓梅
2004年	河北省广播电视新闻奖 广播新闻三等奖	难讨的工钱	王赫远　曹雅杰　刘　婕 丁双飞　冯　华
2004年	河北省广播电视新闻奖 广播新闻三等奖	承德把消费者投诉站建在村上引起重视	王化美　汪　贵　赵启林
2004年	河北省广播电视新闻奖 广播新闻三等奖	围场胡萝卜吸引全国客商	甘明锋　王剑辉　韩志红
2004年	河北省广播电视新闻奖 广播新闻三等奖	村主任单车千里考察记	丁双飞　王德明　王赫远 王剑辉　赵启林
2004年	河北省广播电视新闻奖 广播社教三等奖	艾滋病离我们并不遥远	刘　瑾　丁双飞　韩志红 曹雅杰　吴　越
2004年	1河北省广播电视新闻奖广播社教三等奖 2第八届《河北省残疾人事业好新闻奖》优秀奖	周威的幸福生活	1刘　婕　王剑辉　张育萍 王赫远　褚宝镜 2王剑辉
2004年	河北省广播电视新闻奖 广播社教三等奖	再回首死亡边缘的四大无人区探险之旅	丁双飞　刘　瑾　王高博 计卫泽　甘明锋

续表 2-2-4

获奖时间	等级奖项	作品名称	主创人员
2004年	河北省广播电视文艺奖广播文艺三等奖	刘俭的乡音乡情	徐秀娟 张惠君 侯 丽 张爱凤
2004年	河北省广播电视播音与主持作品奖三等奖	我的快乐与健康	刘 宁
2004年	河北省广播电视播音与主持作品奖三等奖	今晚新闻报道	王高博
2004年	河北省广播电视播音与主持作品奖三等奖	八面来风	吴 越
2004年	河北省广播电视新闻奖广播电视论文三等奖	让“说”更精彩	吴 越
2004年	河北省广播电视新闻奖广播电视论文三等奖	独辟蹊径 自成高格	王剑辉 刘 婕 王赫远
2004年	河北省第六届各地人民广播电台残疾人节目展播活动优秀奖	情系长城	张晓梅 甘明锋
2005年	河北新闻奖三等奖	转移培训 新阶段扶贫开发的长远之策	丁双飞 韩志红 甘明锋 王德明 王晓华
2005年	河北新闻奖三等奖	总理来到偏桥村	赵启林 李瑞鲜 冯 艳 汪 贵 王剑辉
2005年	河北省广播影视奖（播音主持）三等奖	八面来风	王春杰
2005年	“宣传河北好新闻”三等奖	直播中国——走进承德	王剑辉
2005年	河北省广播影视奖（广播剧）三等奖	将军与冰儿	孙 健 行 炎 计卫泽 张宁哲 慧 文 李树林 贺西平 张校荫 刘善峰 刘和平 张厚美 张旭东 王剑辉 赵启林

续表 2—2—4

获奖时间	等级奖项	作品名称	主创人员
2005年	河北省广播影视奖（广播文艺）三等奖	承德市第四届“金龙杯”推新人歌手大赛颁奖晚会	张宁哲　叶建军　张爱凤　田博兴　徐秀娟　张慧君
2005年	河北省广播电视文艺三等奖	城市传说	张　强　张　洋　胡慧梅
2005年	河北省广播节目技术质量奖三等奖	唤醒沉睡地下的美景	刘　瑾　王德明
2005年	河北省广播节目技术质量奖三等奖	避暑山庄我为你骄傲	王德明　曹雅杰　杨旭东
2005年	河北省残疾人事业好新闻三等奖	借我一双飞翔的翅膀	刘　婕
2005年	宣传河北好新闻三等奖	雷锋公司亮承德	李瑞鲜　汪　贵　赵启林　王剑辉
2006年	河北新闻奖三等奖	双桥区回民小学42岁桌椅成为育人活教材	李瑞鲜　赵启林　褚宝镜　汪　贵　田博兴
2006年	河北新闻奖三等奖	留守妇女变创业新军，新农村建设风更劲	刘　婕　王赫远　刘　宁　王剑辉　李凤龙
2006年	河北省第八届各地人民广播电台残疾人节目展播活动三等奖	在路上	刘　婕　李凤龙
2006年	河北广播影视节目三等奖	承德人民广播电台六十周年台庆文艺演出暨主持人风采展示	叶建军　王剑辉　王德明
2007年	河北新闻奖三等奖	教师李金满10年募捐35万元资助600名贫困学生上学	汪　贵　王少府　曹雅杰　贾平萧　苏　浩
2007年	河北新闻奖三等奖	农民工到新市民之变	刘　婕　丁双飞　刘　宁　王春杰　李凤龙

续表 2-2-4

获奖时间	等级奖项	作品名称	主创人员
2007年	河北新闻奖三等奖	不该收取的83万元	韩志红 甘明锋 褚宝镜 吴 娜 王海东
2007年	河北影视奖三等奖	农民工歌手——李路正	李瑞鲜 刘 宁 王德明 吴 娜 王高博 王 哲
2008年	河北新闻奖三等奖	汶川在呼唤 英雄再出征	王春杰 冯 华 刘 粤 汪 贵 邓 革
2008年	河北新闻奖三等奖	抗冰抢险承德人	王赫远 高 洁 褚宝镜 刘 婕 吴 娜
2008年	河北新闻奖三等奖	七旬老兵三年查访 遗失烈士名单	刘 婕 刘 宁 贾平萧 赵启林 李凤龙
2008年	河北新闻奖三等奖	万物皆有情 爱心无疆界	郭春元 孙 亮 孟 洁 王德明 步晓宇
2008年	河北新闻奖论文三等奖	爱到深处情自真	汪 贵
2008年	河北省广播节目质量奖三等奖	山里的女孩	王德明 刘 洋 孔献曦
2008年	河北影视奖三等奖	收猪的陈艳爱唱戏	李瑞鲜 韩志红 胡慧梅 张 洋 冯 华 陈 曦
2009年	河北新闻奖三等奖	蔬菜郎中王文泽 行走田间三十年	王赫远 曹雅杰 林东光 刘 婕
2009年	河北影视奖三等奖	爱在平安夜	刘 婕 刘 宁 赵焕华 毛 健 曹雅杰 侯 丽
2009年	河北影视奖播音主持奖三等奖	为了那一片不能忘却的历史	刘 宁
2009年	环渤海经济区媒体合作发展论坛优秀论文三等奖	理性审视金融危机 探求地市级广播宣传新模式	刘 婕 王剑辉

续表 2-2-4

获奖时间	等级奖项	作品名称	主创人员
2010年	河北新闻奖三等奖	“民情日记”系民生	李瑞鲜　李　玮　管媛媛　王春杰
2010年	河北新闻工作者协会评奖三等奖	“水上邮递员”刘保朝	李瑞鲜　汪　贵　李求实　石广泉等
2010年	河北省新闻战线“三项学习教育”活动三等奖	“水上邮递员”刘保朝	承德广播电视台
2010年	河北新闻奖三等奖	用爱迎接生命	王赫远　迟凤东　张　闻　杨拓新
2010年	河北新闻奖三等奖	农民老苏和温总理的约定	孔德贻　蔺泽林　曹雅杰　张　闻
2010年	河北影视奖三等奖	在家不当小皇帝	康笑语　胡慧梅　张宁哲　张　洋　王　欢　庞晓静
2010年	中华慈善新闻奖三等奖	为残疾人托起一片艳阳天	徐秀娟
2010年	河北省广播节目技术质量奖三等奖	穷山沟　富民路	刘　洋
2011年	河北新闻奖三等奖	尊重孩子 学会倾听	郭春元　孙　亮　孟　洁
2011年	河北新闻奖三等奖	血站里的“农民献血队”	刘　婕　王剑辉　陈　曦
2011年	河北影视奖三等奖	马背电工——李国军	冯　华　王赫远　程自锦　王　哲　高　洁　张爱凤
2012年	河北新闻奖三等奖	达意卡消费成为市民向媒体反映的焦点	王剑辉
2012年	河北新闻奖论文三等奖	物竟天择 适者生存——全媒体背景下广播节目的创新	张　强　侯　丽

续表 2-2-4

获奖时间	等级奖项	作品名称	主创人员
2012年	河北影视奖三等奖	美丽中国 幸福满乡	康笑语 胡慧梅 张 洋 吴春晓 曹雅杰 王 欢
2012年	河北影视奖三等奖	丁玉龙把五十位老人奉为父母	步晓宇 汪 贵 曹 蕾 刘 宁 王赫远 吴 娜
2012年	河北省“善行河北”新闻宣优秀作品三等奖	大爱，以生命的名义	吴 娜 李瑞鲜
2013年	河北新闻奖三等奖	双桥区回民小学50岁课桌成为育人活教材	张 强 康笑语 李瑞鲜 周丽蕴
2013年	河北新闻奖三等奖	被拖延的角膜采集，怎能告慰逝者的英灵	王 哲 王春杰 徐秀娟 李凤龙
2013年	河北新闻奖论文三等奖	新媒体时代的典型报道初探	宋晓静 刘 婕 王剑辉
2013年	河北影视奖广播播音主持奖	播音主持奖	胡慧梅
2013年	河北影视奖三等奖	承德原创歌曲——“月亮的故事”	胡慧梅 康笑语 张 洋 吴春晓 曹雅杰 杨 喜
2013年	河北广播影视节目奖三等奖	美丽中国 幸福满乡	胡慧梅 张 洋 吴春晓 曹雅杰 王 欢
2013年	河北广播影视节目奖三等奖	品味承德	杨正义 陈 伟 栾凤杰 吴 越 刘 婕 张丽华
2013年	河北广电系统“走转改”十佳新闻栏目	记者走基层、寻访普通人、报道身边事	王剑辉 李凤龙 王赫远 王 哲
2014年	河北新闻奖三等奖	山沟女支书的幸福乡村梦	王赫远 徐秀娟 曹雅杰 孟 洁 迟凤东 李 冰 王剑辉 陈 伟 刘 婕
2014年	河北影视奖三等奖	能人支书张玉珍和她的幸福乡村	王赫远 王剑辉 张 洋 曹雅杰 孟 洁 王德明

续表 2-2-4

获奖时间	等级奖项	作品名称	主创人员
2014年	河北影视奖三等奖	笑傲江湖之爱情麻辣烫	张　洋　康笑语
2014年	河北广播影视节目奖三等奖	漫漫寻子路，“大爱父亲”袁成让上百名少年“奴工”回家	李瑞鲜　胡慧梅　张　强　迟凤东　韩志红　冯　华
2014年	河北广播影视节目奖三等奖	寻找英雄的踪迹	陈　伟　张丽华　吴　越　靳　猛　刘　婕　周丽蕴等
2014年	河北省第十一届各地人民广播电台残疾人节目展播三等奖	点亮心灯 残健同行	刘　婕
2015年	河北新闻奖三等奖	全城众筹，只为生命的颜色	刘　婕　张　闻　王剑辉　陈　伟　王赫远　张晓梅　胡慧梅　刘　瑾　赵焕华　吴　越　曹雅杰　敖大玮　李　涛　张爱凤　孙弘毅　赵焕祥　夏艳春
2015年	河北新闻奖三等奖	土地确权让农民吃了“定心丸”	杨枷琪　黄雪冬　王少杰　杨新潮
2015年	河北优秀旅游新闻作品三等奖	忆往昔三座牌楼	侯　丽　毛　健
2015年	河北优秀旅游新闻作品三等奖	国际赛马大会激活旅游新业态	步晓宇

第三节 广播剧与广播故事

广播剧是适应电台传播需要而产生的一种艺术形式。缤纷璀璨、姹紫嫣红的文艺百花园中，广播剧作为一个独特的艺术门类一直在默默而倔强的成长着。根据听众只能凭听觉欣赏的特点，广播剧以人物对话和解说为基础，并充分利用音乐伴奏、音响效果来强化气氛。人物对话是推动剧情发展的主要手段。自20世纪20年代诞生以来，就以其独特魅力吸引着无数听众。承德人民广播电台在广播剧发展进程中不断努力耕耘，《交警爸爸们》《将军与冰儿》《风雪望火楼》《送“娘”回家》《穷山沟创奇迹》《魂归塞罕坝》等作品相继制作完成，并先后摘取国家及省部级大奖。一支以本台编、采、播、制为主导的非专业人员在广播剧创作过程中迅速成长起来，编剧、音效、演员成为承德人民广播电台采、编、播主持人在专职采、编、播、制作之外的又一专长。

一、《交警爸爸们》

广播剧《交警爸爸们》（上、下集）时长60分钟。1998年6月在电台首播。这是电台独立自主创作的第一部大型广播剧。顾问赵曙光；策划刘俭；监制杨景旺；原著孙健；改编王玉民；导演金秋；音乐设计王德明；录音合成冯霞、焦瑞青、赵和强；场外指导刘萍茹；剧务刘世杰、王造兰；主要演员于寿平、于广成、张宁哲、白晓丰、赵焕华、金秋、蒋顺利；解说金秋。

剧本取材于发生在承德交警支队的真实事件。交警支队干警在道路上发现了一名被遗弃的男孩，在找不到其父母的情况下，干警们决定共同出资收养这名男孩，并给他起了一个响亮的名字：警育伟。作品塑造以纪刚、梁子、徐树青、燕子等为代表的交警形象，故事情节生动曲折感人。作品还塑造幼儿园园长、冒领者、遗弃孩子母亲、爱心捐献的继父等一系列生动的人物形象。

1998年12月，广播剧《交警爸爸们》获省第五届精神文明建设“五个一工程”奖；2000年5月，获市第二届精神产品精品特别奖。

二、《风雪望火楼》

3集广播剧《风雪望火楼》2001年10月18日首播。策划孙淑琴、杨正义；监制王剑辉；编剧孙健；改编张强、周修、侯毅；导演金秋；作曲音频编辑王德明；录音合成冯霞、焦瑞清；作词刘俭；主要演员王高博、赵焕华、叶建军、赵海林、张强、甘明峰、迟凤东、李琳琳；解说刘瑾。

这是一个根据真实故事改编的广播剧。剧中主人公马强接过父亲的班，克服了常人难以想象的困难，扎根林海成为远近闻名的护林模范。他的奉献精神感动了女青年二霞，并赢得了二霞真挚的爱情。千亩林海中这一对夫妻一干就是数十载，林海中的望火楼也被人们深情地称为“夫妻望火楼”。工程师许林身患癌症，为推广先进的护林技术——远红外监测，将个人生死置之度外。这种一心为绿色事业的奉献精神是贯穿全剧的主题思想。许林去世了，但他的骨灰还是与林海朝夕为伴。

广播剧《风雪望火楼》获省第十届文艺振兴奖，市第二届（2001—2003年度）精神文明建设“五个一工程”奖。获市第四届精神产品精品特别奖

三、《将军和冰儿》

单本剧《将军和冰儿》上下集共59分31秒，2005年9月在各频率首播，主创孙健、王剑辉。

故事发生在抗日战争时期的1943年。这一年元旦刚过，位于雾灵山下的八路军冀东军区日伪军将司令部团团包围，企图将被困的300多名八路军将士一举消灭。关键时刻，唯一能够带路突围的地下交通员朱殿坤去县委送信未归。就

在这时，怀有 8 个月身孕的麻利嫂出现了，她是交通员朱殿坤的妻子。滴水成冰的夜晚，300 多名八路军将士在麻利嫂的引领下突出了重围，麻利嫂却连乏带累早产了。在冰天雪地的特殊产房和特殊的产床上诞生的男孩就叫冰儿 。

以抗日老将军李运昌寻访“麻利嫂”和“冰儿”为线索，全剧不断递进展开，跌宕起伏。李运昌、“麻利嫂”等人物呼之欲出，感人至深。适逢抗战胜利 60 周年，精心制作的广播剧在北京台和承德台播出后，引起极大社会反响。

广播剧《将军和冰儿》获第六届中国广播剧专家奖银奖，河北新闻奖三等奖，省第十一届文艺振兴奖。

四、《送娘回家》

3 集广播剧《送娘回家》共 73 分钟 29 秒。2008 年 10 月在电台各频率首播。编剧孙健、王剑辉、刘婕；导演孙健、王剑辉；音频编辑王德明、刘洋；监制刘和平、计卫泽、汪贵；演员韩志红、刘瑾、甘明峰、李琳琳、张宁哲。

本剧讲述的是一个平实而令人动容的故事。故事发生在承德一个偏僻山村。2003 年秋天，围场县育太和乡幼儿教师张国富下班回家的途中，发现桥底下蜷缩着一位老人，经过短暂的询问才知道原来老人是个走失的聋哑人。张国富不忍离去，于是把老人带回了自己家，这一养就是 5 年。5 年间，张国富一家对待老人就像自己的父母一样，嘘寒问暖，其乐融融。然而，虽是日子和美但老人却时常郁郁寡欢，张国富一家看出了老人的心思，要治好老人的心病就要为老人找到她的家。两条从不同方位发出的无线电波，通过承德电台和朝阳电台把消息传达给老人的家人。

这是一部根据真实故事创作的、具有纪实风格的广播剧，通过张国富数年如一日精心赡养捡来的残疾老人的故事，反映普通人的善良、爱心和新的时代风貌。该剧制作完成之后，先后在中央人民广播电台、省电台及省内各市电台播出，收到良好的社会反响，张国富既被评为感动河北人物后，又荣登“燕赵好人榜”。

2009 年，该剧获第九届中国广播剧专家奖连续剧银奖，是首批上传到全国最大的广播剧音频网站的 66 个广播剧之一。2011 年，该剧获市第四届文艺繁荣奖。

五、《穷山沟创奇迹》

5 集广播剧《穷山沟创奇迹》共 106 分钟 34 秒。2009 年 10 月在各频率首播，编剧孙健、王剑辉、刘婕；导演孙健、王剑辉、王德明；监制刘和平、计卫泽、汪贵；音频编辑王德明；主要演员刘瑾、赵焕华、迟凤东、赵海林、张扬、韩志红、甘明峰、侯丽、张惠君、胡慧梅、方医、李琳琳、张宁哲。

1987 年，从部队退伍回村的尹志民在众乡亲的期盼下接手了只有一把破椅子、外加 8 万元外债的村支部书记一职。然而正当他铆足了劲儿带领乡亲们往前奔的节骨眼上，一个晴天霹雳忽然砸了下来：尹志民得了血癌。乡亲们倾其所有捐钱捐物，大哥将骨髓移植兄弟体内，终于保住了尹志民的性命。为报答家乡父老的大恩，尹志民不顾静养两年喝无菌水吃无菌饭的医嘱，回到村里继续拼命往前冲。将矿山收归村里所有壮大集体经济、实行土地流转、实现规模经营、组建农业产业化企业……尹志民硬是把一个“一穷二乱民心散”的贫困村建设成了“生产发展，生活宽裕，乡风文明，村容整洁，管理民主”的社会主义新农村。

5 集纪实性广播连续剧《穷山沟创奇迹》以全国优秀共产党员、中共十七大代表、滦平县周台子村党委书记范振喜为原型，艺术格调昂扬向上，时代主旋律突出。特别是以富起来的农民如何继续发展为设问，提出新农村建设不仅是物质生活水平的提高，更要求精神生活的提升这一命题。选材独到、立意深刻，提升作品的分量和审美价值。作品结构严谨、详略得当，每集都有一个戏剧高潮，将新农村建设大主题巧妙地融入到剧情之中，层层推进，可谓匠心独运。此外，作品还特别注意细节的运用，富有生活情趣、震撼人心的细节，在广播剧中时有出现。

该剧制作完成之后，先后在中央人民广播电台、省电台及省内各市电台播出，收到良好的社会反响。2010年，获第十届中国广播剧专家奖连续剧铜奖。2011年，获市第四届文艺繁荣奖。2014年10月，获省第十一届精神文明建设“五个一工程奖”。

六、《魂归塞罕坝》

6集广播剧《魂归塞罕坝》共153分钟55秒。2015年2月（春节期间）在各频率首播。导演：王剑辉、王德明；编剧刘婕、孙健、王剑辉；音频编辑王德明、刘洋；艺术指导孙健；策划计卫泽、王剑辉、张宁哲；总策划杨正义；总监制梁世杰；主要演员陈伟、刘瑾、徐秀娟、侯丽、李琳琳、赵海林、张强、韩志红、迟凤东、张宁哲。

《魂归塞罕坝》以坝上第三代林辉的视角与感受，采用阴阳两隔，人“鬼”对话的形式，铺展开了三代人与塞罕坝之间爱恨情仇的故事。

该剧主题重大，为时代放歌。整个剧目巧妙地将环境保护、生态建设和美丽中国、幸福梦想等主题融合起来，不仅让受众透过塞罕坝看到了美丽中国，而且从朴实的塞罕坝人身上感受艰苦奋斗的中国精神。该剧选取本地题材，以厚重的历史，源远流长的故事为背景资料，让受众依靠听觉更加直观感性地了解这片土地的前世今生。该剧架构独辟蹊径选择“平民叙事”，从百姓生活常态出发，引入阴阳两隔，人“鬼”对话的形式，新颖独特，引人入胜。

《魂归塞罕坝》获2014年度河北广播影视节目奖二等奖、第十六届中国广播剧研究会广播剧铜奖。

七、《飞船即将坠落》

科幻广播剧《飞船即将坠毁》，时长30分钟。1999年由电台独立制作播出，故事取材于国外空难资料《太空空难》。策划孙淑琴，监制刘俭，编剧王玉民；导演金秋；作曲与MIDI设计王德明；录音合成冯霞、焦瑞卿；主要演员于寿平、赵焕华、刘娅、褚宝镜、张宁哲、孙健、刘瑾；解说吴越。

广播剧讲述了前苏联著名宇航员弗拉基米尔·科马洛夫生命中最后两个小时的故事。科马洛夫1967年8月23日一人驾驶“联盟一号”宇宙飞船升空，当飞船完成任务返回大气层时，需要打开降落伞以减慢飞船速度，他突然发现降落伞打开机构失灵了。地面指挥中心采取了一切可能的救助措施帮助排除故障，但都无济于事，两小时后，飞船即将坠毁。这时，苏共中央决定向全国的电视观众直播这次宇宙飞船返航、坠毁的实况。广播剧展示了在这两小时时间里，科马洛夫与国家元首、主持人、母亲、妻子、女儿以及仇人等在全国观众面前的对话和告别的情景，情节语言悲壮感人，最后科马洛夫随着失控的飞船扑向茫茫大地，英勇殉职。剧中既展示主人公为科学献身的悲壮，同时也展现人性的光辉。剧中，太空船特效等独特音响的运用也继《交警爸爸们》之后又一次展现了电台的制作水平。

八、《红蜻蜓》

在避暑山庄肇建300周年之际，电台推出了献礼作品54集长篇广播故事《红蜻蜓》。作品反映了抗日战争后期收藏着皇室万贯家财的避暑山庄“宗镜阁”被日本侵略者炸毁，财宝被掠夺一空，承德人民奋起抗争的史实。对激发人民群众热爱祖国、热爱家乡、热爱避暑山庄有极大的教育意义。

它采取创新的播讲方式——广播故事。这种播讲方式将评书的善于夸张、绘声绘色，广播小说的亲切抒情、娓娓动听，广播剧的音乐烘托、音响效果的引人入胜融为一体，风格独特。一个又一个个性鲜明、呼之欲出的人物形象给听众留下深刻印象。

长篇广播故事《红蜻蜓》由孙健创作，已

退休的老播音员侯义改编、播讲，每集25分钟。长篇广播故事《红蜻蜓》制作过程中，播出制作部主任冯霞、副主任焦瑞卿、网络管理部副主任王德明克服许多困难，投入工作。

2003年6月19日，长篇广播故事《红蜻蜓》首播座谈会举行。6月24日，《红蜻蜓》在新闻综合频率、交通文艺频率同时开播。

九、《密道追踪》

2014年8月推出的广播故事《密道追踪》，是根据知名作家蛇从革创作的盗墓系列小说改编而成，分《阴兵虎符》《黄金太阳盘》两个章节。由承德广播电视台主持人刘瑾改编播讲。小说《密道追踪》是在网上以实时更新的方式与读者见面的，为在第一时间让更多人通过听觉感受小说的意境，刘瑾在作者更新的第一时间里以最快的速度改编、播讲、制作、播出，实现边更新、边改编、边制作、边播出。一经播出便受到听众的广泛关注，何时更新、何时播出成为“盗迷”们关注小说内容之外又一热议的话题。

小说每集55分钟，共45集。讲述的是边陲古城承德惊现金元时期古墓遗址，墓主人是后辽传奇丞相耶律乞努。千年古墓重见天日，尘封宝藏价值连城，而其中能号令千军的“阴兵虎符”更是无价之宝。此时，看似平静的古城却潜流暗涌，高科技跨国盗墓集团、中原各大盗墓门派早已齐聚此处，他们的目标只有一个，就是传说中的无比神秘的“阴兵虎符”。然而，想进古墓必须先找到深不可测的通关密道，而密道之中更是机关重重……故事中的主人公大拿、嫣儿、神偷、老沙各具不同身份、不同性格，却在这一错综复杂的事件背景下走到了一起。他们经历了生死考验，收获了友情和爱情，也见证了一连串感人至深的生活悲喜剧。

播讲人以细腻的表达方式、震撼的音效、环环相扣的情节编排再现承德双塔山的奇妙景观及幽谧诡异的千年古墓，亦展现了公安干警的聪明才智。

第四节 广播技术与广告经营管理

广播发展从最初的调幅，调频广播到现代数字信道编码调制技术在广播领域的应用，广播经历着从模拟向数字的变革。承德人民广播电台制作播出技术管理工作从1985年成立文播部，到后来的技术部和制作部再到现在的制播中心，技术管理工作不断创新发展。同时，灵活多样的广告经营方式也使承德人民广播电台的广告收入逐年大幅增加。

一、广播技术

1989年，承德地区人民广播电台调频广播频率为104兆赫。承德人民广播电台中波频率为1584千赫。

1991年原承德地区人民广播电台中波广播改为1000瓦发射机，频率900千赫，地址在市区南菜园子26号。

1993年，两台合并为承德人民广播电台，发射机功率、频率不变。

1994年6月18日，承德人民广播电台“山庄之声”经济台开播，使用1000瓦调频立体声发射机，频率为97.6兆赫，首次实现广播节目的直播互动。

1995年4月18日，“山庄之声经济台”商城直播间开播，使用全模拟调音台，有线传输。

1995年，新购一部3000瓦调频立体声发射机，更换原来自装的1000瓦发射机，提高了承德电台的覆盖率。5月25日，对3000瓦调频发射机覆盖情况进行测试，测试结果：天津58db、北京59db、唐山58db、滦平39db、丰宁40db、围场 35db，隆化 47db、平泉 35db、宽城 43db、承德县 47db。

1999 年，采编设备淘汰开盘机与盒式采访机，全部使用 MD 机进行采访及制作播出。

2000 年，将雾灵山〇五台原 3000 瓦调频立体声发射机更新为 5000 瓦全固态调频立体声发射机。

2001 年，安装数字音频自动播出系统 DAB-2000，从而使广播技术从模拟时代转到数字时代，也使承德电台进入了全省最早应用计算机和数字化技术，实现自动化播出的先进行列。

2002 年，户外广播“商城直播室”开播，小功率无线传输，直播间开放透明，主持人做节目全过程，过往观众一目了然。

2003 年 1 月中旬，承德电台新闻综合频率、交通文艺频率通过有线电视网络传送到各县区。9 月 4 日，与北京台、上海东方台合作，在避暑山庄门前设立球型直播间，使用 150A 传输方式对山庄肇建 300 周年庆典活动进行现场直播。全国多个城市同步播出。9 月，承德电台开始实施对偏远县区的小功率覆盖工程。

2004 年 6 月 8 日，承德电台开通短信平台，实现手机短信与直播节目的有机结合。

2005 年 4 月 1 日，承德电台交通文艺频率通过国家审批成为正式频率。新购一部 10 千瓦全固态调频立体声发射机（频率 105.8 兆赫），和一套四面 4 层双偶极天线馈线系统，安装在雾灵山〇五台，于当年 10 月一次试播成功，覆盖范围由市区扩大到京、津、唐及周边地区。

2006 年，随着电台迁址，更新自动播出系统，并新建数字化中心控制室，改变原有落后的播出控制形式，实现模拟和数字信号同时传输，多频率同时播出，各直播间信号能够随时切换。这样也为今后直播间的数字化改造奠定了基础。

2008 年，为自动播出系统增加备用服务器及配套设备，使电台节目播出安全性得到提高。

2010 年，对 4 个直播间和设备进行数字化升级改造，设备采用德国 Klotz12 路数字直播调音台以及周边设备。至此，承德电台的播出系统全部实现数字化。

同年，新购 100 瓦调频发射机 18 台、300 瓦调频发射机 2 台，用于扩大对县区的调频广播小功率覆盖。

2011年，对节目库存储进行升级扩容。采用 HP ProLiant DL388G7服务器，AMA 8912FSG2 单控制器双电源机架式光纤阵列，使节目库的容量从原来的 1T，提高到 10T，彻底解决磁盘已满节目不能入库的问题 ，同时也提高了服务器、磁盘阵列等设备的性能和安全性。

2012 年，新增两台 DELL 服务器带一台磁盘阵列，做 windows 集群。把两台服务器虚拟成一套服务器，如果其中一个服务器宕机，另外一台服务器自动切换并接替工作，实现双机热备。

对录制系统增加音频防火墙，对通过 USB 接口传入的音频文件进行隔离，提高制播网络的安全性。

2013 年，录制间设备更新，新增雅马哈 01V96 数字调音台 2 台，rme 火线音频接口 1 台，并对录制间供电线路进行改造，提高录播节目的音质。更新技术区 10 千瓦 UPS 电源。

2014 年 3 月，对自动播出系统进行升级，增加 AMA8912FSG2 磁盘阵列 1 台，与原有服务器系统实现全冗余方式的双机双存储热备，进一步提高播出系统的安全性。10 月份迁入新机房。

2015 年 5 月，利用现有广播设备，组装一套车载移动调频广播现场播出、发射系统，对全国重点项目工程视察车队做全程直播，收到很好的效果。

9 月 3 日，转播中央台纪念抗日战争胜利 70 周年大阅兵。准备中央台卫星直播、电视机顶盒广播频率和电视机顶盒电视频道音频信号等多路信号源。并对各种应急预案进行演练，使大阅兵转播顺利进行。

12月，完成原有直播间的数字化改造。预算资金为24万元。经厂商投标，竞争性谈判，最终湖南双菱电子科技有限公司以15.5万元中标。12月18日安装完成并验收合格。主要设备有：双菱SLDB5000–16D数字直播调音台、双菱SLBD–100D2数字延时器、美国舒尔SM–7B动圈话筒、TASCAM SS–R100固态录音机、YAMAHA HS5监听音箱等。

二、科技应用

2001年，承德电台自筹资金23万元，安装浪潮集团数字音频自动播出系统DAB–2000。系统能够完成广播节目的录制、编排、播出和广告制作，以及整个系统的总体管理。系统是根据承德电台的具体条件和实际情况，由台领导周密策划，专家组反复研究论证，经过严格招投标产生出来的。主要由服务器系统和各个工作站构成。分别是服务器1台、音频播出站2台、节目编排站2台、管理审听站1台、备播兼录制站1台。音频录制站2台、广告管理站1台、音频慢录站1台。其中，服务器是整个系统的核心，它负责存储数据和协调各音频工作站间的分工与协作。音频播出站按照时间自动显示当前时段的节目单，按照设定的播出形式自动或手动播出，并可快速查询节目库中的内容，即时播出。音频录制站与外部音源通过调音台相连，录制的音频可以直接在录制站界面上以波形反应出来，可对音频直接进行各种非线性操作，制作完的节目利用网络即可存储到服务器上。编排站是用来进行节目单的编排。广告管理站包括广告合同管理和广告节目录制，可以按照广告合同编排广告节目，并且系统自动将广告编排信息传递给节目编排站。管理审听站包括节目审听、节目库管理和人员管理：可以设置人员权限，避免使用人员间的误操作，保证整个系统安全运行。慢录站提供实际播出的音频信号，以压缩的音频格式存储在硬盘里，可以随时重播或实时审听。

2003年9月，承德电台开始实施对偏远县区的小功率覆盖工程。

承德地域面积大，各县区相距都在40千米以上，且大部分为山区，当时所能做到的覆盖手段均不能覆盖全境。为了解决这一难题，科技人员在局、台领导的大力支持下，确定工程技术方案，利用有线广播传输网络，传输音频信号，采用小功率发射机，利用现有频率，同频发射，进行有线和无线广播混合覆盖，并利用覆盖间隙和调频“俘获效应”理论，来解决同频干扰问题。同时将电台音频信号传输到市有线广播电视台，通过光发机将节目信号送入有线网中，各县区则用光收机接收信号，然后再将信号经音频分配器分为两路，一路作为100瓦小功率全固态发射机的调制信号，另一路经调制器和混频器后进入各县区有线广播网，经过这样多方式的混合覆盖，全市人口覆盖增长率：承德电台一套节目增加覆盖人口30%；二套节目人口覆盖率增加125%（之前二套节目只能覆盖市中心区）。

2006年，随着电台迁址，更新自动播出系统，并新建了数字化中心控制室。新的播出区采用北京英夫美迪公司的Air2000S1数字音频工作站及自动化播出系统，系统采用纯Client/Server、COM等先进的软件技术，使该产品的功能和适用面都有提高，能满足电台日常运作中几乎所有的相关要求。

中控室采用全数字音频信号方式，负责对所有节目信号进行处理、检测和监视，对各类共用信号进行调度和分配；向播控系统提供垫播信号；向各直播室提供返送信号和外来信号，可以实现多个直播室之间的节目互转调度；向各直播室提供同步信号和标准时钟信号；主要由音频矩阵、周边系统、同步系统、时钟校时系统、技术监测和监控系统等组成。

2015年3月，对双滦区四套广播频率的信号覆盖情况进行了测试。共设定8个测试点，其中包括与双滦区邻近的市内测试点：下营房（公路）、西站（公路）。三岔口测试点：鼎盛王朝

（公路）、昌升现代城（公路）。双塔山测试点：山水文苑（居民区）、矿机（居民区）。承钢测试点：宝鼎花园（居民区）、承钢厂区（公路）。对承德电台 89.1MHz、93.8MHz、97.6MHz、100.6MHz 共 4 个频率进行了收听测试，并对各个频率节目进行了录音。4 月份，对北京地区广播频率的信号覆盖情况进行了测试。

三、广告经营管理

1985 年，全国经济发达地区的广播广告业务开始崭露头角。电台也开始承揽广告业务，开办了广告节目。虽然每年都有增长，但增幅较小。

1998 年，电台提出社会效益与经济效益同步增长的目标。年初，制定广告制作与承揽的相关规定，使广告创收有章可循。

1999 年，电台制定《广告管理办法》，调整创收政策，改专职人员创收为“全员创收”。每个科室都承担着一定的创收任务，列入工作考核内容。为保证管理办法的落实，加大内部监督力度，电台总编室设专人对广告播出情况进行监听，从而有效杜绝违反广告法规和私播广告现象的发生。

2000 年，电台提出广告创收和社会赞助、合作合办节目两条腿走路的方针，采取责任共担、利益共享、统一管理的办法。在具体操作上实行“五统一”，即统一管理、统一价格、统一审核、统一制作、统一播出。进一步强化全台广告创意、制作，提高广告创意水平。广告播出实行优价时段，统一安排调度。同时实行绩酬挂钩，广告任务完成进度与活化工资、上岗津贴相联系。在统一管理的原则下，实行分部记账，与各节目部创收效益的奖励相联系。安排专门人员，开展社会公关，围绕行政、企事业单位的重要活动、进行现场直播等，拓宽创收渠道。各节目部积极与社会各界广泛联系，抓好社会赞助、节目冠名、形象宣传等软广告，采取多种形式增加收入。同时还强化广告创意，使所播广告更富人性化、生活化，听众更乐意收听和接受，受到企业（商）家的赞誉。

2001 年，电台在对广告节目进一步强化创意、策划，提高文化品位和艺术性的同时，采取分散播出时段、零散插播的形式，提高广告的可听性。缩短医疗广告连续播出的时间，加强主持人与嘉宾播出前的交流和策划，变讲座式为谈话式，变商品广告宣传为保健养生知识讲座。硬性广告除保留新闻、评书和少数录播节目前固定时段外，其他节目均取消固定的广告时段，相关广告均由主持人零散插播在节目中，减少广告对节目的影响，使企业和商家的广告更具渗透力。

2002 年，根据广告淡旺季的规律，结合广告承揽难易程度，对个别时段的广告价格予以提升。同时，强化广告承揽人员对客户的服务意识，不但在业务上为客户提供优质服务，还把客户的困难作为自己的事情，认真协助解决，使客户增加了在电台的广告投入。

2003 年，广告管理在继续实行全员创收的方式下，进一步完善了“五统一”管理办法，研究客户淡旺季的销售及成本规律，探索更为科学的价格标准和浮动比例，挖掘广告创收的增长点。在商城内开办红光直销商场，拓展电台创收领域，增强适应市场兴衰的能力。根据品牌广告和讲座广告承揽的难易程度，合理地调整奖惩比例。

2004 年，为确保广告回款及时无拖欠，变广告回款淡季为旺季。2003 年年底，电台便对 2004 年广告时段进行了竞拍。为确保竞拍成功，他们参照上年讲座价位及 2004 年广告市场发展前景和台签订的责任书中规定的任务数确定各个时段的起拍底价。并要求每位参与竞标的客户提前交付时段保证金，将所钟情的讲座时段上报台办室，确保电台对所有竞标参与者心中有数。如中标者不能按规定时间交付广告款，风险金自动冲抵抵押金，不中标者，风险金退回。经过广泛发动，有 20 多家客户参加了竞拍，大部分客户靠实力争得广告时段。同年 6 月，电台又对延长播出时间新形成的时段进行了竞拍，价位再创新高。为加强管理，要求所有广告播出前必须填写四联单，由专人核准广告款后，报主管台长签字，再由制作部制作播出。实现了价位统一，交款时间统一，播出方式统一，杜绝人情广告、私插乱播广告和恶意拖欠广告费现象。

2005年，在上年取得成功经验的基础上，顺利完成广告时段竞标，继续实行广告上交款制度和四联单播出制度。为充分发挥电台覆盖京津唐及周边地区，特别是北京的优势，与有实力的企业、媒体、广告公司合作，提升讲座广告价位。为增加品牌广告在总收入中的比例，增强抵御风险的能力，年初在广告中心成立广告信息部，设专人经营品牌广告。到年底，品牌广告收入比2004年增加35%。由于全台一盘棋，不断拓展广告空间，培育和扩大客户队伍，不断强化管理，杜绝跑冒滴漏，把该收的钱一分不少地收上来。

电台在广告经营过程中，公益广告由浅显直白的口号向创意新奇、立意高远、制作精美发展。从1985年电台出现广告以来，公益广告伴随着商业广告成长。到2005年，播出公益广告200多条。其中，电台选送参评的公益广告2002年、2003年、2004年连续3年获“河北省好新闻——广播广告系列”一等奖。

2006年，进一步改善广告客户的档案管理工作，确保广告信息客户手续健全。为贯彻国家广电总局和国家工商局联合下发的《关于整顿广播电视医疗咨询服务和电视购物节目内容的通知》精神及省、市广电局的要求，出台《承德人民广播电台医疗讲座广告管理规定》，叫停所有不符合《通知》精神的讲座，进一步加强广告监督力度，确保广告内容符合收听需要，确保该收的广告款全部到位。对长期稳定的大客户提供一流的服务，并不定期举办客户座谈会，交换意见，沟通情况。全年广告收入大幅度增长。

对交通文艺频率，采取面向本地、深挖本地广告市场策略，成立“节目策划部”利用经济杠杆的调控作用，提高品牌广告的提成力度，有效提高品牌广告的收入份额，降低单纯靠讲座收入创收的风险。另外，在3个频率都增加了“商业赞助报时”“评书赞助播出”“天气预报赞助播出”“百姓热线节目总冠名”，使品牌广告收入增加30%以上。

随着国家广电总局和国家宏观政策对医疗、药品广告治理力度的加大，5月1日以后，主动停播了10个品种的讲座广告。10月1日后，严把热线关，禁止一切夸大疗效的不切实反馈热线，从源头杜绝违法广告出现。这样一来，对讲座广告收入是一个不小的冲击，不少广告时段闲置，最差时月收入只有原来的十分之一。

面对种种不利因素，电台通过开辟市场，积极运作，全年广告实现大幅增长。

2007年，伴随着全国的经济形势，广播广告市场持续低迷，电台本着开源节流的创收思路，全台上下团结一致，大幅削减不必要的开支，开拓各个行业的潜在客户，经过努力全年广告收入基本与去年持平。

2008年，电台面对严峻形势，不断加强经营管理。在增加品牌广告的同时，对讲座客户实行分类管理，药品、保健品、医疗器械分类建档。对客户提供的相关手续进行甄别核实，手续不全的及时补办，不具备播出条件的不予播出。

2009年，全国广播广告市场持续萎缩，电台继续加大挖潜的力度。改变经营思路，以提高节目质量为抓手，多档节目在社会引起广泛关注，在服务百姓、关注民生的同时，也带来很大的经济收益，经过努力，扭转了前期的颓势。

2010年，电台秉承服务理念，在强化管理的同时，大力拓展各个行业。在广告市场趋于饱和的形势下，采取走出去的经营思路，积极开展活动营销，通过精心策划的主题引起轰动效应，改变传统广播广告结构，拓宽广播广告渠道，既提高了电台的影响力，又增加了广告收入。

2011年，电台对原有的规章制度进行完善和细化，先后制定广告审批、录制、播出、监测等管理流程。在向管理要效益的同时，继续维护好市场，全年创收稳中有增。

2012 年，由于广播媒介传播的特征，过去有些行业在广播的广告投放量极少。电台就集中人力，针对客户特点及需求，量身定做广播广告，提供精准化服务。对大客户实行专人管理和服务，责任到人，服务到位，使大批新客户走进广播。这些有效的举措，拓宽了广告市场，增加了广告收入。

对于电台广告创收来说，2013 年是不平凡的一年，是充满严峻挑战、顽强拼搏进取的一年，广告创收遇到了前所未有的困境。国家八部委严格广告管理，电台广告按要求严加整改，仅 5 月、6 月份损失就达 200 万元。面对危机电台不等不靠，大家齐心协力积极主动应对市场，在医疗药品讲座面临颗粒无收的困难情况下，从讲座的内容到形式上进行全新的谋划，探索出一条行之有效的路子，把广告损失降到最低。与此同时，深入挖掘品牌广告市场，使品牌广告创收额大幅提升，有效弥补药品讲座广告的损失。广告结构由 2012 年的 80：20(讲座占 80%、品牌占 20%) 调整为 70：30，在调结构上迈出可喜的一步。2013 年 6 月 18 日，推出一档大型直播互动节目《我们都是汽车人》。节目播出后，得到汽车行业的广泛关注和听众的普遍好评，为带动汽车行业的创收起到了积极作用，也成为广告创收新的经济增长点。

2014 年，广告创收形势非常严峻，随着国家对医疗药品讲座管控力度的增大，医疗药品讲座节目的市场逐渐萎缩。由于在调结构转方式上取得可喜成绩，品牌广告收入。与 2012 年相比翻了一番，由 300 万元增至 600 多万元。举办全市青少年游泳大赛，活动取得了较好的经济效益和社会效益。此次活动是电台近年来规模较大、收入最多的一次大型活动，总收入达 15 万元。

2015 年，广告市场遇到前所未有的寒冬，给广告创收工作带来了巨大的压力，同时也造成广告收入的大幅减少。新《中华人民共和国广告法》9 月 1 日正式实施，从 5 月份医疗药品讲座开始大面积停播，直到 8 月 10 日全部停播。

2015 年，频率“分灶吃饭”调动各频率创收积极性，医疗讲座节目在本地频率退出的同时，创办多档接地气的节目。电台 FM100.6 频率与石家庄台签约，倾心打造承德音乐第一台，全年广告收入明显提高。

四、广告收益

1985 年，当年完成广告收入 2 万元。虽然每年都有增长，但增幅较小。到 1997 年，广告收入 37.3 万元。2000 年年底，全年广告收入达到 115.4 万元，实现大幅增长。

2012 年，承德人民广播电台实现全年广告收入 1334.77 万元。2013 年，共完成全年创收任务指标 1516.57 万元，超额完成年初台里下达的创收任务。2014 年，完成创收指标：1662.76 万元。2015 年，经过全台上下的共同努力，1—12 月，电台广告完成毛收入 1767.67 万元。

第三章 电视

承德地、市电视台于1985年10月1日分别正式播出，共同使用二频道，市台一、三、五、日（隔周播出），地区台二、四、六、日（隔周播出）。

1993年7月1日，承德地、市电视台合并后，以“承德电视台”的呼号和台标播出节目。1997年，将原来《承德新闻》改为《承德新闻联播》，新开辟《晚间新闻》和新闻评论性栏目《每周视点》，这两个栏目与《承德新闻联播》构成了较为合理、互为补充的新闻性节目体系。1998年，将有线电视台的文艺节目、专题节目和广告节目纳入无线电视台，实行一体化管理。节目频道由一套增加到两套，组织机构、节目设置、人员结构都有了较大调整。电视台下设新闻中心、节目中心、技术中心和广告中心四个中心。

第一节 节目设置

一、地、市合并前两台节目设置

承德地、市电视台于1985年10月1日分别正式播出，共同使用二频道，市台一、三、五、日（隔周播出），地区台二、四、六、日（隔周播出）。两台除按时转播中央电视台和河北电视台节目外，市台自办有《承德新闻》《一周要闻回顾》《经济信息》《天气预报》等，后又增加《经济广角》《七彩阳光》《晚间一刻钟》《荧屏点播》《党建之窗》等栏目。到1988年，共拍摄专题片500余部。其中，包括新闻专题、社教专题、知识竞赛、系列报道。地区电视台开播时只设《承德地区新闻》《专题报道》及文艺录播节目。由于经费、人员紧张，设备简陋，新闻、广告、文艺节目可以维持定期播出，专题节目只能间隔播出。随着设备人员的增加，相继推出《燕塞大地》《欢乐周末》《荧屏歌声》《荧屏笑声》《诗·歌·画》等栏目。《欢乐周末》到地市合并前（1993年）共办100期，成为一档深受观众喜爱的节目。

二、地、市合并后承德电视台节目设置

1993年7月1日，承德地、市电视台合并后，以“承德电视台”的呼号和台标播出节目。除《承德新闻》外，专题有《经济广角》《社会大观》《晚间一刻钟》《七彩阳光》《紫塞大地》《县区之窗》《党建之窗》，以及文艺节目《每周一歌》《欢乐周末》《下周屏幕》等。其中，《社会大观》栏目以较高的宣传质量赢得社会各界的好评。1995年，在中央电视台《与你同行》《中国报道》等栏目中先后推出专题片，分别以经济、文化为主线，突出介绍了承德的人文景观和旅游资源，展示承德的自然环境、社会环境和投资环境。这个栏目报道的好干部任爱军的典型事迹，在社会上引起强烈反响，很快在全市掀起“远学孔繁森，近学任爱军”的热潮，被评为优秀栏目。

1997年，将原来《承德新闻》改为《承德新闻联播》，新开辟《晚间新闻》和新闻评论性栏目《每周视点》，这两个栏目与《承德新闻联播》构成了较为合理、互为补充的新闻性节目体

系。改版后的新闻节目信息量增大，内容编排有所改进，形式趋于灵活，画面质量提高。专题节目在内容上也作调整，突出对象性、参与性和服务性。在节目制作上实行以经费养节目的运行方式,节目质量有很大改观。如《生活风景线》《经济广角》等栏目，制作人根据承德的实际，精心策划，周密安排，反映的问题准确、及时。

1998 年，将有线电视台的文艺节目、专题节目和广告节目纳入无线电视台，实行一体化管理。节目频道由 1 套增加到 2 套。1 套节目是以时政新闻为主的新闻综合频道；2 套节目是以影视剧为主的公共频道。组织机构、节目设置、人员结构都有了较大调整。电视台下设 4 个中心：新闻中心、节目中心、技术中心和广告中心。新闻中心下设 3 个栏目：《承德新闻联播》《今晚报道》《每周视点》；节目中心下设 7 个栏目：《经济广角》《综艺直通车》《生活风景线》《法制经纬》《走进承德》《与你同行》和《金色年华》等。其中,《今晚报道》立足社会新闻,面向广大观众，在创新上进行了有益的探索；《每周视点》克服来自多方的压力，先后拍摄一批百姓关注的热点和有深度的报道。《法制经纬》《经济广角》被观众评为名牌栏目。

1999 年，在新闻和专题节目中开设《辉煌二十年》《98 回眸》等专栏，共播出 50 集节目。

为加强对京津和环渤海周边城市的宣传，成立“京津节目部”。5 月 1 日，与京津电视台达成协议,每年为承德台提供 480 分钟的宣传时间，被称为“480 分钟”工程。当年北京电视台、天津电视台和环渤海的《渤海潮》栏目播出承德台 20 多部大型专题片。到 2001 年，有 52 期反映承德经济建设、优美环境、风土人情的电视专题片在环渤海 16 家城市电视台播出。这一年，还推出自办大型娱乐节目《皇家开心城》。每月一期，邀请外地演员、主持人与本市演员、主持人同台主持和演出。

2000 年，《每周视点》栏目在发挥媒体舆论监督功能方面进行大胆的实践，拍摄 3 集系列专题片《选举前后》。在中央电视台和省台播出后，经国务院新闻办公室推荐,陆续在其他省台播出，群众称之为承德的《焦点访谈》。据当年调查,《承德新闻》《法制经纬》《经济广角》《走近承德》《每周视点》和《生活风景线》平均收视率都稳定在 30% 左右。

2001 年，电视台两个频道的节目调整播出时间，全天播出由 20 小时增加到 35 小时。新闻综合频道开设的节目有《承德新闻》《今晚十分》《每周视点》《法制经纬》《经济广角》《旅游新干线》《文化时空》《你我新视觉》《名城掠影》《渤海潮》《大众健身》《商品大世界》《天气预报》《荧屏导视》《每周一歌》等。公共频道栏目有《科技生活》《大千世界》《娱乐现场》《影视歌曲》《影视看台》《视线 60》《荧屏导视》和《评书剧场》等。

2002 年，为体现承德旅游名城特色，新闻综合频道开办英语节目《英语新闻》，还开辟生活栏目《百姓家居》，外引精品栏目《传奇》《海外掠影》，综合节目《娱乐时空》《幽默剧场》以及《少儿节目》;原来的《大众健身》改名为《每日健身》;《荧屏导视》改名为《节目导视》。取消了《每周一歌》和《科技生活》栏目。公共频道新增设了 5 个栏目：反映经济信息的《金融房产》,外引生活精品栏目《七彩世界》《都市生活》《生活新视野》和《知识乐园》。取消《影视歌曲》《大千世界》《评书剧场》。

2003 年,电视台把《每周视点》《今晚时分》改为新闻评论性节目《今日聚焦》，设在专题节目中心。增设充分展示承德本土政治、经济、社会生活的栏目《中国承德》《经济 · 生活》，综艺类栏目《艺海千帆》《多彩荧屏》，恢复生活类节目《科技生活》，还有《新片介绍》《收视指南》，原来的少儿节目改为《少儿天地》，《每日健身》改为《健康时空》《健康》栏目。公共频道增设《奇趣世界》等栏目。2003 年，正值承德避暑山庄肇建300周年大型庆典活动，除新闻、专题积极参与宣传外，新开设的《今日聚焦》推出“辉煌山庄庆典”系列节目，采制《千秋功业》《300年特展》等5部专题片，拍摄40期宣传避暑山庄、外八庙的节目。这一年，还开办大型益智互动节目《才智大赢家》，有才艺展示、趣味问答、生活常识、科普知识，聘中央台梁枫主持节目，两周一期，共办30期。

2004年，新闻中心增设社会新闻栏目《每日关注》。《今日聚焦》栏目开设周末版《特别关注》。采取说新闻的形式增强节目的亲和力，增强舆论引导的力度。《承德新闻》《今日聚焦》和《每日关注》这3档新闻节目，互相分工，密切配合，对政府关注、百姓关心的环境、教育、医疗卫生、物业、旅游秩序等热点问题，加强宣传引导，受到政府、群众的欢迎。外宣中心推出《家乡人》和《三农天地》栏目。《健康时空》改为《健康话题》，增加《家园》栏目。影视娱乐频道增加《快乐驿站》《经济生活》栏目。

2005年，新闻综合频道增设《时尚生活》《科普讲座》《综艺欣赏》和外引节目《法制中国》《社会故事》5个栏目。围绕市委、市政府中心工作，先后开设《实践三个代表重要思想、保持共产党员先进性》《时代先锋》《落实科学发展观》《创建文明生态村》等多个临时性专栏。在纪念抗日战争胜利60周年的宣传中，在《每日关注》栏目里开设《见证》专栏，《承德新闻》中开设《周末访谈》专栏，采用主持人与嘉宾面对面交流的形式宣传重点工作，关注百姓热点问题。同年，在原有一、二套节目的基础上，有线电视台的另一套节目又划归承德电视台管理，开辟第3套节目都市频道。开办《都市资讯》《环球新闻杂志》《情景喜剧》《开心356》《环保前线》及《630剧场》等栏目。《都市资讯》节目得到广大观众和专家的肯定。

2006年，《今日聚焦》节目成功运作《承德警方》等栏目，丰富节目内容和形式，《今日聚焦》的收视空间得到扩充。《每日关注》开设《整治城市环境，建设美好家园》专栏，明察暗访，形成时政新闻与民生新闻的互动。《每日关注》还开办《伴我成长》专栏，引导孩子树立良好的道德观、人生观。全年累计开办专栏17个，其中跨年度的5个，贯穿全年的3个，坚持开办的3个。

2007年元旦，开播新闻板块类节目《直播承德》，整个板块由《承德新闻》《每日关注》《今日聚焦》《民声直达》4个栏目组成，涵盖了时政新闻、民生新闻、新闻评论和新闻访谈类节目内容，形成了新闻线索的延扩、新闻内涵的深入、新闻形式上的互补。在整合《直播承德》板块的同时，《中国承德》《三农天地》《家乡人》和《县区之窗》等栏目结合各自的特点，不断寻找在节目特色和节目质量上新的突破，使节目质量有整体提高。

2008年，进一步探索《直播承德》的形式创新，除巩固《承德新闻》《今日聚焦》两个品牌栏目外，在《承德新闻》中开设《盘点2007年民心工程》《欢度08》《迎奥运、创和谐、抓落实、促发展》《辉煌五年》《代表委员建言献策》《情系灾区》《党建风采》等短期专栏，并开设《推进富民强市六项行动计划》《全民总动员，三年大变样》等常年性专栏。《每日关注》推出一档谈话类节目《周末大家谈》，《民生直达》设立《公德大考验》和《三年大变样论坛》专栏，每天5分钟，强化与百姓的互动，并引入记者出现场进行串场的形式，丰富节目整体表现形式。《县区之窗》开设《推行六项行动计划》专栏，并举办“聚焦安全生产”大型采访活动。北京奥运期间，先后开办《奥运来了》等3个新闻栏目，时间长达7个月之久。

建台20多年，承德电视台由一套节目发展到三套节目，从几个栏目发展到三套节目的39个固定栏目，每天播出时长由当初地、市台的12个小时发展到55个小时。

2009年，承德电视台《直播承德》节目进行微调。4月，开办《热河讲堂》栏目。围绕承德的历史、文化、民俗，邀请承德的专家学者进行讲解，地方特色和文化气息浓郁，已录制播出近 90 期节目，播出后得到观众的广泛认可和专家学者的肯定。

2009—2012 年 10 月，外宣中心下设《中国承德》栏目，这是一档电视专题节目，它的定位是“忠实地纪录生活的本质，在大背景中寻找小人物，在大事件中叙述小故事。”

三、承德广播电视台成立后节目设置

2010 年 6 月，承德广播电视台成立。

2012 年 10 月 18 日，承德广播电视台完成频率频道制改革，实现节目的平稳过渡。电视由过去的各个中心调整为新闻综合频道、公共生活频道和旅游文化频道。栏目标示、宣传文案、智能背景、标题制作、字体和色彩搭配上都重新包装，突出人性化的设计，使声频、银屏信息更时尚、更丰富、更有效，电视画面语言功能得到进一步强化。自制节目时长由过去的每天 2 小时 28 分钟，增加到 2 小时 48 分钟。

节目改版后，新闻中心取消了原有的《每日关注》，延长《承德新闻》节目时长，由原来的 15 分钟延长至 20 分钟。

新闻综合频道在保持原有栏目《民声直达》《今日聚焦》的同时，增加访谈类节目《倾听》。调整后的《民声直达》周一至周五每晚在新闻综合频道首播。《倾听》周六日作为《民声直达》特别节目在新闻综合频道首播，《今日聚焦》每天播出。3 档栏目在新闻板块类节目《直播承德》中承担着每天 40 分钟的播出任务。改版后，《今日聚焦》栏目在保持原有特点的基础上，注重提升现有栏目质量，增加有效信息。在新闻的表达方式上更加尊重新闻规律，践行“三贴近”原则，注重选取“小口径”“低视角”，减少公文式报道；在节目的内容选取上拓宽报道题材，增加社会新闻及深度报道力度，让《今日聚焦》特色更加突出。作为一档民生新闻栏目，《民声直达》改版后节目变得更加丰满，主题也更加突出。除保留原有民声热线外，新增设《直击现场》《话题互动》《百姓故事》《我在基层》《民生资讯》《拍客》板块。《倾听》栏目作为新闻综合频道的一档访谈节目，节目定位锐意求新，突出承德人文和地域特色，感受人物心灵之声和社会脉动之音。公共生活频道在原影视频道基础上增加公共服务性及公益性内容，改称公共生活频道。2012 年 10 月，公共生活频道推出日播 30 分钟杂志类新闻节目《今日视点》和《法治视野》。《今日视点》栏目下设四个板块，《资讯浏览窗》《百姓连心桥》《交通面面观》《冷热零接触》。周一至周五 18 点首播。

旅游文化频道是承德广播电视台于 2012 年 10 月 18 日全新改版后推出的一个重点宣传承德文化、旅游的频道，重点打造《人文承德》和《快乐出发》两档精品栏目。《快乐出发》是一档记者体验式的栏目，时长 10 分钟。以外景主持人自助游的形式，全景式体验旅游景点及相关项目，用独特的体验方式，为市民进行旅游推介，同时为观众出游提供实用的旅游资讯。《人文承德》是一档“纪录短片 + 人物口述形式”的文化类节目，分为《人物》《纪事》两个专版。节目以本地文化人物及身在异乡的承德籍文化人物为主体，选题涉及承德的各界名人，突出地域性的同时兼顾节目外延的拓展性。

2012 年 10 月 18 日，外宣中心更名为纪录片精品工作室。以纪实的手法，平民化的语言，讲述真实故事，以小见大地表现承德人的生存环境和生存状态，原汁原味地表述生活中的真善美。沿用《中国承德》的栏目名称，是一档纪录片专栏节目，该节目调动电视艺术手段，用画面、音乐、文字，艺术地打造精品栏目，节目每周一期，在旅游文化频道播出。

2014 年 5 月，旅游文化频道全新开办一档人文类精品专题节目——《天南地北承德人》，时长 30 分钟，每周日播出。以一批在外地生活、工作的承德籍名人为拍摄对象，通过专题纪录片的形式，以鲜明的特色、独特的视角挖掘人物的内心世界，聚焦他们生命中最具光彩的瞬间。表达他们对故乡承德的认知与感受，传递对故乡的浓浓深情。

2014年7月，与双桥区委宣传部合作，开办《双桥新闻》栏目，在公共生活频道播出。栏目时长5分钟，播出时间每周一、三、五首播，二、四、六重播，周日做一版一周要闻回顾。

2014年10月，公共生活频道节目进行第二次改版，《百姓连心桥》时长12分钟，加入美食、养生、时尚、房产、装修、家居、生活妙招等节目内容；《交通面面观》时长5分钟，在百姓衣食住行中“行”上做文章，与交通有关的内容都可作为选题；《资讯浏览窗》时长7分钟，在原有5分钟内容的基础上，加大2分钟信息量。《法治视野》时长、播出时间不变，以《法治故事》板块为主。

2015年1月，新闻综合频道《民声直达》进行微调。取消《民生资讯》和《拍客》板块，开设了《我想对你说》微访谈板块。

2015年7月，公共生活频道推出《百姓网事》和《对接京津冀 服务你我他》板块。《百姓网事》利用新媒体，换个角度看新闻，让观众从新闻关注者成为新闻参与者。《对接京津冀 服务你我他》则请京津两地的医疗专家讲解前沿的医疗知识。

第二节 行业评奖与交流合作

一、行业评奖

1989年至2015年，承德电视台新闻从业人员牢记新闻工作者的职责使命，深入基层挖掘新闻，采写出一篇篇真实、准确、有温度的新闻作品。据不完全统计，1989年至2015年的27年里共有20多部作品获得中国新闻奖和河北新闻奖一等奖。

表3-2-1 1989—2015年承德电视台获奖作品一览表

授予时间	作品标题	奖项	主创单位或人员
1989年	《高级农艺师刘国栋》	获《河北四十年》优秀电视新闻二等奖	张玉田
1990年	《农艺师肖玉林扎根山区搞科研》	河北省好新闻三等奖	张玉田 李申有
1990年		1989年度省以上稿件数量一等奖	王 英
1991年	《今日承德》	太平洋地区世界语大会一等奖	承德电视台
1991年	《承德地区计划生育工作走向良性循环》	获1990年度河北省好新闻评选电视系列二等奖	张玉田
1991年	《小寺沟镇用实绩考核村干部巧解两大难》	获河北省1990年度好作品三等奖	郑和平 张玉田 刘小鹏
1992年	《一心扑在计划生育事业上的老党员——白清》	获1991年度河北省好新闻评选电视新闻二等奖	张玉田

续表 3-2-1

授予时间	作品标题	奖项	主创单位或人员
1992 年	《平泉县纪委从严执纪》	获 1991 年度河北省好新闻评选电视系列报道三等奖	张玉田
1993 年	《宽城县榆树林子村妇女建起绿色“体己银行”》	获 1992 年度河北省好新闻评选电视新闻三等奖	张玉田
1993 年	《高守信和他的单车承包》	获 1992 年度河北省好新闻评选电视新闻三等奖	张玉田
1993 年	《如何建立家庭子女档案》	河北省优秀电视社教节目评选二等奖	郭 鹰 杨润忠 赵文华
1994 年	《专业村见闻》	首届河北省电视经济专题节目展播评选一等奖	王 英
1994 年	《兴隆水保实行股份制》	河北省“水保杯电视新闻大奖赛”一等奖	张玉田
1994 年	《围场镇农民抓住时机抢人才》	荣获 1993 年度河北省好新闻评选消息一等奖	张玉田
1994 年	《兴隆县大灾之后农民积极要求入党》	获河北省电视好新闻一等奖	于清溪 张 蔚
1995 年	《公安干警奋不顾身勇斗歹徒》	获河北省好新闻电视类三等奖	于清溪 张 蔚 刘 传
1995 年	《为了绿色的希望》	河北新闻奖一等奖	王 英
1995 年	《公安干警奋不顾身勇斗歹徒 医护人员深受感动抢救英雄》	1995 年度河北新闻奖三等奖	张 蔚 刘 传
1995 年	《好儿媳刘桂琴》	1995 年度河北新闻奖三等奖	张 蔚 刘 传
1995 年	《两块镜匾引出的话题》	荣获 1995 年度河北新闻奖电视新闻专题三等奖	张玉田
1995 年	《面对民工潮的思考》	荣获 1994 年度河北省广播电视新闻节目评选三等奖	张玉田
1995 年	《共同托起明天的太阳》	河北新闻奖电视新闻消息三等奖	杨润忠

续表 3-2-1

授予时间	作品标题	奖项	主创单位或人员
1996 年	《与贫穷和癌症作斗争的好党员——陈国忠》	1996 年度河北省电视好新闻二等奖	杨润忠
1996 年	《共同托起明天的太阳》	河北省电视好新闻三等奖	杨润忠　张化雨
1999 年	《被拐卖的新疆少年在平泉万里寻亲》	河北省电视好新闻一等奖	杨润忠　张化雨
2002 年	《环保一家人》	2002 年度河北广播电视新闻奖三等奖	陈　伟　刘　芳　刘　传　周丽蕴
2003 年	《宽城农民商鹤羽一家获国际环保奖》	2003 年度河北新闻奖一等奖	刘　传　宋晓静　张化雨
2004 年	《发展循环经济使避暑山庄酒业公司实现双赢》	2004 年度河北新闻奖三等奖	周浩哲　宋晓静　刘　传
2004 年	《“易拉罐长城”从小树立孩子环保意识》	2004 年度河北新闻奖二等奖	刘　传　文　欢　苏　浩
2004 年	《“朝梁子精神”系列报道》	2004 年度河北广播电视新闻奖一等奖	周　浩　刘　传　张新星
2004 年	《每日关注》	2004 年度河北广播电视新闻奖三等奖	杨正义　韩英辉　宋晓静　田　丰　周志民　刘跃利　杨文欢　苏　浩　于立群
2008 年	《密境梵音》	“聚焦承德”全国电视媒体采风活动评选中获得三等奖	龚　骥　郭　鹰
2009 年	《八旬老人为牺牲战友吹响“集结号”》	中国新闻奖电视消息三等奖	田　锋　黄利平　杨　猛
2010 年	《董存瑞名誉权案最终裁决》	河北新闻奖三等奖	杨润忠
2011 年	《偏桥村新农村建设纪实》	河北新闻奖一等奖	承德电视台
2011 年	《文化创意让承德活性炭身价剧增》	河北新闻奖二等奖	承德电视台
2011 年	《承德颈复康药业集团打赢我省首例知名商品特有名称侵权案》	河北新闻奖二等奖	承德电视台

续表 3-2-1

授予时间	作品标题	奖项	主创单位或人员
2011 年	《和谐社区我的家》	河北新闻奖二等奖	承德电视台
2011 年	《家庭水窖为缓解山区旱情发挥作用》	河北新闻奖三等奖	承德电视台
2011 年	《“乡村银行”为农村妇女撑起一片天》	河北新闻奖三等奖	承德电视台
2011 年	《守护大山的独臂人》	河北新闻奖三等奖	承德电视台
2011 年	《保护环境》	河北新闻奖三等奖	承德电视台
2011 年	《追忆达什达瓦》	河北广播影视节目奖二等奖	承德电视台
2011 年	《“情系承德”——新年新诗会》	河北广播影视节目奖二等奖	承德电视台
2011 年	《木兰姑娘》	河北广播影视节目奖二等奖	承德电视台
2011 年	《破灭与重生》	河北广播影视节目奖三等奖	承德电视台
2011 年	《媛媛探会》	河北广播影视节目奖优秀播音主持作品	管媛媛
2011 年	《2011 新年新诗会》	河北影视艺术奔马奖电视专题晚会类特等奖	承德电视台
2011 年	《木兰姑娘》	河北影视艺术奔马奖电视文艺节目类特等奖	承德电视台
2011 年	音乐电视《珍爱家园》	河北影视艺术奔马奖电视专题晚会类一等奖	承德电视台
2011 年	《追忆达什达瓦》	河北影视艺术奔马奖电视纪录片类特等奖	承德电视台
2011 年	《双塔之谜》	河北影视艺术奔马奖电视纪录片类一等奖	承德电视台
2011 年	个人单项奖	河北影视艺术奔马奖“十佳摄影师”	张子力
2011 年	个人单项奖	河北影视艺术奔马奖优秀主持人	邵　惟
2012 年	《走近密宗》	河北广播影视奖一等奖	杨正义　栾凤杰　张子力 韩英晖　郭　鹰　步淑静

续表 3-2-1

授予时间	作品标题	奖项	主创单位或人员
2012 年	《咱们是亲人》	河北广播影视奖一等奖	孙　林　杨正义　王晓华 韩英晖　陈　伟　张子力
2012 年	《人文承德》	河北广播影视奖二等奖	栾凤杰　张子力　王品厶 彭　静　张　欣　杨正义
2012 年	《叶逐金刀》	河北广播影视奖二等奖	汤　丽　褚保镜　王　峥 靳　猛　陈晓亮　陈　洋
2012 年	《倾听》	河北广播影视奖三等奖	韩英晖　周丽蕴　刘姝婧 董璇齐　陈　钊　童学仁
2012 年	《“情系承德”2013 新年诗歌美文咏诵会》	河北广播影视奖三等奖	张子力　张丽华　栾凤杰 刘　迪　王品厶　杨正义
2012 年	《“吉祥承德”2012 承德广播电视台春节晚会》	河北广播影视奖三等奖	张子力　王克明　张　欣 栾凤杰　刘　迪　杨正义
2012	《六分钟的生命急救》	河北新闻奖二等奖	陈　曦　姚　明　丁　然　李国轩
2012 年	《承钢世界首创“电铝热法”工艺制造航天钒铝合金 填补国内空白》	河北新闻奖二等奖	周　浩　叶　青　苏　浩　张丽丽
2012 年	《塞罕坝的绿色之梦》	河北新闻奖二等奖	王克明　张新星　陈晓波　刘　传
2013 年	《守护大山的独臂人》	第五届关注森林——梁希新闻奖一等奖	郭　鹰
2013 年	《马背上的电工》	第十五届全国电视外宣“彩桥”节目创优评析活动短片三等奖	韩冬梅　郭　鹰　邹明耀
2013 年	《老人路边晕倒　众人伸手相助》	河北新闻奖一等奖	李　爽　陈　钊　王小平　张化雨
2013 年	《小面馆里的故事》	河北新闻奖二等奖	董璇齐　童学仁　刘姝婧　陈　钊
2013 年	《为全村老人尽孝的丁玉龙》	河北新闻奖二等奖	杨国辉　张苏萌　徐　敏　刘　传
2013 年	《全宝河村帮扶记》	河北新闻奖二等奖	王子云　徐　敏　童学仁　栾凤杰
2013 年	《为百姓筑起生命坝》	河北新闻奖三等奖	张化雨　韩英晖　汤迎红　张　舸
2013 年	《四点半课堂：学生安全家长安心》	河北新闻奖三等奖	周浩哲　张丽丽　李国轩　刘　传
2013 年	《创新土地指标置换新机制一招破三局》	河北新闻奖三等奖	杨国辉　张丽丽　孙玉成　孙晓东

续表 3-2-1

授予时间	作品标题	奖项	主创单位或人员
2013 年	《满乡剪纸话民俗》	河北广播影视节目奖二等奖	潘 非 任芳达 杜世欣 李柏峰 冀惠卓 陈 洋
2013 年	《人文承德》	河北广播影视节目奖二等奖	张子力 栾凤杰 张智新 于 军 田 园 曹 健
2013 年	《品味承德》	河北广播影视节目奖三等奖	杨正义 陈 伟 栾凤杰 吴 越 刘 婕 张丽华
2013 年	《水煮金蟾》	河北广播影视节目奖三等奖	梁世杰 杨正义 伊志山 王少府 王春杰 杨田林
2014 年	《情系孤山》	河北新闻奖一等奖	栾凤杰 彭 静 张智新 曹 健
2014 年	《村里来了走教老师》	河北新闻奖二等奖	丁 然 周 浩 刘文振 兰福东
2014 年	《她像春蚕一样》	河北新闻奖二等奖	刘 传 李国轩 陈 伟 孙玉成 王海若 孙晓东 杨国辉 管媛媛 吴 越
2014 年	《让人文节目托起地方电视台的文化坚守》	河北新闻奖新闻论文二等奖	杨正义
2014 年	《承德：政府引导企业响应尾矿综合开发“砂生金”》	河北新闻奖三等奖	刘 传 杨国辉 李国轩 孙晓东
2014 年	《李瑞枝和他的十个“傻”兄弟》	河北新闻奖三等奖	王 蕾 陈 曦 姚 明 邹明耀
2014 年	《京津冀电视媒体协作的一次创新》	河北新闻奖新闻论文三等奖	杨正义
2014 年	《勇敢的心》	河北广播影视节目奖一等奖	梁世杰 杨正义 万 克 张 弛 刘 礴 郭靖宇 柏 杉 王少府 王春杰 陈 伟 张子力 吴 越
2014 年	《啊，中国梦》	河北广播影视节目奖一等奖	张子力 张智新 赵晶晶 于 军 姚素秋 杨正义
2014 年	《王老凿抗日传奇》	河北广播影视节目奖二等奖	刘景义 刘宇昕 陈 伟 张丽华 刘 婕 齐 迹
2014 年	《密道追踪》	河北广播影视节目奖三等奖	梁世杰 杨正义 王少府 俞胜利 俞 岛 王春杰 陈 伟 张子力 吴 越
2014 年	《寻找英雄的踪迹》	河北广播影视节目奖三等奖	陈 伟 张丽华 吴 越 靳 猛 刘 婕 周丽蕴 梁世杰 杨正义 李佩泽 黄守东 杨 艳 王 峥 陈晓亮 王丽玲 冀慧卓 李柏峰 汤 丽

续表 3-2-1

授予时间	作品标题	奖项	主创单位或人员
2014 年	《梦想飞扬——2014 承德咱老百姓的春节晚会》	河北广播影视节目奖三等奖	张子力 张智新 栾凤杰 于 军 赵晶晶 刘 迪
2014 年	《焦桐之歌》	河北广播影视节目奖三等奖	张化雨 王志强 周丽蕴 张智新 汤迎红 周志民
2015 年	《体验滦平之美》	河北广播影视节目奖一等奖	杨正义 陈 伟 刘静娜 李小东 郭 颖 曹 迪 张丽华 吴 越 王 峥
2015 年	《父爱如水》	河北广播影视节目奖二等奖	杨正义 黄利平 杨 猛 于寿平 田秀珍 褚保镜 孔令一 韩英辉 刘 传 孙晓东 周丽蕴 李国轩 孙玉成 杨国辉 付昕东 孟宪林 谷慧玲 马宪华 娄杰通 丁 然 刘瑞雪 杨 一 邱旭东 步淑静 林 琳
2015 年	《面对鲜红的党旗》	河北广播影视节目奖二等奖	张子力 姚素秋 张 欣 于 军 潘 非 赵晶晶
2015 年	《承德小伙的北京梦》	河北广播影视节目奖二等奖	彭 静 张子力 钱 东 于 军 赵晶晶 蒲 实
2015 年	《承德情 中国梦 2015 年承德百姓春晚》	河北广播影视节目奖三等奖	张子力 杨正义 王克明 张 欣 栾凤杰 于 军 陈 伟 赵晶晶 穆嘉佳 潘 非 蒲 实 彭 静 田 园 张唯玮 张苏萌 曹 健 赵 耀 王 峥
2015 年	《“诗上庄”聚拢的国际视角》	河北新闻奖一等奖	杨国辉 王海若 张新星 刘 传 蔡纪苍 孙玉成 孙晓东
2015 年	《讲好根植在乡村的榜样和精英的“中国故事”》	河北新闻奖新闻论文一等奖	杨正义
2015 年	《大雪覆盖了鸟儿的食物之后》	河北新闻奖二等奖	周丽蕴 张化雨 张佳婕 董璇齐 陈 钊
2015 年	《丰宁奶业逆势上扬的“产业经”》	河北新闻奖二等奖	吴 娜 汤迎红 杨拓新 童学仁 张 帆
2015 年	《请将微笑留下》	河北新闻奖二等奖	兰轶凡 纪丽娜 杜秋丽
2015 年	《吕宏宇：和爸爸妈妈一起扫大街》	河北新闻奖三等奖	张新星 孙玉成 李国轩 孙晓东 李小东
2015 年	《碳汇交易让承德好空气卖到北京》	河北新闻奖三等奖	陈 钊 周丽蕴 张化雨 周志民 李桂东

二、对外交流

承德电视台对外交流十分广泛，先后参与中国历史文化名城电视协作网（20家电视台）、环渤海城市电视台协作网（19家电视台）、全国旅游电视协作网（183家电视台）和“中国广播电视协会电视文艺研究会”并成为常务理事台。

1992年11月，苏州电视台发起组织中国历史文化名城电视台协作网。当时只有大理、大同、苏州、扬州、绍兴、宜宾等11家电视台。后来滚动发展到第6个年头承德电视台加入时已经扩展到18家。这个协作网成员台制作的电视节目以山西“中国黄河电视台”为依托，播出后再传送给美国斯科拉卫星电视网播出。2008年，以《中国承德》栏目为载体，发挥名城协作网的作用，利用黄河台外宣窗口，增加在美国斯科拉电视台的发稿数量。截至11月底，共在该电视台播出专题20部。《崛起的承德》《美丽的七星湖》等多部片子在加拿大温哥华肖氏电视台（ShawCable）多元文化频道播出。承德电视台加入这个协作网后十几年，共播出100多部专题片和纪录片，在国内外产生很大影响。

1997年，加入中国广播电视协会电视文艺研究会（2011年改为中国广播电视协会电视文艺工作委员会），简称“文研会”。2005年承德电视台已成为该组织常务理事单位，台长杨正义为常务理事。在与文研会的业务往来中，承德电视台制作的《承德音画》获得文研会组织的1998年全国百家电视台文艺节目展评金奖；制作的电视风情片《滦河情》获得该评比银奖；2000年制作的音乐电视《拥抱新千年》获该评比银奖；2005年制作的音乐电视《两个人的森林》又在许多强势媒体参与的百家电视台文艺节目评比中获得银奖。通过与文研会专家学者的学习交流，提高了承德台制作文艺节目的整体实力，打造了一支文艺创作队伍。

环渤海城市电视台协作网，是在环渤海城市市长联谊会的倡导下于1998年建立的，总部设在天津。各成员电视台把所要播出的片子寄到天津后，经过统一包装，在天津卫视频道“渤海潮”栏目中首播，播出后再分别寄往各成员台重播。承德电视台加入这个网后，专门增设了机构“京津节目部”。市委、市政府“两办”专门下发文件，让全社会支持这条外宣渠道，并且将如何利用这一宣传窗口写进了市政府《工作报告》。承德电视台充分利用这一平台，每年采编制作30多部片子进行交换。“渤海潮”栏目几乎期期都有承德的内容。2000年8月30日，北京电视台为感谢承德人民保护京津的饮水资源，出资30万元专门组织一台“燕山情”文艺晚会，聘请首都许多知名演员在承德演出。这次活动给承德人民留下深刻印象。2008年，重新启动环渤海城市节目合作与交流。

承德电视台经常派出采编人员去卫视台参与采访，以提高业务能力。2001年，为纪念中国共产党成立80周年，承德电视台中层负责人王琦参与河北卫视台20集大型纪录片《新中国从这里走来》和12集纪录片《开端》的联合采访。历时一年零两个月，两部片子均荣获国家“五个一工程奖”。

承德电视台加入中视协会旅游文研会牵头建立起来的“全国旅游电视协作网”后，被推选为理事台，参加该网组织的若干活动。2003年，该网组织的北京延庆异地采风活动，承德电视台派出两个采访组。2005年，这个网组织“百家电视台重走长征路”活动。承德电视台派出以台长助理步九江为首的3人采访小组，他们穿着红军服装，打着红军旗帜，唱着红军歌曲，一路调查一路采访，历时26天，采访的稿子在中央电视台播出后，反响很大。为保持与网内各台的联系和交往，吸收他们的先进经验，承德电视台组织中心副主任以上干部先后分两批走出去，到辽宁、山东、河北等11家电视台考察，准确分析承德电视台与兄弟电视台之间的优势与劣势所在，为节目运作和经营管理提供有益的经验。

2010 年 4—5 月，在中共承德市委的统一部署下，承德电视台派出 4 组记者分赴洛阳、嘉兴、桂林、潍坊四地进行异地采访，对标外地在发展旅游产业、转变发展方式上的先进经验。回来后，在《承德新闻》中开设《开展对标活动 建设国际旅游城》专栏，连续播发 4 城市对标系列报道 16 集。在《今日聚焦》栏目中播发对标评论 4 期，并及时配发了一期社会各界收看后的反响报道。该系列是承德新闻历史上规模最大的系列报道活动，受到各级领导和市民的好评。

2010 年 10 月，由承德电视台承办的中央电视台《走遍中国》栏目组《承德专辑》采访活动正式启动。栏目组先后拍摄了“长城精华——金山岭（上、下集）”，以及“山庄往事”“藏庙汉风”“追忆达什达瓦”“围场春秋”“双塔之谜”“食在承德”等 8 集《承德专辑》电视纪录片。这是承德历史上对外宣传规格最高、力度最大的一次。当年 12 月，《走遍中国·长城精华——金山岭》（上、下集）在中央四套播出。

2011 年 1 月，《走遍中国·承德专辑》6 集电视纪录片在《走遍中国》栏目播出。6 月，与中央电视台中文国际频道共同承办“聚焦承德”——2011 全国电视媒体异地采访活动，全国共有 34 家省级卫视台（含中国台湾地区东森台）、计划单列市和市级电视台参加了拍摄活动。共有 34 部纪录片在相关省级卫视和各地市电视台播出，20 部在《走遍中国》栏目中播出。这是承德市规模最大的一次异地采访活动，也是承德连续在中央台播出宣传承德电视片最多的一次。2011 年，在美国斯科拉卫星电视网播出专题片 37 部，在环渤海 32 家城市台播出节目 43 部，39 部专题片通过河北电视台在韩国、新加坡等多家电视台播出。

三、节目制作与播出合作

1995 年，承德电视台与北京电视联合举办春节联欢晚会。开机仪式在承德云山饭店举行，联欢晚会在北京电视台第一演播室进行。晚会以环保为主题，受到社会各界一致好评。

1995 年，承德电视台与中央电视台先后合作了 4 部专题片。分别是在《与你同行》栏目播出“承德行”，在《中国报道》栏目播出“承德专版”，在《祖国各地》栏目播出“我说承德”，在《东西南北中》栏目播出承德与上海的两组文艺节目。

为深化与全国各电视台的合作，2002 年，承德电视台邀请兄弟台聚焦承德开展异地采风活动，中视协会纪录片委员会组织 15 家卫视台参加。他们所拍摄的片子评奖后都在各台播出，有的在央视播出。海南电视台《山庄遗址寻觅》获得一等奖，中央电视台《梵宫絮语》、湖南台的《藏红色的炫音》获得二等奖。

2005 年，承德电视台与北京电视台合作开展《聚焦承德——滦平行》活动。2008 年 6 月，承德电视台举办“聚焦承德”全国电视媒体大型采风活动。中央电视台、北京电视台、天津电视台、上海东方卫视等 22 家电视台参加电视采风活动。拍摄选题涉及承德历史、人文和社会发展等各个方面。有 2 部作品获一等奖、1 部作品获最佳创意奖、6 部作品获二等奖、12 部作品获三等奖、3 部作品获优秀奖。

2009 年，承德电视台以《中国承德》栏目为主载体，发挥名城协作网作用，利用好黄河台外宣窗口，拓展与加拿大温哥华多元文化电视台 109 频道《遥望神州》节目的合作，增加在美国斯科拉电视台的发稿数量，扩大外宣影响。2009 年，承德电视台共在美国斯科拉卫星电视网和加拿大多元文化频道播出专题片 24 部，36 部专题片通过河北电视台在韩国、新加坡等多家电视台播出。参与采制的《走遍承德》在北京电视台播出，《莫日根图》《普宁寺里看大佛》《收获季节》等节目在环渤海 32 家城市台播出。有 30 多篇电视新闻和 24 部“聚焦承德”电视采风活动专题片在中央电视台央视网站上登载。

2009 年，承德电视台加入中央教育电视台“中国教育报道全国联播协作网”。9 月，承德台、唐山台、秦皇岛台共同推出“冀东新闻联播”节目。每月两次在三台新闻中同时播出，专题节目也实现了三台不定期互换播出。跨区域合作有条不紊地推进，效果逐步体现。

2010年，继续利用好黄河台外宣窗口，拓展与加拿大温哥华多元文化电视台109频道《遥望神州》节目的合作，全年有40多期节目在黄河台(及斯科拉电视台)和环渤海城市频道播出。

2012年，承德电视台积极利用已有的网络、联盟和人脉优势，在省外、境外媒体中宣传承德。2012年，在美国斯科拉卫星电视网播出电视片45部，41部电视片通过河北电视台在韩国、新加坡等多家电视台播出，49部电视片在环渤海32家城市台播出。

为落实中共承德市委宣传部关于“生态承德、魅力承德”北京宣传月活动安排，承德电视台加强与北京电视台联系，台领导亲自到北京台策划选题，邀请采访。8月23日，北京电视台新闻专题摄制组进驻承德，以“走、转、改”的形式来承德采访。采访分三个选题。第一集：生态承德，绿色承德；第二集：文化承德，旅游承德；第三集：承德人的“北京精神”。9月29日，北京电视台新闻中心利用新闻直播设备，对承德“十一”黄金周的准备情况进行了现场直播，为扩大承德在北京的影响发挥了作用。

2013年，承德广播电视台有40部专题片在美国斯科拉卫星电视网播出，41部专题片通过河北电视台在韩国、新加坡等多家电视台播出。同时，有42部电视片在环渤海城市台播出。

2014年，为深入推进“中国梦·赶考行”宣传教育，承德广播电视台在旅游文化频道开设了《天南地北承德人》节目，聚焦全国各地承德人艰苦奋斗、无私奉献、勇于担当的精神，塑造承德人良好形象。

承德广播电视台、承德市广播电视协会以广播、电视两个新闻中心为平台，协同全市8县2区广播电视台共同启动了“对标发展 推动协作——聚焦县区采访活动”。2014年，走进滦平、宽城、隆化3个县，不仅较全面地报道各县（区）的整体工作，还锻炼了全市广电媒体的采编队伍，收到较好的效果。

2014年，在央视二套播出承德旅游专题2部，在天津电视台播出承德电视旅游风光片5期，邀请天津电视台《美丽乡村行》栏目赴承德采访制作了4期美食节目在天津电视台播出。同时，在美国斯科拉卫星电视网播出专题片32部，在环渤海城市电视台播出35部。承德广播电视台还与13家广播电视台共同发起成立“中国世界文化和自然遗产城市广电媒体联盟”。

2014年，承办北京电视台“聚焦承德”采访活动。北京电视台派出6个频道的摄制组赴承采访，共采制了18部反映承德发展变化和历史文化的新闻、专题及访谈节目，并于“十一”期间在北京电视台各频道集中播出。

第三节 电视技术研发与广告经营管理

一、电视技术

电视技术管理工作包括技术维修、节目制作、节目播出等项内容。负责全台电视节目的播出、传输、转播等；负责电视安全播出工作；管理本台电视系统的技术维护工作；负责提出电视技术设备选型方案，参与设备考察、定型、招标、采购工作；负责本台设备维护管理和大型录播(直播）活动现场设备的定位、架设和管理，保证电视宣传活动正常进行，确保电视节目安全优质播出。

1989年，市电视台购置安装1000瓦单通道电视发射机，播出节目信号质量和覆盖范围得到增强，市区附近的承德县电视台取消传送当天播出录像带，改为直接收转市电视台节目。

1990 年，购置第一台 3CCD 摄像机 C1。

1993 年，购置 C1 的改进型 Z-ONE-B、Z-ONE-C 摄像机，提高技术指标。

1994 年，购进索尼 VO-9850 编辑机和 VO-8800 便携录像机，该系列机是一种高低带兼容机。增加音频杜比 C 降噪，编辑功能和视音频指标得到提高。

1996 年，通过考察和论证，最终选择索尼 BetacamSP 系列摄像机、录像机作为更新换代的机型。如何使记录格式由 VO 的模拟复合过渡到 BetacamSP 的模拟分量，既利用原有的 VO 设备，又能发挥新设备的技术优势？针对这种情况，组成两种编辑系统，分别是 VO 对 BetacamSP 和 BetacamSP 对 BetacamSP，这样无论是哪种素材，通过这两种编辑系统，最终都变成 BetacamSP 格式，从而保证制播节目的技术质量，较好地实现视频从模拟复合向模拟分量的过渡。

1997年，根据数字技术发展趋势和承德电视台实际，选择松下 DVCPRO系列产品作为承德电视台数字设备记录格式。摄像机为 AJ-D400、AJ-D610、AJ-D200和 AG-EZ1，录像机为 AJ-D650、AJ-D640、AJ-D450、AJ-D440和 AJ-D250，这批数字设备的引进，标志着承德电视台技术设备正在步入数字时代，实现从编辑制作到播出的数字化工作流程，也完成了视频由模拟向数字过渡的历史性转变，电视节目制作和播出质量有明显的提高。

1998 年，承德台 300 平方米演播室建成，配置三讯道索尼 DXC-D30 摄像系统，同时完成新闻、专题演播室的灯光系统改造，将热光源改为冷光源，新添置播音提词器，使新闻、专题及综艺类节目制作能力和制作水平有较大提高。

1999 年春节，第一次在 300 平方米演播室实现承德电视台春节晚会的现场直播，实现承德电视台直播大型节目零的突破。

2000 年元旦，承德电视台首次在演播室外的避暑山庄，通过租用转播设备，实现“相约新千年”大型文艺演出的现场直播，这次直播的成功，为以后室外直播积累经验。

2002 年，承德电视台购置创智硬盘播出系统，使承德电视台两套节目首次实现硬盘、磁带混合播出，提高节目播出的稳定性和节目质量，减轻值机人员的工作强度。

2004 年，为提高节目的制作效率，逐步实现节目生产流程的数字化、网络化与资源共享，承德电视台购置几套当时性价比最高的 Canopus 公司的 DVStorm2 非编系统，构建基于以太网结构的制作网，实现从线性对编到数字非线性编辑的转变，使承德电视台的数字化进程又向前迈进一步。

2005 年年初，实现都市频道硬盘播出，同时完成与非编网的对接，实现从非编制作到播出的无带化操作。减少节目的上下载环节，降低工作人员的劳动强度和运行成本，提高节目播出质量。同年 10 月，承德电视台又组装 4 讯道转播车，成功地直播“承德电视台建台 20 周年庆典晚会”。

2006 年，办公地址整体搬迁，承德电视台筹资对前后期设备进行投入，增加上载工作站，扩大非编站点；将全台 3 个演播室的灯光全部更换为三基色冷光源，并更换新闻演播室的摄像机；播出机房增加延时器和光端机，新购进 8 套数字摄像机，补充前期采访设备的不足。添置技术区监控系统，提高技术区域的管理能力。改造更新自动化播出设备，实现制作和播出的数字化对接，完成制播的一体化改造，减轻值机人员的劳动强度。

2007 年，随着《直播承德》的开播，充分利用现有设备，搭建起 3 讯道视频切换系统，较好地解决演播室灯光、背景、相应的设备存在的技术问题。为保证转播中央台信号源质量，按上级要求提前完成卫星信号的转星工作。年初，完成承德电视台播出机房到信广联前端机房备用光缆的信号连接。

2008年，组建市（县、区）节目传输局域网，完成市、县网络联网，彻底解决县区上宣节目传递不及时问题。针对部分设备老化的问题，购置12套P2卡摄录一体机，实现摄录设备的更新换代，提高数字化制作播出的档次和质量。配置移动数字电视编辑系统，实现市外新闻拍摄、采集制作和回传的一体化。

2009年，承德电视台提出对3套模拟硬盘播出系统进行升级改造，搭建两套3通道数字硬盘播出系统，进行主、备镜像播出，互为备份。系统建成后，增加播出系统的稳定性，保证安全优质播出。当年，电视台还筹集资金，搭建一套3个摄像机讯道的数字新闻直播演播室，完成新闻主持人图像和制作网络的互联互通，减少制作中的中间环节，为新闻节目的正点播出提供有力保障。

2010年，集成购买一辆数字微波直播车，使市区和高新技术开发区90%以上区域能够实现新闻直播，提高新闻节目的制作手段和媒体竞争力。经多方考察和论证，经过招投标，集成购置一台“6+2”讯道数字高清转播车，增强体育节目、综艺类节目和大型活动的录制能力，提高用户终端的信号指标。为解决节目素材的存储问题，承德电视台还构建一套小型媒资管理系统，各个业务板块数据实现互联互通，资源共享。电视台还购置两套病毒隔离媒资卫士MRG9000A，解决网络之间的病毒隔离问题，保证播出安全。

2011年，承德电视台在办公楼地下负一层装修搭建1个制作机房，2个配音机室，1个媒资管理机房。1月，购置了11套AG-HVX203摄像机。8月，购置3套AG-HPX500MC摄像机。

2012年，购置2套苹果非编，解决和省台、中央台信号兼容问题。购置2套AJ-HPX3100MC高清P2卡摄像机，主要跟市委书记和市长进行拍摄。广通公司搬到高新技术开发区办公，承德电视台购置编码器、复用器、二选一开关、光端机等设备，把承德电视台3套电视节目传到新广通机房。构建交警指挥中心路况信息机房到电视台播控机房的传输网络，把市区的路况信息信号传到电视台。搭建一套4通道收录系统。电视台购置8套AG-HPX173摄像机。新闻演播室灯光重新布局，分成3个景区。分别打新闻主持人图像、公共生活主持人图像和路况信息主持人图像。3号演播室背景改造，搭建一个3个摄像机讯道的视频切换和记录系统。

2013年，3号演播室摄像机更换，提升《倾听》栏目的录制效果。购置3套SD-SDI非编系统，保证市两会节目制作的需求。6月，2套3通道数字硬盘播出系统升级改造，更换新的SDI播出卡，提高了播出节目的质量和稳定性。

2014年，购置一套非编系统、一套AG-HPX260MC摄像机，满足公共生活频道新开办的《双桥新闻》录制和制作需求。同月，在新闻演播室的新闻主持人打图像区挂吊一幅卷轴背景，为双桥新闻主持人打图像做背景。

2015年，购置5套非线编辑系统，解决广告中心制作设备困难问题。媒资部的图形制作电脑升级，更换主板、CPU、显卡、内存条，提高节目包装的制作能力。购置一对能传输50千米的SDI光端机，提高远程信号传输能力。采购20套AJ-PX298MC摄像机，解决摄录设备紧张问题。购置一套大疆航拍飞行器（悟Inspire 1），增强节目的拍摄手段。

二、科技研发

承德电视台从建台初期的一套单管摄像机、一套编辑机和一台差转机，发展到播出3套节目，拥有相当实力的数字化制播设备，无不体现着科技的进步与发展。

1992年，地区电视台抽调4名技术人员，耗费8个月时间把省里给的1000瓦双通道旧发射机改造成1000瓦单通道发射机，使二频道发射功率由50瓦增至1000瓦，扩大了发射覆盖面。

2002年，在没有充裕资金投入的情况下，考虑通过对编辑机房设备电源的控制，实现对后期设备的管理。技术人员设计安装了电源定时控制装置，机器设备的浪费现象得到有效控制，从而降低设备磨损，节约维修费用，保证后期编辑制作的正常运行。为改善早期录像机技术指标，提高录制信号质量，通过加装电路板、更换录放磁头，对原有多套VO五型机进行升级改造，使其记录和重放带宽得到提高，实现高低带兼容的功能，从而达到利用原有设备，提高节目质量的目的。

2004年，传统线性编辑线非常紧张，而且线编价格较高，制作成本较高，技术人员经考察和研究，购置当时性价比最高的Canopus公司的DVStorm2非编系统，自己组网解决当时的制作困难问题。

2005年，电视台专题演播室与电台的录音机房较近，而且又共用电源和地线，所以在演播室录节目时，经常会有电台广播串音。针对这种情况，采取更换录音话筒线，单独铺设接地线等措施，都没有从根本上解决问题。就在使用各种方法都不见效的情况下，技术人员想到了从话筒线材料上找突破口。通过查资料，发现四芯双绞屏蔽话筒电缆线，由于它的物理结构，对外界干扰能够产生抵消，有较好的抗干扰作用，随后采用日本佳耐美L-4E6S四芯双绞话筒线，较好地解决了演播室录制节目时电台串音的问题。

2006年，技术人员着手对红楼宾馆新建3个小演播室进行轨道吊挂铺设、对灯光进行布局吊挂、对灯线电缆进行铺设，加电后反复对灯具进行调整布局，直至打出满意的图像效果。对新闻制作机房、节目制作机房、广告制作机房、节目上载机房和播出机房进行研究，合理布局，对整体网络和布线进行合理布局；对整体供电系统进行合理布局，对整体制作网络和播出系统进行科学有序的搬迁。

2007年，在节目制作过程中，发现视频信号总是有轻微网纹干扰，对连接线和接地端逐一进行排查，仍不能解决问题，经反复研究发现，当视频监视器电源线插头只有火线和零线时画面正常，当插头有保护地时干扰出现，经仔细检查发现配电箱施工时电工把保护地和零线接到一起，造成干扰，分开连接后问题解决。

2009年，在没有经验、更新设备经费不足的情况下，工作人员不等不靠，利用有限资金和已有基础设施，自己设计、施工安装了功能比较齐全的制播一体数字化网络系统。在全省率先实现全程无带化播出，完成了模拟向数字的过渡，节约大量资金，使节目播出质量得到明显提高。

2010年，为解决数字微波直播车能把市区范围内的直播信号传回电视台播控室，在老城区沙子梁无线发射塔上架设四副全方位微波接收天线，信号接收下来再经光缆传到电视台播控室，较好地解决了老城区的传输问题。但是高新技术开发区的区域，由于有九华山的遮挡，微波直播信号不能很好地传到沙子梁接收天线。为解决高新技术开发区区域的直播问题，经过反复研究和多次测试，最后选择在承德广播电视台对面大石山的手机基站上架设两副全方位微波接收天线，同时再架设一副和承德电视台播控室楼顶点对点微波，微波接收天线接收下来的直播信号，再经点对点微波传到承德电视台播控室，这样就解决了整个市区的直播信号传输问题。同年，为解决不同制作网之间、制作网和播出网之间的病毒隔离问题，除采用杀毒软件随时查杀外，还采用硬件物理隔离，购置两套病毒隔离媒资卫士MRG9000A，教好地防止病毒传输。

媒资管理系统是制作和播出的重中之重，机房环境和供电情况的好坏直接影响设备工作的稳定性，并影响安全优质播出。2011年，为随时了解媒资机房的环境情况，技术人员经研究和试验，最后采用温度传感器、湿度传感器和供电检测装置对机房环境进行检测，一旦检测信号超出正常范围，检测信号触发短信发送设备，对管理人员的手机发送不正常的检测信号，管理人员及时对机房进行维护，保证设备良好运行。

2012年，技术人员与交警指挥中心网络技术管理人员研究商讨，从交警指挥中心路况信息监控机房到台播控机房铺设一条光缆通路，购置一对16路光端机，交警监管选择16路重要路口监控信息，通过光端机传到承德电视台播控机房。承德电视台播控机房将16路信号经4台四画面分割器，四画面分割器输出信号再送到4块大屏电视拼接成的背景墙上，完成16路路况信息的监控显示，并供《交通面面观》节目使用。

2015年，承德广播电视台领导和技术人员积极关注高清电视的发展状况，努力研究和探讨摄、录、编和播出设备的高清化改造，尽快找到一条适合承德广播电视台的升级改造之路，及早完成承德广播电视台高清电视播出的升级改造。

三、电视广告经营管理

承德电视台电视广告信息中心是电视台经营管理发布电视广告、制作播出各类经济信息节目，策划实施各种大型社会活动的职能部门，是支撑全台赖以生存、谋求发展的重要经济来源。承德电视台的广告事业经历了从无到有、从小到大、从弱到强的30年发展历程。

20世纪80年代后期，承德才有自己制作和播出的广告，当时人们对电视广告的认识还很浅显，加上制作技术和设备的落后，播出的电视广告非常简单，内容大多为配音的文字广告为主。制作的过程是将文字用毛笔写在纸上或玻璃板上再用摄像机拍摄下来配音后播出。画面广告只是用摄像机拍些简单的产品，而且数量很少。

1989—1991年，地市两台分别成立广告部，人员均为3～5人。管理上因缺少经验，基本上是粗放管理，广告价格极低，年收入均在10万元左右。

1992年，承德地区电视台全年电视广告营业额达到20万元，承德电视台第一次引进竞争机制，采取竞标形式产生新的广告部主任，任务确定为年纯收入40万元（不含从业人员工资及经营费用），年底实际完成70多万元。

1993年7月1日地市台合并，原两台广告部仍然分设到年底。当年地区台广告部完成45万元，市台广告部完成90多万元。

1994年，局党组决定采取竞标的方式产生地市合并后第一任电视广告部主任，指标定为180万元，到年末实际完成180万元。

1995年，新组建的有线台也成立广告部。当年无线、有线两个广告部共完成创收额200万元。

1996—1997年，无线、有线两个广告部创收总额均为260万元左右。

1998年，局党组决定将无线台、有线台的节目、广告合并，成立广告信息中心。将广告年创收指标提高到纯收入500万元，并再次以竞标的形式向全局职工公开招聘电视广告中心主任。局党组决定，下达的全年创收指标不包括广告中心全体从业人员工资和经营费用。中心全员缴纳风险抵押金，中心按月上交分解后的创收指标，先完成指标，后开工资。同年，新成立的电视广告中心经局台批准首次向社会招聘优秀人才若干名，组建了一支年轻充满活力而且比较专业的创收团队。为适应市场，中心内部设立综合管理部、业务部、电视节目部、制作部、经济信息部、电视直销商场等部门。中心成立之初即着手整章建制、规范广告价格、任务分解到部门，部门分解到个人等基础性工作，使电视广告的创收工作走上健康正规的发展轨道。同年，广告中心创立全台第一档经济信息类专栏节目《商品大世界》，播出后以快捷亲切灵活等特点受到企业和广大观众的一致好评。中心白手起家，在没有局台投资的情况下，采取让商户先供货、售后再结算的方式办起电视直销商场，当年获利几十万元。到1998年年底，电视广告中心完成局下达的任务指标纯收入500万元。

1999年，电视广告纯收入指标数不变，仍是纯收入500万元，年底电视广告中心超额完成任务。

2000年，电视广告创收指标，提高到纯收入580万元。广告信息中心成功举办大型社会活动世纪庆典。此活动包括迎接世纪婴儿、寻找世纪老人（百岁以上），举办百对新人世纪婚礼等内容。避暑山庄内举行的世纪庆典晚会，邀请了刘维维等国内著名音乐人前来助阵，取得社会效益和经济效益双丰收。

2001年，电视广告创收指标提高到纯收入700万元。广告信息中心不但完成创收任务，还制作公益广告《乌鸦喝水》，摘得第十九届中国电视金鹰奖公益广告最佳作品奖、最佳制作奖两项桂冠。同年，《乌鸦喝水》在中央电视台各频道播出后，承德台名扬全国。

2002年，电视广告创收额为纯收入850万元。同年，电视广告信息中心由小佟沟山上广播电视局院内迁至石洞子沟新址办公。为扩大经营范围，提高创收能力，成立金鹰广告公司。公益广告《乌鸦喝水》荣获河北新闻奖一等奖。

2003年，电视广告创收突破纯收入1000万元大关。遭遇非典，工商企业受影响很大，电视广告更是遇到寒流，应对办法是组织大型活动弥补损失。同年，电视广告中心举办“新丝路模特大赛”承德赛区总决赛，第一次把模特选秀活动引入承德。加强栏目创收力度，年初将《商品大世界》改版更名为《时尚生活》，新创办《家园》《健康》2档新栏目。3档服务类节目均以主持人现场体验的形式进行报道，给观众身临其境的感觉。3档栏目年创收额均达到100万元左右。

2004年，电视广告信息中心纯收入1100万元。电视广告中心举办“少儿新星大赛”，选拔出的选手参加全国决赛，金、银、铜奖均有斩获。

2005年，电视广告信息中心纯收入1250万元。同年，广告中心承办“新丝路模特大赛”河北赛区总决赛，优秀选手输送到全国总决赛中，有2名选手获全国十佳模特称号。

2006年，电视广告信息中心纯收入1400万元。同年，电视广告中心将《天气预报》改版成《天气资讯》，节目以主持人出镜的形式，除播报天气指数外，每天根据季节变化介绍1个生活小常识，节目更加贴近百姓、贴近生活，受到观众的欢迎及好评，收视大幅度提升。

2007年，电视广告信息中心纯收入1550万元。成功举办电视家装设计大赛、家庭巧厨艺大赛等活动。同年，策划实施承德市第一届车展、第一届房展，实现赞助商、参展商、消费者、媒体等多方共赢。

2008年，电视广告信息中心纯收入1650万元。此年度电视广告中心定为活动年。成功举办第一届健康老人大赛、车房联展、家装大赛、房地产高峰论坛等大型活动。在网络媒体突起，多元化媒体广告竞争日趋激烈的形势下，实现收入的稳步增长。

2009年，电视广告信息中心纯收入1800万元。广告信息中心团队素质不断提升，在广告创意、策划、制作、开展活动等方面呈现出百花齐放的格局。成功举办新丝路模特大赛全国总决赛，决赛晚会邀请到台湾艺人黄安主持，刀郎等国内知名演员助阵。

2010年，电视广告信息中心纯收入突破2000万元，跻身全省市级台创收排名前五之中。同年，电视广告中心承办中国摄影家协会与承德市人民政府主办的国际摄影大赛获得成功。同年，为适应汽车快速走进家庭的形势，新开办《财富车影》栏目。为增加收入，举办了第一届电视团购会、承德市第一届金婚庆典活动。

2011年，电视广告信息中心纯收入2100万元。为适应市场变化，电视广告中心在经营上正式采取公司化运营模式。将金鹰广告公司更名为承德广视文化传媒有限公司，下设会展公司、电视购物公司、制作公司。承德电视台欢乐购物公司正式挂牌运营。

2012年，电视广告信息中心纯收入2200万元。电视广告信息中心与土豆网联手在承德举办土豆映像节。承办河北省商务厅和承德市人民政府主办的承德市第一届避暑山庄美食节。创新车房展、家装节等活动，实现广告收入的稳定增长。

2013 年，电视广告信息中心纯收入 2500 万元。举办第一届车技挑战赛、第一届达人秀等大型活动。同年，承德电视台严格控制药品讲座录制，药品广告停播一年，减少近千万元广告收入。但通过各种大型活动、会展、购物等增收渠道的弥补，艰难地完成全年指标。

2014 年，电视广告信息中心纯收入 2750 万元，广告销售额（毛收入）达到 4000 万元。配合国家监播平台的开通，继续严格控制药品广告的制作和播出，较大幅度地减少药品广告在总体收入的比重。为适应市场新的需求，拓展传播渠道，推出智慧承德微信平台作为新媒体推广互动平台。与房地产行业开发商合作推出多季房产清盘活动，取得良好的效果。5 个自办节目《健康》《时尚生活》《承德楼市》《家园》《天气资讯》经过改版保持较好的收视率。除常规的车房展、家装大赛等活动外，成功举办承德市第一届“醉美婚纱照”评选大赛。

2015 年，全国城市台电视广告市场整体严重下滑，特别是电视广告创收形势更加艰难。新广告法正式实施、国家对药品专题及购物广告、医疗广告限令持续收紧，监管和处罚更加严厉等因素，都对电视广告创收工作产生巨大影响。面对艰难的市场形势，全中心凝聚力量，强化信心，拓展广告经营思路，不断加大活动增收力度，深入挖掘政府各职能部门潜力，积极借助大台力量共同合作受益。全年实现广告经营收入 2730 万元。“板城和顺”杯滦阳湖龙舟邀请赛成功举办，动用两辆转播车现场直播到 8 县 3 区。

第四章 报纸与新媒体

作为广播电视传统媒体平台，在新媒体迅猛发展之时，承德广播电视台及时抓住机遇，一方面做好传统媒体拓展，另一方面着力新媒体发展，《承德广播电视报》、承德新闻网、承德手机台相继成立。力求通过图文、音视频的全方位综合新闻资讯、评论等多种表现手段，宣传贯彻省委、市委决策部署，提升承德知名度和美誉度，促进全市经济社会更好更快发展。

第一节 报 纸

《承德广播电视报》创刊于1993年，是经新闻出版总署批准、全国发行的生活服务类报纸。系中国广播电视报刊协会常务理事单位、河北省报业协会理事单位，全国城市广播电视报二十佳。发行覆盖承德8县3区。

报纸共分为4个部分——社会周刊，文娱周刊，时尚周刊，服务周刊。内容囊括新闻集萃、政策解读、生活健康、现代教育、婚姻情感、时尚消费、反腐案件、汽车房产、家居电器等。此外，报纸还与市纪委、监察局合办《廉政文摘》，与市委政法委、市综治委合办《平安与法治》，与市教委合办了《教育周刊》。多年来，《承德广播电视报》已成为全市影响力最大的综合信息类平面媒体。

一、创办发行

1993年，承德地、市合并，由承德地区人民广播电台主办的《承德视听周报》创刊，开版为黑白版四开4版，零售价0.2元，编采人员2人。市广播电视局调研员向人硕兼任总编辑。

1994年起，报纸编采人员增加至4人。

1996年9月12日总第69期，由4版扩到8版，零售价调整为0.4元。

1998年，杨田林任报社总编辑，8月19日报纸扩至12版。

1999年3月31日总第301期，报纸扩到16版，价格0.5元。

2000年1月5日起，报纸改为单面彩色印刷，同时扩大到四开20版，价格0.5元。

2001年6月27日，报纸扩到24版，价格0.5元。

2003年9月，侯云福任总编辑，报纸改为850“瘦长版”，零售价改为1元。

2005年11月1日，杨润忠任总编辑。

2006年，报社增设综合管理部、制作部、策划部，建立健全了各项规章制度，充实了人员队伍，从业人员增加到37人。报纸版面由24版扩到36版，又扩到40版。两次扩版增加了铜版纸封皮，11月开始装订成册，变成“本儿报”，使报纸的整体外观提高一个档次。

2007年，《承德广播电视报》版面扩充到48版，外加8～16版铜版纸封皮、彩插。报纸视野更加开阔，进一步贴近生活。报纸发行量和覆盖面同步增加。

2008年，报纸发行量达到35000份，成为当地影响力最大的报纸。随着报纸版面的扩充，广告收入逐年增加。2008年5月，邵华泽为本报题写报头。

2009年9月18日，为适应市场，将报纸分为A、B两本，4张铜版封面。同时，48个版变为20个彩版、28个黑白版。

2011年3月11日，报纸分为A、B、C3本，3张铜版纸。正常刊出3本56版，特殊情况出版4本64版。

2013年6月，举办《承德广播电视报》创刊20周年座谈会。

2014年，石成任总编辑。受经济形势影响，报纸缩减到48版。

2000年以来，承德广播电视报社荣膺中国城市广播电视报二十强、河北省报业经营管理先进报社等荣誉称号。

二、栏目设置

1995年，经新闻出版署批准，《承德视听周报》8月8日第111期，使用国内统一刊号CN13—0068，启用新名《承德广播电视报》，报纸开设第一个自办专栏《云山胜地》。

2006年，新增《电脑·数码》《传奇解密》《车视线》《金融·理财》《房产·建材》《家居·电器》等专版。

2007年，增加“时事聚焦”“车视线”“家居建材”“文学”“金融理财”“生命·自然”“开心一刻”“教育大家谈”“作文选登”“传奇解密”等栏目。这些专版专栏所提供的信息、知识、思想，成为百姓喜闻乐见的精神享受。

2009年7月3日，由市纪委、监察局主办，承德广播电视报社承办的全市党员干部读本《廉政文摘》周刊创刊。

2013年11月1日，由市委政法委、市综治委、承德广播电视台共同主办的《平安与法治》周刊创刊。

2015年5月2日，由市教育局、承德广播电视报社共同主办的《教育周刊》创刊。

三、经营与发展

1993年，报纸创刊，当年广告收入2万元，由商家用实物抵顶。1994年起，报社设置广告部，年度收入9万元。1995年，报社年度广告收入19万元。1996年，报纸开始向8县3区发行。发行30000余份，年创收35万元。

1997—2001年，年度广告收入320万元，广告收入逐年大幅增长。

2006年，报社成立制作部，实现自采自编自排的突破。购置制版机房全套设备，累计增加固定资产20多万元。建起照排机房，实现报纸出版的采、编、排、校合一，开始对外承揽创意设计、排版制作等业务。

2007年，年度广告收入310万元。2008年，报纸发行量达到35000份，随着报纸版面的扩充，广告收入逐年增加。成为当地颇具影响力的报纸。到2011年，年度广告收入达到729万元。

2012年5月，由承德广播电视台、承德视通广播影视集团主办，承德广播电视报、承德新闻网承办的首届车房联展会成功举办，中道·山水御园等承德市、承德县8家主流房地产商，以及奔驰、奇瑞等25个汽车品牌经销商参加该次活动。2014年，为应对市场状况，报社改变经营思路，由原来的广告经营为主，向多种经营转型。自2014年起，组织“承德市书画艺术大赛”“承德市青年创业大赛”“中小学汉字听写大赛”“环承德县区车房文化节”“承德市手模大赛”等多种公益、比赛、商业活动，打开了经营新思路。同年5月，承德广播电视报社承办“2013年度全国城市广播电视报优秀新闻作品”评审会。中国影视报刊协会的领导和全国各地的电视报社的社长、总编辑参加评审会。

2015年，报社自主研发《承德广播电视报》个人移动终端媒体项目，逐渐向综合性媒体转型。

在市场化运营中，《承德广播电视报》以合理的广告价位、完善的客户服务，为各界商家提供一个发布商业信息、展示企业形象的宽广平台。

第二节 新媒体

承德新闻网的前身为承德广播电视网，成立于2010年。2011年11月，由市委宣传部、市委外宣局、承德广播电视台共同主办的承德新闻网正式成立。

承德新闻网定位于市委、市政府新闻综合门户网站，是经省政府新闻办公室批准的具有互联网新闻资质的新闻网站。备案号为冀新网备132011003。是省第二批重点新闻网站，也是承德唯一一家具有新闻信息服务资质的省级重点网站。作为省重点新闻网站，承德新闻网已经发展为承德市第四主流媒体，权威新闻门户。多年来，承德新闻网以坚守网络舆论阵地为己任，依托承德广播电视台雄厚的新闻资源，积极传播正能量，唱响主旋律，在宣传承德、推介承德上做出突出贡献。

承德市新媒体中心于2015年9月由市网信办批复成立，专职推动媒体融合发展和新媒体平台建设工作。

一、承德新闻网与承德新媒体中心

2010年，承德广播电视台建立承德广播电视网。2011年更名为承德新闻网，并由承德广播电视台全额注资200万元成立承德通达网络信息咨询有限公司，负责运维承德新闻网。网站成立前3年，由承德广播电视台每年投入50万元进行网络建设及推广。2014年后，由于全台经营形势整体下滑，网站与承德广播电视报合并，执行自收自支政策。网站员工由原承德广播电视网及部分承德广播电视台聘用人员构成。

承德新闻网作为承德建设国际旅游城市的主阵地，承德文化网络建设的主渠道，舆论引导的主平台，对外宣传的主窗口，以本土新闻资讯为核心，汇集承德本地时政新闻、社会新闻、经济新闻、旅游新闻、房产新闻、汽车新闻、网友播报等。通过图文、音视频等全方位综合新闻资讯、评论等宣传承德，对提升承德知名度和美誉度，促进全市经济社会更好更快发展起到了有力的助推作用。

2015年9月，承德市新媒体中心由市网信办批复成立，台新媒体中心和承德市新媒体中心一套人马、两块牌子，专职推动媒体融合发展和新媒体平台建设工作。

二、内容设置与运营

承德新闻网站成立后，紧贴广播电视特色，努力占领网络舆论阵地，拓展业务空间。

成立之初，网站参照一些知名综合网站设立内容，并直接投入市场。经过几年的运行，内容由最初的新闻、财经、房产、汽车、旅游、健康、娱乐、时尚、视听以及论坛多个频道发展到现在的新闻、财经、房产和汽车4个频道并含子网——承德广播电视网，集中系列的上线承德广播电视台新闻综合频道、公共生活频道和旅游文化频道的精品栏目视频展播，并注册微信及微博官方账户号。

丰富多彩的同城活动，积攒了超高的人气，为网友们留下了深刻的印象。具体活动如下：

2011年，举办8分钟约会系列活动、北大山穿越活动、业之峰卡拉OK进社区系列活动、“校讯通”杯小记者夏令营、“为爱而行”福利院献爱心系列活动、转山湖至白草洼穿越活动、“阳光四季城”杯推新人歌手大赛及少年儿童才艺比拼活动、春节祝福语征集活动、情人节送玫瑰活动、“用相片记录你的春节瞬间”春节相片大征集活动、小记者走进畜牧场活动、天山水榭花都“美居生活”承德新闻网摄影比赛、“寻找寒门学子”圆梦公益系列活动、线上“盖楼送好礼”系列活动。

2012年，举办“元宵喜乐猜灯谜”活动、8分钟约会系列活动、承德新闻网携手畅达影城情人节电影票派送活动、线上“抢楼有好礼”系列活动、承德新闻网携手屈臣氏“女人节”精美礼品派送活动、“寻找寒门学子”圆梦公益系列活动、小记者夏令营系列活动、光棍节“单身party”活动、首届网络春晚。

2013年，举办承德银行携手承德新闻网送春联活动、“过年的故事”——新春摄影大赛活动、金山岭长城快乐游学活动、线上“抢楼有好礼”系列活动、[同城进行时]之“青春与爱情”摄影活动、[同城进行时]之“过年的故事”摄影活动、“关爱老人 送温暖”活动、“为爱而行”福利院献爱心系列活动、“8分钟约会”承德新闻网携手周大生（双百店）系列活动、父亲节采摘出游亲子活动、“童心同行”大型亲子聚会活动、我的暑假我做主“探索海洋”小记者夏令营活动、弥补美丽的遗憾——为爸妈补张婚纱照活动、“你留下寄语 我见证爱情”七夕爱情寄语征集活动、光棍节“脱光”派对相约步咖啡活动、承德市第二届网络春晚。

2014年，举办承德新闻网携东方丽人“女人节”活动、“你消费 我买单”系列活动、“家装一日游”活动、晒“天天酷跑”成绩赢大礼活动、情人节——给爱一张不老容颜活动、“善行河北·大孝承德——寻找最美家庭”活动、“我到大连当海军”主题小记者夏令营活动、“毕业旅行季”出游活动、“教师节：你留下寄语，我送出祝福”活动、依依婚纱杯薰衣草园摄影大赛活动、海南出游活动、“为爱而行”大型公益系列活动——宽城县大地乡关石村探望贫困村民活动、“善美青春·出彩人生”摄影及微电影大赛、承德市第三届网络春晚。

2015年，举办2015春联大放送、承德第三届网络春晚、2015平泉•兴隆•双滦车房展、记住乡愁寻访承德传统村落、致敬抗战老兵、2015创业大赛。

三、新媒体平台

（一）“智慧承德”手机台

2015年10月与山东广电新媒体有限责任公司签订合作协议，是承德广播电视台携手山东手机台共同打造的互联网＋广电新媒体平台。集广播电视节目、新闻资讯、阳光政务、便民服务、线上线下立体互动于一体的全资讯、综合性的城市“云平台”。手机用户不仅可以随时随地实时收听、收看承德电视台、承德人民广播电台和中央电视台、各卫视台及地方台的直播节目，还可以及时了解政务信息、美食、便民信息等，实现信息服务个性化、社区服务便捷化、居家生活智能化、电视节目互动化。

（二）“智慧承德”微信公众平台

2015年12月28日与北京腾新科技有限公司（腾讯大燕网）、承德承讯科技有限公司签订三方合作协议，是承德广播电视台携手北京腾新科技有限公司（腾讯大燕网）共同打造的“互联网＋”广电新媒体平台。主要包括《掌上广电》《商城》《智慧承德》3个板块，全面支持权威发布、市民建言、精品商城、名优推荐、快速查询、网上投票等移动应用，为实现智慧城市服务提供全面支撑。

第三节 获奖情况

20年来在《承德广播电视报》、承德新闻网新闻从业人员的不断努力下，在广大读者与网友的支持下，《承德广播电视报》、承德新闻网多次受到上级主管部门的表彰奖励，大批优秀新闻作品荣获河北新闻奖等奖励。

一、报纸获得荣誉

2002—2013年，《承德广播电视报》、承德新闻网先后多次荣获河北省和承德市先进单位等奖项，并受到表彰奖励。

2002年，被承德市工商行政管理局、承德市广告协会评为争创广告行业精神文明先进集体。2003年，被河北省广告协会评为广告行业文明单位。2003年，被承德市工商行政管理局、承德市广告协会评为公益广告先进单位。2004年被承德市精神文明建设委员会办公室、承德市工商行政管理局、承德市广告协会评为公益广告先进单位。2004年度被河北省新闻出版局、河北省版权局评为全省报刊版权工作先进单位。2005年，被承德市文明办、承德市广告协会评为公益广告先进单位。2006年，被承德市工商行政管理局、承德市广告协会评为广告经营先进单位。2007年，被承德市工商行政管理局、承德市广告协会评为广告经营先进单位。2008年，被中共承德市委对外宣传局评为全市网络新闻宣传工作先进单位。（承德广播电视报网络中心）2008年，被承德市广播电视局评为全市广播电视广告经营创收先进单位。2009年，被承德市人民政府评为承德市先进集体。2011年，被中共承德市委、市直机关工作委员会评为先进基层党组织。2011年，被河北省新闻出版局、河北省报业协会评为第三届全省报业经营管理先进集体。2011年，在河北省新闻出版局、河北省报业协会、河北省新闻工作者协会举办的第五届全省报纸质量综合检查评比中被评为“编校质量优秀奖报纸”。2012年，被共青团承德市委评为青年文明号。2012年，完成了广播电视报的非时政类报刊转企改制，受到省文化体制改革领导小组的表彰，并作典型发言。2012年，被评为全省非时政类报刊转企改制先进集体。2012年，被承德市工商行政管理局广告协会评为广告经营先进单位。2012年，被评为运用微博客服务社会先进单位、利用重点网站宣传承德先进单位。2013年，被中共河北省对外宣传局、河北省精神文明建设委员会办公室、河北省工业和信息化厅、河北省通信管理局、河北省公安厅、河北省文化厅、河北省广播电影电视局、河北省新闻出版局评为文明网站。2013年，被河北省文化体制改革和发展工作领导小组评为全省文化体制改革工作先进单位。

二、报纸新闻作品获奖名录

1995—2015年间，承德广播电视报共有50多篇作品获奖。其中，有24篇作品在河北新闻奖评比中获奖，26篇分别在全国城市广播电视报和河北省记者协会电视报评比中获奖。

（一）河北新闻奖

1995—2012年，在河北新闻奖评选中，承德广播电视报共有6篇作品获得一等奖、7篇作品获得二等奖，11篇作品获得三等奖。

消息《避暑山庄和周围寺庙列入世界遗产名录》（1995年度河北新闻奖一等奖）。通讯《一篇广播稿引来六百飞鸿》（1998年度河北新闻奖一等奖）。评论《何错该“纠”》（1999年度河北新闻奖一等奖）。论文《新闻报道中的几个文化问题》（2001）（省广电学会好新闻奖一等奖）。评论《我们心中有什么样的英雄》（2004年度河北新闻奖一等奖）。评论《我们离奥运精神还有多远》(2005年度河北新闻奖一等奖)。评论《怎能“游戏人间”》（1995年度河北新闻奖二等奖）。评论《侃剧与演员的脾气》（1996年度河北新闻奖二等奖）。通讯《一水入京将意送　两情相汇放歌来》（2001年度省广电学会好新闻奖二等奖）。评论《“乌鸦”的警示》（2002年度省广电学会好新闻奖二等奖）。评论《〈大宅门〉里看“人”》（2002年度河北新闻奖二等奖）。评论《弱小与强大》（2003年河北新闻奖二等奖）。通讯《承德“二贵”北京祝奥运天安门广场摔跤显身手》（2008年度河北新闻奖二等奖）。评论《小心被“导”》（1997年度河北新闻奖三等奖）。论文《宣传又闻“万元户”》（1999年度河北新闻奖三等奖）。评论《玩鸟与捐航空母舰》(2000年度河北新闻奖三等奖)。消息《我爱承德我爱家获艺术大奖》(2001年度省广电学会好新闻奖三等奖)。评论《存亡之际看抉择》(2001年度省广电学会好新闻奖三等奖)。《秸秆画，郭凤芝的“世博语言”》(2011年度河北新闻奖三等奖)。消息《避暑山庄宫廷音乐重见世人》(2004年度省广电学会好新闻奖三等奖)。通讯《孙悟空“腾云驾雾”来承德》(2006年度河北新闻奖三等奖)。公益广告《众志成城》(2009年度河北新闻奖三等奖)。通讯《董存瑞名誉权案最终裁决》(2010年度河北新闻奖三等奖)。通讯《燕赵情意重 人间大爱浓》(2012年度河北新闻奖三等奖)。

(二)河北省记协电视报委员会优秀稿件

1999—2001年，承德广播电视报共有14篇作品，获得河北省记者协会电视报委员会优秀稿件。通讯《热线情牵百姓家》(1999年度一等奖)。通讯《速写朱军》(2002年度一等奖)。通讯《“红蜻蜓”舞山城》(2003年度一等奖)。通讯《桃李芬芳香四溢 江山更有才人出》(2005年度一等奖)。通讯《“今日聚焦”幕后的故事》(2005年度一等奖)。通讯《厚爱艺术 淡薄名利》(1998年度二等奖)。通讯《谭非翎自“楚国”归来》(2000年度二等奖)。通讯《诗的山城》(2000年度二等奖)。通讯《白岩松的瞬间》(2001年度二等奖)。通讯《真情－飞跃城市》(2002年度二等奖)。通讯《七十二景翰墨情》(2003年度二等奖)。通讯《亮相“东西南北中”》(2003年度二等奖)。评论《平民时代的平民意识》(2004年度二等奖)。通讯《〈天下第一丑〉名伶聚承德》(2001年度三等奖)。

(三)全国城市广播电视报新闻奖

2009—2015年，开展的全国城市广播电视报新闻奖评选中，承德广播电视报共有13篇作品先后获奖。

通讯《四岁半男孩的成名效应》(2009年度一等奖)。通讯《夜劫迷踪》(2013年度一等奖)。通讯《我是爸爸的腿》(2009年度二等奖)。通讯《春哥的力量》(2009年度二等奖)。通讯《鲍守坤爱心团队：春风化雨 润物无声》(2013年度二等奖)。通讯《“守井哥”姜龙鹏：矗立在风雨中的城市丰碑》(2014年度二等奖)。通讯《我眼中的俞胜利》(2014年度二等奖)。系列报道《“致敬抗战老兵”》(2015年度二等奖)。通讯《烤肠为什么这样香》(2009年度三等奖)。通讯《承德最“牛”刑警张凤莹》(2014年度三等奖)。通讯《“八十叟”白瑞禄的健身绝技》(2015年度三等奖)。通讯《在微电影的创作道路上一路前行——记承德微电影导演蔡青》(2015年度三等奖)。通讯《微缩景观融浃山庄情》(2015年度三等奖)。

三、承德新闻网获奖情况

2011—2015年，承德新闻网先后14次被河北省和承德市授予文明网站等先进称号，并受到表彰奖励。2011年，承德新闻网被评为河北省履行社会责任A级单位。2012年，承德新闻网被评为河北省文明网站。2012年，承德新闻网被评为运用微博客服务社会先进单位。2012年，承德新闻网被评为利用重点网站宣传承德先进单位。2011—2012年度，获得承德市“青年文明号”称号。2013年度，承德新闻网利用微博客宣传承德先进单位。2013—2014年度,承德新闻网获得承德市“青年文明号”称号。2014年度，荣获2014“承德最具人气网站论坛”称号。2014年度，荣获2014“承德最具影响力网站”称号。2014年度，荣获“承德市互联网新闻宣传工作先进单位”。2015年度，获“承德最具影响力新媒体”。2015年度，获承德市“最佳互联网活动组织奖”。2015年度，获“承德市对外宣传工作先进单位”。2015年度，承德新闻网获得承德市“青年文明号”称号。

表 4-3-1 《承德广播电视报》获国家级作品一览表

时间	类别	作品名称	主创人员	等级奖项
2008	评论	《惊闻“盛世出国虎”》	侯云福　王文博	中国法制好新闻二等奖

表 4-3-2 《承德广播电视报》获河北新闻奖作品一览表

时间	类别	作品名称	主创人员	等级奖项
1995	消息	《避暑山庄和周围寺庙列入世界遗产名录》	侯云福	河北新闻奖一等奖
1995	评论	《怎能“游戏人间”》	侯云福	河北新闻奖二等奖
1996	评论	《侃剧与演员的脾气》	侯云福	河北新闻奖二等奖
1997	评论	《小心被“导”》	侯云福	（河北新闻奖三等奖）
1998	通讯	《一篇广播稿引来六百飞鸿》	侯云福	河北新闻奖一等奖
1999	评论	《何错该“纠”》	侯云福	河北新闻奖一等奖
1999	论文	《宣传又闻“万元户”》	侯云福	（河北新闻奖三等奖）
2000	评论	《玩鸟与捐航空母舰》	侯云福	（河北新闻奖三等奖）
2001	论文	《新闻报道中的几个文化问题》	侯云福	省广电学会好新闻奖一等奖
2001	通讯	《一水入京将意送　两情相汇放歌来》	侯云福	省广电学会好新闻奖二等奖
2001	消息	《我爱承德我爱家获艺术大奖》	侯云福	（省广电学会好新闻奖三等奖）
2001	评论	《存亡之际看抉择》	侯云福	（省广电学会好新闻奖三等奖）
2002	评论	《“乌鸦”的警示》	侯云福	（省广电学会好新闻奖二等奖）
2002	评论	《〈大宅门〉里看“人”》	侯云福	（河北新闻奖二等奖）
2003	评论	《弱小与强大》	侯云福	（河北新闻奖二等奖）
2004	评论	《我们心中有什么样的英雄》	侯云福	河北新闻奖一等奖
2004	消息	《避暑山庄宫廷音乐重见世人》	侯云福	（省广电学会好新闻奖三等奖）

续表 4-3-2

时间	类别	作品名称	主创人员	等级奖项
2005	评论	《我们离奥运精神还有多远》	侯云福	河北新闻奖一等奖
2006	通讯	《孙悟空“腾云驾雾”来承德》	张　涛	（年度河北新闻奖三等奖）
2008	通讯	《承德“二贵”北京祝奥运 天安门广场摔跤显身手》	白瑞兰 王新红 王文博	（年度河北新闻奖二等奖）
2009	公益广告	《众志成城》	王文博 张　杨	（年度河北新闻奖三等奖）
2010	通讯	《董存瑞名誉权案最终裁决》	王文博 白瑞兰 王新红	（年度河北新闻奖三等奖）
2011	通讯	《秸秆画，郭凤芝的“世博语言”》	张　涛 侯云福	（河北新闻奖三等奖）
2012	通讯	《守卫我们的精神家园》	王新红	河北新闻奖一等奖
2012	通讯	《燕赵情意重 人间大爱浓》	白瑞兰 王新红	（年度河北新闻奖三等奖）

表 4-3-3 《承德广播电视报》获河北省记协电视报委员会优秀稿件作品一览表

时间	类别	作品名称	主创人员	等级奖项
1998	通讯	《厚爱艺术　淡薄名利》	白瑞兰	年度二等奖
1999	通讯	《热线情牵百姓家》	白瑞兰	年度一等奖
2000	通讯	《诗的山城》	白瑞兰	年度二等奖
2000	通讯	《谭非翎自“楚国”归来》	白瑞兰	年度二等奖
2001	通讯	《〈天下第一丑〉名伶聚承德》	张　杨	年度三等奖
2001	通讯	《白岩松的瞬间》	白瑞兰　张　杨	年度二等奖
2002	通讯	《真情——飞跃城市》	王思文	年度二等奖
2002	通讯	《速写朱军》	张　杨	年度一等奖
2003	通讯	《“红蜻蜓”舞山城》	王思文	年度一等奖
2003	通讯	《七十二景翰墨情》	王思文	年度二等奖

续表 4—3—3

时间	类别	作品名称	主创人员	等级奖项
2003	通讯	《亮相“东西南北中”》	王思文	年度二等奖
2004	评论	《平民时代的平民意识》	白瑞兰	年度二等奖
2005	通讯	《桃李芬芳香四溢 江山更有才人出》	王思文	年度一等奖
2005	通讯	《“今日聚焦”幕后的故事》	王思文	年度一等奖

表 4—3—4 《承德广播电视报》获全国城市广播电视报新闻奖作品一览表

时间	类别	作品名称	主创人员	等级奖项
2009	通讯	《四岁半男孩的成名效应》	佟　涛	年度一等奖
2009	通讯	《烤肠为什么这样香》	冯明岩	年度三等奖
2009	通讯	《我是爸爸的腿》	王倩楠　李　冰	年度二等奖
2013	通讯	《夜劫迷踪》	张　涛　张　杨	年度一等奖
2013	通讯	《鲍守坤爱心团队：春风化雨润物无声》	张　涛　张　杨	年度二等奖
2014	通讯	《“守井哥”姜龙鹏：矗立在风雨中的城市丰碑》	张　涛	年度二等奖
2014	通讯	《承德最“牛”刑警张凤莹》	张　涛	年度三等奖
2014	通讯	《我眼中的俞胜利》	张　扬	年度二等奖
2015	系列报道	《“致敬抗战老兵”》	张涛等	年度二等奖
2015	通讯	《“八十叟”白瑞禄的健身绝技》	张　涛　张　洋 赵　薇　赵经纬	年度三等奖
2015	通讯	《在微电影的创作道路上一路前行——记承德微电影导演蔡青》	张　涛　张　洋 王文博　杜琳琳	年度三等奖
2015	通讯	《微缩景观融洪山庄情》	张　涛　张　洋 王文博　杨　莹	年度三等奖

第五章 影视剧制作与放映

20世纪90年代是中国影视剧快速发展时期，也出现大批让人印象深刻的影视剧，市广播电视局紧跟时代步伐，创作很多优秀的剧目，培养相关优秀人才。同时，经过20多年不懈努力，承德市电影发行事业亦取得长足发展，各类型电影队不断壮大。城市影院和工矿俱乐部不断发展，发行放映收入逐年提高。电影在配合党的中心工作进行爱国主义教育，加强两个文明建设，传播科教文化知识，活跃城乡人民群众的文化生活等方面发挥着积极作用。

第一节 影视剧创作与摄制

一、承德影视家协会

承德影视家协会属市广播电视局和市文联双重管理，办公地点和人员组成都来自市广播电视局，会员大都是广电系统人员。20多年来，承德影视家协会狠抓队伍建设，培养和造就一大批影视创作人才，逐步形成自己的地方团队优势。承德影视队伍通过独立编剧、与外地作家合作、小说买断改编、单独或合作等多种形式，先后创作数十部长、中、短篇电视连续剧，分别在中央台、省台、市级电视台及有线电视台网播出。

在承德的创作团队中，先后涌现出赵利群、何申、孙健、周舟、武华、于广、杨勇及戴俊卿、曲华、张万里等众多专业或业余作家。他们以饱满的创作热情，深入生活，讴歌时代。通过不同题材，不同形式的作品，提升承德影视剧的地方团队影响，受到广大观众的欢迎和专家认可。

二、承德影视家协会影视剧创作

1997年8月，承德电视台拍摄电视剧《我和爸爸们》（上、下集），编剧孙健（时任承德电视台总监）。该剧以承德交警支队事迹为原型创作，承德电视台首播后，先后在河北电视台和中央电视台一、八套播出。获全国公安题材电视剧《金盾奖》二等奖，河北省“鱼水工程”电视系列剧一等奖，河北省“五个一”工程奖。

1998年，孙健创作的10集电视连续剧《双网》在北京电视台一套黄金时段播出，获河北省“五个一”工程奖。

赵利群与人合作的12集电视连续剧《黄麻惊雷》于1989年10月由湖北电视剧制作中心等单位联合录制，同年11月，在央视一套播出。1990年4月，该剧在中南六省（区）优秀电视剧评选中获特别奖。1993年10月，6集电视文学剧本《四十八个日日夜夜》1993年10月由安徽电影制片厂等单位联合录制。同年11月，在央视一套播出。赵利群与史超合作的10集电视剧《血战万源》1996年由八一电影制片厂等单位联合录制。同年12月18日，在北京人民大会堂举行首映式，央视一套新闻联播和七套军事新闻及首都各大媒体作了报道。1997年1月中旬，该剧在央视一套黄金时段播出后，又在央视二、四、七、八套和四川等省级电视台反复播出。同年4月，该剧获解放军总政治部第九届全军电视剧“金星奖”、长篇电视剧三等奖及广电部第十七届全国电视剧“飞天奖”、长篇电视剧三等奖；同年9月，获四川省精神文明建设“五个一”工程奖第六届入选作品奖，中共中央宣传部全国精神文明建设“五个一”工程奖第六届入选作品奖。2004年10月，创作由河北省公安厅刑侦局和西安电视制片厂录制的长篇纪实系列剧《燕赵刑警》之《水落石出》（上、下集）。该剧先后在河北、江西、陕西、甘肃等多家省级电视台（卫视）播出。赵利群执笔创作的30集电视剧《乾隆与香妃》2005年由河北音像出版社、广东网星影视文化传播有限公司、北京森威影视制作有限公司和市广播电视局联合录制，并在东南亚、北美等海外地区播出。

由何申创作、编剧或原著改编的电视连续剧有：8集农村题材电视连续剧《一村之长》（1992年中国电视剧制作中心录制，中央电视台播出，获大众电视“金鹰奖”。主要演员有赵本山、方青卓等）；8集人口与计划生育题材电视连续剧《男户长李三贵》（1993年中央电视台影视部、中国人口文化影视中心录制，中央电视台播出，获人口文化奖。主要演员刘佩奇、温玉娟等）；10集农村题材电视连续剧《青松岭后传》（1994年河北电视剧制作中心录制，中央电视台播出，获电视剧“星火奖”。主演李仁堂、李树楠等）；上、下集农村题材电视剧《五哥等你》（1994年中国电视剧制作中心录制，中央台播出。主演高强、郝丽萍）；20集乡村司法题材电视连续剧《乡村女法官》（1996年由长春电视台录制，中央电视台播出，主演陶惠敏等）；20集农村乡镇干部题材电视连续剧《一乡之长》（1997年录制，中央台播出，获辽宁长篇电视连续剧一等奖。主演赵本山、范伟、高秀敏等）；20集农村题材电视连续剧《大人物李德林》（1997年由海润国际广告影视公司录制，在北京、河北等多家电视台播出。主演武利、刘蓓、宋春丽等）。

由周舟创作的12集改革开放题材电视连续剧《人生路男儿行》（1994年9月由河北影视中心与中央电视台影视部拍摄，央视二套、八套播出。入围十二届大众金鹰奖，被评为“首部反映北方改革开放的作品”。主演许还山、张勇平、蒋宝英等）；23集电视连续剧《真情永远》（1997年由河北文化艺术中心录制。主演王奎荣、冯志刚、叶子等，外省市台播出）。

此外，由孙健编著并组织拍摄的电视剧《青松岭的人们》被评为河北省优秀电视单本剧二等奖，其策划拍摄的18集电视连续剧《情感问题》在中央台和全国各省市台播出，并获华北“舞龙杯”长篇电视剧三等奖。

杨勇创作的19集电视连续剧《镇长》，作为央视一套黄金时段2006年播出的开年大戏受到全国观众的广泛好评。

2012年5月11日，承德广播电视台与河北影视集团有限公司签订《关于联合出品摄制电影故事片〈亲人〉（暂定名）协议书》，后又于同年11月1日签订《关于联合出品摄制电影故事片〈咱们是亲人〉补充协议书》，双方就联合出品拍摄电影故事片《咱们是亲人》达成合作。电影故事片《咱们是亲人》于同年摄制完成。影片作为国家广电总局“迎接十八大国产重点影片”向全国推介，在中美电影节获“金天使奖”及“杰出乡村电影奖”，荣获第11届（2011—2014年）省精神文明建设“五个一工程”奖。

三、承德非凡影视文化传媒有限公司影视剧制作

承德非凡影视文化传媒有限责任公司组建于2013年8月。公司隶属承德广播电视台、承德视通广播影视集团，是承德市唯一一家国有专业影视制作机构。

公司通过独资、合资、股份制以及与地方企业联姻等方式，充分发挥自身团队创作优势，以影视剧创作、拍摄、发行推动社会资本运作。公司以“非凡影视，非凡梦想，影动天下，剧美承德”为追求目标，立足承德得天独厚的区位优

势和丰富多彩的拍摄资源，几年间完成多部有影响力的精品力作。

2013年8月16日，由承德非凡影视文化传媒有限公司与北京完美建信影视文化有限公司合作的70集长篇抗日电视连续剧《打狗棍》，在江苏城市频道全国首播。同年10月14日起于安徽卫视、北京卫视、天津卫视和重庆卫视开播。同年10月28日，央视综合频道播出并获得广泛社会反响。该剧由郭靖宇、萧绍全、戴俊卿编剧，郭靖宇执导，巍子、岳丽娜、黑子、杨志刚、于毅等联合主演。剧情讲述热河“戴”“那”两个家族半个世纪以来的恩怨情仇，以及以戴天理为首的民间组织的抗战传奇故事。该剧荣获第二十七届中国电视金鹰奖、飞天奖，“2014年度十佳电视剧”第一名等六项殊荣。同时荣获第十九届省影视艺术奔马奖电视剧类一等奖。

同年9月8日，由承德非凡影视文化传媒有限公司拍摄的首部电影《水煮金蟾》在中央电视台第六频道、中央电视台高清频道首播，先后入围上海国际电影节、中美电影节、法国巴黎电影节、西安丝路电影节、北京国际电影节（获入围奖）。电影以保护生态资源的背景为依托，展现了中国传统农民的淳朴美德。

2014年8月，承德非凡影视文化传媒有限公司与鹰手营子矿区人民政府合作拍摄电影《火车快跑》，央视电影频道播出，获得省第6届电影“奔马奖”第一名。电影讲述一批热爱家乡充满梦想与励志精神的青年，如何使得一列70年代用于煤矿运输的老火车，重新焕发青春最终完成启动的故事。

承德非凡影视文化传媒有限公司与承德籍金牌制片人俞胜利合作，重点参与胜利传媒有限公司制作的大型3D盗墓类题材电影《密道追踪》，于2014年12月5日在全国各大院线上映。电影以全功夫明星阵容，3D震撼特效，集盗宝悬疑、爱情励志、喜剧夸张特色强势进军2015年贺岁档。不仅成为国内首部大型盗墓题材，并且全程采用4K3D摄像机拍摄，既展现承德双塔山的奇妙景观，幽谧诡异的千年古墓；又展现公安干警的聪明才智与智慧。

承德非凡影视文化传媒有限公司与北京完美建信影视文化有限公司联合拍摄的76集长篇电视连续剧《勇敢的心》，于2014年在北京台、天津台等多家电视台播出。制片人、导演郭靖宇获得2014年金天使奖中国电视剧最佳导演奖，第十二届省文艺振兴奖“青年导演奖”等奖项。剧情讲述了1933年热河抗战爆发，霍啸林不忍中华大地惨遭侵略者铁蹄践踏，建立天下闻名的热河义勇军热血抗战的故事。

第二节　电影发行

随着市场经济的深入发展，文化市场竞争日趋激烈，电影发行放映工作在困境中发展，在改革中前行。进入20世纪90年代，电影经营实现由计划经济到市场经济的转变；电影发行放映从传统经营到承包经营；16毫米影片从省购拷贝到市县自购拷贝，自主经营；国际、国内分账大片进入城市影院，实行单片分账市场化运作，取消市级电影发行放映管理机构，城市影院实行院线制经营管理模式，整合放映资源。

一、市场化运营

为适应市场竞争，调动积极性，从1989年开始，省电影公司在电影发行工作中采取承包经营模式，与各地市电影公司签订承包合同。实行一包3年，采取包死基数，取得分成，差额自补的经营方案。从1990年开始35毫米承包基数每年递增5%；16毫米承包基数每年递增2%。

1989年，市电影公司各类型放映单位157个。

其中：35毫米放映单位26个（文化放映单位7个，工矿俱乐部19个），农村16毫米放映单位131个，农村售票放映点14个。

承包经营后，1989年全市共发行新故事片307部，各类短片163部。

全年共放映场次28895场，观众1551万人次，全年映出各类短片7864场。主要活动有：一是为宣传中国改革开放10年所取得的巨大成就，映好大型纪录片《决定命运的时刻》全市放映30场，宣传观众11977人次。二是“六一”儿童节前夕，市政协，团市委等6个部门联合举办“六一”儿童节革命传统教育电影周活动。市区3家影院为少年儿童映出专场19场，市区23所中小学14930名少年儿童受到革命传统教育。三是为宣传艾滋病防治知识，市委宣传部、市卫生局、市文化局等13家单位联合下发通知，在全市组织上映纪录片《艾滋病》和故事片《艾滋病患者》2部影片。全市共映出场次396场，受教育观众达168418人次，收到良好的效果。四是为庆祝中华人民共和国成立40周年，市电影公司重点组织上映革命历史题材影片《巍巍昆仑》《开国大典》《百色起义》3部影片，为让广大机关干部群众看好这几部影片，中共承德市委宣传部与承德市文化局等6个部门联合下发文件，收到较好的效果。全市共映411场，观众达211460人次。五是按照省文化厅，省计划生育委员会等11个部门联合通知精神，积极组织了“人口与健康”“科教电影汇映月”活动，全市先后映出《地大物博中国人——人口与资源》《体疗与健康》等10部科教片，共映出632场，观众达191410人次。

由于电影发行放映成绩突出，群众电影院被广播电影电视部命名为“全国电影发行放映系统先进集体”。市电影公司经理刘田本被命名为全国电影发行放映系统先进工作者。

市电影公司，群众电影院、承德剧场1987年—1989年连续3年被评为市文明单位，市委、市政府颁发奖牌。

1989年7月24日，市文化局局长国保田，副局长靳玉茹召集市电影公司、群众电影院、云岭影剧院领导，宣布群众电影院、云岭影剧院与电影公司行政分开。群众电影院、云岭影剧院为科级单位，直属市文化局。柳建明任群众电影院经理、郑义任云岭影剧院副经理。

1990年，电影经营各项改革紧紧围绕转变经营机制和提高两个效益这个中心。在电影市场受到多种娱乐活动冲击的情况下，经过积极努力，这一年全市发行新片270部，各类科教新闻短片221部。其中，35毫米新片163部，短片201部；16毫米新片107部，短片20部。

全年共放映电影29500场，宣传观众1425.6万人次，放映收入217万元，发行收入119.98万元。

1990年春节，为保证贫困山区群众看电影的问题，体现党和政府对偏远山区人民的关怀，市文化局和市县电影公司共同筹资4500元，免费为128个贫困山村放映电影152场，宣传观众达到15.2万人次。

1991年，全市共发行新故事片263部，科教类新闻短片227部。全年共放映电影25487场，宣传观众885.5万人次，放映收入210.6万元，发行收入123.9万元，放映各类短片7735场、占总场次的30.3%。

1991年，针对重点片、主旋律影片、献礼影片等市电影公司成立展映办公室，全市共举办了3次展映活动。举办重点片《焦裕禄》影片展映活动。邀请中共承德市委、市人民政府、市人大常委会和承德市政协领导看片，中共承德市委书记李月辉、承德市人大常委会主任李俊基、承德市政协副主席胡银椿等领导挥毫题词。并号召全市党员、团员、广大职工及城乡群众观看好这部影片。其次，由中共承德市委宣传部、承德市文化局等部门联合下发通知，并先后在群众电影院、营子影剧院举办首映式。《焦裕禄》在全市映出249场，观众达到18.6万人次，发行收入7.6万元。观看《焦裕禄》影片的观众达到了城镇人口总数的67.7%。庆祝中国共产党成立70周年之际，上映献礼影片《毛泽东和他的儿子》和《开天辟地》2部影片。隆重举行《毛泽东和他的儿子》影片首映式。中共承德市委常委，宣传部部长周金生在首映式上讲话。中共承德市委组织部、中共承德市委宣传部等8部门联合下发通知，中共承德市委、承德市人民政府、承德市人大常委会和承德市政协及驻军领导参加首映式观看影片。《毛泽东和他的儿子》放映71场、观众5.6万人次。

在庆祝中国共产党成立70周年献礼影片展映活动中成绩突出，群众电影院被广播电影电视部评为优胜单位，市电影公司被省文化厅评为先进单位，市电影公司发行科被评为优胜单位。在庆祝中华人民共和国成立42周年之际，献礼影片《周恩来》《大决战（一、二部）》先后上映。《周恩来》《大决战（一、二部）》影片全市映出1275场。观众达62.4万人次。

从1991年8月1日至12月31日，举办“科技兴农——承德市第二届农村科教电影汇映”、农村科教影片“丰收奖”评选活动，汇映的各类科教影片节目75部，共映出1199场，观众达76.4万人次。同年，先后上映献礼影片16部，映出2644场，观众达108.9万人次。承德市电影公司，承德县电影公司被广播电影电视部、文化部、农业部、林业部、国家科委、科协6部门评为全国先进单位。

配合邮政部门在全市上映《邮政编码》《绿色的网》等科教片，向广大群众普及邮政知识，对实施《邮政编码》起到促进作用。承德市电影公司和承德市电影公司发行科被河北省邮电管理局和河北省电影公司评为先进单位。

二、市电影发行放映学会

1992年1月21日，在省电影发行放映学会的指导下，成立市电影发行放映学会。成立大会通过市电影发行放映学会章程，选出理事23名，常务理事12名，会长、副会长、秘书长6名。会议还通过1992年学会工作安排。

1993年1月，省电影公司改革多年16毫米影片发行办法，由过去省公司统一购片，计划发行的办法，改变为各市、县自购拷贝，自主经营，自行核算，自负盈亏，盈余全留的经营办法。

三、电影发行放映公司

1993年8月，地区电影公司与市电影公司合并为市电影发行放映公司。同年8月5日召开合并大会，承德市文化局局长刘晓滨宣布地市电影公司合并的决定，宣布承德市电影公司领导班子组成人员。党支部书记朱玉雄，经理王习为，副经理刘海泉、蒲连奎、张青林。承德地市电影公司合并后，共有各类型放映单位674个。其中，35毫米放映单位38个，16毫米放映单位636个，农村售票点173个。

1993年，全市发行新片353部。其中，重点影片和特供影片42部。全市共放映电影2.3万场，观众人数281.3万人次，放映收入273.8万元，发行收入120万元，为省下达指标的114.8%。

重点工作是抓重点影片和特供影片发行放映。一是《新中国第一大案》由中共承德市纪检委牵头组织市直单位主要领导观看影片，并组织了座谈会。承德县、兴隆、丰宁、滦平等县在影院门前或主要街道悬挂横幅，举办首映式。这部影片全市8县3区共放映261场，放映收入125，674万元，发行收入65，658万元，宣传观众111，968人次，取得良好的社会效益和经济效益。二是为纪念毛泽东诞辰100周年，从12月1日起，举办“咱们的领袖毛泽东影片汇映月”活动，隆重推出《秋收起义》《重庆谈判》等新影片，取得较好的效果。三是1993年8月，在全市举办“热河之夏影片会映”活动，映出《龙中龙》等13部影片。四是1994年4月，承德市电影公司投资8万元，将原地区电影公司看片室改为山庄电影院，是承德市首家小厅电影院。五是为加强电影市场的经营管理，增强电影在文化市场的竞争力，承德市电影公司于1995年加入河北省电影联营集团，对助推电影市场的发展，不断提高经济效益起到积极作用。

1995年，为增强电影在市场的竞争力，扭转经营困难局面，河北省联营集团引进国际国内分账大片。同年3月开始，陆续上映《真实的谎言》《红番区》《大醉拳》等6部国际分账大片。放映场次623场，票房收入达到了839，000元，达到了预期的效果。同年，纪念世界电影诞生100周年，中国电影诞生90周年先后放映《天地人心》《留村察看》《被告的杠爷》3部影片。同年7—9月，为纪念“世界反法西斯战争”暨抗日战争胜利50周年，重点发行《七·七事变》《南京大屠杀》等10部抗日战争题材影片。中共承德市委宣传部、承德市文化局牵头举办“世界反法西斯战争暨抗日战争胜利50周年影片汇映“开幕式，8县3区各35毫米放映单位分别在各地举行首映式。

丰宁县电影公司被文化部、人事部授予“全国文化先进集体称号”。同年5月，承德市电影公司，丰宁县电影公司，承德群众电影院。承德剧场、承德县电影院、承德铁路俱乐部，被河北省文化厅评为1994年度先进单位。

1990—1996年，连续7年被中共承德市委、承德市人民政府评为文明单位，受到表彰和奖励。

1996年，为解决承德云岭影剧院拖欠外债，长期发工资困难的问题，承德市文化局决定，承德市电影公司、群众电影院、云岭影剧院合并。

全市共发行35毫米首轮片236部（其中国际分账片到10部、国内分账大片18部）。同年，投放《孔繁森》《红樱桃》《较量》等主旋律影片18部，传统教育影片76部，共放映618场，宣传观众28万人次。

中国共产党成立75周年之际，承德剧场举办纪念中国共产党75周年，彩色立体故事片《孔繁森》首映式。全市共放映178场，宣传观众5万人次。

为纪念红军长征胜利60周年，承德市电影公司举办纪念红军长征胜利60周年国产精品影片电影周，投放国产精品影片《悲情布鲁克》《黑骏马》《兰陵王》等传统优秀影片43部。

12月10日上午10时，在承德群众电影院举办了军事文献片《较量》首映式。该片在群众电影院放映65场，观众近4万人次。

承德群众电影院、丰宁县电影公司、隆化县电影院被河北省文化厅评为先进集体。王习为、李素艳、辛文龙、贺玉民、高靖凯、李学军、李富、崔景义、潘凤亭被河北省文化厅评为先进工作者。

承德市电影发行放映公司各时期领导班子任职情况。1989—1993年，支部书记权洪飞，经理刘田本，副经理王习为、吕宗义；1993年地市公司合并前，支部书记吕宗义，经理王习为，副经理刘海泉、张青林；1993年8月至1996年，支部书记朱玉雄，经理王习为，副经理刘海泉、蒲连奎、张青林；1996年2月—2003年6月，支部书记张文平，支部副书记刘海泉，经理王习为，副经理张文平、刘海泉、蒲连奎、朱玉雄、李富；2003年6月—2015年4月，经理（书记）张文平，副经理夏淑琴、刘国颖；2015年4月—2015年年底，支部副书记曹新平，经理曹新平，副经理刘国颖，经理助理李爱民、李春义。

第三节 影院发展与放映

一、群众电影院概况

群众电影院始建于1952年8月，现位于市区南营子大街12号文化大厦北座负1层。地处城市核心地段，影院周边餐饮、购物、娱乐等业态齐全，文化氛围浓厚。作为老字号的专业影院，群众电影院经过数十年的经营和发展，从单厅影院到多厅影院，从胶片电影到数字电影。不论在经营理念以及影院的设备设施、观影环境等方面都紧跟市场需求，实现了跨越式发展，并在广大观众中树立了良好的品牌形象。

影院于2010年完成了数字化升级改造，实现了全国同步上映国内外最新影片。影院现有数字放映厅4个。其中，3D放映厅3个，分别容纳观众221人、113人、60人和45人。影院通道、座椅等设施均采用人性化、无遮挡设计，放映及还音设备采用巴可、NEC、JBL等国际知名品牌，放映效果达到国内一流水平。

1989—2000年，群众电影院下设行政办公室、财务室、业务组、服务组、放映组、后勤组。各部门组成人员和职能如下：

办公室由影院班子成员组成，负责影院行政、党务、业务等全方面工作。

财务室由会计员和出纳员各1名组成，负责影院财务工作。

业务组由业务主管1人与业务员、售票员组成，业务主管负责安排影片上映日期、场次以及团体票组织销售工作，售票员负责零售票销售工作。

服务组分为1组和2组。各组由组长1人和服务员组成，负责场务和保洁工作。

放映组由放映组长和放映员组成。负责电影放映与设备的检修维护工作。

后勤组由后勤组长1人与安保员1人组成，负责影院的消防、安保、后勤保障、物资保管等工作。

2004—2015年，影院领导班子根据形势发展对机构设置进行了重新调整。下设行政办公室、财务部、业务管理部、经营管理部。各部门组成人员和职能如下：

办公室设办公室主任1人，负责影院行政、党务、人事、劳资等各方面工作。

财务部由主管会计与出纳员各1名组成，负责影院财务、税务、房屋出租管理等工作。

业务管理部由部长1人、副部长1人与服务组、售票组共同组成。其中，服务组分为2组，各设组长1人。

业务部长负责影院业务工作的日常管理，安排影片日期、场次，影片宣传、营销策划等工作；副部长主要负责场务管理工作；服务组长与服务员负责场务和保洁工作。

经营管理部由部长1人，安保员1人组成。负责影院的消防、安保、后勤保障、水电暖设施的检修维护，以及出租房屋的日常管理等工作。

二、影院发展情况

1989年4—5月，群众电影院进行整体改造，观众厅由2层改为1层，对放映设备进行更新换代，实现了模拟立体声放映。

1989年2月，群众电影院由隶属于承德市电影公司划转承德市文化局直接管辖。

1995年4月，国内首部引进好莱坞影片《真实的谎言》上映，单片票房收入超过10万元。同年，总票房收入突破100万元。

2000年12月，按照市政府城市改造规划，群众电影院整体拆除，原址建设文化大厦，职工安排放假。

2004年5月，文化大厦交付使用。群众电影院经过整体装修，设备设施购置，安装调试，员工培训，于10月1日重新营业。

2007年3月，在河北省率先推出“周二半价日”活动，显著提高影院上座率，并在全院线获得响应和推广。

2009年2月，群众电影院划归承德市广播电影电视局（现承德广播电视台）管辖。

2009年度，由于在电影工作中取得优异成绩，被评为河北省广播电影电视局“先进单位”和承德市广播电影电视局“经营创收先进单位”。

2010年7月，数字电影《唐山大地震》上映，影院购置第一台数字放映机，开始由胶片电影向数字电影过渡，并实现全国同步上映。

2011年8月，影院2号厅安装数字放映机和3D系统，电影放映实现全部数字化。

2013年8月，影院3号、4号数字电影厅投入使用，使影院形成数字化、多厅化的经营格局，有效提高了自身品质和市场竞争能力。

三、发展历程

1989年，群众电影院经过整体改造后，观众厅由2层改为1层，对整体环境进行装修改造，购置当时具有国内领先水平的杜比4—2—4模拟立体声还音设备，使影院的观影效果和观影环境都有显著提高，得到广大观众的认可，影院上座率持续提高。

1995年，随着美国动作影片《真实的谎言》等一大批引进影片的上映，以及群众电影院在放映质量、服务水平等方面的综合优势，创造了全年电影票房收入突破100万元的优异成绩。

2004年影院回迁后，本着“一流品质、一流服务”的经营理念，对影院设备设施及装修全部采用标准化、舒适化设计，主要放映设备采用杜比、皇冠、JBL等国际知名品牌，放映效果达到国内先进水平。同时，通过加强对职工的服务意识和职业技能培训，提高了影院规范化、人性化服务水平，影院的上座率和观众满意度都空前提高。同年，《天下无贼》《功夫》上座率均达到80%以上。

2006—2010年，群众电影院作为承德市唯一一家坚持常态化营业放映的专业影院，无论是重点影片、重点档期，还是淡季旺季，都坚持做好电影业务。2006年，《满城尽带黄金甲》等重点影片上映时，上座率均达到80%以上。2010年，随着数字电影《唐山大地震》的上映，群众电影院购置了第一台数字放映机。在承德市率先启动数字电影放映，开始由胶片电影向数字电影的过渡，并以此为契机，影院实现全国同步上映，结束上映二轮影片的历史。

2011年8月，影院多方筹集资金，对2号厅进行装修改造和设备更新。放映机采用当时最先进的巴可20C数字放映机，以及3D系统等其他配套设备。影院结束胶片电影的放映，电影放映实现了全部数字化。

2013年，影院利用原出租场地建设3号、4号电影厅，并于8月重点影片《哈利波特3》上映之前投入营业，使影院成为真正意义上的多厅影院。上映影片数量和观众的选择性成倍增加，进一步提高影院品质与市场竞争能力。面对电影市场的不断变化以及其他影院的相继投入运营、市场竞争日益激烈的严峻形势，影院先后出台会员优惠办法。通过会员积分兑奖活动，在2号厅数字放映机及大中专院校开设售票点，与企业、商家开展互利合作活动等各项措施，有效缓解观众流失的不利局面。根据电影市场的不断发展变化，影院在传统宣传手段的基础上，积极拓展宣传领域。建立网络宣传、微信宣传等媒体平台，开设网络购票、微信支付、手机支付等销售渠道，给广大观众购票、观影提供更多的优惠和便利。

四、农村电影放映

1991年，全市有农村放映队131个，与1984年相比减少了92个。现有的131个电影放映队，能够坚持正常活动的只有40个左右。

1993年，承德地市电影公司合并后，各类型农村电影放映队有637个。1995年8月，承德市人民政府办公室承市政办〔1995〕144号文件转发承德市文化局《关于解决农村电影放映收费难，农民看电影难问题的意见》。

1996年6月，仅有159个农村电影放映队在活动。针对农村电影存在的问题，承德市文化局上报《关于当前农村电影放映工作存在的问题及解决的意见》的报告。

1996年，承德市政协委员、承德市文化局长刘晓滨，承德市政协委员、承德市电影公司经理王习为在承德市政协会议上递交了“关于进一步解决农民看电影难问题”的提案。

1997年12月12日，中共承德市委办公室、承德市人民政府办公室转发中共承德市委宣传部、中共承德市委农工委、承德市文化局、承德市财政局《关于进一步做好农村电影发行放映工作的实施意见》的通知。通知要求，认真落实中共河北省委组织实施“小康文化工程”县文化十下乡十进村活动的重要内容。还要求每个乡镇都要建立起一支电影队，保证每个村每个月至少看上一次电影。承德市电影公司积极行动落实通知精神，基本上解决农村放映难、收费难、看电影难的问题。

2001 年以后，由于城市影院由省电影公司中联集团院线管理，取消市级电影发行机构，致使多年无业务可做。平泉县电影院转向东北院线。承德市（县）电影公司由原来经营电影为主转向以房屋出租、录像厅、网吧旅馆等多种经营，电影市场基本处于停滞半停滞状态。

2009 年 4 月，电影行政管理按国家省市要求，完成职能划转工作，承德市属电影公司和电影院人员、资产全部交由承德市广播电视局管理。

2009 年，承德市农村电影放映由民营企业金田农村数字电影院线有限公司负责，资金来源由国家、省、市、县 4 级财政拨款承担，彻底解决了农民看电影的问题。

随着电影受多种文化娱乐活动的冲击，加之经营管理存在差距，电影收入逐年下降，大批农村电影队和售票点由于受收费难和影片不足的造成停映，影院由于入不敷出也处于停映状态。

第六章 基础设施建设

1946年4月30日，承德新华广播电台开播，标志着承德广播电视事业开始进步。在此后半个多世纪的时间里，广播电视事业先后经历了有线广播、无线广播电视、有线广播电视、多媒体广播电视、数字电视、数字广播、新媒体等发展阶段。截至2015年，承德广播电视台已开办3套广播节目、3套电视节目，创办承德广播电视报、承德新闻网，建设4座直属大型无线发射台站，转播发射中央、省、市12套广播节目、18套数字电视节目、5套模拟电视节目，每天累计播出400小时，开通智慧承德手机台。广播电视节目采集、编辑、制作、播出、传输实现全程数字化，形成广播、电视、影视、报网、新媒体融合发展的新格局。本章重点记述各发展阶段的主要事件。

第一节 广播电台电视台建设

一、广播电台建设

1989年期间，承德广播分为地市两个电台：承德地区人民广播电台和承德人民广播电台。1993年7月，原地区台与市台合并为承德人民广播电台。

承德地区人民广播电台调频广播主发射台地址在兴隆县雾灵山（海拔2118米），天线高20米，覆盖全区，各县接收信号场强平均为36分贝，覆盖率100%。承德地区电台除使用调频广播覆盖，同时使用调幅900千赫7.5千瓦中波发射机进行中波广播覆盖。期间购置了各种型号的采访、制作、录音设备14部，调音台3部。

承德人民广播电台发射台地址在佟山沙子梁，海拔为350米，塔高76米，中波发射功率为1000瓦，使用频率1584千赫。有185平方米发射机房，80平方米的播控室，由于承德地处山区，当时的覆盖范围仅限市区和部分县区边缘。

1994年6月，成立“山庄之声”经济台，频率为97.6兆赫，新建一个现代化的广播直播间，承德电台实现从录播方式到直播方式的转变。

1996年，改建电台技术设施，新增一个直播间和2个制作间，《承德新闻》节目由录播改为直播。

2001年，新建服务器机房，安装数字音频自动播出系统，录音设备和播出设备由录音机改为计算机音频工作站，实现从节目制作到播出的自动化和数字化。

2006年，承德人民广播电台从市区迁址到开发西区13号，技术部位首先搬迁并完成设备的更新和安装。共建成4个直播间、1个备播间、3个录制间。其中，录制间也设计为直播间形式，以备应急时进行节目直播。新建1个小型录音棚用于音乐节目制作。下半年，又建成数字化中心控制室和服务器机房。11月1日，在新址正式开播。

2010年，新建1个新闻节目专用录制间。

2014年，根据承德广播电视台《关于进一步加强广播电视安全工作的通知》精神，按照《广播电视设施保护条例》和《广播电视播出管理规定》的要求，对电台技术区的安全防护设施作进一步的完善。在播出服务器机房及制作间加装一道防盗门，包括指纹识别门禁1部、锁死应急装置1套、备用闭门器2支。新增24路视频监控系统，使安全监控无死角。10月份，新建一个播出服务器机房，并配备可以检测机房市电状况、电流、电压、温度、湿度、漏水等情况的环境监控报警系统。

二、县区小功率调频同频覆盖网建设

2002年，承德人民广播电台共开办两套广播节目，分别为新闻综合广播和交通文艺广播。下半年，局党组决定实施电台节目县区小功率覆盖网建设。

2003年1月，依托信广联公司SDH网络成功将电台2套广播节目传输到各县区。其中，新闻综合广播节目在有线网中的设定频率为103兆赫，交通文艺广播设定频率为99兆赫，实现广播节目在有线电视网络中的传输。9月，电台技术部开始实施各县区调频小功率覆盖网建设。在技术手段上利用调频“俘获效应”理论采用同频、非同步方式在双滦、营子、平泉、围场、宽城、滦平、丰宁、隆化、兴隆、承德县10个地方设置100瓦小功率调频广播发射点。每个点使用93.8兆赫发射新闻综合广播节目，97.6兆赫发射交通文艺广播节目。信号源从有线电视网络通过机顶盒获取。为进一步优化广播电视资源配置，各发射点都利用县区广播电视局机房、发射塔、电力等资源建设而成，并委托当地广电局进行设备管理和维护。至此，承德电台2套广播节目在全市范围内形成有线、无线并用、混合交叉的覆盖格局。

2006年，全市各（县、区）有线电视网络进行整合，组建承德广通信息网络有限公司，有线网络从广播电视局剥离出来。在剥离过程中，因无线广播电视台站归属不一，各县调频小功率发射点一部分由广通公司管理，一部分仍由广播电视局管理。广通公司侧重于有线广播电视发展，重点保证了有线网络中广播节目的传输覆盖，无线发射站点全部停播。县区广播电视局管理的发射站点由于设备老化问题，发射机、天馈线故障率不断增高。尤其是一些设备故障严重，不具备修复价值，致使大多数发射点停播。截至2009年年底，除隆化、围场、丰宁等地发射点正常播出外，其他全部停播。

2009年，双滦区西平台1085台前山多媒体广播电视项目机房建成后，承德人民广播电台将设置在承德广通公司双滦区分公司已经停播的发射点撤销，并利用多媒体广播电视项目西平台基站的机房、发射塔等资源建设新发射点，恢复2套广播节目在双滦区的有效覆盖。

2010年6月，承德广播电视台成立以后，台党组对台内工作进行分工调整，县区小功率覆盖网的维护与管理从承德人民广播电台技术部调整到承德广播电视台技术部位，并交接19台100瓦调频广播发射机（16台新发射机，3台旧发射机）。

2011年年初，技术人员对县区广播小功率覆盖网的工作情况进行深入调研，多次调整覆盖格局和系统参数。先后更换隆化、丰宁、围场等地的机器设备，维修围场的天馈线系统，明确设备管理归属和维护人员，最大限度地优化网络维护与管理。

2012年年初，围场广播电视台实施办公迁址，无线转播发射系统随同一起迁到新址。为保证承德人民广播电台2套广播节目的正常覆盖，技术人员于11月、12月两次到围场实施承德人民广播电台新闻综合频率和交通文艺频率2套调频广播的迁址工程。更换2套节目的天馈线系统，配置专用的广播机柜，更新2套节目的信号源接收机顶盒，保障承德人民广播电台2套广播节目在围场县城有效覆盖。12月，同时在多媒体广播电视项目双滦区西平台基站安装100.6兆赫频点的发射机和天馈线系统，发射旅游生活广播节目，实现承德人民广播电台3套节目在双滦区的有效覆盖。

在平泉广播电视发射台建设过程中，技术人员多次到平泉实地考察，设计承德人民广播电台2套广播节目在平泉恢复播出的具体实施方案。2012年8月，承德广播电视台成立覆盖办公室，专门负责县区小功率覆盖网的建设、维护和管理。

2013年9月，技术人员到平泉县实施广播节目小功率覆盖网平泉发射点建设工程，完成2套广播节目的发射机、天馈线、定时开关机系统以及11G小微波信号传输系统的安装和调试，恢复承德人民广播电台新闻综合广播和交通文艺广播2套广播节目在平泉县城的播出。

2014年9月，开通隆化发射点广播信号。

2015年8月12日、9月22日、10月30日分别开通宽城、丰宁、承德县3个站点广播信号。

从2007年开始，市广播电视局多次向河北省广播电视局递交县区小功率覆盖网调频频率使用申请，由于存在频率频道违规使用情况和国家在调频小功率同频频率使用上的限制，小功率覆盖网频率的使用一直未得到批复。

2013年，承德广播电视台再次向河北省广播电视局递交调频频率使用申请，对覆盖网技术参数进行调整和说明。将原新闻综合广播使用的93.8兆赫频点调整为89.1兆赫，确保广播节目在承德全市范围内同频覆盖。同时，因为频率使用冲突撤销了滦平发射点。9月，河北省广播电视省局批准承德广播电视台的申请，同意在全市9个县区增加97.6兆赫频点转播承德交通文艺广播节目。承德新闻综合广播建议启用规划频率，大功率覆盖。

2011年，《山区同频非同步调频广播覆盖》项目荣获河北省广播电视局科技成果二等奖。

三、电视台建设

1989年，承德电视台在办公楼5楼搭建1个100平方米的综艺演播室。

1990年，承德电视台为扩大2频道无线覆盖，把50瓦电视发射机更换为1000瓦电视发射机。

1993年，合并后的承德电视台在办公楼4楼和5楼组建编辑制作机房，搭建1个新闻演播室和1个专题演播室。

1998年，承德电视台在办公楼6楼建成一个300平方米的综艺类演播室。

2005年，承德电视台组建了1辆4讯道模拟标清转播车。

2006年，在新台址建造新闻演播室、虚拟演播室、专题演播室各1个；建设制作机房3个、上载机房和播出机房各1个。

2009年，承德电视台购置数字微波直播车1辆。

2010年，承德电视台购置6+2讯道数字高清转播车1辆。

2011年，在办公楼负1层搭建1个制作机房、1个媒资管理机房、2个配音室。

第二节　无线覆盖与有线传输网络建设

一、广播电视技术管理机构变动情况

20世纪80年代初期，河北省广播电视厅开始在全省范围内建设微波传输网络。

1994年，市广播电视局组建广播电视发射中心，将1084中波转播台、电视转播科、微波站、电视台播出部、电台技术部五个单位合并。下设中央机房、河北机房、微波机房、电视二频道机房、调频机房、中波发射机房。

2001年，成立市广播电视局技术管理中心。下设9个科室，分别为办公室、局总工办、电视转播科、电视技术科、调频技术科、电视播出科、微波站、演播厅管理科、中波发射台。

2006年，由于办公新址地势较低，不能满足无线发射的技术需求，报经河北省广播电视局同意，将电视转播台、调频技术科、微波站3个单位迁到了佟山沙子梁电视转播台，正式更名为市广播电视局广播电视发射台。

二、无线覆盖网络建设

2003年，建设承德人民广播电台广播节目县区小功率覆盖网。在全市8县3区以小功率同频广播方式转播电台新闻综合广播和交通文艺广播，发射功率100瓦，实现在8县3区城区范围内电台2套广播节目的有效覆盖。

2004年，对微波系统进行数字化改造，实现微波传输数字化。数字微波系统传输中央电视台第一套节目、中央电台中国之声、河北电台7套广播节目、河北电视台7套电视节目以及承德电台节目向〇五台信号回传和承德电视台新闻节目向省电视台回传。

2005年，市广播电视局技术管理中心撤销，原科技科、微波站、电视转播台、1084中波台划归局内成为职能科室直属台站，调频技术科归承德人民广播电台管理。

2006年，对闲置的沙子梁原电视转播台进行改造，新建65米微波自立发射塔，对原有90平方米机房进行改扩建。

2007年，完成全局广播电视信号传输系统建设。实现承德人民广播电台、承德电视台、监控信号的双路光缆，双路微波互为备份传输，保障广播电视信号从开发区播控机房到无线台站、有线网络传输的安全性。

2007年，国家广电总局开始在全国范围内推广移动多媒体广播电视覆盖网建设工程。市广播电视局开始在8县3区组织开展大范围的选址勘察工作，并设计制定《承德市移动多媒体广播电视单频覆盖网建设方案》。2008年年底，开通佟山站点信号（主站）。2010年，先后开通开发区大石山站点和双滦区西平台站点信号。2012年年底，先后开通宽城、兴隆、隆化和承德县4个站点信号。建设移动多媒体广播电视信号监测监控网，为无人值守台站实现安全播出提供了有力保障。各站点发射功率均为1000瓦，传输中央、省、市8套标清电视节目，3套数字广播节目。

2008年，国家广电总局在全国范围实施无线覆盖工程。市广播电视局争取到资金600万元，对全市部分县区的频率频道进行规划调整，启用12个电视频道，9个调频频率用来转播发射中央和省台广播电视节目，全市广播电视综合覆盖率达到92%。

2009年，建设高新区大石山广播电视发射台，以小功率方式转播发射承德人民广播电台新闻综合频率、交通文艺频率、旅游生活频率节目；承德电视台新闻综合3套模拟电视节目；中央电台中国之声4套调频广播节目；中央电视台第一套节目和河北电视台卫视节目。调频广播发射功率100瓦，模拟电视发射功率100瓦。

2010年，实施云雾山发射台改造工程，恢复调频105.8兆赫承德人民广播电台旅游生活广播在云雾山的正常播出。

2011年，完成全市地面数字电视覆盖网建设调研，设计建设方案，并于7月底完成市区佟山广播电视发射台地面数字电视系统的建设工作，地面数字电视开始进入试播阶段。

2012年，承德广通公司从办公新址（原红楼宾馆）迁到承德市高新区冯营子大学城。在对信号传输链路进行调整的同时，出资建设广播电视信号数字传输平台。平台设置在电视播出机房，广播播控及有线网络、无线转播发射台站均对信号源系统进行相应的技术调整，广播电视信号传输实现数字化。

截至2013年，承德广播电视发射台已经发展成为全市大型综合骨干广播电视发射台。承担着中央、省、市4套模拟电视、6套调频广播和数字广播电视节目的转播发射任务，以及数字微波传输任务。4套模拟电视节目分别为中央电视台第一套节目（28频道）、河北电视台第二套节目（14频道）、承德电视台新闻综合频道（16频道）、中央电视台军事农业频道（20频道），发射功率分别为1000瓦。调频广播共播出6套广播节目，分别为承德人民广播电台新闻综合频道（89.1兆赫）、交通文艺频道（97.6兆赫）、旅游生活广播节目（100.6兆赫），中央电台中国之声（101.4兆赫）、河北电台文艺广播（103.2兆赫），河北电台农民广播（107.6兆赫）。单频点移动多媒体广播电视发射功率1000瓦，使用DS—31频道发射8套标清电视节目、3套数字广播节目。电视节目分别为中央电视台综合频道、体育频道、新闻频道、睛彩电影、睛彩天下、河北卫视、睛彩河北、承德电视台新闻综合频道。广播节目分别为中央人民广播电台中国之声广播、CIBN富媒体广播、承德人民广播电台新闻综合广播。单频点地面数字电视发射功率1000瓦，使用DS—40频道。

1991年以后，1085转播台已经发展成为以转播中央、省电台节目为主的全市大型中波骨干台站。分别用10千瓦大功率转播中央电台中国之声（1359千赫）和河北电台第一套节目（783千赫）。1084中波台目前主要承担着承德人民广播电台广播节目的中波发射任务，共播出6套中波广播节目。其中，2套分别为承德人民广播电台新闻综合频率（1584千赫）、交通文艺频率（900千赫），另外4套为试验频率。

三、有线传输网络建设

20世纪90年代初，8县3区的有线电视网络建设进入起步阶段。1993年8月，市广播电视局向承德市人民政府递交成立承德有线电视台的申请。同年8月31日，承德市人民政府常务会议同意成立承德有线电视台。同年10月31日，成立由副市长李鹏图任组长的承德有线电视领导小组，筹备承德有线电视台建设。同年12月，领导小组筹集资金100万元完成机房装修和主要设备购置、安装、调试。同年12月31日，正式开播，当时传送电视节目18套，发展用户3000户。

1996年2月，承德有线电视台与双滦区有线电视台联网，双滦区3200户收看到有线电视节目。1996年年底，用户达到4万户。

1999年9月17日，市广播电视局与北京中信国安信息产业股份有限公司合作，成立承德市信广联有线广播电视宽带综合信息网络有限责任公司，市广播电视局以承德有线电视台资产入股（占股份51%），中信国安现金入股（占股份49%，实际出资2209.8万元）。

2000年5月，承德市信广联有线广播电视宽带综合信息网络有限公司正式挂牌，注册资金4509.8万元。

2001年5月18日，市广播电视局举行有线电视市县SDH网络开通仪式，承德市、县有线广播电视双向网全线开通。

2002年5月，承德市信广联有线广播电视宽带综合信息网络有限公司投资100多万元，建设IP数据骨干网，开始发展宽带数据业务和线路出租业务。

2004年，承德市信广联有线广播电视宽带综合信息网络有限公司实施有线电视网络升级改造工程，为承德市区有线电视用户安装模拟加解扰机顶盒。广播电视节目开始采用加密方式为用户传送，从根本上解决非法信号插播问题，确保有线电视网络广播电视节目安全传输，同时也为有线电视网络数字化改造创造良好条件。

2005年12月24日，河北广电信息网络股份有限公司承德分公司挂牌。

按照省有线电视网络整合的统一部署，承德市从2005年7月开始，将辖区内除承德市信广联有线广播电视宽带综合信息网络有限公司以外的8个县和双滦、营子两个区共10个县区的有线电视网络，包括资产、债务和人员从原广播电视局的事业管理体制中剥离，统一整合组建承德广通信息网络有限公司（10月10日正式组建），在河北省率先实现有线电视从市到县的垂直化管理。公司组建后，2006—2007年，共筹集发展资金4100万元，安排扩网工程300多项，新架设光缆4200千米，电缆、支干线2800千米，光缆干线总长达到12900千米。投资3600万元，彻底更新滦平、宽城、营子3个县（区）骨干线路，完成78个乡镇、184个行政村、涉及7万多用户的分配网更新改造。投资6700万元，从承德市信广联有线广播电视宽带综合信息网络有限公司购置SDH市县环网，并对部分线路进行全面维修和更新改造，确保承德市县双向网络的全面贯通。同时建设有线电视前端机房，搭建统一的有线电视前端。投资8000万元实施大规模的建网安装和网络改造。两年新增有线电视用户12万户，网络用户总数达到60万户，年经营收入达到9000万元。实现网络建设和经营的较快发展。

2006年4月19日，河北广电信息网络股份有限公司召开董事会，选举杨国钧为公司第一届董事会董事长，选举孙林担任执行董事。董事会聘任王卫为承德公司总经理，纪春景为公司副总经理。7月25日，河北广电信息网络股份有限公司任命纪春景为承德信广联公司常务副总经理。

2007年，承德市有线电视数字化整转工作进入筹备阶段。2007年1月，河北广电信息网络股份有限公司的数字电视通过河北省广电光缆骨干网顺利传到承德信广联公司。

2008年5月30日，承德信广联公司迁到位于市区佟山的新址办公，数字中心机房建成。6月19日，承德信广联公司全面启动市区有线电视网络数字化整转工作，历时40多天，共完成84194户数字电视整转工作。到2008年年底，数字电视整转户数达到10.2126万户，整转率在河北省名列前茅。11月10日，中共承德市委、承德市人民政府制定出台《全市8县2区有线数字电视整体转换工作方案》，县区有线电视数字化整转工作迅速全面展开。从2008年12月1日至2009年2月，完成各县城20万户的整转工作。2009年3—8月，完成条件较好，交通便利的重点乡镇25万户的整转。2009年9月至2010年2月，完成剩余15万户的整转。

2012年，承德广通公司从高新区西区迁址到高新区大学城，迁址过程中建设功能完善、技术先进的数字电视中心机房。

第三节 监测监控指挥调度与信号传输系统建设

一、监测监控指挥调度系统

2002年年初，根据《河北省广播电视监测网“十五”计划和2010年远景规划》及《承德市广播电视监测网“十五”计划和2010年远景规划》，市广播电视局开始积极谋划全市广播电视监测系统建设工作，着手组建全市广播电视监测系统。

2003年，承德广播电视监测系统筹建工作列入年度工作重点。上半年，与上海CALLSC（科江）电子信息技术有限公司完成监测系统设计方案，同时签订设备购置协议。

2004年1月7日，承德市广播电视监测系统投入试运行，3月1日，正式运行。初期安排值班人员3人，单位名称内定为承德市广播电视监测站，暂由科技科负责管理。系统共采集24路广播电视信号，其中广播采集12路，电视采集12路。

2005年，市广播电视局科技科组织申报的《承德市广播电视监测监控指挥调度系统工程》荣获河北省广播电视局科技成果二等奖。

2006年7月1日，监测站搬迁到高新区新办公地址。9月，承德市编委批准监测站为正科级事业单位，全称为承德广播电视监测台。编制18人，核定领导职数3人，1正、2副。监测台主要职能为：负责全市广播电视安全播出和安全防范的指挥、协调与调度工作。担负着防范非法攻击破坏广播电视的安全播出管理职能；监测广播电视覆盖效果和广播电视播出质量；监测广播电视频段无线电波秩序和播出秩序；监测境外台对中国广播动态等。

2007年年初，监测台搬迁到高新区新址后，由于高新区地势较低，造成了对市区佟山无线广播电视信号的监测障碍。承德广播电视台实施技术改造，在佟山广播电视发射台建设无线信号接收平台，较好地解决对直属台站无线信号的正常监测问题。

广播电视监测监控系统自建成以来，在掌握广播电视播出质量和覆盖效果，发现并及时处理播出故障，确保实现广播安全优质播出等方面发挥重要作用。2006年、2008年，市广播电视局荣获河北省市级局际有线广播电视监测系统维护管理优秀奖。2007年，监测台被评为承德市防范和处理邪教工作先进集体。2009年、2010年，监测台荣获河北省广播电视监测维护管理优胜单位二等奖，2011年荣获一等奖，2012年荣获三等奖。

二、监测监控指挥调度系统建设

2003年9月22日，承德市广播电视监测系统建设工程开工。12月上旬，完成天线架设、电视墙、控制台、摄像头安装、配电系统改造、机房装修、外接线路施工等重要工作。12月中旬，上海科江电子信息有限公司的监测设备到货，12月底，系统安装调试成功。

2007年年底，按照河北省广播电视监测网建设要求，监测站完成系统升级改造工程，于10月初接入河北省广播电视监测网，实现全省联网。接入河北省网后，系统将电视节目采集数量调整为24路，广播节目调整为13路，主要为市广播电视局直属各单位播出的中央、省、市广播电视节目。

2011年11月中旬，监测台对原有设备实施更新改造，安装数字电视信号一体化采集分析平台，实现对承德信广联公司有线电视信号的全面监测。

三、信号传输系统建设

2006年，市广播电视局实施办公迁址，新办公地址与原办公地址海拔落差近80米。为确保3套广播节目和3套电视节目安全传输到有线、无线网络，市广播电视局委托承德信广联公司建设了由市广播电视局办公新址监测机房到承德信广联公司市区桃李街机房32纤光缆线路，总长8.2千米；市区桃李街机房到市区佟山广播电视发射台机房建设了16纤光缆线路，总长4.2千米；从发射台机房到1084台中波机房架设8纤光缆；在办公新址从监测机房到广通机房铺设36纤光缆。承德人民广播电台与承德电视台同时铺设从监测机房到广播播控机房和电视播控机房的信号传输光缆。广播电视信号传输系统投入使用，较好地解决了广播电视节目传输问题。

2007年年初，市广播电视局对原有信号传输系统进行升级改造，同时建设全市电视会议系统，在市广播电视局3楼会议室设置主会场，各县区广播电视局设置分会场，利用广通公司SDH网络实现主会场和分会场视频信号的双向传输。

2012年，承德广通公司从高新区西区13号市广播电视局院内迁到高新区大学城，其中心机房也随同一起迁到新址。广播电视信号数字化改造从4月份实施，到6月结束，历时两个月。

2009年，《广播电视信号传输系统建设》荣获河北省广播电视局科技成果二等奖。

第四节 发射台建设

一、发射台迁建工程

2005年，市广播电视局开始酝酿办公迁址，新址初步选定在承德市高新区。2005年年初，河北省广播电视局技术中心技术部主任邢海振等组成考察组到承德市区九华山、高新区凤凰山、市区富家沟前山、市区佟山沙子梁等地实地勘察。经过技术论证认为，市区佟山沙子梁基础条件较好，是发射台迁址的最佳地点。根据专家组意见，市广播电视局党组决定，将电视转播机房、调频发射机房、微波机房迁址到市区佟山沙子梁。2005年下半年，市广播电视局科技科编制了《承德市广播电视局广播电视发射台迁址新建项目建议书》并上报承德市发改委。

2006年7月1日，3大机房的迁址工作进入实施阶段。7月底，与承德市规划局、承德园林局和双桥区石洞子沟村委会等就土地使用、环境保护等进行协商，并与双桥区石洞子沟村委会签订山地占用协议。8月3日，发射台迁址工程全面铺开。

迁址过程中，实施机房改扩建，新建55米微波传输塔，原103米发射塔维修维护以及机器设备更新，天馈线更新等重点工程。其中，新建机房243.75平方米，院落占地1500平米，建设护坡226平方米，填垫土石680立方米，硬化路面700平方米。安装调频发射机11部，电视发射机8部，数字微波设备两套。转播发射6套调频广播节目、5套电视节目。数字微波系统共传输中央、省、市广播电视信号16套。在迁建过程中，同时建设视频监控、红外报警、避雷接地、供配电、广播电视信号监听、监测系统以及信号光缆传输系统，提高台站安全播出保障能力。迁建工程总投资210万元。其中，河北省广播电视局支持100万元。3大机房迁址到佟山沙子梁后，统一合并为综合性广播电视转播发射传输机房，定名为承德广播电视发射台。此后，经过不断的发展完善，承德广播电视发射台逐步成为全市大型综合骨干转播发射台站。承担着中央、省、市广播电视节目的无线转播发射和微波信号传输的重要任务，是承德全市广播电视覆盖网的重要组成部分。

2009年，《广播电视发射台迁建工程》荣获河北省广播电视局科技成果一等奖，成为全市首个荣获河北省广播电视科技成果一等奖的科技项目。

2013年，国家大力推进广播电视高山转播发射台站基础设施建设，承德广播电视台争取到广播电视发射台基础设施改造项目，并在2013年年底前完成项目实施。基础设施建设主要对机房进行改扩建，建设专业的动力机房，新建120米广播电视发射塔。同时，对广播电视监测监控系统、供水、供暖、避雷接地以及供配电系统进行全面改造。电力系统进行大幅度增容，彻底解决供电容量不足制约事业发展的瓶颈性问题。项目总投资约450万元，其中争取中央资金270万元，争取省级配套资金180万元。

二、大石山发射台建设工程

承德市高新技术产业开发区位于市区南部，离市中心9千米，常住人口近10万人。高新区因地势较低，加上中间有高山阻挡等原因，一直无法接收到无线广播电视信号，属于无线广播电视信号覆盖盲区。

2006年，市广播电视局决定在高新区一带建设小功率的广播电视发射台，解决好高新区人民群众听广播看电视问题。

2008年下半年，技术人员开始进行台站选址工作，先后勘察凤凰山、九华山、大石山等地。11月初，河北省广播电视局技术中心副主任羊素芳到承德检查指导工作，听取高新区广播电视发射台建设的有关情况，确定台站建设地为高新区大石庙后山。11月中旬，向河北省广播电视局递交《关于在承德市区扩大中央和省级广播电视节目覆盖范围的报告》，并上报高新区广播电视发射台建设方案。

2009年3月，河北省广播电视局《关于建设承德市高新区广播电视转播台的批复》（冀广技字[2009]10号文件），同意在承德市高新区建设一座小功率调频同步转播台。6月份，下发《关于同意在承德市高新区增加电视转播频道的批复》（冀广技字[2009]43号），同意在承德市高新区增加3个电视频道转播中央、省、市电视节目。4月，在积极向河北省广播电视局争取频率频道的同时，承德市广播电视局向承德市人民政府递交《关于在高新区建设承德广播电视发射台的报告》争取市财政资金支持。5月，高新区广播电视发射台进入建设实施阶段。

高新区广播电视发射台选址在大石庙大石山，与市广播电视局办公地址直线距离约1千米。大石山建有移动基站一座，发射塔为自立角钢塔，高40米。为节省建设资金，经过与移动公司协商，租用移动公司发射塔安装调频电视天线。并紧邻移动机房建设了22平方米封闭式机房。考虑到移动机房用电容量较小，从山下变压器架设350米专线供电电缆为机房供电。考虑到大石庙后山与承德市广播电视局办公地址比较近，台站采用无人值守方式管理，并建设定时自动开关机系统、视频监控系统、温度传感控制系统、监听监视系统以及无线对讲系统。视频监控系统和无线对讲系统以及承德台电视节目分别采用1.2G和2.4G小微波进行传输。监听监视信号、视频监控系统以及节目源信号传输全部集中在监测机房，通过监测机房值班员实现对大石山机房情况的把握。

工程建设历时两个月，6月26日，4套调频广播和3套电视节目开始试播。8月上旬，对11G小微波传输系统进行改造，增加两路视频传输系统，并配置信号切换设备，建设电视节目双信号源系统。广播电视节目试播期结束后，台站正式定名为大石山广播电视发射台。大石山广播电视发射台是全市首座无人值守广播电视台站。

2011年，《大石山广播电视发射台建设工程》荣获河北省广播电视局科技成果奖三等奖。

三、云雾山发射台建设工程

云雾山位于承德以西153千米，丰宁县城南20千米处。主峰海拔2047米，是燕山第二高峰。1987年，河北省广播电视局帮助地方在云雾山顶峰建设调频广播电视转播台，转播发射中央、省以及丰宁县自办节目。

1995年，云雾山广播电视转播台停用。

2005年，承德全市广电网络整合，丰宁有线电视网络从丰宁县广播电视局剥离并整合到承德广通公司，云雾山广播电视发射台划归承德广通丰宁分公司。同年，国家广电总局、河北省广播电视局同意市广播电视局在丰宁县云雾山启用105.8兆赫调频规划频率转播承德人民广播电台节目。当时，因云雾山发射台停用多年，实施工程改造资金缺口较大，暂时将105.8广播电视频率设置在雾灵山05台播出。

2010年，按照河北省广播电视局要求，市广播电视局决定重新启用云雾山广播电视发射台播出承德电台广播节目并制定施工方案。

2010年7—8月，市广播电视局科技科协调承德广通公司丰宁分公司实施云雾山发射台改造工程。完成云雾山发射台机房修缮，发射塔防腐，山路维护维修，供电线路局部改造等基础设施建设。同年8月15日20时，承德人民广播电台节目在云雾山播出，发射功率5000～6000瓦。

2011年，承德广通公司和承德广播电视台共同出资对云雾山广播电视发射台高压供电线路进行大范围改造。

2012年，承德广播电视台与承德广通公司丰宁分公司签订台站租用协议，云雾山广播电视发射台重新启用以后，与雾灵山〇五转播台形成互为备份、互相保障的信号覆盖格局，为扩大承德人民广播电台广播节目高质量地覆盖北京、天津地区发挥重要作用。

第五节 转播覆盖网和影院建设

一、〇五转播台建设

〇五转播台于1964年3月建台。到2015年，已发展成北京至东北广播、电视信号的重要通道，是河北省大型综合骨干转播台。担负转播10套中央、省、市广播、电视节目，负责省广播、电视信号至承德的微波传输任务。总发射功率90千瓦，年累计播出70000多小时。服务半径：山区150千米，平原220千米，覆盖范围包括北京、天津及辽宁、内蒙古与省内承德、唐山、廊坊、张家口、秦皇岛部分地区，覆盖人口5000多万。

20世纪，伴随着改革开放步伐的加快，〇五转播台的事业也得到了较快的发展。在修通了上山公路后，先后建成了2000多平方米的职工宿舍、食堂、机房、配电室，500多平方米的宾馆。更换了30米微波铁塔，实现了两路电源自动倒换。自备发电机组实现自动加温、自动启动，15秒自动送电。完成60米铁塔顶端电视发射天线的安装工程以及避雷接地系统工程，自动开关机倒机系统建设。职工的工作和生活条件逐步改善，事业快速发展。

根据地处燕山主峰和覆盖京、津、唐等重要城市的优势条件，〇五台抢抓机遇，主动与省、市台联系协商。自1989年开始，先后有河北农民频道、河北文艺频道等多个广播、电视节目落户转播台。

1989年，安装家属楼和四排平房及办公楼的暖气管道，并购置锅炉。实现冬季集中供暖，改善了〇五转播台职工生活和工作条件。

1993年10月1日，河北经济广播电台落户〇五转播台，使用F M 106.6MHz频率转播，使用由北京双桥中央广播设备厂生产的电子管520（FU—113）发射机，后改用F M 90.8MHz频率，所用设备为上海研达厂生产的全固态调频发射机。

1995年7月，地区调频台〇五转播台设备由1千瓦变成3千瓦播出。

1996年9月，完成承德电视台在〇五台建立转播台，扩大电视节目覆盖的一期工程。

2001年8月，完成承德电台陕广5千瓦全固态调频发射机的安装和调试工作，并投入使用。

2002年8月，对顶峰机房工作区和生活区新装围栏1600延长米。

2003年9月，完成机房改造，工作生活场所修缮，室外保护等一批工程项目。

2003年10月，调频机房成功地完成河北人民广播电台双藕极子垂直极化天线的安装调试与改造工作。

2004年3—5月，以省扩大节目覆盖为契机，通过积极争取，并主动协调频率，增加河北文艺广播电台、河北交通电台两套调频节目。

2004年9月，〇五转播台对顶峰机房职工宿舍进行彻底翻新、装修。

2005年5月，增加河北少儿频道，使用频率为FM88.1MHz，所用设备为上海研达电视广播器材设备厂生产的全固态10千瓦发射机。

2005年1—12月，集资建设24户职工家属楼一栋，共2742平方米。

2005年4月，河北电视台经济频道在〇五转播台新上GME1014B型10千瓦大功率合放式全固态电视发射机。

2005年8月，市广播电视局在〇五转播台增设承德交通广播，使用频率为FM105.8MHz。

2006年4月4日，河北电视台农民频道在〇五转播台正式转播，是全国第三个省级对农专业频道。

2011年5月，河北电视台经济生活频道更换的新发射机——10千瓦全固态彩色电视发射机运抵顶峰，5月28日，安装调试完成。

2014年1月，省局微波总站和哈雷公司技术人员对市微波传输系统进行设备全面升级。在〇五转播台微波机房更换微波适配器两台，解码器6台。〇五转播台技术人员积极协助配合做好设备安装调试工作，确保设备更换工作顺利实施。

2015年3月20日，改建职工会议室。6月25日，新建的职工会议室投入使用。

2015年5月8日，实施职工食堂改建工程。7月14日，职工食堂投入使用。

2015年9月，省微波总站技术科科长邢志民带领天线安装人员，在〇五台顶峰机房更换承德和玉田两个方向分集天线，完成天线安装调试工作。

2015年11月21日，河北电台更新的3部10千瓦调频发射机从上海研达厂运抵〇五转播台。3部10千瓦调频发射机分别更新河北经济频道（FM91.9MHz）、河北交通频道（FM99.3 MHz）和河北文艺频道（FM94.8MHz）。

〇五转播台已经发展成为承担着中央、省、市8套调频广播、3套电视节目转播发射和中央、省、市节目微波传输任务的全省大型综合骨干转播发射台站。

〇五转播台建台不断探索实践，积极开拓进取，取得了骄人的成绩。1991年、1996年、2002年，先后3次被广电部、人事部评为全国先进集体和先进台站。改革开放以来，〇五转播台调频、电视、微波三大机房，在省广播电视技术维护管理工作竞赛中获安全优质播出一等奖26次、二等奖14次、三等奖8次。在省、市广播电视局科技创新评比中，获省级科技二等奖1次、三等奖12次、四等奖4次。获市局科技创新一等奖1次、二等奖6次、三等奖2次。

二、1085转播台建设

1991年年初，地委、行署决定，1085转播台由科级单位升格为副处级。定编33人。下设办公室、中央机房、河北机房、动力机房，机房面积546 平方米。当年3月，1084转播台用于转播中央人民广播电台第一套节目的10千瓦中波主要机器设备搬迁到1085转播台（原转播地区广播电台节目的7.5千瓦机器作为转播中央台一套节目的备机），同时添置10千瓦脉宽调制发射机一台，替换了板调机。5月1日，试转播中央人民广播电台一套节目，6月1日正式转播。

到1992年年底，1085转播台已有20千瓦发射机1台、10千瓦发射机2台、5千瓦发射机1台。覆盖人口：中央台一套节目149.7万人，省台 127.23万人，覆盖率分别为59%和 50%。

1993年，购进电子管GZ—10—3B型脉宽调制发射机替代建台时转播河北人民广播电台一套节目的设备20千瓦板调发射机，使发射功效提高20%。

1998年，把10千瓦板调发射机更新为TS—10C、TS−01B发射机2台，转播中央人民广播电台一套节目的发射功率也大大提高。

2003年，加大技术部位投资，装修中央机房，更换部分设备，购买部分维修工具，设备基本上达到上级要求。为确保实现省局“三满”播出的要求，投资购置两套卫星接收设备、音频处理器和相关设备。经过工作人员的艰苦工作，调试出河北一套广播和中央一套广播的卫星信号，结束无备份信号源的历史。转播覆盖承德8县3区，转播时间全天不间断播音。分为中央一套节目21.5小时，河北一套节目19.5小时，实现满时间、满效率、满调幅度的要求。为改善工作、生活环境，当年争取省资金，于10月1日开工新建800平方米的二层楼房办公和宿舍区。拆除原有平房面积150多平方米，总投资40万元，2004年元旦全部完工。

2004年，在省广播电视局支持下，投资12万元对中央、河北两座发射塔进行维修。更新两座铁塔的拉线，更换部分绝缘子、筒型绝缘子，加固了绝缘架，并对地锚进行防腐。同时投资

23万元改造锅炉房、浴池和职工食堂。

2006年4月1日，将中央、河北两个机房合并为一个机房。完善4部发射机的自动开关机和监测系统，实现发射机的自动开关、自动监测打印、故障报警、自动倒备机等。将河北机房的备机进行更新，新配备1台10千瓦的备机。为确保发电系统万无一失，又更新1台105千伏安柴油发电机，安装调试后，运转正常。

2007年，投资28万元对519专线进行改造，将线路移位、杆子加高、加粗，并将所有避雷器更新。

2009年，投资约17.8万元在台站后山修建一间20平方米无人值守发射机房。新立一座高50米的拉线式天线，用于转播市台两个频率，实现这两套节目对双滦地区的覆盖。

2010年，改造办公用房100多平方米，充分利用闲置办公用房改善技术人员办公环境。同年9月，投资10万余元，修建长约300米通向台站的水泥路和护坡，结束台站职工上下班只能走土路的历史。

2011年，台出资6万余元更新发射机调配网络。6月23日，完成发射机调配网络的安装与调试工作。

2012年，台对发射机房进行装修。更新控制台、音频切换器、监听音箱、配电盘、电源分配盘、中央发射机天线倒换器（因雷击毁坏）等部分设备，增加音频幅度监测仪、音频循环监听系统、有线电视机顶盒、电话。

为了配合机房装修，机房5部发射机及配电设备向后搬移，发射机外接电缆、地线、电源线等所有外接引线都要拆开，由于设备体积大、易损，因此需要分拆，搬移到位置后再组装、接线。全体技术人员加班加点、细致认真的工作没有出现任何纰漏。

2013年6月，因雷电击毁主用变压器。台投资7.6万元，历时5天抢修，更新变压器，把跌落保险换成隔离开关，并增加1个低压控制箱。由于中央台发射机备用机已经使用10余年时间，型号已淘汰，经常出现故障无法修复。经过积极协调，更换了中央一套发射机备机。11月，机器已经调试成功，运行良好。

2014年7月起，开始筹备视频监控系统升级改造项目。从设计到购件到安装，历时4个月，投资6.2万元。此项目全程由1085转播台技术人员自己设计，自己施工安装调试。把这套模拟监控系统升级改造为全新的数字监控系统，并把原来的8个监控摄像头增加到16个监控摄像头，从而使视频监控实现全覆盖无死角。同年10月，完成通往二级公路路段的路灯架设工程，结束转播台建台近60年，一直没有路灯的历史。

2015年，自主设计升级台局域网络。带宽由原来的10兆升级到50兆。废弃多余冗杂的线路。重新设计，重新架线，扩展了网络端口，更换安全可靠、稳定性能更好的交换机、路由器等设备。

1989—2015年，1085转播台管理技术人员艰苦努力，不断创新，多次获得省、市管理和技术奖项。在省广播电视技术维护管理工作竞赛中共获得“全省广播电视安全播出先进集体”一等奖1次；技术管理一等奖1次、二等奖4次、三等奖3次；省局科技进步奖三等奖2项；省局科技成果奖三等奖4项。2003年，《设计安装调试河北机房10KW数字发射机天调网络》获省局科技创新四等奖。2004年9月，被市委、市政府评为文明单位。2009年，获全省市级台际安全优质播出优胜单位三等奖。2010年，获全省广播电视安全优质播出优胜单位三等奖。

三、移动多媒体广播电视单频覆盖网建设工程

中国移动多媒体广播电视项目俗称“手持电视”，英文缩写为“CMMB”，是国家广电总局在全国范围内大力推进的一项庞大的广播电视数字网络建设工程和新媒体产业开发项目，2007

年8月正式启动覆盖网工程建设。

2008年，移动多媒体广播项目在全省推开后，市广播电视局党组高度重视积极争取，当年被列为全省第一批建设城市并于6月开始筹备。10月以前，完成项目考察和市区CMMB信号覆盖网建设方案。11月，佟山沙子梁CMMB信号发射主站的建设全面展开。12月29日，信号正式开通。发射功率1000瓦，使用DS-31频道，播出4套标清电视节目，分别为中央电视台第一套、第三套、第五套和新闻频道节目。其中，新闻频道节目免费播出，其他三套节目加密播出。信号主要覆盖双桥区中心地带。经测试，信号质量优异，播出效果较好。

2009年年初，对开发区和双滦区基站的建设工作进行全面考察，并向省局递交建设方案。4月份，开发区大石庙基站建设全面铺开，6月，大石山机房土建结束并投入使用，转播发射中央、省、市模拟广播电视节目。期间，对局二楼大厅进行改造，建设CMMB 管理控制机房。

2009年下半年，通过对双滦区进行多次实地考察后，决定将CMMB双滦区基站设置在西平台1085转播台前山。

2010年1月，完成大石山基站CMMB发射机和天馈线的安装调试工作。2月3日，协助NEC公司工程技术人员完成数字微波设备的安装调试工作，开通局办公地址到大石山机房的微波通路。9日，将CMMB前端设备从佟山发射台迁到开发区广播电视台二楼管控机房。10日，开通大石山基站CMMB信号，并将承德广播电视台新闻综合频道节目接入CMMB系统，实现本市电视节目在CMMB覆盖网中传播。

2010年3月，机房、铁塔和电力系统建设完成。为解决信号传输问题，经过与广通公司协商，决定租用广通公司光缆将CMMB信号从开发区前端机房传输到西平台机房，线路总长38千米。广通公司光缆线路仅从开发区铺设到双滦分公司机房，从双滦分公司机房到西平台机房需要新建设4千米光缆线路。2010年5月底完成4千米光缆线路建设。

2010年上半年，全省统一开展CA系统建设。3月，通过租用联通公司宽带网络将CA系统接入承德CMMB网络。4月，西平台机房CMMB发射机和天馈线系统安装调试完毕。5月，西平台基站CMMB信号正式开通。西平台基站CMMB信号的开通，标志着承德市区CMMB覆盖网站点建设工作基本结束。

2011年，全省CMMB项目进入大发展阶段，借助这一有利的时机，市广播电视局开始积极争取CMMB县区覆盖网建设。4月初，向省上报了详细的勘察资料和建设方案。9月20日至10月18日，CMMB项目部先后完成宽城、兴隆、隆化三地的CMMB发射机、天馈线安装调试以及机房配套工程建设，为三地顺利开通CMMB信号奠定了良好条件。11月5日、6日，宽城、兴隆两县正式开通移动多媒体广播电视信号，实现了市移动多媒体广播电视信号首次在县城城区的有效覆盖。11月初，先后完成平泉、丰宁、围场、营子4个县（区）的CMMB站点建设调研工作，并向省公司上报站点建设勘察资料和建设方案。11月10日，在CMMB前端机房安装CMMB音频编码系统，将承德广播电视台新闻综合广播节目正式接入全市移动多媒体广播电视覆盖网，实现电台节目在CMMB系统的播出。

2012年2月上旬，CMMB办事处与广科院、数码视讯工程人员共同完成CMMB市区佟山基站、双滦区西平台基站、开发区大石山基站及前端机房CMMB设备监控数据采集系统的安装调试工作，初步搭建CMMB监测监控系统数据平台。5月上旬，CMMB办事处进一步加大与中国移动的协调力度，开通市区到隆化苔山CMMB信号传输光缆链路，并完成发射设备的安装与调试。5月11日，隆化苔山站点正式开通CMMB信号。9月1日，CMMB办事处技术人员再次到承德县南山进行实地勘察。根据实际勘察数据调整南山机房改造方案，并上报河北中广公司获得通过。12 月 13 日，CMMB 办事处与中国移动公司共同解决承德县南山机房信号传输光缆故障问题，并调整适配器数据配置，开通承德县站点 CMMB 信号。

2011 年，科技科申报的《承德市区移动多媒体广播电视单频网建设工程》项目荣获省广播电视局科技成果二等奖。

四、影院建设

群众电影院始建于 1952 年 8 月，现位于市区南营子大街 12 号文化大厦北座负 1 层。地处城市核心地段，影院周边餐饮、购物、娱乐等业态齐全，文化氛围浓厚。作为老字号的专业影院，群众电影院经过数十年的经营和发展，从单厅影院到多厅影院，从胶片电影到数字电影。不论在经营理念以及影院的设备设施、观影环境等方面都紧跟市场需求，实现跨越式发展，并在广大观众中树立了良好的品牌形象。

1989 年 2 月，群众电影院由隶属于承德市电影公司划转承德市文化局直接管辖。

1989 年 4—5 月，群众电影院进行整体改造，观众厅由 2 层改为 1 层，对放映设备进行更新换代，实现模拟立体声放映。

2000 年 12 月，按照市政府城市改造规划，群众电影院整体拆除，原址建设文化大厦，职工安排放假。

2004 年 5 月，文化大厦交付使用。群众电影院经过整体装修，设备设施购置，安装调试，员工培训，于 10 月 1 日重新营业。

2009 年 2 月，群众电影院划归承德市广播电影电视局（现承德广播电视台）管辖。

2010 年 7 月，数字电影《唐山大地震》上映，影院购置第 1 台数字放映机，开始由胶片电影向数字电影过渡，并实现全国同步上映。

影院于 2010 年完成数字化升级改造，实现全国同步上映国内外最新影片。影院现有数字放映厅 4 个。其中，3D 放映厅 3 个，分别容纳观众 221 人、113 人、60 人和 45 人。影院通道、座椅等设施均采用人性化、无遮挡设计，放映及还音设备采用巴可、NEC、JBL 等国际知名品牌，放映效果达到国内一流水平。

2011 年 8 月，影院多方筹集资金对 2 号厅进行装修改造和设备更新。放映机采用当时最先进的巴可 20C 数字放映机，以及 3D 系统等其他配套设备。影院结束胶片电影的放映，电影放映实现了全部数字化。

2013 年，影院利用原出租场地建设 3 号、4 号电影厅，并于 8 月重点影片《哈利波特 3》上映之前投入营业，使影院成为真正意义上的多厅影院。上映影片数量和观众的选择性成倍增加，进一步提高影院品质与市场竞争能力。面对电影市场的不断变化以及其他影院的相继投入运营、市场竞争日益激烈的严峻形势，影院先后出台会员优惠办法。通过会员积分兑奖活动，在 2 号厅数字放映机及大中专院校开设售票点，与企业、商家开展互利合作活动等各项措施，有效缓解观众流失的不利局面。根据电影市场的不断发展变化，影院在传统宣传手段的基础上，积极拓展宣传领域。建立网络宣传、微信宣传等媒体平台，开设网络购票、微信支付、手机支付等销售渠道，给广大观众购票、观影提供更多的优惠和便利。

第七章　综合管理

承德广播电视台隶属于市委管理部门序列，由中共承德市委宣传部直接管理。承担全市广播电视新闻宣传、事业建设、产业发展、技术保障等工作职能。它的前身分别是承德地区行政公署广播电视局、承德市广播电视局、承德市广播电影电视局。

1993 年 7 月，承德地区行政公署广播电视局、承德市广播电视局合并为市广播电视局。1993 年 10 月，承德市机构编制委员会办公室下发文件，市广播电视局为局管台体制。合并后的市广播电视局设 10 个科室。即人秘科、行政科、宣传科、事业科、音像科、财会科、保卫科、老干部科，纪检组与监察室合署办公。

后根据事业发展、职能转变和工作需要，先后对相关机构予以调整。1994 年，人秘科分设为人事科和办公室；1995 年，成立发射中心；1996 年，设立总工办；1997 年，宣传科改称总编室。1998 年 1 月，承德市机构编制委员会办公室下发文件，市广播电视局改为局台合一体制，中共承德市委任命刘俭为局长兼任三台台长，杨景旺、李申有、钱国忠任副局长。2000 年，撤销音像科，音像市场管理职能划转到承德市文化局。2001 年 3 月，成立技术管理中心，发射中心并入技术管理中心，职能范围扩大。同时成立行政管理中心。

2002 年 4 月，在机构改革工作中，承德市人民政府办公室下发文件，批准《承德市广播电视局职能配置、内设机构和人员编制方案》。改广播电视局局台合一体制为局管台体制，局长不再兼任台长。内设机构为 6 个职能科（室），分别为办公室、总编室（宣传科）、人事教育科、计划财务科、社会管理科、科技科。纪检（监察）机构和机关党组织按有关规定设置，人员在机关总编制内核定。

2009 年 2 月，按河北省统一要求，经承德市机构编制委员会办公室批准，将承德市文化局管理的电影发行放映行政管理职能和所属电影发行放映事业单位，整建制划入市广播电视局。市广播电视局更名为市广播电影电视局。

2010 年 10 月，按照河北省文化体制改革统一部署，经承德市编办批准，市广播电影电视局机构和职能调整，将原市广播电影电视局行政管理职能划入承德市文化局，新成立承德广播电视台。由中共承德市委宣传部管理，设 35 个内设机构。其中，行政管理机构 8 个，即办公室（党委办公室）、总编室、人事处、财务处、科技处、安全保卫处、后勤服务处、离退休干部处。

第一节 行政与档案管理

一、办公室工作

1988年，承德地区行政公署广播电视局把机关办公室调整为人秘科，主要负责人事和文书、档案等项工作，增设行政科，负责财务和后勤工作。1992年3月，经上级批准，增设财会科，与行政科剥离。

1985—1993年承德地、市合并前，市广播电视局机关办公室改为人秘科，负责人事、财务、文书档案等工作，增设行政科，主要负责后勤工作。

1993年7月，承德地市合并，承德市机构编制委员会办公室下发文件，同意合并后的编制为人秘科、行政科、财会科。

1994年，人秘科分设为人事科和办公室。

1995年3月，根据机构改革“三定”方案，人秘科更名办公室，增设人事教育科。

1998年1月，实行“局台合一”领导体制，设办公室。

2002年4月，根据机构改革“三定”方案，设办公室。

2010年，河北省文化体制改革统一部署，设办公室（党委办公室）。

按职能设置要求，办公室负责综合协调、督办全局（台）各部位贯彻落实局（台）党组部署的各项工作；负责起草、撰写全局（台）综合性文字材料；按程序制发公文，负责公文管理、文书档案管理、机要收发；承担机关财务管理、信访接待、公务接待、机关保密、文印管理、行政后勤、车辆管理、值班值宿等工作；组织安排综合性会议及会议纪要撰写等工作。开展广播电视改革发展方略调查研究，提出合理化建议。负责编写、上报各类信息。

1989年以来，在局（台）党组的领导下，在局（台）属各部位、机关科室的密切配合下，局（台）办公室完成各年度工作总结、工作要点、工作汇报、领导讲话以及会议材料的起草、整理工作。组织局（台）党组会议、工作总结部署等多个重大重要会议，会务组织周密，会议记录齐全，为顺利贯彻上级精神提供了保障；注重与中共承德市委、承德市人民政府及台属各部位的协调、沟通，确保上级和局（台）党组重大部署的有效落实。在局（台）办公室的努力下，连续4年获“全市信访工作先进（优秀）单位”，获“全市档案工作先进单位”等荣誉称号。2014年，晋升为河北省机关档案工作目标管理三A级单位。

二、行政后勤工作

市广播电视局行政后勤工作主要包括水、电、暖、通讯等基础设施日常维修及维护，意外抢修，发电机日常维护，环境绿化、亮化，卫生保洁，机关食堂管理，固定资产登记管理，办公设施设备维护及维修，节能减排等。

为了使管理工作有章可循，制订“后勤服务管理制度”“机关食堂管理办法”“物业管理条例”“用电管理办法”等各项规章制度。

1989年，在桃李街南台建设1栋7层家属楼。1991年入住。

1990年，购置1台4吨旧锅炉并安装投入使用。

1997年，建设了局机关3号办公楼，筹建桃李街南台第2栋家属楼。同年，装修改造红绿蓝宾馆。1998年，新建食堂餐厅，建开放式院墙，做电动式大门。1999年，围场影视人度假村划归行政科管理。

2005年，装修改造原红楼宾馆，作为市广播电视局新址。2006年，市广播电视局迁入新址，购买更新办公用品。全面检修自备发电机。2010年，新建转播车车库，改造办公楼负1层办公用房和电视机房。

更新改造配电机房并对主楼分配电进行改造，完成餐厅、报告厅防水工程改造。

2014年，家属楼供暖改造。经过全台行政后勤人员的不断努力，办公环境、办公条件、职工生活福利设施都有了较大改善。多次被评为承德市“花园式单位”“卫生工作先进单位”和“市级文明单位”。

三、档案管理

档案是记录本单位工作活动情况，具有保存价值的文件材料。它记载着社会发展的历史过程，客观地反映着问题处理、领导决策、基本建设等方面的过程和成果。

市广播电视局档案室位于机关办公楼2楼，建设标准符合国家相关部门要求。档案室面积80余平方米，由台办公室管理。档案室现有6组轨道式标准档案柜、7个文件柜。分别存放财务档案2800余件；文字类档案1200余件；照片类档案14盒；影音类档案260余件；图书300余册。

档案是过去工作和历史情况的真实记录，也是第一手的参考材料。现在，市广播电视局档案室平均每年为本台及外单位提供查档、阅档服务200余次，为广大干部职工的工作调动、接续工龄等提供最有力的材料依据。

1996年，经过几代档案管理人员的努力，市广播电视局档案室获得河北省档案局“省三级档案工作合格证”；2003年，被承德市档案局评为“2003年度全市档案工作先进单位”；2004年1月，获得河北省档案局“省一级档案管理工作合格证”；2014年，获得河北省档案局“河北省机关档案工作目标管理AAA”级荣誉。

在各级领导的关怀下，经过不断建设，市广播电视局档案室已经发展成为现代化、综合化、专业化的综合档案管理机构，为更好地服务全台提供了有力支撑。

第二节 宣传与行业管理

一、宣传管理

2006年，市广播电视局进一步加强和改进局编委会。局编委会是局对广播电视宣传进行管理和综合协调的工作班子。局总编室作为编委会的办事机构，在编委会的领导下行使日常宣传管理和协调职能。编委会的主要工作为根据当时宣传工作实际，制定报道计划，指导全局及县区宣传工作，评议与监督两台及各县区广播电视节目。同时，不定期组织全市业务研讨和节目评比。

经过10多年历史变革，到2015年，市广播电视局宣传管理科主要职能为负责全局广播电视宣传管理工作，制定广播电视宣传报道计划，研究全市广播电视宣传报道动态及宣传工作改革，组织两台节目评审、评奖，评选推荐优秀节目，组织监听、监视直属自办节目，收听、收视率调查，加强全市广播电视宣传管理工作。

1999年开始，为促进全市广播电视节目创优，打造精品栏目节目，市广播电视局每年举办一次全市节目质量研讨会。分别在兴隆、平泉、隆化组织召开全市广电系统提高新闻节目质量研讨会，与会采编播人员在一起观摩市属两台和各县（区）局选送的广播电视新闻作品，成为全市广播电视业务研讨和交流的平台。通过研讨会，大家开阔眼界，找出差距，精品意识和社会责任感不断增强，市县两级广播电视节目整体水平不断提高。每年组织局属2台进行严格的自办节目审查、评选和报送，节目质量在全省11个市局当中，2001年排位第六，2002年排位第四，2003年排位第二。积极指导两台做好上宣、外宣工作和协调沟通外联工作，并结合实际每季度制定宣传报道计划，积极协助拍摄推介承德的宣传片。同时，负责新闻宣传、舆情信息和动态日报信息工作。在局党组的支持下，通过举办全市业余主持人大赛等大型活动来打造承德广播电视的整体形象。

2005年以来，为提升宣传工作质量，市广播电视局相继出台《承德市广播电视局宣传工作应急预案》《承德市广播电视局节目质量评估体系标准》《承德市广播电视局编委会工作细则》《承德市广播电视局关于表彰奖励广播电视获奖作品的规定》及《补充规定》和《承德市广播电视局关于对上、对外宣传的奖励办法》等规章制度，使全市广播电视宣传管理工作制度化、规范化。2006年，注重通过走出去和请进来的方式培育锻炼队伍。先后组织两台人员到秦皇岛、赤峰、呼和浩特、包头等市实地考察，分别从新闻采写、节目制作、队伍管理、传播技术等方面，全方位地进行学习交流。同时，每年聘请中央台、河北电视台、中国传媒大学的专家到承德，讲解广播电视新闻工作中的新思维、新动向，促进全市广播电视事业不断发展。

2007年，举办市首届十佳栏目和十佳主持人的评选，通过网络投票、小灵通短信投票、报纸投票等方式评选十佳栏目和主持人。

2008年，与市广播电视协会联合创办《承德广电研究》，每季度一期，共出版6期。成为广电同仁学术研究的理论阵地，省广播电视局和各兄弟市了解承德广电工作的窗口。2010年6月，原局总编室、承德电视台总编室、承德人民广播电台办公室合并，成立承德广播电视台总编室，履行宣传管理职能。宣传管理范围由过去包括市台和各县区台在内的全市广电系统的宣传管理，变为以承德广播电视台、承德新闻网、承德广播电视报为主的市台自身宣传业务管理。

总编室的主要职责是负责全台宣传管理，对广播、电视、承德广播电视报、承德新闻网、手机台、微信公众号等平台重大宣传报道进行指导、协调和督办；制定下发全台重点时期宣传报道计划及市委、市政府阶段性重点工作和重大活动的报道方案，并督导承德人民广播电台、承德电视台、承德广播电视报、承德新闻网等平台贯彻落实；制定科学有效的广播电视节目质量评价体系，组织好广播电视节目的考评；负责全台宣传信息的搜集整理，办好《承德广电信息》；承德广播电视协会的日常事务性工作；中国新闻奖、中国广播影视节目大奖、河北新闻奖、河北广播影视节目奖、河北奔马奖等奖项报奖材料的收集、上报及证书、奖金的发放工作；组织承德广播电视节目奖的评奖工作；组织全市主持人大赛、全市“十佳主持人、十佳栏目”评选、记者节等大型活动；广播、电视栏目和主持人的宣传推广；全市广播电视系统采编播人员技能提高培训；组织全市广电系统人员集中外出学习考察；《承德广播电视》杂志的编辑、出版、发行工作；电视部位记者证领取、换证、验证；对上、对外宣传统计工作，及广播、电视上宣部位绩效工资的审核工作；县区台对承德广播电视台的上宣统计、做表、寄发工作；广播、电视部位年度经费预算调整的预算；电视部位每月主持人补助报表；电视部位困难补助统计报表；电视各频道每天电视节目导视的制作；电视各频道每天电视节目入库、编程；电视晚会、会议直播的节目切换；电视部位实习人员的登记、管理；电视部位办公室及电视机顶盒的调配、管理；完成台里交办的其他工作。

2010年以后，先后完成《承德广播电视台宣传部位绩效工资实施办法》《承德广播电视台节目评价实施办法》《承德广播电视台上宣统计办法》《承德广播电视台更改电视播出节目的规定》《承德广播电视台实习生管理实施办法》等文件的起草、修订工作，使承德广播电视台的宣传管理工作制度化、规范化。

为促进全市广播电视节目创优，打造精品栏目节目，承德广播电视台每年举办一次全市广播电视节目评比，并举办全市节目质量研讨会，成为全市广播电视业务研讨和交流的平台，促进了全市广播电视节目整体水平的提升。

每年组织广播、电视进行严格的自办节目的审查、评选和报送，使承德广播电视台节目质量在全省11个地市当中，排名进步明显。同时，每年举办“承德市广播电视十大新闻、十大新闻人物评选颁奖晚会”。积极指导两台做好上宣、外宣工作和协调沟通外联工作，并结合实际每季度制定宣传报道计划，同时负责新闻宣传、舆情信息和动态日报信息工作。每两年举办1次全市业余主持人大赛和十佳栏目、十佳主持人评选活动，至今已举办近10届。2013广播电视主持大赛，对报名和比赛方式进行创新，首次在石家庄增设报名点，复赛实行3场电视录播，增设大众评委，这些都开创历届主持人大赛的先河。此次大赛吸引了省内外100多名选手报名参赛，最远的来自黑龙江省，为全台及市内各县区台选拔人才提供了良好平台。

每年记者节总编室都组织开展各种活动，扩大广播电视节目的影响力。

2013年，与党办共同组织登山比赛、寻宝、拔河比赛等活动，丰富广大编辑记者及新闻宣传工作人员的文化体育生活，加强新闻宣传工作人员之间的交流。

2014年，在市中心广场组织开展“承德广播电视台听众、观众见面会”。见面会上，各频率、频道的节目主持人分别对自己所主持的节目进行推介，并通过有奖问答的形式与台下观众互动，部分编辑、记者、主持人还在见面会上为现场的观众表演了自编自演的节目。舞台周边设立的各频率、频道节目介绍展板也吸引众多群众驻足观看，500册承德广播电视台栏目宣传手册被现场的群众一“抢”而空。

2014年开始，根据省、市宣传重点，组织策划大型宣传报道活动。组织开展“对标发展推动协作”聚焦县区采访活动，这是承德广播电视台在全市群众路线教育实践活动中，结合自身实际采取的一项重要举措，已聚焦6个县区。聚焦采访活动以广播、电视新闻节目为表现形式，每个县区台各出一个采访小组，围绕被采访县区农业、农村、生态、教育、旅游等诸多方面进行采访。通过聚焦采访，集中展示各县区在经济、社会各方面工作的措施、进展、成果，发挥市县区广播电视媒体在宣传中的主力军作用，促进市委、市政府年初制定的全市各项事业发展目标落实完成。

《承德广电研究》杂志是承德广播电视台的自创刊物，2014年，承德广播电视台对杂志从编辑思路、发展方向进行调整，将刊物更名为《承德广播电视》。本着贴近基层的宗旨，从图片和内容上向基层、一线倾斜，并进行彩色印刷，增强刊物的贴近性、观赏性。2015年，推出了特别策划专栏，每期专项介绍一个频率、频道的工作特色和专题论文。改版后受到各方好评，邯郸等兄弟台还专程到承德学习交流办刊经验。

2015年，组织开展《建设京津水源地，承德全民在行动——绿色崛起新常态，新闻记者走基层》采访活动，这是落实市委宣传部《关于开展“聚焦开放创新绿色崛起‘五进’基层主体新闻宣传活动的意见》要求的具体行动，也是进一步推动“学转促”活动持续深入开展的有效实践活动。从2015年3月20日开始到5月上旬基本结束，历时近一个半月，是承德广播电视台有史以来历时最长、参与人数最多、报道规模最大的一次采访报道战役。此次活动，承德广播电视台共抽调60多名广播、电视新闻骨干记者，组成12个采访组。从台长到记者，背起行囊，拿起话筒，走进8县4区，宣传报道各县区、各部门在“学转促”活动中涌现的新亮点、新举措和新典型。他们行进于企业、乡村、学校、社区、工地，精心选取典型，记录、探究、剖析，用讲故事的形式和淳朴的语言，推出60多篇带着汗珠、露珠，散发着泥土气息的新闻作品，在广播电视《承德新闻》和电视《民声直达》栏目中播出。

2015年记者节，举办“好记者讲好故事”

演讲活动。来自全台广播电视各频率频道的10位好记者代表围绕“践行社会主义核心价值观”的主题，用最真诚的语言、铿锵有力的声音，讲述了亲历、亲见、亲闻、亲为的那些最鲜活，最基层的故事。他们的讲述，有的幽默动人，有的质朴细腻，但都真实而动情，体现出一个有责任心的新闻从业者的职业担当和职业操守，见证了新一代新闻从业人员的风采，也让广电从业者经受了一次精神的洗礼。还组织部分编辑记者召开了传统媒体与新媒体融合发展座谈会。来自广播、电视、承德新闻网、承德广播电视报、新媒体中心等部位的编辑记者结合本职工作畅所欲言，充分阐述自己对传统媒体与新媒体相互融合发展的现状分析与独到见解，为承德广播电视台新媒体发展注入了活力，也为领导决策提供思路。同时推出《庆祝记者节——难忘的广电情结》系列新闻、专题片。节目以人物故事为主，采用纪实手法，讲述承德广播电视台离退休的5位老同志创业的故事。

总编室先后组织两台和县区台相关人员到秦皇岛、张家界、苏州、杭州、诸暨、萧山等市县广播电视台实地考察，全方位学习交流。还邀请唐山、秦皇岛、邯郸等兄弟台到承德进行经验交流。

二、行业管理

在2000年以前，承德市广播电视管理体制和全国各省、市情况一样，处于“有系无统”的状态。上下级广电部门只有指导关系，没有领导关系，各自为政，各行其是。县一级广电部门只负责县城区域内的广电事业，各乡镇广电事业处于自生自灭状态，严重制约农村广播电视事业的发展。

1. 体制管理与网络整合

从2000年开始，市广播电视局在全市范围内进行县以下广播电视体制的理顺工作。经过近一年的努力，全市乡镇广播电视站全部上划到县区广播电视局，县以下广播电视事业由县区广播电视局统一管理，广播电视产业由县区局统一经营。由县区广播电视局派出的乡镇广播电视站负责管理辖区内的农村广播电视事业。理顺县以下广播电视体制，当时在全国还属首创，有力地促进承德广播电视事业的发展。仅从2001—2004年的4年时间里，光纤网络干直线建设总长从零开始，快速发展到6000余千米，基本覆盖全市所有乡镇所在地和大部分自然村，以及部分较大的自然村。

县以下广播电视体制的理顺，虽然有力地促进了承德农村广播电视事业的发展，但还存在各县区网络技术标准不统一，网络发展进度不平衡等弊端。为进一步发展广播电视产业，扩大有效覆盖，壮大广播电视事业，2005年，市广播电视行业在理顺县以下广播电视体制的基础上，又一次进行大动作的体制改革。在中共承德市委、承德市人民政府的支持下，把各县区广播电视网络的人、财、物从广播电视局剥离出来，统一上划到市广播电视局注册成立“承德广通公司”，统一管理、统一经营。

2. 节目播出管理与整治

加强对广播电视节目播出的管理和播出秩序的整治。2006年，市广播电视局进一步加强对广播电视节目的播出管理，加大对各类广告规范和监督的力度，及时妥善处理违规广告播出事件，净化声屏、荧屏。各县（区）已经完整转播承德电视台一、二套节目。7—10月，按照河北省广播电视局部署，开展卫星电视传播秩序集中治理行动。对承德市区有线电视网外区域进行巡查，张贴相关《条例》5000张，发放宣传材料2000余份，拆除违法卫星设施600余套，批准、规范卫星设施使用300余户，收缴违法销售卫星设施50余套。

2007年，对广播电视播出秩序进行专项整治，关闭网络传输机构违规频道，撤销广播电视台擅自增开的广播频率、电视频道，规范广播电视播出机构管理秩序。为规范卫星安装使用，依照《条例》，对非法安装使用地面卫星广播电视接收设施的违法行为进行专项治理，收缴 1.8 万套卫星接收设施。为加大广告管理力度，按照国家广播电视总局要求，进行严格自查自纠，清理整顿涉性广告、虚假违法广告及格调低下的广告，确保导向正确。

2008 年，继续加大对全市各播出机构广播电视节目的购置、审查、播出等关键环节的规范和管理，加强对网络视听节目的整顿，对市区内的广场大屏幕、楼宇及车载电视建立管理档案，加强对医疗药品广告的审查，净化声频荧屏，确保奥运年无违规违纪事件发生。在巩固广播电视行业专项整治成果的基础上，加大对全市违法安装使用卫星接收设施的集中治理，拆除违法安装卫星接收设施 4000 余套。

2010 年 6 月，市广播电影电视局政府的管理职能划转到新成立的承德市文化广播电影电视新闻出版局，行业管理职能一同并入承德市文化广播电影电视新闻出版局。

卫星接收设施的清理整顿。承德地处山区，广播电视盲区较多，私自销售、安装卫星接收设施的案件屡禁不止，承德市县两级管理部门的清理整顿行动从没有间断。1999—2005 年，联合工商局、公安局、国家安全局等单位，多次行动，共收缴非法销售、安装卫星接收设施 15000 多套。

企事业单位网络管理。为让全市广电事业发展有一个良好的环境，1999 年开始，大力整合企事业单位广播电视网络，先后收编兴隆煤矿、寿王坟铜矿、黑山铁矿等大部分企业网络，纳入地方行政区域网络统一管理。

三、音像管理

1993 年，承德地区广播电视局、承德市广播电视局合并后，为加强对音像市场的管理，经承德市编委同意成立音像科，设 8 名人员专抓此项工作，韩向云任科长。为更好地服务音像市场，理顺销售、放映渠道，音像科增加录像带的发行出租业务。音像科有 2 人分管录像带发行业务，每月初河北省广播电视厅音像处下发录像带发行目录，市广播电视局根据各销售点和放映厅需要，上报河北省广播电视厅后到北京音像制品公司取带。

2000 年 1 月，市广播电视局音像工作全部交由承德市文化局管理，市广播电视局音像科撤销。

第三节 财 务

一、财务管理体制

1989—1992 年，承德地区广播电视局、承德市广播电视局均未单独设立财务科。承德地区广播电视局会计归属行政科管理，承德市广播电视局会计由办公室管辖，两局加在一起共有 9 名财务人员。1992 年，由于财务收支业务量加大，承德地区广播电视局经上级批准，单独成立财务科，财务人员共 7 人。其中，承德人民广播电台、承德电视台设二级财务，归属局财务科统管，人员由局下派。

自 1993 年 7 月到 1997 年年末，随着地市合并，两局的财会人员合成一个财务科，共有 17 人，局财务设预算内、预算外会计。其中，除局财务科 8 人外，下设承德人民广播电台、承德电视台、承德有线电视台、广播电视发射中心二级财务 4 个，各 2 ~ 3 名财会人员，经费由局财务科制定预算，统筹安排，包干使用。1998 年，实行全局财务统一管理，统收统支，收支两条线，取消了各部门的二级财务。

2008 年，改革管理体制，创新内部机制，财务管理体系得到优化。

二、财务管理制度

1989—1997年年末，承德地区广播电视局、承德市广播电视局由开始未单独设立财务科到1993年合并为一个独立财务科，经费由局财务科制定预算，统筹安排，包干使用。自1998年延续至今实行统收统支，收支两条线，全局财务统一管理的制度。

2006年，建立《承德市广播电视局财务管理制度》。从经营管理、资金管理、财务报销管理、个人借贷管理、采购管理、固定资产管理、发票管理、会计月报管理8个方面进行改进、规范，实现了财务管理的规范化、制度化和科学化，提高了资金的整体使用效益。

2011年，强化财务预算管理工作，对〇五转播台、1085转播台等所属单位的财务工作进行检查指导。规范财务管理工作，持续加大对基础设备、硬件设施的资金投入。

2013年，财务管理工作实现规范化、制度化、科学化管理，进一步提高资金使用效益，加快广播电视事业健康发展。根据《事业单位会计制度》《广播电视事业单位财务制度》和客观实际的变化对《承德广播电视台财务管理制度》进行修改和完善。进一步规范预算管理、经费使用、固定资产购置和发票管理。制定《承德广播电视台财务管理改革实施方案》，财务运行方式继续实行统收统支，收支两条线管理方式，财务活动统一计划、统一管理、统一核算，实行全面预算、切块经费、分级核算的方法进行核算管理。

2015年，对相关《财务管理制度》《财务处工作职责》《财务人员岗位职责》进行完善，明确处室人员岗位职责权限、工作分工、纪律要求，增强了财务人员的工作紧迫感和责任感，做到财务工作长计划、短安排，使财务工作在制度化、规范化的良好环境中更好地发挥作用。

三、财务管理现代化

2000年，依托安易财务软件实现全局会计电算化管理，由过去人工制单、记账，改为计算机制单、记账、汇总、报表。2009年，对财务微机进行更新，财务数据实现整体平移，并将原来的安易财务软件更换为用友通精算版财务软件，对财务总账明细账以及辅助核算项目进行梳理和改进。

2004年，自主设计开发公积金管理软件，实现公积金明细账户的滚存本金、利息自动生成、简化查询，提高工作效率。

2005年，市广播电视局资产进行清查核算，建立固定资产卡片、固定资产明细账，责权明晰到使用人。2007年，根据财政局资产清查工作的相关制度、政策文件，对全局的固定资产情况进行细致的盘点、清查。按照财务部门的要求对固定资产重新进行编号，并使用EXCEL软件，建立固定资产台账及明细账。

2009年，市广播电视局推进承德广通公司有线网络跨区重组，实现资本有效置换，委托会计师事务所和评估中介机构对广通公司资产债务全面审计、评估，将确认结果报承德市财政局备案。2012年，承德广通公司全资加入中央电视台中广有线责任公司。

2011年，承德广播电视台广告发票填开由手工开具实现发票机打化，全台所有发票由财务处统一开具，发票的使用和管理更加规范化。对财务软件进行升级由用友通精算版升级为用友畅捷通T6，台财务支出实现部门化、项目化管理。

2012年，成立承德视通广播影视集团有限公司，注册资金2300万元。集团母公司先后成立承德广视文化传媒有限公司、承德天猎影视基地有限公司、承德广视文化传媒有限公司、承德通达网络信息咨询有限公司等9个子公司，财务进行单独核算。

2014年，对所有参保人员进行社会保障卡信息采集，这是2000年实现全员统一缴纳医疗保险费工作的进一步细化和完善。

2015年，继2012年承德电视台和承德广播电视台属集团所有公司实现“营改增”工作衔接后，对处室人员组织“营改增”知识培训，加强业务理论学习和操作技能的培训，使财务人员的整体业务水平得到提升。

四、财务资金使用

1989—1992年，市广播电视局财政资金除政府拨款外，还有承德人民广播电台、承德电视台20多万元的广告预算外收入。市广播电视局实行政府全额拨款，承德人民广播电台、承德电视台等预算外收入年50余万元。开支均由局长及主管财务副局长签批。

1993年持续到1997年年末，预算外收入主要是电视广告和音像管理发行收入。此外，承德人民广播电台广告收入、承德广播电视报广告收入、承德有线电视台收视费收入、初装费收入、发射中心游走字幕收入等，均由各台、部门管理。这种管理方式使全局资金不能统筹安排，不利于集中财力办大事，造成资金浪费。同时，形成台与台、部门与部门之间的收入不平衡。为此，1998年实行全局财务统一管理，统收统支，收支两条线，取消各部门的2级财务。这一财务管理模式，使全局资金集中使用，利于统筹发展广电事业，各台、各部门收入也趋于平衡。期间，集中资金建立大小演播室3个，其中1个大演播室投资300余万元。还更新了承德电视台摄录设备及发射机房设备等，修建承德人民广播电台直播间，添置相应直播设备，实现电视设备由模拟向数字化转换。

2010年，集中资金240万元购置新闻移动直播车1辆，承德电视台首次实现电视新闻的现场直播，新闻宣传工作迈上新台阶。

2011年，集中资金1200余万元购置大型新闻直播车1辆，新闻直播范围更广，图像传输质量更高。

2012年，对广播、电视节目进行改版，财务处充分调用全台资金，确保正常支出，保障节目改版按时完成。

2013年，举办春晚、主持人大赛等各类晚会，财务处积极争取财政资金支持，为活动进行提供强力支撑。

2014年以来，深化财务管理制度改革，对各部位财务收支及资产管理进行审计检查。成立内部控制制度规范工作领导小组，保证经济活动合法合规、资产安全和使用有效、财务信息真实完整。

2015年，在广播电视经营创收日渐艰难、资金调度异常紧张形势下，积极开源节流，集中资金搭建新媒体平台及机房，为全台创收增加新的途径。

第四节　人才队伍

一、人员构成

1989—2015年，承德广播电视事业发展十分迅速，队伍不断发展壮大。正式职工由1979年年底的148人，发展到2009年的555人，增长近3倍。其中，公务员38人，专业技术人员326人。专业技术人员中正高7人、副高61人、中职135人、初职123人。此外，还有局聘人员83人，大部分从事采、编、播及技术等工作。

人员队伍不断壮大的同时，学历水平也逐渐提高。由1979年本科学历6人、大专学历17人，占总数的15.5%，发展到2009年的研究生8人，本科学历241人和大专学历173人。人员增长主要途径是调入、接受大中专毕业生、接受军转干部及退伍兵和社会公开招录等。

早期人员增长方式主要是以调入技术人员为主。1994年，承德人民广播电台山庄之声经济台开播，从社会公开招聘采编播业务人员。1996年开始，对社会招录的业务人员首次实施聘用制。此后，聘用制已经成为市广播电视局广纳贤才的重要用人形式，也是储备后备人才的战略部署，为承德广播电视事业的发展提供一批批优秀人才，其中一部分人员走向省台、中央台等媒体。

从1986年起，开始接受大中专毕业生，特别是近几年全日制专业对口大学本科毕业生作为新鲜血液充实到一线采编播和技术队伍中，使专业队伍素质大幅度提高。这些人员现已成为承德广播电视台各项事业发展的骨干力量。

从1988年起，开始接受转业军人或退伍士兵，几乎每年都有相关转业军人或退伍士兵进入市广播电视局。

2010—2015年这6年间，承德广播电视事业大踏步发展，在岗职工755人。其中，正式职工511人,聘用人员244人。正式职工511人中，管理人员57人，专业技术人员314人，其中正高职19人、副高职66人，中职147人，初职82人。工勤人员140人。学历层次分布分别为研究生12人、大学本科255人、大学专科141人。人员增长的主要途径是调转、接收大中专毕业生、接收政策性安置退伍兵和公开招录。2010年至2013年，共接收人员33人。其中，2011年接收政策性安置退伍兵6人。2012年，1085转播台和〇五转播台公开招录6人，其余人员在本行业县级台中的优秀主持人、编辑记者及经营创收人员中选调或者通过接收大中专优秀毕业生的途径解决。

承德广播电视台已经从一个仅有1个广播频率、1个电视频道的城市台发展成为拥有3个广播频率、3个电视频道和承德广播电视报、承德新闻网、承德手机台、影视制作公司等多个传播平台的综合传媒机构。新闻传播平台的增加，相应增加急需专业人才。本着因地制宜、按需选才的方针，主要选聘采编播、技术保障及经营管理岗位人才，通过实习、试用、考试、考核，党组会议定，2010—2015年年底，共选聘各类专业技术人才169人，聘用人员总数达到244人。这部分聘用人员学历层次分布分别为研究生4人，大学本科125人，大学专科115人，现均已成为采编播、技术保障、经营创收各个岗位的骨干力量。

二、人员素质培训

从1994年开始，市广播电视局每年针对编辑记者、播音员主持人、工程技术人员进行相关业务培训。培训方式主要是请专家、学者授课、讲学，并派出多名业务人员参加省局或其他广电培训机构组织的采编播业务的技术培训。参加培训人数保持在全局专业技术人员的40%以上，并逐年稳步增加，取得良好的培训效果。到2008年，全部专业技术人员几乎轮训一遍。多年持续的教育培训使业务人员的整体素质明显提升，技术业务水平稳步提高。

三、人才队伍建设

市广播电视局在队伍管理中，不断加强职业道德教育和作风建设。自承德地、市合并以来，相继出台《编辑、记者道德规范》《行政权力公开告知》等多项规章制度，开展“社会主义荣辱观”教育等一系列主题教育活动。全年坚持大众广播体操，组织年度趣味运动会，参加全市和省广电系统组织的乒乓球比赛、羽毛球赛和歌咏比赛等。

在人才使用上，局党组坚持民主集中制，重大事情全部在党组会上议定，坚持正确的用人导向和选人用人标准，加强对年轻干部、专业干部的选拔任用工作，为优秀人才提供施展才华的空间和舞台。2006年，按照公平、公开、公正的原则和干部选拔任用程序，经过民主推荐、组织考核，选拔任用1名正处级干部和23名科级干部。2007年，选拔任用20名科级干部，充实承德人民广播电台、承德电视台的干部队伍。2008年，经过认真考核，调整使用干部19名，同时，选拔14名文化素质高、业务能力强的大学毕业生充实到采编播和技术队伍中。

整合资源，创新干部队伍选拔培养方式。在单位内部管理机制创新上进行尝试，取得一定成效。积极尝试人事管理制度改革，实行全员聘任制，在用人上基本做到按需设岗、公开招聘、平等竞争、择优录用、严格考核。2012年8月，制定出台《台中层干部竞争上岗实施方案》，明确选人用人坚持任人唯贤、德才兼备、群众公认、注重实绩的原则；坚持公开、公平、公正原则；积极引入竞争、激励机制，建立能上能下的用人机制，切实加强干部作风和机关效能建设，优化中层管理人员队伍结构配置。该次竞聘共有77个岗位，打破身份界限，明确聘用人员、工勤人员、干部等在岗职工均可参与竞争上岗。竞争上岗的流程为：动员、报名、资格审查、竞争演讲、民主测评、组织考察、确定人选、任前公示、决定任命、任绩考核。通过激活用人机制，增强内部管理的生机和活力。

注重强化马克思主义新闻观教育，邀请央视、北京人艺等单位专家学者授课讲学。组织各类岗位培训、业务培训5次。制定培训工作方案明确了培训的指导思想、培训目标、培训对象、培训内容、培训方式。通过培训，有效提高职工的理论水平和业务技能水平。鼓励支持工作人员参加在职进修培训，不断提高文化人才的知识水平、业务素质和学历层次；组织异地采风、文艺汇演、演讲比赛、诗歌朗诵会等，丰富文化生活。鼓励职工参加国家、省、市各类优秀作品评选等方式，努力繁荣创作，深入实施精品工程，有效提高从业人员队伍素质。制定印发《处置不合格党员工作实施方案》，确保党员退出机制通畅。

第五节　技术管理

一、维护管理

广播电视技术维护管理是确保技术体系安全稳定运行的有力保障。从20世纪70年代开始，市广播电视局设立技术科，全面负责广播电视技术管理和技术维护工作。1996年5月，技术科撤销，成立总工办，负责全市广播电视技术维护管理工作。2002年，总工办更名为科技科。2012年，科技科更名为科技处，主要负责台直属技术部位的技术管理工作。

20世纪70年代至2015年，承德市广播电视技术管理工作逐步实现“科学化、标准化、规范化”的管理目标。建立健全以值班、检修维护、安全播出、事故报告、学习培训、考核奖惩、统计报表、检查评比等为主要内容的规章制度体系。制定《承德市广播电视技术工作管理规范》《广播电视技术维护管理工作竞赛评比办法》和《广播电视安全播出竞赛评比办法》，为实施科学管理提供有力保障。

从20世纪90年代初开始，在全市范围内组织开展广播电视技术维护管理竞赛评比，并参加全国、全省广播电视技术维护管理竞赛评比工作，涌现出一大批技术工作先进集体和先进个人。市广播电视局连续8年在河北省广播电视技术维护工作竞赛评比中保持优秀奖位次。〇五转播台于1996年、2002年分别荣获全国广播电视技术维护先进单位。制定《广播电视技术队伍建设中长短期规划》。先后组织广播电视数字技术培训班、广播电视安全播出培训班，连续组织5届广播电视技术能手竞赛，共选拔200多名技术能手，推荐20余人参加河北省广播电视技术能手竞赛，分别获得一、二、三等奖的好成绩。为加强技术交流与学习，科技科从1999年开始出刊《承德广电技术通讯》，并每年编发各年度《广播电视技术工作材料汇编》。

为进一步加强频率频道的监管，市广播电视局坚持做好频率频道使用情况的调研工作，加大频率频道使用核查力度，及时清理违规频率频道，补齐合规频率频道的使用手续。先后组织完成大石山发射台4个调频频率、3个电视频道、佟山广播电视发射台6个调频频率、7个电视频道迁址，及全市无线覆盖工程9个调频频率、12个电视频道以及承德新闻综合广播和交通文艺广播县区小功率覆盖频率的报批工作。同时，建立健全频率频道技术参数档案，规范频率频道管理秩序。2014年，承德广播电视台成立技委会，按照技委会工作职责，科技处组织起草广播电视设备采购管理办法，设计项目论证书，及时组织召开技术论证会，在广播电视设备选购、工程建设等方面进行严谨科学的论证。

二、安全播出

安全播出是广播电视系统根本任务和中心工作。重点包括4个方面,即防止技术设备事故、防止人为操作事故、防范攻击破坏、防范突发事件和重大灾难性事故。科技科从人防、技防和物防等方面着手，进一步加大安全播出管理和硬件建设力度，提升安全播出保障能力。坚持每年对全市广播电视安全播出情况进行实际调研，制定《广播电视安全播出应急预案》《广播电视防插播应急预案》等一系列安全播出规章制度，并严格按照国家广电总局下发的《广播电视安全播出管理规定》（总局62号令）的有关规定，扎实开展广播电视安全播出大检查、安全播出应急演练和培训工作，提升一线值检人员的应急处置能力。另外，科技科不断加强与公安、综治办、防范办和无线电等单位的沟通和协调，及时交流反馈安全播出工作问题，形成良好的协调联动机制。为提高安全播出保障体系硬件建设水平，2003年，市广播电视局建设广播电视安全播出指挥调度系统（广播电视监测站），经过不断的完善，广播电视监测系统的功能逐渐齐全，监测质量不断提高，监测范围不断拓宽。2006年，接入河北省监测网。2012年，实施数字化改造，建成对不同播出形态的广播电视业务进行“全方位、全业务、全频段、全天候”监测的广播电视综合监测平台，为确保实现广播电视安全优质播出提供强有力的技术支撑。

经过全系统多年来的不懈努力，广播电视安全播出工作水平得到显著提升，建立健全反应快捷、指挥有力、调度灵活、令行禁止的安全播出管理机制，较好地完成中共十六大、十七大、十八大、中华人民共和国成立60周年、中国共产党成立80周年、中国共产党成立90周年、北京奥运会、上海世博会、纪念抗日战争胜利70周年等一系列重大活动的安全播出工作任务。2007年，市广播电视局被河北省广播电视局评为十七大安全播出先进集体，承德广播电视监测台被评为全市防范和处理邪教工作先进集体。

三、科技创新

科技创新是广播电视发展的源泉和动力。市广播电视局于1999年成立广播电视科学技术委员会，下设中波、调频电视、传输网络、广播电视技术4个专业委员会。科技委自成立以来，在大型广播电视设备选型配置、科技成果应用转化、科技项目鉴定论证、大型工程的组织实施等方面提出许多合理化建议，为党组正确决策，科学管理提供依据和保障。在科技委的主持下，先后完成电台音频工作站系统、电视台数字化播出系统、光缆传输SDH网络系统、有线电视模拟加解扰系统、广播电视监测监控系统、广播电视发射台迁建工程、云雾山发射台改造工程、大石山发射台建设工程、移动多媒体广播电视单频网建设工程、地面数字电视覆盖网建设工程等一大批大型工程项目的立项、论证、调研等工作。

1999—2015年，每两年组织一次科技创新评审推荐，每年举办优秀论文奖、广播电视技术质量奖的评审推荐，有70多个科技项目获得不同级别的奖励，一些科技项目及时得到应用和推广，创造一定的社会效益和经济效益。科技项目《承德广播电视发射台迁建工程》《定时巡检抄表系统》《机房管理系统软件的设计和技术应用》

等荣获河北省广播电视局科技成果一等奖，获奖数量一直在全省 11 个地市级广播电视系统中保持领先位次。《构建广播电台全方位立体覆盖网》等 10 多篇论文获得省局优秀科技论文一等奖。

表 7-5-1　1988—2015 年承德广播电视技术系统先进集体奖一览表

获奖时间	所获奖项	获奖单位
1989 年	河北省广播电视技术维护综合管理第一名	〇五转播台
	河北省广播电视微波维护管理工作第一名	承德市微波站
1990 年	河北省广播电视维护管理工作竞赛第一名	〇五转播台调频机房
	河北省广播电视维护管理工作竞赛第三名	〇五转播台电视机房
1991 年	全国广播电影电视系统先进集体	〇五转播台
	河北省广播电视技术维护检查评比综合管理第一名	〇五转播台
1992 年	河北省广播电视技术管理竞赛优胜单位第二名	〇五转播台电视机房
	河北省广播电视综合技术管理竞赛优胜单位第三名	〇五转播台
1993 年	河北省广播电视技术维护管理竞赛安全优质播出优胜单位（电视系列）第三名	〇五电视转播台
	河北省广播电视技术维护管理竞赛综合技术管理优胜单位第三名	〇五转播台
	河北省广播电视技术维护管理竞赛安全优质播出优胜单位县级中波台系列第一名	平泉中波台
1994 年	河北省广播电视微波电路维护管理工作竞赛第一名	〇五转播台微波站
	河北省广播电视技术维护管理竞赛安全优质播出优胜单位调频广播系列第一名	〇五调频转播台
	河北省广播电视技术维护管理竞赛安全优质播出优胜单位电视发射系列第二名	〇五电视转播台
	河北省广播电视技术维护管理竞赛安全优质播出优胜单位中波同步广播系列第三名	1085 转播台
	河北省广播电视技术维护管理竞赛安全优质播出优胜单位县级中波广播系列第一名	平泉中波台

续表 7-5-1

获奖时间	所获奖项	获奖单位
1995 年	河北省广播电视技术维护管理竞赛安全优质播出市级台际优胜单位调频广播系列第一名	〇五转调频播台
	河北省广播电视综合技术管理工作竞赛市级台际第二名	〇五转播台
	河北省广播电视微波电路维护管理工作竞赛第二名	〇五转播台微波站
	河北省广播电视系统先进集体	平泉中波台
1996 年	全国广播电视技术维护先进台站	〇五转播台
	河北省广播电视技术维护管理工作竞赛市级台际综合技术管理工作第一名	〇五转播台
	河北省广播电视技术维护管理工作竞赛市级台际（中波同步广播台系列）优胜单位第三名	1085 转播台
	河北省广播电视技术维护管理工作竞赛优胜单位第四名	发射中心调频机房
	河北省广播电视技术维护管理工作竞赛达标台	1084 转播台 围场中波台
	河北省广播电视技术维护管理工作竞赛县级台际优胜单位（中波广播台系列）第一名	平泉中波台
1997 年	河北省广播电视综合技术管理工作市级台际优胜单位奖	〇五转播台
	河北省广播电视安全优质播出竞赛市级台际优胜单位（调频广播系列）二等奖	〇五转播台调频机房
	河北省广播电视微波系列先进微波站第二名	〇五转播台微波站
	河北省广播电视安全优质播出达标单位	1084 转播台
	河北省广播电视技术维护管理工作竞赛县级台际（中波广播台系列）优胜单位二等奖	平泉中波台
1998 年	河北省广播电视安全优质播出竞赛市级台际优胜单位一等奖	〇五转播台电视机房
	河北省广播电视安全优质播出竞赛市级台际优胜单位一等奖	〇五转播台调频机房
	河北省广播电视微波电路维护管理工作竞赛先进微波站二等奖	〇五转播台微波站
	河北省广播电视安全优质播出达标单位	发射中心调频机房 围场中波台
	河北省广播电视安全优质播出竞赛县级台际优胜单位三等奖	丰宁中波台 平泉中波台

续表 7-5-1

获奖时间	所获奖项	获奖单位
1999 年	河北省广播电视安全优质播出竞赛市级台际优胜单位一等奖	○五转播台调频机房 ○五转播台电视机房
	河北省广播电视安全优质播出竞赛市级台际优胜单位三等奖	1084 转播台
	河北省广播电视先进微波站一等奖	○五转播台微波站
	河北省广播电视微波系统蓄电池维护单项奖	○五转播台微波站
	河北省广播电视安全优质播出竞赛县级台际优胜单位一等奖	平泉中波台
	河北省广播电视安全优质播出竞赛县级台际优胜单位二等奖	丰宁中波台
	河北省广播电视安全优质播出达标单位，进步显著鼓励奖	围场中波台 隆化有线电视台
2000 年	河北省广播电视安全优质播出竞赛市级台际优胜单位一等奖	○五转播台调频机房
		○五转播台电视机房
	河北省广播电视微波电路维护管理工作竞赛二等奖	○五转播台微波站
	河北省广播电视安全优质播出达标单位	发射中心调频机房 1085 转播台
	河北省广播电视安全优质播出竞赛县级台际优胜单位一等奖	平泉中波台
	河北省广播电视安全优质播出竞赛县级台际优胜单位二等奖	丰宁中波台
	河北省广播电视安全优质播出竞赛县级台际优胜单位三等奖	围场中波台
2001 年	河北省广播电视技术工作进步显著鼓励奖	承德广播电视局
	河北省广播电视安全优质播出竞赛市级台际优胜单位一等奖	○五转播台电视机房
	河北省广播电视安全优质播出竞赛市级台际优胜单位二等奖	○五转播台调频机房
	河北省广播电视安全优质播出竞赛市级台际优胜单位三等奖	1085 中波转播台
	河北省广播电视先进微波站三等奖	○五微波站
	河北省广播电视安全优质播出达标单位	发射中心调频机房 1084 转播台
	河北省广播电视安全优质播出竞赛县级台际优胜单位一等奖	平泉中波台
	河北省广播电视安全优质播出竞赛县级台际优胜单位二等奖	丰宁中波台 承德县有线电视网

续表 7-5-1

获奖时间	所获奖项	获奖单位
2002 年	全国广播电视技术维护先进单位	〇五转播台
	河北省广播电视安全优质播出竞赛市级台际优胜单位一等奖	〇五转播台电视机房
	河北省广播电视安全优质播出竞赛市级台际优胜单位三等奖	1084 转播台 〇五转播台调频机房
	河北省广播电视安全优质播出达标单位	技管中心调频技术部 1085 转播台
	河北省广播电视安全优质播出县级台际优秀奖	平泉有线电视网 围场中波台
2003 年	河北省广播电视技术维护管理竞赛优秀奖第二名	承德广播电视局
	河北省广播电视安全优质播出竞赛市级台际优胜单位一等奖	〇五转播台电视机房
	河北省广播电视安全优质播出竞赛市级台际优胜单位三等奖	〇五转播台调频机房
	河北省广播电视先进微波站一等奖	〇五转播台微波站
	河北省设区（市）中波台技术维护管理竞赛优胜单位二等奖	1085 转播台
	河北省设（区）市中波台技术维护管理及广播电视安全优质播出达标单位	技管中心调频技术部 1084 转播台
	河北省广播电视安全优质播出竞赛县级台际优秀奖	兴隆有线电视网 平泉中波台
2004 年	河北省广播电视技术维护管理竞赛市级局际优秀奖	承德市广播电视局
	河北省设（区）市中波台综合管理优秀奖	承德市广播电视局
	河北省广播电视安全优质播出竞赛市级台际优胜单位一等奖	〇五转播台电视机房
	河北省广播电视安全优质播出竞赛市级台际优胜单位三等奖	〇五转播台调频机房 技管中心调频技术部
	河北省设（区）市中波台技术维护管理及安全优质播出优胜单位二等奖	1085 转播台
	河北省设（区）市中波台技术维护管理及安全优质播出优胜单位达标奖	1084 转播台 技管中心电视转播部 技管中心电视播出部
	河北省广播电视安全优质播出县级台际优秀奖	宽城有线电视网 平泉中波台

续表 7-5-1

获奖时间	所获奖项	获奖单位
2005 年	河北省广播电视技术维护管理竞赛市级局际优秀奖	市广播电视局
	河北省设区市中波台综合管理优秀奖	市广播电视局
	河北省广播电视安全优质播出竞赛市级台际优胜单位一等奖	〇五电视转播台
	河北省设区市中波台安全优质播出竞赛优胜单位二等奖	1085 转播台
	河北省广播电视安全优质播出竞赛市级台际优胜单位三等奖	市局调频发射台 〇五转播台调频机房 市局电视转播发射台
	河北省广播电视安全优质播出达标单位	1084 转播台 市局广播播控室 市局电视播控室
	河北省广播电视安全优质播出县级台际优秀奖	隆化有线电视网 围场有线电视网
2006 年	河北省广播电视技术维护管理竞赛市级局际优秀奖	承德市广播电视局
	河北省有线广播电视监测系统维护管理竞赛市级局际优秀奖	承德市广播电视局
	河北省广播电视安全优质播出竞赛市级台际优胜单位一等奖	〇五转播台
	河北省广播电视安全优质播出竞赛市级台际优胜单位二等奖	1085 转播台
	河北省广播电视安全优质播出竞赛市级台际优胜单位三等奖	市电视发射台
	河北省广播电视安全优质播出达标单位	市局广播播控室 市局电视播控室 市局调频发射台 1084 转播台 承德信广联网络公司
	河北省广播电视安全优质播出县级台际优秀奖	平泉有线电视网 丰宁中波台

续表 7-5-1

获奖时间	所获奖项	获奖单位
2007 年	河北省广播电视技术维护管理竞赛市级局际优秀奖	市广播电视局
	河北省十七大安全播出先进集体	市广播电视局
	河北省广播电视安全优质播出竞赛市级台际优胜单位一等奖	〇五转播台
	河北省广播电视安全优质播出竞赛市级台际优胜单位三等奖	1084 转播台 广播电视发射台
	河北省广播电视安全优质播出达标单位	市局广播播控室 市局电视播控室 承德信广联网络公司 1085 转播台
	河北省广播电视安全优质播出县级台际优秀奖	隆化县广播电视局 兴隆县有线电视网
2008 年	河北省广播电视技术维护管理竞赛市级局际优秀奖	市广播电视局
	河北省广播电视监测系统维护管理竞赛优秀奖	市广播电视局
	河北省设区市中波台综合管理优秀奖	市广播电视局
	河北省广播电视安全优质播出竞赛市级台际优胜单位一等奖	〇五转播台
	河北省广播电视安全优质播出竞赛市级台际优胜单位一等奖	广播电视发射台
	河北省设区市中波台技术维护管理及安全播出二等奖	1084 转播台
	河北省设区市中波台技术维护管理及安全播出达标单位	1085 转播台
	河北省广播电视安全优质播出县级台际优秀奖	承德县电视台 平泉县有线电网
2009 年	河北省广播电视技术维护管理竞赛市级局际优秀奖	市广播电视局
	河北省广播电视安全优质播出竞赛市级台际优胜单位一等奖	〇五转播台
	河北省广播电视安全优质播出竞赛市级台际优胜单位三等奖	1085 转播台
	河北省广播电视安全优质播出竞赛市级台际优胜单位三等奖	广播电视发射台
	河北省广播电视监测系统维护管理优胜单位二等奖	承德广播电视监测台
	河北省广播电视安全优质播出达标单位	1084 转播台
	河北省广播电视安全优质播出县级台际优秀奖	广通公司兴隆分公司

续表 7–5–1

获奖时间	所获奖项	获奖单位
2010 年	河北省广播电视安全优质播出竞赛一等奖	〇五转播台
	河北省广播电视安全优质播出竞赛二等奖	广播电视发射台 广播电视监测台
	河北省广播电视安全优质播出竞赛三等奖	1085 转播台
2011 年	河北省广播电视安全优质播出竞赛一等奖	〇五转播台 广播电视监测台
	河北省广播电视安全优质播出竞赛三等奖	广播电视发射台 电视播控机房 〇五台微波站
2012 年	河北省广播电视安全优质播出竞赛一等奖	广播电视发射台
	河北省广播电视安全优质播出竞赛二等奖	〇五转播台
	河北省广播电视安全优质播出竞赛三等奖	广播电视监测台 1084 转播台 广播电视微波站
2014 年	河北省广播电视安全优质播出竞赛一等奖	广播电视监测台 1085 转播台
	河北省广播电视安全优质播出竞赛二等奖	广播电视发射台 〇五广播电视微波站
	河北省广播电视安全优质播出竞赛三等奖	广播制播中心
2015 年	河北省广播电视安全优质播出竞赛一等奖	广播电视发射台
	河北省广播电视安全优质播出竞赛三等奖	电视制播中心 1084 转播台

表 7-5-2　1990—2015 年承德广播电视技术系统科技（创新、进步、成果）项目奖一览表

获奖时间	获奖情况	项目名称	获奖人
1990 年	省广播电视厅科技进步二等奖	“避雷系统工程改造”项目	庞建军　陈福珍等
	省广播电视厅科技进步三等奖	“60F 蒸冷改为 60F 风冷”项目	刘润成　陈克军　李庆国等
	省广播电视厅科技进步三等奖	“大功率发射管 F113 寿命延长”项目	刘润成　方向云　高登银等
	省广播电视厅科技进步三等奖	“全自动低压配电系统的完善与改造”项目	龙庆生　杨旭东等
	省广播电视厅科技进步四等奖	“提高 1 千瓦发射机稳定性和技术指标”项目	市局电台调频科
1996 年	省广播电视厅科技进步二等奖	“〇五转播台调频发射机控制台”项目	陈克军　祁占怀　王德永　杨旭东　高登银
	省广播电视厅科技进步三等奖	“承德中波发射台发射机主备机 3 年保持甲级指标（1992—1994 年）”项目	金为民　高德福　田　原　杨旭东
	省广播电视厅科技进步三等奖	“〇五调频转播台发射机主备机 3 年保持甲级指标（1992—1994 年）”项目	祁占怀　高登银　庞建军　陈克军　李国庆
	省广播电视厅科技进步三等奖	“〇五转播台电视发射机主备机 3 年保持甲级指标”项目	祁占怀　张瑞森　高登银　方向云　项卫国
1998 年	河北省广电厅科技进步三等奖	“广播电视发射机全自动开关程序控制器”项目	陈克军　王振宇　李彦海等
	河北省广电厅科技进步三等奖	“调频发射机 3 年保持甲级指标（1995—1997）”项目	局发射中心
2001 年	河北省广播电视局科技创新三等奖	《GB9851 型广播播控台》项目	陈克军　赵和强　李彦海　王振宇　车　瑛
	河北省广播电视局科技创新三等奖	《调频发射台主备发射机 3 年保持甲级指标》项目	杨旭东　冯宗训　裴跃波　张玉敏　冯　敬

续表 7-5-2

获奖时间	获奖情况	项目名称	获奖人
2001 年	河北省广播电视局科技创新三等奖	《〇五台调频发射台主备机三年保持甲级指标》项目	高登银　李庆国　何维平　王振宇　贾维利
	河北省广播电视局科技创新三等奖	《〇五台电视发射台主备发射机三年保持甲级指标》项目	祁占怀　高登银　方向云　项卫国　曹宗豹
	河北省广播电视局科技创新三等奖	《中波转播台主备发射机3 年保持甲级指标》项目	林立民　任玉杰　张洪亮　孟宪国　赵继宏
	河北省广播电视局科技创新三等奖	《中波转播台主备发射机3 年保持甲级指标》项目	张志华（围场局）
	河北省广播电视局科技创新三等奖	《中波转播台主备发射机3 年保持甲级指标》项目	王志轩　王　岗　刘铁峰　冯国军　李振武
	河北省广播电视局科技创新四等奖	《电视设备计算机管理系统程序设计和改造》项目	陈克军　王春雨　田　原　张伟建　张　伟
	河北省广播电视局科技创新四等奖	《主备功率不等发射机的自动切换及整机自动化设备》项目	何维平　祁占怀　张瑞森　高登银　李彦海
	河北省广播电视局科技创新四等奖	《FM-1 型调频无载波报警器》项目	何维平　祁占怀　张瑞森　高登银　刘志中
	河北省广播电视局科技创新四等奖	《有线电视系统技术统计报表软件设计》项目	陈克军　王春雨　田　原
2003 年	全国电视节目技术质量三等奖	电视专题片《中国承德》	陈克军　张　伟　张亚军
	河北省广播电视局广播电视科技创新奖二等奖	《承德市有线广播电视宽带综合信息网络工程》项目	刘　俭　陈克军　李春科　钱国忠　宋　锋

续表 7-5-2

获奖时间	获奖情况	项目名称	获奖人
2003 年	河北省广播电视局广播电视科技创新奖三等奖	《05FM－2 型信号源自动切换器》项目	何维平 高登银 方向云 刘志忠 李炎龙
	河北省广播电视局科技创新奖三等奖	调频机房发射机连续 3 年保持甲级指标》项目	高登银 方向云 何维平 贾维力 王振宇
	河北省广播电视局科技创新奖三等奖	《电视转播台发射机连续 3 年保持甲级》项目	陈克军 王启乱 孙 宾 赵文涛 田 原
	河北省广播电视局科技创新奖三等奖	《1084 中波台发射机连续 5 年保持甲级指标》项目	孟昭海 魏松枝 陈克军 杨旭东 田 原
	河北省广播电视局科技创新奖四等奖	《河北人民广播电台发射机的新旧配套改造》项目	何维平 高登银 方向云 刘志忠 李炎龙
	河北省广播电视局科技创新四等奖	《影末级 FU－113F 管帘栅极供电电源改造》项目	高登银 方向云 项伟国 李炎龙 刘志忠
	河北省广播电视局广播电视科技创新奖四等奖	《计算机局域网的自动化控制》项目	陈克军 王春雨 田 原 孟宪国 李承德
	河北省广播电视局广播电视科技创新奖四等奖	《承德市广播电视技术工作管理规范》项目	陈克军 王春雨 田 原 孟宪国
	市广播电视局科技创新奖一等奖	《承德市广播电视局计算局域网自动控制系统》项目	陈克军 王春雨 田 原 孟宪国 李承德
2004 年	中国新闻科学技术三等奖	《承德市有线电视宽带综合信息网络工程》项目	陈克军 宋 锋 刘 俭 李春科
2005 年	河北省广播电视局科技成果二等奖	《承德市广播电视监测监控指挥系统工程》项目	陈克军 孟宪国 田 原 王春雨 李承德
	河北省广播电视局科技成果三等奖	《HFC 双向网络升级改造工程》项目	丁铁华 李泽民 王培军 李 志 金万才
	河北省广播电视局科技成果三等奖	《银行代收费系统的构建》项目	张洪亮 徐晓明 樊 冰 付占全 张立志

续表 7-5-2

获奖时间	获奖情况	项目名称	获奖人
2005 年	河北省广播电视局科技成果三等奖	《调频发射机停播次数、时间自动记录仪》项目	何维平　高登银　方向云　李彦海　汪凤东
	河北省广播电视局科技成果三等奖	《调频发射机连续 5 年保持甲级指标》项目	调频技术部
	河北省广播电视局科技成果三等奖	《电视发射机连续 5 年保持甲级指标》项目	〇五转播台
	河北省广播电视局科技成果四等奖	《承德市广播电视监测报表管理系统》项目	王春雨　孟宪国　田　原
2007 年	河北省广播电视局节目技术质量二等奖	美声歌曲《总有那一天》	王德明　叶建军　丁双飞
	河北省广播电视局节目技术质量三等奖	民族歌曲《太阳点亮了心》	王德明　赵焕祥　王海东
	河北省广播电视局科技成果三等奖	《1085 转播台中波主备发射机 6 年保持甲级指标》项目（中央机房）	王志轩　杨旭东　冯国君　王　岗　陈喜才
	河北省广播电视局科技成果三等奖	《1085 转播台中波主备发射机 6 年保持甲级指标》项目（河北机房）	杨旭东　刘铁峰　李振武　王　岗　王志轩
	河北省广播电视局科技成果三等奖	《电视转播台 1kW 电视发射机连续 3 年保持甲级指标》项目	陈克军　孙　宾　李承德　孟宪国　王春青
	河北省广播电视局科技成果三等奖	《调频技术部 1kW 调频发射机连续 3 年保持甲级指标》项目	陈克军　裴跃波　杨旭东　孙　宾　张玉敏
	河北省广播电视局科技成果三等奖	《〇五转播台调频机房发射机连续 3 年保持甲级指标》项目	高登银　方向云　何维平　李炎龙　王　刚
2008 年	河北省广播电视局广播节目技术质量二等奖	歌曲《大爱无边》	王德明　曹雅杰　赵焕祥
	河北省广播电视局广播节目技术质量二等奖	歌曲《山里的女孩》	王德明　刘　洋　孔宪曦

续表 7-5-2

获奖时间	获奖情况	项目名称	获奖人
2008 年	河北省广播电视局广播节目技术质量优秀奖	《空中戏苑》	张志华 孟繁君 刘 伟
	河北省广播电视局电视节目视频图像制作技术质量三等奖	《2008 年围场春节文艺晚会》	王振江 王树刚
2009 年	河北省广播电影电视局科技成果一等奖	《承德市广播电视发射台迁建工程》项目	陈克军 孟宪国 贾维力 孙 宾 魏松枝
	河北省广播电影电视局科技成果二等奖	《广播电视信号传输系统工程》项目	陈克军 孟宪国 王春雨 李承德 张玉敏
	河北省广播电影电视局科技成果三等奖	《承德电台总控系统工程设计和建设》项目	车 瑛 孟宪林 王濯尘 高卫东
	河北省广播电影电视局科技成果三等奖	《雾灵山顶峰转播台防雷避雷系统工程建设》项目	刘志忠 高登银 方向云 李炎龙 佟桂兴
	河北省广播电影电视局科技成果三等奖	《平泉人民广播电台可寻址公共广播》项目	翟树来 黄雪冬
2011 年	河北省广播电影电视局科技成果一等奖	《定时巡检抄表系统》	陈克军 陈 钊 孙 宾 张亚军 李承德
	河北省广播电影电视局科技成果二等奖	《承德市区移动多媒体广播电视单频网建设工程》	陈克军 孟宪国 叶建超 王春雨 张前超
	河北省广播电影电视局科技成果二等奖	《智能化管理系统升级改造》	杨旭东 冯国军 李振武 刘铁峰 姜志刚
	河北省广播电影电视局科技成果二等奖	《高山发射台远程监控系统的安装与使用》	高登银 刘志忠 龙正强 佟桂兴 孙德忠
	河北省广播电影电视局科技成果三等奖	承德市开发区大石山广播电视发射台建设工程》	陈克军 孟宪国 王春雨 叶建超 关 健
	河北省广播电影电视局科技成果三等奖	《发射机到时不开机报警》	孙 宾 张玉敏 李承德 王春青 王 刚
	河北省广播电影电视局科技成果三等奖	《山区同频非同步调频广播》	陈克军 杨旭东 裴跃波 车 瑛 冯国军

续表 7-5-2

获奖时间	获奖情况	项目名称	获奖人
2011 年	河北省广播节目、技术质量二等奖	《你说百姓胜过父母》	王德明　曹雅杰
	河北省广播节目、技术质量二等奖	《我的低碳生活》	王德明　曹雅杰 孟　洁
2012 年	河北省广播电影电视局广播节目技术质量二等奖	广播片花类《每天片花》	陈克军　车　瑛 刘　洋　王濯尘
	河北省广播电影电视局广播节目技术质量三等奖	广播音乐类《陪伴相约》	陈克军　车　瑛 刘　洋　王濯尘
2013 年	河北省广播电影电视局科技成果一等奖	《机房管理系统软件的设计与技术应用》	陈克军　王春雨 孟宪国 陈　钊
	河北省广播电影电视局科技成果二等奖	《多功能智能化应急公共广播系统》	李长江　陈克军　刘志杰 计云双　刘　瑶
	河北省广播电影电视局科技成果二等奖	《〇五转播台有人留守无人值班的设想与实施》	高登银　方向云　何维平 李炎龙　佟桂兴
	河北省广播电影电视局科技成果二等奖	《发射台机房数字化改造》	陈克军　孙　宾　张玉敏 陈慧奋　王　刚
	河北省广播电影电视局科技成果奖三等奖	《广播音频存储系统的升级与技术改造》	孟宪林　陈克军　王德明 车　瑛　孔献曦
	河北省广播电影电视局科技成果奖三等奖	《1085 转播台机房升级改造工程》	陈克军　李振武　孟宪国 王海泉　卜　方
	河北省广播电影电视局科技成果奖三等奖	《1085 转播台机房控制室技术改造项目》	王晓华　冯国军　姜志刚 高津山　马　林
2015 年	河北省广播电视科技、成果奖一等奖	《大石山发射台技术监测管理系统》	王春雨　叶建超　贾维力 关　健　孟繁青
	河北省广播电视科技、成果奖二等奖	《广播电视信号系统数字化改造工程》	孟宪国　王春雨　叶建超 关　健　陈　钊
	河北省广播电视科技、成果奖三等奖	《LED 大屏幕综合显示屏自动化播出系统的设计和应用》	陈克军　王春雨　叶建超 孟宪国　关　健

续表 7–5–2

获奖时间	获奖情况	项目名称	获奖人
2015 年	河北省广播电视科技成果奖三等奖	《承德广播电视台计算机网络安全管理系统》	陈克军 王春雨 叶建超 孟宪国 关 健
	河北省广播电视科技成果奖三等奖	《电视节目制作系统和播出系统的分离改造》	孟宪林 李振武 付昕东 王智胜 王海亮
	河北省广播电视科技成果奖三等奖	《中波发射台视频监控报警系统》	贾维力 叶建超 孟繁青 吴 巍 韩瑞明
	河北省广播电视科技成果奖三等奖	《1085 转播台视频监控系统改造项目》	冯国军 李振武 李一帆 闫 利 宋官明珠
	河北省广播电视科技成果奖三等奖	《〇五转播台发射传输供配电系统改造》	龙正强 李炎龙 佟桂兴 张正哲 韩 亮

表 7–5–3 技术能手奖一览表

获奖时间	等级、奖项	获奖人员
1997 年	河北省总工会、省经贸委、省人事厅、省广电厅等五单位授予“河北省第二届青工比武技术能手”	陈克军
1998 年	省广播电视厅广播电视技术能手竞赛三等奖	何维平
	省广播电视厅广播电视技术能手竞赛“技术能手”称号	韩瑞明
2000 年	省广播电视技术能手二等奖	孟宪国
	省广播电视技术能手三等奖	宋德勇
2002 年	全省广播电视技术能手二等奖	孙兆军 屈 阳 王海清
	全省广播电视技术能手鼓励奖	盛玉明
2004 年	省广播电视局技术能手竞赛一等奖	李振武 冯国军
2005 年	全省广播电视技术能手三等奖	王春雨
2007 年	全省广播电视技术能手一等奖	杨 柳
	全省广播电视技术能手二等奖	张跃春 李炎龙
	全省广播电视技术能手三等奖	王海全 张立华
2008 年	全省广播电视技术能手一等奖	屈 阳
	全省广播电视技术能手二等奖	张海军
	全省广播电视技术能手三等奖	辛 玲
2009 年	全省广播电视技术能手二等奖	李炎龙
2010 年	全省广播电视技术能手一等奖	陈宏伟
	全省广播电视技术能手二等奖	韩瑞明
	全省广播电视技术能手三等奖	陶 佳 曹金龙

续表 7—5—3

获奖时间	等级、奖项	获奖人员
2011 年	全省广播电视技术能手三等奖	孟宪林
2012 年	全省广播电视技术能手一等奖	张正哲
	全省广播电视技术能手二等奖	孙　亮
	全省广播电视技术能手二等奖	王海明　杨海东
	全省广播电视技术能手二等奖	王海全　陈　钊
	全省广播电视技术能手三等奖	闫　利　卜　方
	全省广播电视技术能手三等奖	张跃春
2013 年	全省广播电视技术能手二等奖	叶建超
	全省广播电视技术能手三等奖	李　博
2014 年	全省广播电视技术能手二等奖	魏子明
	全省广播电视技术能手三等奖	叶建超　于　浩　冀占军　杜淑萍　闫　利　卜　方
2015 年	全省广播电视技术能手三等奖	曾海涛　王　伟　李　铮　张跃春　马立城

表 7—5—4　2002—2014 年承德广播电视技术系统科技论文奖一览表

获奖时间	等级、奖项	论文名称	作者
2002 年	中国新闻技协优秀论文三等奖	《音频工作站在电台播出系统的应用》	陈克军
	第七届华北地区广播技术论文三等奖	《调频立体声发射机编码器故障分析与检修》	裴跃波　杨旭东
	河北省广播电视优秀论文一等奖	《构建广播电台全方位立体覆盖网》	陈克军
	河北省广播电视优秀论文一等奖	《调频发射机控制台的设计与实践》	陈克军
	河北省广播电视优秀论文一等奖	《调频立体声发射机编码器故障分析与检修》	裴跃波　杨旭东
	河北省广播电视优秀论文二等奖	《加入 WTO 后，承德广电信息网络与电信的合作、竞争及发展问题研究》	陈克军
	河北省广播电视优秀论文二等奖	《合理降低广播电视发射台运行费用的探讨》	裴跃波　杨旭东
	河北省广播电视优秀论文二等奖	《有线电视系统技术统计报表软件的设计》	陈克军　王春雨　田　原

续表 7—5—4

获奖时间	等级、奖项	论文名称	作者
2002 年	河北省广播电视优秀论文二等奖	《中波发射台多频同馈共塔网络系统的匹配原理与计算》	孟昭海
	河北省广播电视优秀论文三等奖	《承德电台音频工作站系统》	陈克军
	河北省广播电视优秀论文三等奖	《音频输入信号相位与电平差对调频立体声广播质量的影响到》	裴跃波 杨旭东
	河北省广播电视优秀论文三等奖	《广播电视技术系统设施的避雷与接地》	陈克军
	河北省广播电视优秀论文三等奖	《电视设备计算机管理系统功能的扩展和源程序的改进》	陈克军 张伟健 王春雨
	河北省广播电视优秀论文三等奖	《CVTY 中远程分配系统的设计方法》	田　原 郭进平
	河北省广播电视优秀论文三等奖	《中波广播双频共塔的避雷》	孟昭海
	河北省广播电视优秀论文三等奖	《山区条件下点对点分米波电视传输场强预测与实践》	李　玉
	河北省广播电视优秀论文三等奖	《CATV 寻址收费管理控制系统概述》	田　原 裴跃波
	河北省广播电视优秀论文三等奖	《卫星广播技术在转播台的应用》	田　原 孟宪国
	河北省广播电视优秀论文三等奖	《EWB 概述》	田　原 孟宪国
	河北省广播电视优秀论文三等奖	《有线电视让 INTERNET 进入百姓家》	张亚军
	河北省广播电视优秀论文三等奖	《数字丽音系统（NICAM—728）编码原理》	刘铁峰
	河北省广播电视优秀科技论文一等奖	《有线广播电视网络安全监控系统技术方案的设计》	陈克军
	河北省广播电视优秀科技论文一等奖	《广播信号传输与覆盖问题的分析与探讨》	陈克军
	河北省广播电视优秀科技论文二等奖	《广播电视计算机局域网自动化控制》	陈克军 王春雨 田　原

续表 7—5—4

获奖时间	等级、奖项	论文名称	作者
2003 年	河北省广播电视优秀科技论文一等奖	《有线广播电视网络安全监控系统技术方案的设计》	陈克军
	河北省广播电视优秀科技论文一等奖	《广播信号传输与覆盖问题的分析与探讨》	陈克军
	河北省广播电视优秀科技论文二等奖	《广播电视计算机局域网自动化控制》	陈克军 王春雨 田　原
	河北省广播电视优秀科技论文二等奖	《光纤传输技术在有线电视网络中的应用》	田　原 张国民
	河北省广播电视优秀科技论文三等奖	《建立独立彩色电视系统的构想》	陈克军 张亚军
	河北省广播电视优秀科技论文三等奖	菲利浦电路调频发射机典型故障的分析与处理》	裴跃波 杨旭东
	河北省广播电视优秀科技论文三等奖	《CATV 用户分配网络系统设计的方法步骤》	田　原 张国民
	河北省广播电视优秀科技论文三等奖	《有线电视网络系统故障分析与排除》	张国民
	河北省广播电视优秀科技论文三等奖	《广播电视光缆网络系统的一般设计方法》	王海青
2004 年	中国新闻技联优秀论文奖一等奖	《地市级电视台自动化播出系统的设计与实践》	陈克军 李　玉
	河北省广播电视优秀科技论文奖一等奖	《调频立体声发射机频偏与导频的关系》	裴跃波 杨旭东
	河北省广播电视优秀科技论文奖二等奖	《关于加强广播电视技术队伍建设的几点思考》	胡艳丽
	河北省广播电视优秀科技论文奖三等奖	《充分认识中波发展方向加快中波发展步伐》	孟宪国

续表 7-5-4

获奖时间	等级、奖项	论文名称	作者
2005 年	河北省广播电视优秀科技论文奖一等奖	《地方级广播电台传输覆盖系统的设计》	陈克军
	河北省广播电视优秀科技论文奖二等奖	《地市级电视台自动化播出系统的设计与实践》	陈克军 李　玉
	河北省广播电视优秀科技论文奖二等奖	《音频信号源全自动切换装置》	何维平 高登银
	河北省广播电视优秀科技论文奖二等奖	《调频发射机停播次数、时间自动记录仪》	何维平 高登银
	河北省广播电视优秀科技论文奖三等奖	《音频输入信号相位与电平差对调频立体声广播质量的影响》	裴跃波 杨旭东
	河北省广播电视优秀科技论文奖三等奖	《调频立体声发射机频偏与导频信号的关系》	裴跃波 杨旭东
	河北省广播电视优秀科技论文奖三等奖	《浅谈数字式付费电视管理系统》	赵子虎 钟朝辉
	河北省广播电视优秀科技论文奖三等奖	《数字加解扰系统在 HFC 网上的应用》	赵子虎 张海军
2006 年	河北省广播电视优秀科技论文奖二等奖	《广播电视监测监控系统的设计与实践》	陈克军 田　原 孟宪国
	河北省广播电视优秀科技论文奖二等奖	《米波与分米波电视发射机在山区覆盖效果的分析与实践》	陈克军 田　原 孟宪国
	河北省广播电视优秀科技论文奖二等奖	《中波发射台智能化控制系统的设计》	孟宪国 田　原
	河北省广播电视优秀科技论文奖三等奖	《对山区同频非同步调频广播覆盖研讨与实践》	杨旭东 裴跃波
	河北省广播电视优秀科技论文奖三等奖	《关于广播电视接地的探讨》	贾维力 杨旭东 樊　冰

续表 7—5—4

获奖时间	等级、奖项	论文名称	作者
2006 年	河北省广播电视优秀科技论文奖三等奖	《TF520-10KW 全固态调频机维护浅析》	高登银 冯国军 高卫东
	河北省广播电视优秀科技论文奖四等奖	《CAN 总线智能节点设计》	李振武 冯国军 高卫东
2007 年	河北省广播电视优秀科技论文奖三等奖	《中波发射台智能化控制系统的设计》	孟宪国 田　原
	河北省广播电视优秀科技论文奖三等奖	《技术资料微机管理系统》	李振武 杨春明 赵焕祥
2008 年	河北省广播电视局科技委优秀科技论文一等奖	《高山转播台防雷理论与实践》	高登银 刘志忠 陈福珍
	河北省广播电视局科技委优秀科技论文二等奖	《高山转播台有人留守无人值班的设想与实施》	何维平
	河北省广播电视局科技委优秀科技论文三等奖	《浅谈高山高压供电线路的保障措施》	高登银 刘志忠 陈福珍
	河北省广播电视局科技委优秀科技论文三等奖	《GME 全固态调频发射机的日常维护及常见故障》	刘志忠 方向云 王振宇
2009 年	河北省广播电影电视局科技论文奖二等奖	《简单适用的八路无载波报警器》	何维平 高登银 李炎龙
	河北省广播电影电视局科技论文奖三等奖	《卫星位置参数调整与信号的接收》	刘志忠 佟桂兴 宋德勇
	河北省广播电影电视局科技论文奖三等奖	《承德电台总控系统的工程设计和建设》	车　瑛 孟宪林
	河北省广播电影电视局科技论文奖三等奖	《电台自动化播出系统的构建和应用》	孟宪林 车　瑛

续表 7–5–4

获奖时间	等级、奖项	论文名称	作者
2010 年	河北省广播电影电视局科技论文一等奖	《调频电视中波发射台及微波站气象雷达站多台站相邻建设的可行性分析与实践》	陈克军 孟宪国
2011 年	河北省广播电影电视局科技论文二等奖	《中波发射台视频监控报警系统设计》	贾维力 陈克军 魏松枝
2012 年	河北省广播电影电视局科技论文一等奖	《山区移动多媒体广播电视单频网的设计与建设》	陈克军 孟宪国
	河北省广播电影电视局科技论文一等奖	《城域宽带 IP 骨干网的构建与实施》	陈克军 屈　阳
	河北省广播电影电视局科技论文二等奖	《〇五转播台有人留守无人值班的设想与实施》	何维平 佟桂兴 杨海东
	河北省广播电影电视局科技论文二等奖	《定时巡检抄表系统》	陈克军 陈　钊
	河北省广播电影电视局科技论文二等奖	《简述承德广播电视台高清电视转播车系统》	张亚军
	河北省广播电影电视局科技论文三等奖	《无人值守机房空调延时自动启动器》	叶建超 关　健
2014 年	河北省广播电视协会优秀科技论文一等奖	《广播电视网络信息安全风险分析和安全策略》	陈克军 孟宪国 辛　玲
	河北省广播电视协会优秀科技论文一等奖	《地市级广播电台数字化网络化建设实践》	孟宪国 郑向辉
	河北省广播电视协会优秀科技论文二等奖	《无人值守广播电视发射台的设计和建设》	陈克军 孟宪国 李振武
	河北省广播电视协会优秀科技论文二等奖	《广播电视机房管理系统软件的设计与应用》	王春雨 陈克军 朴姗娜

续表 7–5–4

获奖时间	等级、奖项	论文名称	作者
2014 年	河北省广播电视协会优秀科技论文二等奖	《全手动操作发射机远程操控的实现》	何维平 佟桂兴 龙正强
	河北省广播电视协会优秀科技论文三等奖	《简述市级电台存储系统的升级改造》	孟宪林 王德明
	河北省广播电视协会优秀科技论文三等奖	《基于单片机的四路音视频切换系统设计》	叶建超 王春雨 李　涛
	河北省广播电视协会优秀科技论文三等奖	《中波固态广播发射机防雷系统》	杨旭东 柴立新 冯国军
	河北省广播电视协会优秀科技论文三等奖	《10KW 中波 DAM 发射机输出网络的冷调》	李振武 王海泉 闫　利
	河北省广播电视协会优秀科技论文三等奖	《VOIP 在广电 FTTH 网络中的应用》	刘文辉 屈　阳 郑向辉
	河北省广播电视协会优秀科技论文三等奖	《中波发射机的接地系统》	卜　方
	河北省广播电视协会优秀科技论文三等奖	《网络数字化广播电视技术初探》	关　健 张前超 叶建超
	河北省广播电视协会优秀科技论文三等奖	《DAM 中波广播发射机槽路故障检修实践》	卜　方
	河北省广播电视协会优秀科技论文三等奖	《数字中波发射机功放模块的故障维护》	卜　方 李振武 刘铁峰
	河北省广播电视协会优秀科技论文三等奖	《刍议广播电视覆盖网管理技术》	张前超 关　健 叶建超

表 7–5–5 先进个人奖一览表

获奖时间	等级、奖项	获奖人员
1990 年	河北省广播电视优秀机务员	项伟国 魏 志 刘 升
1991 年	河北省广播电视优秀机务员	石瑛珠 刘树奎 陈克军 项伟国 刘 升
1992 年	河北省广播电视优秀机务员	孙宁军 方向云 陈克军 王孔贵
1993 年	河北省广播电视优秀值机员	牟庆国 曾 鹏 张化雨 赵继宏 张志华 裴跃波 李季东
1994 年	河北省广播电视优秀值机员	张立明 曹宗豹 魏莉莉 金为民 王启乱 葛树田 尚月娥 赵继宏 孟宪国
1996 年	广播电影电视部授予“全国广播电视技术维护先进个人一等奖”	陈克军
	河北省广播电视技术管理先进个人	高登银 王志轩 杨旭东 冯宗训 庞九仲 赵继宏 于占川 高景福
	河北省广播电视技术维护工作先进个人	方向云 陈克军 孟昭海 李 玉 马跃明 孟宪国 尚月娥 纪恩双
1997 年	广播电影电视部授予“全国广播电视技术维护先进个人二等奖”	杨旭东
	河北省广播电视技术维护管理先进个人	高登银 杨旭东
	河北省广播电视技术维护工作先进个人	李庆国 项卫国 马跃明 付昕东 孟宪国 张志华 尚月娥
1998 年	河北省广播电视技术维护管理先进个人	高登银
	河北省广播电视技术维护先进个人	张瑞森 方向云 马耀明 王启乱 裴跃波 孟宪国 李显菊 张志国
	河北省广播电视微波电路维护管理优秀值机员	周春峰
1999 年	河北省广播电视系统名工程师	祁占怀
	河北省广播电视技术管理先进个人	祁占怀 杨旭东
	河北省广播电视系统技术维护先进个人	李炎龙 贾维力 刘铁峰 孟昭海 窦殿霞 孟宪国 宋广仕 褚宝合
	河北省广播电视微波系统技术维护先进个人	李宏伟 宁建国

续表 7—5—5

获奖时间	等级、奖项	获奖人员
2000 年	广播电影电视部授予“全国广播电视技术维护先进个人一等奖”	祁占怀
	河北省广播电视系统名工程技术人员	祁占怀
	河北省广播电视技术管理先进个人	田　原
	河北省广播电视系统技术维护先进个人	卜宏达　王　刚　赵和强　孟昭海　罗振东　张伟健　冯宗训　孙　宾
	河北省广播电视微波系统技术维护先进个人	王玉祥
2001 年	广播电影电视部授予“全国广播电视技术维护先进个人一等奖”	孟宪国
	河北省广播电视系统名工程技术人员	孟宪国
	河北省广播电视系统技术管理先进个人	陈克军　王志轩
	河北省广播电视系统技术维护先进个人	杨旭东　王启乱　李　玉　何维平　韩瑞明　温素祥　王克文
	河北省广播电视微波系统技术维护先进个人	王玉平　陈立民
2002 年	全河北省广播电视名工程技术人员	方向云
	河北省广播电视技术管理先进个人	王　岗　吴建明
	河北省广播电视技术维护先进个人	刘志忠　李彦海　魏松枝　张玉敏　罗振东　赵子虎　傅　伟　托伟永
	河北省广播电视微波系统技术维护先进个人	白国章　刘富强
2003 年	河北省广播电视系统技术工作先进个人	杨旭东　孟昭海　李　玉　王振宇　韩瑞明　冯国军　金为民　屈　阳　方向云　林立民
	河北省广播电视微波系统技术维护先进个人	田　原　佟桂兴
2004 年	全国广播电视技术维护先进个人一等奖	高登银
	全国广播电视技术维护先进个人二等奖	王志轩
	河北省市（区）中波台技术管理工作先进个人	孟宪国

续表 7-5-5

获奖时间	等级、奖项	获奖人员
2004 年	河北省设区市中波台技术维护先进个人	王志轩 冯国军 陈慧奋
	河北省广播电视微波系统技术工作先进个人	王春青 王 刚（〇五台）
	河北省广播电视技术管理先进个人	陈克军 高登银
	河北省广播电视技术维护先进个人	王志轩 窦殿霞 孙 宾 裴跃波 车 瑛 冯国军 王芝山 李炎龙 张立明 李金城 王春青 陈慧奋
2005 年	河北省广播电视系统技术管理先进个人	方向云 田 原 孟宪国
	河北省广播电视系统技术维护先进个人	何维平 贾维力 张玉敏 张亚军 张洪亮 李 旺 滕 伟 孟昭海 冯国军
2006 年	河北省广播电视系统技术管理先进个人	孟宪国 曹海龙 王春雨 朴姗娜
	河北省广播电视系统技术维护先进个人	张立明 龙正强 孙 宾 车 瑛 徐晓明 汤桂清 潘 涛 张 伟 李振武 王 岗 贾维力 王玉平
2007 年	国家广播电影电视总局十七大安全播出先进个人二等功	陈克军 丁铁华（广通公司）
	国家广播电影电视总局十七大安全播出先进个人三等功	高登银 任玉杰（平泉县局）
	河北省广播电视系统技术管理先进个人	陈克军 孟宪国
	河北省广播电视系统技术维护先进个人	高登银 何维平 李承德 付昕东 徐晓明 孙兆军 潘振兴 高津海 王志轩 冯国军 魏松枝 王春雨 魏莉莉 张海龙
2008 年	河北省广播电视系统技术管理先进个人	陈克军 张胜英 孟宪国
	河北省广播电视系统技术维护先进个人	阎利峰 车 瑛 孙 宾 李炎龙 张海龙 丰田伟 李泽民 赵子虎 高登山 王 刚 李振武 刘铁峰 贾维力 王春雨

续表 7—5—5

获奖时间	等级、奖项	获奖人员
2009 年	国家广播电影电视总局广播电视技术维护先进个人三等奖	陈克军
	河北省广播电视系统技术管理先进个人	陈克军　姜　泽　杨旭东　孟宪国
	河北省广播电视系统技术维护先进个人	方向云　刘志忠　张玉敏　孟宪林　尉小勇　王智胜　丁铁华　刘文辉　姜志钢　冯国军　孟繁青
2010 年	国家广播电影电视总局广播电视技术维护先进个人二等奖	孟宪国
	河北省广播电视系统技术管理先进个人	陈克军　孟宪国　王春雨
	河北省广播电视系统技术维护先进个人	杨旭东　何维平　刘志忠　张正哲　孙　宾　李承德　张玉敏　贾维力　付昕东　张亚军
2011 年	河北省广播电视系统技术管理先进个人	陈克军 杨旭东
	河北省广播电视系统技术维护先进个人	高登银　孟宪国　贾维力　张　伟　韩瑞明　高津山　陈慧奋　李炎龙　郭振满　车　瑛
2012 年	河北省广播电视技术管理工作先进个人	陈克军
	河北省广播电视技术维护工作先进个人	孟宪国　郭振满　魏松枝　李炎龙　王海全　张亚军
2014 年	河北省广播电视系统技术管理先进个人	陈克军
	河北省广播电视系统技术维护先进个人	魏松枝　陈慧奋　李　博　王春雨　孟宪林　王濯尘　马　林　魏梓明　李　峥
2015 年	河北省广播电视系统技术管理先进个人	陈克军　王晓华
	河北省广播电视系统技术维护先进个人	王春雨　龙正强　韩瑞明　张玉敏　孟宪林　贾维力　谭　巍　韩　亮　魏莉莉

第八章 党建工作与文明单位建设

多年来，市广播电视局党建工作坚持以“建一流队伍、争一流业绩、创一流机关、树一流形象”为目标，立足实际，健全各级党组织。通过真抓实干，开拓创新，打造先锋堡垒，努力提高党员干部思想道德素质和业务能力，实现以用促学、学以致用，实现“三个文明”建设相互促进，协调发展，推动广播电视各项工作健康良性发展，用实际行动为党的广电事业产业增光添彩。

1989年以来，市广播电视局党组始终把精神文明建设列入重要议事日程。坚持以科学的理论武装人，以正确的舆论引导人，以高尚的精神塑造人，以优秀的作品鼓舞人，把精神文明建设与广播电视宣传、事业、产业建设紧密结合。坚持“两手抓，两手都要硬”的方针，着力提高宣传水平、节目质量，努力提高职工队伍思想道德素质和业务能力，实现“两个文明”建设相互促进，协调发展。截至2015年年底，市广播电视局共有16年被中共承德市委、承德市人民政府评为市级文明单位。

第一节 党组织与党员教育

1993年9月13日，经中共承德市直机关工作委员会批复，中共承德市广播电视局机关委员会正式成立。多年来，市广播电视局机关党委在中共承德市直机关工作委员会和（局）台党组的领导下，按照不同时期形势和任务需要，结合广播电视工作实际，坚持“围绕中心抓党建，抓好党建促发展”工作思路，大力加强党的基层思想、组织、作风建设，充分发挥党组织的战斗堡垒作用和党员先锋模范作用，为承德广电影视事业产业发展做出了积极贡献。

一、党组织建设

（一）机关党委

1993年，市广播电视局机关党委由承德地区广播电视局机关党委与承德市广播电视局党总支部合并成立。

1996年，成立局机关党委办公室，编制3人。其中机关党委副书记1人，纪检监察室主任1人，老干部科长1人，合署办公。

2009年，纪检监察、老干部科工作从党务办公室剥离，机关党委编制2人。

2010年6月22日，市广播电视局更名为承德广播电视台，机关党委也随之更名为承德广播电视台机关党委。

2015年，工会、妇委会纳入机关党委工作。编制4人，管辖党总支1个、党支部12个，党员438人。

（二）主要职责

机关党委的职责随着党在不同历史时期的工作任务发展变化。其主要职责是：负责组织领导基层党组织开展党的工作，负责拟定全（局）台党的建设规划，并组织实施；宣传贯彻党的路线、方针、政策和上级党组织的指示、决定，发挥党组织的战斗堡垒作用和党员的先锋模范作用；协助（局）台党组抓好理论中心组学习，制定好学习计划，做好学习记录的整理及向上级党组织进行学习反馈等工作；认真贯彻落实《中国共产党和国家机关基层组织工作条例》，抓好支部建设，检查指导基层党组织的建设工作；负责所属支部的换届选举、党员发展、党员管理、党费收缴、民主评议党员工作；指导工会、共青团、妇委会等群众组织按照章程开展工作；负责党的纪律检查工作，指导各党支部加强反腐倡廉建设，严格党内监督，按干部管理权限负责党员违纪案件的查处和报批，指导党支部依法维护党员权利；负责全台精神文明建设；负责承办（局）台党组和上级有关部门交办的其他工作。

表 8–1–1 历届机关党委书记、副书记任职情况表

姓 名	党内职务	任职时间
王金良	书记	1989 年 4 月—1990 年 6 月
李申有	副书记	1989 年 4 月—1990 年 6 月

表 8–1–2 原承德地区广播电视局机关党委书记、副书记情况表

孟宪一	书 记	1990 年 6 月—1991 年 9 月	备 注
张东旭	书 记	1991 年 10 月—1993 年 6 月	1989 年 7 月地直工委、组织部〔1989〕750 号文批复同意广播电视局机关党总支委员会改建为中共承德地区广播电视局机关委员会
于 文	副书记	1990 年 6 月—1991 年 6 月	
赵尊智	副书记	1990 年 6 月—1991 年 6 月	
段发奎	副书记	1991 年 9 月—1993 年 6 月	
贾 岩	副书记	1992 年 5 月—1993 年 6 月	

表 8–1–3 原承德市广播电视局机关党总支委员会书记、副书记（1989—1993.7 地市合并前）情况表

姓 名	党内职务	任职时间
刘 非	书 记	1987 年 11 月—1990 年 6 月
钱国忠	书 记	1990 年 7 月—1992 年 3 月
靳玉茹	书 记	1992 年 4 月—1993 年 6 月
钱国忠	副书记	1988 年 11 月—1990 年 6 月
杜学忠	副书记	1990 年 7 月—1993 年 6 月

表 8–1–4 承德市广播电视局（台）机关委员会书记、专职副书记、委员（1993.7 地市合并后）情况表

姓名	党内职务	任职时间	委员	备注
张守仁	书记	1993 年 7 月—1994 年 10 月	张东旭 杜学忠 杨东彬 张廷柱 王晶心 杨景旺	1993 年 9 月 13 日市直工委〔1993〕复字第 11 号文批复成立中共承德市广播电视局机关委员会
仇联众	书记	1994 年 11 月—1996 年 11 月		
仇联众	书记	1996 年 11 月	组织委员钱国忠 宣传委员杨景旺 纪检委员杨东彬 工青妇委员孙健 文体委员王晶心	
孙淑琴	书记	2002 年 4—11 月（代） 2002 年 11 月—2006 年 1 月	组织委员吴建明 宣传委员郭荣秋 纪检委员李平 文体委员杨田林 青年委员杨正义 2004 年 6 月增补刘和平为组织委员	
孙守民	书记	2006 年 2 月—2008 年 10 月	组织委员刘和平 宣传委员纪春景 文体委员杨田林 纪检委员李平 青年委员杨正义 2006 年增补杨旭东为纪检委员	
伊志山	书记	2008 年 11 月—2010 年 12 月	组织委员刘和平 宣传委员纪春景 纪检委员杨旭东 文体委员董巧玲 青年委员杨正义	
孙健	书记	2011 年 1 月—2011 年 10 月	组织委员刘和平 宣传委员纪春景 纪检委员杨旭东 文体委员董巧玲 青年委员杨正义	
伊志山	书记	2011 年 11 月—2014 年 12 月	组织委员刘和平 宣传委员纪春景 纪检委员杨旭东 文体委员董巧玲 青年委员杨正义 2012 年 10 月，增补杨润忠为宣传委员	
陈克军	书记	2015 年 1 月—	组织委员李凤龙 宣传委员王克明 委员：张少华 李德生 杨润忠 孟宪国 石成	
贾岩	专职副书记	1993 年 9 月—1995 年 6 月		2010 年 6 月 22 日，机构改革，原承德市广播电视局更名为承德广播电视台，机关党委也随之更名为承德广播电视台机关委员会
吴克凌	专职副书记	1995 年 7 月—2002 年 12 月		
董巧玲	专职副书记	2003 年 1 月—2003 年 6 月		
马少华	专职副书记	2003 年 7 月—		

二、党员培训与发展

承德广播电视台机关党委成立后，按照《党章》《中国共产党发展党员工作细则（试行）》《中共中央组织部关于进一步做好新形势下发展党员工作的意见》等有关文件的规定和要求，坚持按照“坚持标准，保证质量，改善结构，慎重发展”的工作方针，每年都制定年度发展党员规划，在培养、教育、考察、发展等环节上认真组织实施，严格发展程序，严把“入口关”，及时把符合党员标准的先进分子吸收入党。对预备党员进行逐个考察，对思想、工作业绩、遵守纪律、廉洁自律等情况进行深入了解，对符合转正条件的预备党员，按期转正。

1993—2015 年，入党积极分子培训工作主要由市直机关工委组织部统一负责，并规定凡是不经集中培训的积极分子一般不能作为当年发展对象。主要做法是工委领导亲自授课。同时，聘请市委党校教师、专家集中讲解中国共产党的发展史及党的基本知识、基本理论。从理论上领会党的基本路线、基本纲领、党员的义务和权利等。培训结束后，通过考试，合格发给结业证书。1993—2015 年，市直机关工委举办培训班 22 期。（局）台累计参加培训的入党积极分子 242 人。通过培训使入党积极分子明确入党动机、端正入党态度。

在市直机关工委统一培训入党积极分子的同时，台机关党委也通过多种形式不断探索培养入党积极分子的有效方法和途径。给入党积极分子交任务，压担子，让他们在实际工作中经受锻炼和考验，促其早日成熟；召开支部大会、上党课吸收积极分子参加，列席参加接收新党员的入党宣誓仪式；对举办的先进人物事迹报告会、歌咏比赛、演讲赛等活动更是要求他们积极参与，培养他们的组织观念和组织纪律，提高政治素养。各支部也在明确入党对象后，定期派人与之谈话，了解思想状况，帮助他们解决思想和工作上的问题。

2003 年，在全国抗击非典的斗争中，市广播电视局发挥党组织的战斗堡垒作用，加大对入党积极分子的培训。当年就有 18 人在这个特殊时期向党组织递交入党申请书。

2004 年 6 月 24 日，举办纪念中国共产党成立 83 周年文艺演唱会，共有 35 名入党积极分子参加。

2005 年 3 月 4 日，在开展保持共产党员先进性教育活动中，局党组书记、局长孙林为全局党员干部、入党积极分子上一堂主题为“共产党员先进性的岗位要求”的党课，有 38 名入党积极分子参加。

2008 年 5 月 12 日汶川特大地震发生后，市广播电视局的 2 名电视记者随市援建队伍进川承担现场报道任务。在四川抗震救灾的最前沿，他们冒着余震的危险，克服重重困难，表现积极，及时准确的为家乡人民带来抗震救灾最前沿的新闻报道。为此，马建良荣获承德市抗震救灾优秀共产党员荣誉称号，入党积极分子陈小波被批准火线入党。在纪念中国共产党成立 87 周年暨“一先双优”表彰大会上，优秀共产党员马建良和陈小波做了典型发言，共有 19 名入党积极分子参加会议。

2011 年，台机关党委提出实现全台学习型党组织创建全覆盖，入党积极分子中有 120 人次参加各类学习。

2010—2014 年，在创建学习型党组织过程中，先后邀请市委党校教授聂志信、牛玉琴、白雪芬，市委研究室副主任王泽辉，市直机关工委书记梁少明为全台党员干部、入党积极分子进行理论辅导，积极分子共有 130 人次参加。

2015 年 5 月 27 日，台党组书记、台长梁世杰为全台党员干部和入党积极分子上了主题为认真践行“三严三实”争做优秀媒体人的党课。

至 2015 年年底，党员队伍不断壮大，全台党员人数从 1993 年的 152 名发展到 438 名。

表 8–1–5 1995—2015 年市广播电视局党员发展情况表 单位：人

年份	党员人数	发展新党员	培训积极分子
1995	184	11	18
1996	199	11	22
1997	210	11	21
1998	221	6	20
1999	226	11	27
2000	239	8	33
2001	251	8	27
2002	263	8	31
2003	277	10	29
2004	299	11	25
2005	320	11	30
2006	347	14	27
2007	377（广通公司党员整体划入）	12	20
2008	389	10	26
2009	399	10	35
2010	432（电影院、电影公司党员整体划入）	15	39
2011	418（广通公司党员整体划出）	14	27
2012	411（信广联党员整体划出）	14	30
2013	420	0	28
2014	429	7	34
2015	438	7	38

三、党员教育

1996 年，中共十四届六中全会作出决定，对县处级以上领导干部进行一次以“讲学习、讲政治、讲正气”为主要内容的党性党风教育。

2000 年 2 月，市广播电视局认真开展“三讲”教育活动。举办“〇五人艰苦奋斗，奋发有为”

事迹报告会；组织党员、群众参观“崇尚科学文明，反对迷信愚昧”活动展览；开展维护稳定大局教育，使党员干部和国家公务员进一步增强纪律意识和大局意识；开展“致富思源，富而思进”教育，进一步坚定全局职工对建设有中国特色社会主义的信念、对改革开放现代化建设的信心；开展了警示教育，进一步增强党员干部的法律意识、廉政意识，并结合“三讲”教育活动，对会议费、招待费、通信费作出严格规定，控制“三费”的开支。通过“三讲”教育活动，局领导班子和领导干部的素质有新的提高，主要体现在马克思主义理论水平有新的提高；进一步增强政治意识、大局意识、责任意识、廉洁自律意识和坚持“三讲”自觉性；进一步坚定理想信念；较好地解决一些领导班子和领导干部存在的突出问题；民主集中制建设有进一步的增强。

2002年，中共承德市委下发《关于推进以德治市工作的实施意见》。市广播电视局党组决定从3月中旬至年底期间，在全局职工中开展“以德治市、治局”活动。活动成立以局党组书记、局长刘俭任组长的领导小组，下设活动办公室，由机关党委负责日常工作。重点开展四项德治教育。即公民道德教育、理想信念教育、廉洁勤政教育、爱祖国爱家乡教育和集体主义精神教育。开展以优化工作环境、优化行业作风为重点内容的整治活动和社会评议活动。在职工中“倡导十讲，做到十不”实践活动。即讲文明工作用语，不讲冷言、恶语、粗话；讲礼貌待人，不搞脸难看，事难办；讲关心集体，不搞损公肥私；讲勤俭奉献，不懒散奢侈；讲实事求是，不弄虚作假骗取荣誉；讲记者形象，不索要吃、喝、物品；讲关心他人，不做损人利己之事；讲公共卫生，不随意吸烟、吐痰；讲婚丧事宜简办，不排场和借机敛财；讲对家庭负责，不搞作风败坏。

2003年，中共河北省委六届三次全会提出高扬“树正气、讲团结、求发展”主旋律的要求。从3月开始，全局上下迅速掀起学习践行“三个代表”重要思想和十六大精神的新高潮；开展“树正气、讲团结、求发展”学习教育活动。这次教育活动，坚持以正面教育、自我教育为主，重点解决思想上、组织上、作风上存在的突出问题。查摆出部分党员干部思想上不解放、观念旧，思路窄、办法少；是非混淆，人心涣散，意志衰退；工作作风上不深入实际，不搞调查研究；生活作风上追求享乐等方面存在的问题。活动期间，采取讲课、看录像、上党课、组织中共十六大精神试题答卷等多种形式武装党员干部的头脑。同时，开展学习郑培民、于海洲和非典一线医护人员及见义勇为先进典型张伟建等系列活动。

2003年4月，非典疫情突如其来。市广播电视台局党组高度重视，超前谋划，认真做好内部防控非典工作。机关党委及时下发《关于在防治非典型肺炎工作中充分发挥共产党员先锋模范作用的通知》，号召全体共产党员要以在抗击非典最前线的广大医务工作者为榜样，关键时刻迎难而上，把风险留给自己，把安全留给他人。所属9个党支部和240余名共产党员积极响应号召，模范地遵守各项规定，自觉遵纪守法，不信谣、不传谣，努力做到“四个带头”。即带头在急难险重的任务面前，冲锋在前，勇挑重担，不犹豫，不退缩；带头到医院第一线进行采访报道；带头做好防控工作，做到安全优质播出；带头捐款捐物。共捐款26000多元，为全市非典疫情的防控做出贡献。

承德人民广播电台被中共承德市委、承德市人民政府授予“防非工作先进集体”；承德电视台党支部、网管中心党支部被局评为“防非工作先进党支部”；有3名党员受到市级以上的奖励；34人受到局党组的表彰；18人在这个特殊时期向党组织递交入党申请书。

2004年年初，为深入贯彻落实市委、市政府会议精神，开展好“经济发展环境建设年”活动，局党组决定自4月中旬开始至5月底期间，在全局集中开展1次“优化经济发展环境、实现经济跨越式发展”学习教育活动。活动共分4个阶段：第1阶段：（4月中旬开始）学习讨论阶段；第2阶段（4月25日至月底）查摆问题阶段；第3阶段（5月初至月中旬）整改阶段；第4阶段：总结提高阶段（5月中旬至5月底），活动取得明显成效。树立大局观念、强调责任意识、为承德市优化经济发展环境营造良好的舆论氛围。加强岗位业务培训，提高思想道德水准，为优化经济发展环境和行风建设奠定良好的队伍基础。职工素质、工作能力、办事效率得到显著提高。

2005年1—6月，认真开展保持共产党员先进性教育活动。活动重点解决党员干部在理想信念、党性原则、宗旨观念、先锋模范作用、创新精神、奉献意识等方面存在的问题。结合广电实际，新闻从业人员：重点解决好马克思主义新闻观、职业精神、职业道德、“三贴近”方面存在的问题；技术保障人员：重点解决好提高自身素质，加强技术知识更新，提高服务质量，为宣传工作提供一流的技术支持的问题；行政管理人员：重点解决好如何提高管理和服务水平，努力为一线职工办好事、办实事，增强全局整体的凝聚力、向心力的问题；窗口单位人员：重点解决好提高服务质量，努力让服务对象满意等方面存在的问题。教育活动开展过程中，大力开展“创业在广电，党员当先锋”“共产党员示范岗”活动，突出抓好“三个环节”，落实“七个一”要求。“三个环节”即一是领导带头抓。二是抓好党课辅导与多层面的学习教育相结合。三是注重抓好参加先进性教育活动向入党积极分子和全体非党员中层骨干的延伸，扩大学习范围，增强群众参与度。“七个一”要求，即要求每位党员要“记好每1次学习笔记”“撰写一篇高质量的体会文章和大讨论发言提纲”“读好一本书”、支部和党小组要“认真做好每1次学习考勤和记录”“组织好1次讨论交流”“开展1次警示教育”“开展好1次有意义有特色的主题实践活动”。在局党组的领导下，全局教育活动取得积极成效。党员干部受到一次深刻的马克思主义教育，各基层党组织得到加强，树正气、讲团结、求发展的主旋律得到弘扬。党员干部牢固树立马克思主义新闻观，职业道德、职业精神得到加强，工作作风得到转变。新闻采编和网络服务等窗口部门，推行挂牌上岗，承诺服务，限时办结，明示责任等制度，受到群众好评。党员受教育，群众得实惠。在“万名党员助民大行动”中，全局捐款7400元，衣物1000余件，科技图书1000余册，把党的温暖送到帮扶村的贫困村民手中。

在开展新时期保持共产党员先进性大讨论中，全局各支部结合工作实际，围绕“如何在各自岗位中体现党员的先进性”展开深入讨论。经过充分酝酿、反复斟酌，制定出党员先进性的共性要求和不同岗位共产党员先进性的具体标准。

2006年4月开始，在全局集中开展学习《中国共产党党章》和“学讲话、知荣辱，树新风，促和谐”社会主义荣辱观教育实践活动。为加深理解，更好地营造氛围，利用板报、宣传栏等形式大张旗鼓地宣传《学习党章》、“八荣八耻”重大现实意义。印制了500余份“八荣八耻”学习卡片分发到每个职工手中，使内容人人皆知。4月20日，邀请中共承德市委党校刘景欣教授为广大干部职工做专题辅导，使广大干部职工对开展树立社会主义荣辱观有更加深刻的认识和理解。开展“扬荣弃耻、从我做起、机关先行”为主题的大讨论和“知荣明耻、定责承诺”活动，全台230名党员写出“扬荣弃耻”承诺书。200多名党员参加全市开展的社会主义荣辱观教育主题实践活动，清扫卫生环境，擦洗公路两旁栏杆，美化市容市貌。7月1日，举办庆祝中国共产党成立85周年暨树立社会主义荣辱观演讲比赛。

2007年3月开始到年底前，在全局集中开展创建“和谐广电、文明广电”活动。活动分三个阶段。学习动员阶段（3月至4月30日），开展创建达标活动（3—11月），总结验收阶段（11—12月）。重点开展学雷锋活动月；促进作风转变，增强服务意识；深化机关效能建设；环境整治；表扬和树立先进典型；开展丰富多彩的主题实践活动。

2008年5月12日汶川特大地震发生后，机关党委响应上级党组织的号召，组织广大共产党员以交纳特殊党费的形式为灾区捐款。所属10个党支部，全体共产党员及广大干部职工发扬“一方有难、八方支援”精神，伸出援助之手，踊跃捐款，表达他们对灾区人民的一片关爱之心。局领导更是以身作则多次捐款，为广大党员干部带了个好头。据统计，全局党员交纳特殊党费及广大干部职工捐款累计达125140元，创历年捐款之最。

2009年3月开始，集中6个月时间，在全局深入开展第二批学习实践科学发展观活动。市委派出以市直工委副书记南亚军为组长，市住房公积金中心办公室主任赵利军和市委党史研究室办公室主任胡洁为成员的市委第九督导组，全程参与活动的开展。3月13日，召开深入学习实践科学发展观活动动员大会，市广播电视局党组成员及全局干部职工200多人参加会议。活动主要分三个阶段。一是学习调研阶段；二是分析检查阶段；三是整改落实阶段。在分析检查阶段，通过深入调研、分析、聚焦、提炼，查找出党组在科学发展方面存在6个方面突出问题。一是思想解放程度有待进一步提高；二是舆论引导能力有待进一步提升；三是事业产业发展步伐有待进一步加快；四是管理体制机制有待进一步创新；五是行业管理、技术安全保障能力需要进一步加强；六是作风建设有待进一步转变、队伍整体素质有待进一步提高。在整改阶段，针对6个方面的问题，制定了24条整改措施。

2010年5月，为迎接中国共产党成立90周年，向中共十八大献礼，巩固学习实践科学发展观活动成果，在全台各基层党组织和党员中深入开展创先争优活动。活动主要内容是：以创建“五个好”先进基层党组织、争当“五带头”优秀共产党员为主要内容。活动期间，主要开展“五比五创”活动，即“比学习，创一流素质；比团结，创一流队伍；比服务，创一流作风；比效能，创一流业绩；比奉献，创一流形象”。在创先争优活动中，机关党委紧紧围绕“巩坚强堡垒、树先锋形象、促科学发展”这一主线，牢牢把握“推动科学发展、促进广电和谐、服务人民群众、加强基层组织”的总体要求，以创建“五个好”先进基层党组织、争创“五好模范”优秀共产党员活动为目标，扎实有效地开展创先争优活动。制定了1＋4工作方案，即一个实施方案和四个工作方案（承德广播电视台创先争优活动实施方案、承德广播电视台关于推进学习型党组织建设的工作方案、承德广播电视台关于党员目标承诺活动工作方案、承德广播电视台关于“全面对标、夺旗争星”活动工作方案、承德广播电视台关于“走在前 作表率 争一流 当先锋”主题实践活动方案）。明确了开展创先争优活动的主题，即围绕实现“一流目标”（全省一流、全国有影响）“两个跨越”（从一般传媒到旅游特色明显的强势媒体的跨越、从传统媒体到现代传媒的跨越）“三型广电”（创新型广电、效益型广电、民生型广电）任务，推动承德广电大发展大繁荣；载体是创建“五个好”基层党组织、“五带头”优秀共产党员；目标是“推动科学发展、促进社会和谐、服务人民群众、加强基层组织”。期间，开展了形式多样主题活动。通过佩戴党徽、设立党员标识桌牌，把党员身份亮出来。开展岗位练兵活动。从岗位特点出发组织党员开展岗位练兵，科技创先活动。广播、电视支部要求每位记者、编辑、主持人、播音员苦练内功提升素质，实现从专职人员到会写稿、会摄像、会编辑、会制作、能主持的一专多能“多栖新闻人”的跨越，培养自己的“台柱子”。同时采取“传帮带”，让新老人员结对子，建立“师徒”关系，学理论、学技术、学做人，人人“笔头子写得硬、机头子摄得活、嘴头子说得精”，让年轻人尽快“挑大梁”、唱“主角”。结合建党历程，组织全台420名党员参加了“庆祝中国共产党成立90周年”党史党建知识竞答活动；制作5块迎接中国共产党成立90周年创先争优活动展板；组织党员和入党积极分子，参观爱国主义教育基地，热河烈士纪念馆，隆化董存瑞烈士陵园，缅怀革命先烈，重温入党誓词。开展评比表彰先进基层党组织、优秀共产党员活动。5个先进基层党组织，22名优秀共产党员，5名党务工作者受到了表彰。举办廉政书法比赛；开展职工广播体操、太极拳活动；开展“结对子送温暖”，资助隆化县湾沟门中心小学，送去书本、文具、电脑、冰柜等物资折合人民币15万元；为青海玉树地震灾区捐款46570元。当得知电影院老职工曹天森不幸身患重病，机关党委，工会代表全体职工送去5000元慰问金。体现党组织的关心和温暖。

2013年，在全台上下认真开展解放思想大讨论活动。5月16日，召开中层以上干部动员会，传达学习省市委文件精神，研究部署全台解放思想大讨论工作。期间，在全台开展“我为河北科学发展献良策”“我为建设美丽承德献一策”和“我为实现广电发展新跨越献一策”活动。发放征求意见表440份，全台职工共提合理化建议68条，内容涉及宣传、事业产业发展、队伍建设、技术维护、行政管理等方面。

11月8日，记者节当天组织全台职工举行“恪守职业道德争做爱岗敬业的新闻工作者”宣誓活动，并组织登山、拔河等活动。

2014年，全台集中开展党的群众路线教育实践活动。在中共承德市委第九督导组的指导帮助下，承德广播电视台党组认真贯彻“照镜子、正衣冠、洗洗澡、治治病”的总要求，注重领导带头、注重思想教育、注重解决问题、注重听取民意，规定动作做到位，自选动作有特色。在解决“四风”突出问题、提高新形势下服务群众能力等方面，取得较好成效。

活动开展过程中，注重抓住重点，不断增强学习教育工作的成效。组织中层以上干部重点学习习近平总书记系列讲话《同呼吸才能心相印》《习近平同志在正定》《论群众路线——重要论述摘编》、习近平指导兰考教育实践活动时的重要讲话及省、市主要领导的讲话精神；以“读原著、学纪实、看专辑、听报告”为重点，学习规定的篇目。党员、干部集中学习时间普遍达到7天以上。组织“一看二参观三辅导”。观看了党的群众路线教育《6集专题片》《苏联亡党亡国20年祭》、电影《周恩来的四个昼夜》《焦裕禄》和反映塞罕坝机械林场先进群体事迹报告会、平山县委宣传部副部长齐庆三先进报告会录像；组织中层以上干部接受警示教育，参观市廉政教育基地和承德第五监狱；邀请专家学者作专题辅导报告，落实领导干部上党课。

通过群众提、自己找、上级点、互相帮、集体议、反向测评、“三堂会诊”、个别访谈、谈心交心等形式，查摆出以下几个方面问题。一是在遵守党的政治纪律方面，查摆出理想信念有所淡化、执行民主集中制的程序还不够完善等问题。二是在形式主义方面，存在作风不够扎实，理论联系实际不够深入，政绩观有偏差等问题。三是在官僚主义方面，存在干部任用机制还不够完善，选人用人有时把关不严，官本位思想仍然存在。四是在享乐主义方面，存在进取精神不够强，在一定程度上存在片面追求经济效益的问题。五是在奢靡之风方面，节目制作存在奢华之风。2009—2013年，承德广播电视台每年都投入大量费用用于春晚，这种支出结构不仅影响对节目本身的投入，也不利于节目创新和新人培养。节目制作存在奢华之风。

对照存在的问题，台党组班子成员认真撰写对照检查材料。每个人对照检查材料，都经过2次以上的修改，最后都在5000字以上。

2015年5月开始，重点在全市县处级以上领导干部中深入开展“三严三实”专题教育。承德广播电视台成立以党组书记梁世杰担任组长的工作领导小组。由党务办、人事处、监察室牵头，负责“三严三实”相关的各项工作。制定下发《中共承德广播电视台党组深入开展“三严三实”专题教育实施方案》，建立专题教育联系会议制度，为全台深入开展“三严三实”专题教育工作奠定了坚实基础。

5月27日，台党组书记、台长梁世杰以“认真践行三严三实，争做优秀的媒体人”为题为全台党员干部上党课，标志着全台“三严三实”专题教育正式启动。活动期间，召开理论中心组学习会10次，学习习近平总书记系列重要讲话、中共中央国务院关于深化体制机制改革加快实施创新驱动发展战略的若干意见等中央、省市委文件精神。中心组成员认真撰写读书笔记，字数都至少5000余字。召开座谈会5次，参加座谈会基层党员群众100多人，征集意见建议35条。召开研讨会3次。共有10名同志紧紧围绕“三严三实”专题教育各阶段研讨主题，结合各自思想工作实际，交流观点，谈自己认真学习、深入思考的阶段成果。

同期，全台还开展严肃整治“为官不为、在岗不为”专项整治活动。重点整治党员干部、工作人员工作中存在的管理“散”,工作推动“慢”,精神状态“差”,推诿扯皮“耗”,碌碌无为“庸”,患得患失“浮”，应付了事“懒”等问题。促进全台广大干部既严以修身、严以用权、严以律己，又谋事要实、创业要实、做人要实，为推进承德广播影视事业发展提供坚强保证。

从2015年10月开始，在全台认真开展主题为：“解放思想、抢抓机遇、奋发作为、协同发展”大讨论活动。活动围绕习近平总书记系列重要讲话精神和对河北的重要指示，对照中共河北省委书记赵克志关于“八破八立”讲话和对承德加快建设京津冀生态涵养功能区等指示精神，通过大讨论，增强忧患意识、机遇意识、创新意识，切实在全台广大党员干部中，形成一次“思想大撞击、理念大变革、激情大迸发”。着力破除制约广电事业产业发展的思想观念束缚和体制机制障碍，努力形成“树正气、讲团结、聚合力、促转型”的新局面。

重点从以下6个方面开展大讨论：1.解放思想，用习近平总书记京津冀协同发展重大战略思想统一认识。2.与时俱进，以破旧立新的胆识迎来新一轮思想大解放。3.抢抓机遇，增强振兴承德的信心，营造良好舆论氛围。4.明确目标，奋力建设美丽幸福承德。5.奋发作为，在推动京津冀协同发展中实现转型发展。6.践行“三严三实”促进落实强保障。

第二节　文明单位建设

一、领导班子建设

抓班子建设，第一位任务就是牢牢抓住理想信念这个核心，加强思想理论建设，扎实开展理论学习，加强党性党风党纪教育，坚定领导干部的理想信念。

1996—1997年，按着中共承德市委、承德市人民政府的部署，主要学习邓小平建设有中国特色的社会主义理论、党章、党史以及十四届六中全会决议、公报和江泽民讲话、中共河北省委、中共承德市委全会精神等一系列重要文件。

1998—1999年，市广播电视局领导班子通过自学、中心组集中学、参加党校培训等形式，进一步加大对邓小平理论、江泽民系列重要讲话和各项方针政策的学习力度；通过认真开好民主生活会、自觉接受组织和群众的监督，班子成员进一步保持了勤政廉洁作风；党组领导严于律己，带头落实《党组工作规则》，坚持按民主集中制原则行事，使领导班子的团结统一得到维护和加强；通过开展“学理论、谋发展、迈向二十一世纪”大讨论活动，党组一般人的思想更加解放，在深化改革、加快广播电视事业发展上有了更大的胆识和魄力；通过实施政务公开和坚持领导干部联系基层、联系群众制度，干群关系更加密切。

2000年3—4月，通过“三讲”教育，领导班子和领导干部受到一次深刻的马克思主义理论和党的优良传统再教育。学习马克思主义理论特别是邓小平理论的自觉性进一步提高。对群众提出的175条（其中个人75条）意见，经过半年的整改，取得阶段性成果，领导班子和领导干部思想认识上有明显提高，政治上有明显进步，作风上有明显转变，纪律有明显增强，被中共承德市委、承德市人民政府考评定为工作实绩突出单位。

2004—2005年，坚持以邓小平理论和“三个代表”重要思想为指导，结合开展的“树正气、讲团结、求发展”活动，提出以创建学习型先进领导班子为目标，着力提升领导干部的整体素质和能力，增强领导班子的创造力、凝聚力和战斗力。

2007年，重新完善《党组理论中心组学习制度》，明确指导思想、学习目标和学习内容，把搞好理论学习作为提高党的执政能力，提高党员领导干部理论素养和综合素质，切实加强领导班子建设的大事来抓，并根据人员的变动情况和工作职责的调整，及时补充中心组成员。

2010—2011年，坚持将建设学习型党组织，学习型领导班子建设当成班子建设的首要任务来抓。采取集中学习、领导授课、讨论交流和分散自学相结合等多种形式，认真学习邓小平理论、“三个代表”重要思想、科学发展观和中共十七届六中全会精神等重大政治理论。承德广播电视台党组一班人，坚持以中心组学习带领全台学习，以台领导学习带领全体人员学习，积极参加中心组和所在支部的集体学习。台党组书记、台长孙林带头学习，带头撰写心得体会和调研报告。他撰写的《四大一推一建活动与承德广电发展的战略选择》《立足发展、改革创新、全力提升广播电视的综合实力》《新时期加强党的建设》等多篇论文在承德广电研究上发表，受到领导和同志们的好评。

2012—2013年，深入开展“解放思想大讨论”活动，认真贯彻中央八项规定，狠抓“四风”整治，突出关键事项的监督检查，规范规章制度，重新修订《台各项管理制度汇编》。

2014—2015年，通过深入开展党的群众路线教育活动和“三严三实”专题教育，进一步完善党组中心组理论学习制度，把理论学习放在党组工作的重要位置常抓不懈，每2个月至少组织一次集中性理论专题学习或交流研讨活动，使班子成员理想信念、政治立场更加坚定，认识问题、分析问题、解决问题的能力不断提升，工作原则性、系统性、科学性和创造性进一步增强。

二、思想道德建设

1996年，市广播电视局党组制定下发《承德市广播电视局1996—1997年精神文明建设规划》，提出加强“三观”（世界观、人生观、价值观）“三德”（社会公德、职业道德、家庭美德）“四有”（有理想、有道德、有文化、有纪律）“五爱”（爱祖国、爱人民、爱劳动、爱科学、爱社会主义）教育。采取理论中心组学习、聘请党校教授辅导，召开理论研讨会等形式，开展经常性思想道德教育。印发《关于新闻工作者应具备的素质》小册子做到人手一册，组织采编人员学习《关于制止有偿新闻的通知》，坚决制止虚假新闻、关系新闻、感情新闻，加强道德建设，规范采编人员行动准则。

同年5月，充分发挥机关党委和基层党支部的战斗堡垒作用，深入开展3331活动，把3331活动和鱼水工程、形象工程、“双学”“想民、爱民、为民”活动有机结合起来，进一步加强精神文明建设，在全局倡导文明礼貌、助人为乐、爱护公物、保护环境、遵纪守法，自觉履行《市文明守则》《市民“八不”公约》，抓好五讲（讲文明、讲礼貌、讲道德、讲秩序、讲卫生）。认真营造讲学习、讲政治、讲正气的氛围。

在行业作风建设上，承德有线电视台为提高服务质量，实行社会服务承诺制。设立专人值班，及时记录用户反映的情况，充实维修人员和车辆，做到一般故障排除不超过 24 小时，机房设立技术人员住宅电话卡，随叫随到。

综合治理方面，普法工作、信息反馈工作、社会治安综合治理工作均被国家广电部和河北省广播电视厅、中共承德市委、承德市人民政府评为先进集体和先进单位。档案管理工作晋升为省级先进单位。

1997 年，市广播电视局党组以中共十四届六中全会决议、《邓小平论社会主义精神文明建设》《党章》为指针，通过重要纪念日、重大历史事件和重大社会活动，深化精神文明教育，开展了多种形式的爱国主义教育活动。倡导文明礼貌、助人为乐、爱护公物、保护环境、遵纪守法。自觉履行《市文明守则》《市民“八不”公约》，抓好五讲（讲文明、讲礼貌、讲道德、讲秩序、讲卫生）。大力倡导爱岗敬业、诚实守信、办事公道、服务群众、奉献社会的职业道德。

1998 年 2 月，为进一步贯彻落实中共十五大精神及承德市《1996—2000 年社会主义精神文明建设实施纲要》开创全局精神文明建设新局面，使创建活动走向经常化、规范化、制度化，局党组下发《关于建立局精神文明建设委员会的通知》。成立以局党组书记、局长刘俭任主任的精神文明建设委员会。

10 月，在局党组理论中心组学习会上，把“争创精神文明建设先进单位”，纳入 1999 年四项重点工作中。具体规划要以实现“三优一满意”（优美环境、优质服务、优良作风、让人民满意）作为争创先进文明机关的突破点，抓好队伍建设，树立行业形象。在全市行风评比中，群众满意度较高，排名位居前列。

1999 年，通过开展“双迎、双争、一满意”活动（即迎中华人民共和国成立 50 周年，迎澳门回归；争当敬业、创业先锋，争为党员形象增添光彩；让人民群众满意），加强职工自身思想道德素质。

在发挥媒体引领上，坚持正确的舆论导向，加大对精神文明建设的宣传力度。针对北约轰炸中国使馆开展声势强大的爱国主义宣传；针对“法轮功”开展宣传教育；对“军嫂赵红英等一批精神文明典型大力宣传报道。被中共承德市委、承德市人民政府评为 1998 年—1999 年度文明单位。

2000 年 3 月 17 日，市广播电视局党组下发 2000—2001 年度文明机关创建目标任务，明确把争创“市级文明单位建设先进单位”和“社会治安综合治理先进单位”纳入工作目标。

按照中央加强基层政治思想工作会议精神，结合“三讲”教育，开展各类主题教育活动。(1) 举办了“〇五人艰苦奋斗，奋发有为”事迹报告会，在全市广电系统开展了“内学〇五人，外学金占林”活动。(2) 组织党员群众参观“崇尚科学文明，反对迷信愚昧”活动展览。(3) 开展维护稳定大局教育。(4) 开展警示教育。先后修订《广播电视工作者廉洁自律守则》和《关于有偿新闻的若干规定》，制定《关于加强和改进思想政治工作意见》《关于加强政务公开的实施意见》。

扶贫工作有新进展。4 人参加“1358”工作队，先后挤出 3 万元用于改善贫困村的教学设施，路面和桥梁；为贫困村争取到扶贫资金 9.5 万元；为贫困户解决粮食 1750 公斤。

2001 年，在创建文明单位过程中，通过开展“三优一满意”（优美环境、优质服务、优良作风、让人民满意）活动和建设“四气机关”（机关有生气、节目有名气、职工有志气、领导讲正气）活动，大力促进文明单位建设。

改革广播电视宣传和内部管理，实行节目质量与收入分配挂钩，实行电视节目按季调查末位淘汰；组建行政管理中心、强化行政管理和文明环境整治力度。

面向社会、面向群众多办好事实事。“村村通”工程的实施，满足全市1192个行政村农民群众对精神文化生活的需求，被称为“德政工程”“民心工程”。被中共承德市委、承德市人民政府评为2000—2001年度文明单位。

2002年，全局精神文明建设围绕中共中央颁布《公民道德建设实施纲要》和中共承德市委、承德市人民政府“以德治市”活动展开。在自身建设上，根据中共承德市委有关意见精神，市广播电视局机关党委组织党员干部认真学习贯彻《公民道德建设实施纲要》精神，引导党员干部树立“爱国守法、明礼诚信、团结友爱、勤俭自强、敬业奉献”基本道德规范，倡导新闻工作者要带头实践公民基本道德规范。

2003年，为推动《纲要》落实，结合全市开展的“树，讲，求”“以德治市”活动，在全局范围内开展以社会公德、职业道德、家庭美德为主要内容的公民基本道德教育，制作了600张机关工作人员“七项基本规范”卡，引导广大干部职工联系发展现状和本局实际，加强自身道德修养，增强团队协作意识，树立以人为本，敢为人先的观念，培养建立一支政治强、业务精、纪律严、作风正的广播电视队伍。

6月，通过成功举办纪念中国共产党成立82周年、防非工作表彰会、纪念承德地市广播电视局（台）合并10周年等一系列活动，大张旗鼓的表彰评选出18名优秀共产党员，4名优秀党务工作者，32名防非先进个人，30名“五优人员”即（优秀编辑、记者，优秀播音员、主持人，优秀工程师、值机员，优秀经营者，优秀管理者），鼓舞士气、凝聚力量。

1085转播台被中共承德市委、承德市人民政府评为2002—2003年度文明单位。

2004年，中共承德市委、承德市人民政府为实现承德跨越式发展，确定该年为“经济发展环境建设年”。为落实中共承德市委、承德市人民政府优化发展经济环境的工作部署，市广播电视局结合“三项学习教育”、以德治局等活动的开展，着重从加强职工职业道德、职业精神教育，提高工作能力、办事效率，加强岗位练兵等方面入手，制定学习培训计划。邀请中央人民广播电台著名主持人铁成、北京师范大学教授于丹等来承德，为采编人员上课，提高记者职业的神圣感和使命感。同时，建立完善的监督制约机制，对记者、主持人的行为进行规范。设立举报箱和投诉电话，对有偿新闻和人情新闻从制度上予以杜绝。对窗口单位和服务部门制定语言行为规范。对一些经营部门，实行了价格公开、服务公开、承诺公开。

同年3月，制定下发《承德市广播电视局2004—2005年度文明机关创建实施方案》，明确工作目标、工作任务和工作要求。把不断提高职工的思想道德素质和科学文化素质，努力建设一支政治强、业务精、纪律严、作风正、服务优的职工队伍，作为根本目标来抓。

同年4月，在承德市人民政府组织的“阳光服务”活动中，局机关、网络公司的工作人员及2台1报的记者、2次走上街头，听取群众对新闻宣传、网络服务、行业执法等方面的建议和意见。接待咨询500余人次，印发宣传单10000多份，对群众投诉收视效果不好的12个重点户的问题，2天内全部予以解决。

积极落实中共承德市委、承德市人民政府扶贫帮困工作。帮助宽城前庄村开展文明生态村建设。修建文化广场，建起图书阅览室，赠送展橱，捐赠价值10000余元图书。为兴隆刘家庄村解决看电视难的问题。赠送有线电视前端设备8套，铺设光缆3200米，折合人民币17万元。同时，组织职工积极开展献爱心活动。共向市贫困母亲和下岗女工捐款1800元，捐衣物500余件。为丰宁小坝子扶贫村捐赠面粉1吨，种羊款30000元。“六一”儿童节来临之际，为小坝子村中心小学送去价值6000余元的学习用品。

2005年，把文明单位建设的具体内容与优化经济发展环境、行风建设、本系统开展的“三项教育”（即马克思主义新闻观、职业精神、职业道德学习教育）、保持共产党员先进性教育、机关效能建设和“紫塞先锋工程”紧密结合起来，使文明单位创建与各项活动同部署、同落实、同奖惩。

重点抓好三项教育。政治教育，结合先进性教育活动，通过采取理论讲座、收看录像、上党课、支部学习等形式开展思想武装，组织中层以上干部收看丛福奎受贿案警示录，开展保持共产党员先进性知识答题活动。通过开展正反两方面的教育，使党员、干部、职工树立正确的人生观、价值观，做到自重、自警、自省、自励，经得住考验，耐得住清贫，抗得住诱惑。

先进典型教育，利用“七一”和年终总结的机会大张旗鼓地表彰优秀党员、优秀党务工作者、先进集体、先进个人。

文明道德和与行业作风教育。认真学习《中国广播电视编辑记者职业道德准则》和《中国广播电视播音员主持人职业道德准则》，并组织在职编辑记者、主持人160多人参加2个条例的闭卷考试。制作机关工作人员“七项基本规范卡”，要求干部职工模范遵守“规范”，做到技术精、业务硬、作风强、讲文明、讲礼貌。

邀请中央电台、中央电视台和北京师范大学、传媒大学的业内知名专家学者到承德，为干部职工进行专题讲座和业务交流指导。举办技术能手竞赛，开展提高节目质量研讨会等系列活动。采取订单式教育方式，启动人才建设工程；按照组织部、宣传部、司法局的要求认真做好“每周一法”宣传活动，完成“四五”普法培训，针对国家出台的《公务员法》订购相关书籍，并组织学习培训和考试。

采取问卷调查和座谈及以走出去，请进来等方式，广泛征求社会各界的建议和意见，组织召开2次社会行风监督员座谈会和行风监督员听政质询会，参加人员达80多人。

组织开展全系统民主评议行风活动，聘请社会各界60多人参加动员大会，市局、台按照机关、部队、社会团体、院校、社区等不同比例发放问卷调查2000份，对群众的投诉及社会行风监督员提出的26条意见和建议进行认真的梳理，及时反馈到相关部门，使问题得到及时的解决；组织2次“阳光服务”活动，参加人员43人次；制作条幅1个，宣传展板3块，接待群众咨询60多人，发放宣传单3600多份，赠送承德广播电视报1600多份，解答问题43件。

同年5月，市广播电视局机关党委组织党员志愿者参加全市共产党员志愿者行动，清理街头小广告、擦洗护栏。7月，结合纪念党的生日表树典型。各党支部也按照机关党委的部署和要求组织开展丰富多彩的文体活动。如游泳比赛、登山比赛、知识竞赛，组织党员、职工到热河革命烈士纪念馆参观，缅怀革命英烈的丰功伟绩，重温入党誓词。

改善办公条件。投资改造电视转播车、购置摇臂等现代化采编播设备。更新改造广电发射、传输等方面的设备，组建局域网，每个办公室都配备1台电脑，连通互联网，实现信息网络资源的共享。

被中共承德市委、承德市人民政府评为2004—2005年度文明单位。

2006年3月，胡锦涛总书记发表以“八荣八耻”为主要内容的社会主义荣辱观重要讲话。市广播电视局党组将其作为思想道德建设的重要内容，组织党员干部进行认真学习贯彻。按照市委的统一部署，制定具体的实施方案。要求党员干部通过开展荣辱观教育实践活动，使广大干部职工进一步领悟“社会主义荣辱观”精神实质，逐步培养起践行社会主义荣辱观的自觉性和积极性，推动全社会形成知荣辱、树新风、促和谐的文明风尚。

同年4月20日，聘请中共承德市委党校刘景欣教授为广大干部职工做荣辱观教育专题辅导，印制500余份“社会主义荣辱观”学习卡片分发到每个职工手中，内容达到人人皆知。

同年5月，利用2周时间，以支部为单位组织召开6次学习践行社会主义荣辱观座谈会，与会人员积极发言结合新闻工作者岗位特点畅谈荣辱观教育的重要性和必要性，交流学习实践社会主义荣辱观的体会。大家普遍认为，作为新闻从业人员，要从我做起，从点滴做起。立足岗位实际，防止把“八荣八耻”虚化。党员干部，更要发挥带头作用，更要牢记党的宗旨，时刻以党员的标准规范自己，引导职工明荣辱之分、做当荣之事、拒为辱之行，使弘扬社会主义荣辱观在全局蔚然成风。

为解决因办公条件紧张而制约广电事业快速发展的瓶颈问题，局党组抢抓机遇，做大量艰苦细致的工作，竞买原红楼宾馆整体资产。7月1日，实现迁址办公。实施绿化美化工程，种植各类花草树木；配置乒乓球室、老干部活动室、羽毛球场、篮球场，真正达到环境优美。

全年开展系列主题实践活动。(1) 开展“扬荣弃耻、从我做起、机关先行”为主题的大讨论和“知荣明耻、定责承诺”活动，每名党员都按要求写出“扬荣弃耻”承诺书。(2) 组织全局200多名党员参加全市开展的社会主义荣辱观教育主题实践活动，清扫卫生环境，擦洗路两旁栏杆，美化市容市貌。(3) 举办庆祝中国共产党成立85周年暨树立社会主义荣辱观演讲竞赛。(4) 开展读1本好书活动。以《江泽民文选》出版为契机，号召全体干部职工以学习《江泽民文选》为重点，全面系统的学习，深刻把握其内涵和精神实质。(5) 围绕“扬荣弃耻、从我做起、机关先行”，组织全局广大干部职工开展美化新办公场所义务劳动，用实际行动践行社会主义荣辱观。(6) 开展创建节约型广电活动，悬挂横幅，张贴标志牌，营造氛围，树立节约光荣，浪费可耻的理念。

2006年，荣获承德市“和谐机关创建活动”优胜单位。

2007年3—4月，为落实中共承德市委、承德市人民政府关于在全市开展“六项和谐创建”活动的总体部署，市广播电视局党组理论中心组、各支部重点学习省文明办关于在全省开展“文明河北”创建活动会议精神及中共承德市委、承德市人民政府关于在全市开展“六项和谐创建”活动安排实施方案，深刻理解中共承德市委、承德市人民政府创建活动的精神实质和重大意义。

同年4月，在全局开展主题创建活动宣传月，在单位门前悬挂醒目主题标语，在办公场所路灯杆上制做精美别致的标语口号。围绕什么样的机关是和谐机关，应从哪些方面着手构建和谐机关，构建和谐机关的目标是什么，怎样通过构建和谐机关推动以宣传为中心各项工作的创新发展开展大讨论活动。

同年6月，利用一周时间集中开展一次作风建设教育活动。这次活动紧紧围绕“转变作风，加强纪律，树立形象”这一主题，切实解决全局干部职工在思想作风、学风、工作作风、领导作风、生活作风上存在的“软、懒、虚、奢、散、慢、满、庸”等几个方面的问题，通过集中教育活动，达到弘扬正气，增进团结，实现全局作风建设整体跨越，促进广播电视事业产业再上新水平的目的。

同年10月，利用一个月的时间在全局集中开展学习贯彻中共十七大精神学习教育活动。10月15日，组织全局中层干部集中收看中共十七大开幕的盛况。10月24日，召开全局职工大会，就如何认真学习宣传贯彻十七大精神进行动员。

同年12月18日，召开以“贯彻落实科学发展观，实现广电事业新跨越”为主题的解放思想大讨论动员大会，按照中共承德市委关于在全市党员干部中开展解放思想大讨论活动总体要求，紧紧围绕“贯彻落实科学发展观，实现广电事业新跨越”这一主题，以科级、部门领办以上干部为重点，着力解决影响承德广播电视事业建设的思想观念、发展思路、措施方法和体制机制等方面存在的突出问题。

2007年年底，被河北省政府扶贫领导小组评为扶贫工作先进单位；连续2年被中共承德市委、承德市人民政府评为信访工作优秀单位；承德市广播电视局机关党委被中共承德市直工委评为先进基层党组织。汪贵被中宣部等单位联合授予“全国优秀新闻工作者”荣誉称号；管媛获得河北省广播电视播音主持奖；马少华被中共承德市委授予“全市优秀党务工作者”荣誉称号。另外36名同志分别被中共承德市委、承德市人民政府授予优秀新闻工作者、精神文明创建先进个人、“五好文明家庭”等称号。被中共承德市委、承德市人民政府评为2006—2007年度文明单位。

2008年，围绕在全市广电系统开展以“三个代表”重要思想、马克思主义新闻观、职业精神、职业道德为主要内容的“三项学习教育活动”，积极开展社会公德、职业道德和家庭美德教育。通过专题组织学习，广泛征求社会各界意见建议，全面组织整改，使广大新闻从业者得到深刻的教育。

同年3月，制定下发《承德市广播电视局2008年—2009年度文明单位创建实施方案》，明确工作目标、工作任务和工作要求。

“5·12 ”汶川特大地震，全体党员干部自发的带头踊跃捐款，捐款125140元，创历年捐款之最，为灾区人民献上一份爱心。

同年7月15日，为进一步推进“和谐机关、和谐广电”建设，市广播电视局党组下发《关于加强机关文化建设的实施方案》，提出以“和谐、奉献、创新、卓越”为目标导向，全面加强广电文化建设。在加强思想道德建设方面，重点开展好5项活动：开展培育广电人“求实创新、团结敬业、文明诚信”的精神，形成全局干部职工的精神支柱和奋发进取动力。开展“文明、礼仪、诚信、守法”宣传教育活动，营造和谐的工作生活环境；加强思想理论武装工作，提高干部职工思想道德水平；开展文明单位、文明科室、文明标兵争创活动，加强和改进行业作风建设，全力打造勤政、务实、廉洁、高效的广电人形象；开展“友爱互助”献爱心活动，充分体现全局团结、友爱的良好风尚。

通过抗震救灾义演活动、缴纳特殊党费活动、参观承德解放60周年和改革开放30周年大型展览等活动对党员进行教育。中国共产党成立87周年之际，组织党员和入党积极分子参观爱国主义教育基地——避暑山庄博物馆和热河烈士纪念馆，重温入党誓词。开展党的基本知识竞赛活动，将学习寓于活动之中，收到较好效果。

按照《承德市2008年民主评议作风工作方案》的具体要求，围绕广播电视中心工作，转变作风，严明纪律，树立形象，扎实开展承德广电系统政风行风建设工作。制定下发《承德市广播电视局2008年民主评议作风工作方案》，建立市广播电视局直接服务对象库。

同年9月，老干部参加市直单位组织的歌咏比赛，获得第3名。

承德人民广播电台被评为承德市抗震救灾先进集体，承德电视台被评为河北省奥运宣传工作先进集体。2名党员被中共承德市委评为抗震救灾优秀共产党员，2名党员被评为河北省奥运宣传工作先进个人。

2009年，文明单位创建工作，围绕中共承德市委“干部作风建设年”活动展开。市广播电视局党组开展以“抓思想，转作风，鼓干劲，促发展”为主题的教育实践活动，重点围绕学习实践科学发展观这一主线，采取灵活多样的学习方法，深化思想理论武装，切实解决全系统干部职工在思想作风、学风、工作作风、领导作风、生活作风等方面存在的倾向性问题，弘扬正气，增进团结，推动全局精神文明建设水平的提高。

同年8—9月，围绕迎庆中华人民共和国成

立60周年，开展系列主题实践活动。参加河北省广电系统第九届书画摄影展，参加河北省广电系统羽毛球比赛及承德市直机关“迎接全民健身日、庆祝中华人民共和国成立60周年环城长跑活动”。

2009年，被中共承德市委、承德市人民政府评为园林式单位。

2009年，全市行风评比中，在市直46个部门中排名第四位。

被中共承德市委、承德市人民政府评为2008—2009年度文明单位。

2010年，文明单位建设活动以开展创先争优活动为载体，突出创先争优这个主题。通过开展“机关党建创新年”活动，启动实施“机关党建创新亮点示范工程”。

出台《承德广播电视台关于党员目标承诺活动工作方案》，坚持“诺”字当头，“实”字为先，引领基层党组织和党员认真开展“认真承诺”活动，把“先进”和“优秀”具体化、形象化，确保争创先进有方向、争当优秀有目标。

开展亮牌示范和岗位奉献活动，购置党徽分发给每名党员。要求台所属窗口部门共产党员要在工作时间统一佩戴党徽。在窗口服务单位，以深化优质服务为抓手，在树立广电形象中创先争优。信广联和广通公司以“一切为了用户满意”为目标，以“创建先进基层党组织、争当优秀共产党员”“创文明行业、建满意窗口”“树广电新风、创优质服务”等活动为载体，以党支部和工、青、妇等组织为依托，设立“党员示范岗”“巾帼文明示范岗”，做到内强素质，外树形象，全心全意为人民群众服务。同时推行“四个公开”，即公开服务项目、维修时限、收费标准、投诉电话；实现“四个统一”，即统一着装、统一挂牌、统一服务标准、统一服务用语。文明礼貌、高效优质、热情周到的服务，在全社会展示广电人全新的形象，得到社会好评。

2010—2011年，在全市行风评比中，承德广播电视台被指认为免评单位。

2010—2011年度，被中共承德市委、承德市人民政府评为文明单位。

2011年，以文明创建工作为载体，不断提高职工队伍整体素质：

以优化结构，提升素质为目标，紧紧抓住培养、使用和引进3个关键环节。通过岗位练兵、以老带新、以会代训和择优聘用等多种灵活有效的措施，加强广播电视采编制播方面的专业技术人才、事业产业发展方面的经营人才和思想宣传文化方面的管理人才3支人才队伍建设，造就一支愿干事、能干事、会干事的工作队伍。

创新方法，营造亮点。采取中心组学习会、集中辅导、专题讨论、举办主持人大赛等多种形式开展学习。同时，结合“深入学习实践科学发展观”、创先争优、干部作风建设年等主题活动，坚持每年的教育活动都至少有一个重点，有一条主线。做到突出重点，营造亮点。先后聘请市委党校聂志信、牛玉琴教授，市直机关工委梁少明书记为全台党员干部进行理论辅导。

全员培训，注重效果。采取“走出去”“请进来”及举办培训班等方式，组织广播电视记者、编导、工程技术人员等进行系列岗位业务培训，全面提升从业人员的政治理论素养、业务能力、管理执行能力。同时，还深化与中国传媒大学的合作，邀请专家学者到承指导。认真实施人才培养规划，提高职工整体素质。先后聘请到中国传媒大学电视与新闻学院院长高晓红、中央电视台新闻中心策划部副主任余伟利、知名学者袁方等多名教授来台讲座，开拓从业人员眼界，提升他们的业务水平。同时把“请进来”同“走出去”结合起来。通过脱产培训、参观考察、经验交流等方式，先后选派业务骨干到清华大学、中国传媒大学等名校进行培训，为承德广播电视事业产业更好更快的发展打下坚实的基础。

连续几届举办业余主持人大赛和十佳栏目、十佳主持人评选活动，把大赛作为锻炼队伍、强化素质、推出新人的重要途径。

结合创先争优和干部作风建设年活动，广泛征求社会各界意见，从规范职工的行为入手，进一步严明工作纪律。要求所有工作人员必须实行挂牌上岗，上班时间不准串岗，擅自离岗，打电脑游戏等。成立以纪委书记为组长的效能建设督查组，不定期对各科室进行督查。另外，还注重提高新闻从业人员的业务素质，禁止有偿新闻，并虚心接受群众监督，从而树立起规范、高效的良好形象。

2012年，围绕“喜迎十八大，展现新成就”这个主题，开展了系列活动。

同年5月，机关党委与纪检监察室组织第2届广电系统职工书画摄影展。通过广电系统干部职工创作的书画摄影作品，从不同视角、不同侧面，展示广播电视事业产业取得的巨大成绩，展望了承德广电美好的明天。

同年6月，组队参加承德市直机关职工趣味运动会。趣味项目和乒乓球女队都取得较好成绩。在所有参赛队中，承德广播电视台获得总成绩第2名的好成绩。“七一前”夕，开展走访慰问老党员、老干部活动。9月，组织全系统职工篮球比赛。比赛为期3天，台代表队荣获第1名。

2013年，按照市文明办的要求，承德广播电视台机关党委开展“道德大讲堂”主题活动，要求广大党员在红歌、经典、故事、箴言中感受传统文化的博大精深，汲取立身做人的精神食粮。

同年7月，制定全台开展“道德讲堂”建设的实施方案。安排部署“道德讲堂”工作，制作张贴名言警句，对各支部书记如何开展“道德讲堂”活动进行培训，观看“道德讲堂”录像片。

2014年，围绕“为民、务实、清廉”这个主题，以“照镜子、正衣冠、洗洗澡、治治病”为总要求，以“节目提水平、经营提效益、队伍提素质”为抓手，扎实开展党的群众路线教育实践活动。

三、开办精神文明建设专栏

文明单位建设中，承德人民广播电台、承德电视台连续开办精神文明建设专栏。

1996年，承德人民广播电台《燕塞采风》《领头雁》《乡风民情》《文明天地》等全年共播发稿件5000多篇。承德电视台《社会大观》《党建之窗》栏目，全年共播发稿件1100多篇。

2000年3月，承德人民广播电台《百姓热线》先后邀请300多家窗口单位和政府各职能部门负责人参加节目。向听众汇报本部门行风建设情况，现场解疑释惑，一年接到热线电话1100多次，答复率100%，解决率85%。

2002年，在宣传引领上，市广播电视局党组研究部署“两台”的宣传报道计划，制定《道德舆论监督实施方案》。承德人民广播电台2套节目播发以德治市的新闻及专题节目，对平泉县小寺沟中学、市实验小学等单位的德治经验进行重点报道。《百姓热线》栏目连续3期推出“提高公民素质大家谈”节目，很好地发挥舆论的教育引导作用。《正午时光》栏目报道盲人丁建华、小南门街道王瑞芳等普通市民身体力行社会公德、家庭美德的典型事迹。承德电视台开设《以德治市从我做起》的新闻专栏。《经济广角》栏目制作体现以德治市新气象的“腾飞的腾飞”“以德治村见成效”等节目；《文化时空》栏目制作2期弘扬社会公德的节目“承德表情”上下集和“文化甘露润乡村”等节目；《视点》栏目制作“以德兴企服务万家”等4期节目，收到良好的宣传效果。《承德广播电视报》一版开辟《道德谈》栏目，配合中共承德市委宣传部开展道德教育知识竞赛活动。广播、电视、报纸的广告栏目也都积极参与到以德治市的宣传中来，制作各类公益广告32条。

2004年，承德电视台的新闻评论性栏目《今日聚焦》，开设“优化环境、促进发展”专栏，进一步加大宣传报道的深度和广度。专题片《讨薪记》播发后，为农民工讨回工资140多万元。

7月14日，农民工代表冒雨送来《今日聚焦为百姓弘扬正气》的锦旗，表达对节目组的衷心感谢。

2008年3月9日和8月27日，按照中共承德市纪委统一部署，市广播电视局领导2次走进承德人民广播电台“百姓热线”直播间，现场解答百姓提问。2008年，民主评议行风工作在省同行业排名第二。

2013年8月21日，承德广播电视台隆重举行“道德讲堂”启动仪式，全台约100名干部职工参加活动。此次“道德讲堂”活动以“唱歌曲、学模范、诵经典、讲故事、作点评”为基本内容。台机关党委副书记马少华主持活动，党组副书记、副台长、机关党委书记伊志山讲话。承德人民广播电台党支部以“身边人讲身边事，身边人讲自己事，身边事教身边人”作首场演讲。通过“我听、我看、我讲、我议”，全场人员充分感受到道德的力量。被中共承德市委、承德市人民政府评为2012—2013年度文明单位。

从2014年2月中旬起，在《承德新闻》中开设《反对“四风”服务群众深入开展党的群众路线教育实践活动》专栏，大力宣传中央关于教育实践活动的重要精神和决策部署，宣传教育实践活动的工作进展和实际成效，宣传各县区各部门各单位解决突出问题、改进工作作风的好经验、好做法，为全市深入开展党的群众路线实践活动营造良好的舆论氛围。

承德广播电视台广告中心把学习群众路线教育实践活动落实在实际工作中，除在自办的5档有偿经济信息节目中不定期的无偿播出生活知识类节目外，还在游走字幕中每天播报天气预报和防火预警。在《天气资讯》中开设防火预警窗口，并在新开播的《天天有喜》栏目中为单身男女开设电视征婚板块，免费播出征婚信息。

承德广播电视台新闻综合频道通过开展“《民声直达》进社区”活动，为社区居民送去服务。义务为百姓理发、按摩、磨刀、拍全家福等。通过开展义卖活动，用筹来的钱购买米面油慰问贫困家庭。《今日视点》栏目，设置热线电话，架起与百姓联心的桥梁，倾听百姓的心声，为百姓排忧解难。《交通面面观》与交警指挥中心互动，每天为观众提供及时准确的路况信息。《冷热零接触》，每天提供气象台准确专业的天气信息，告知观众天气冷暖及与气象相关的生活常识。《法治视野》栏目邀请律师提供法律咨询服务，为百姓答疑释惑。

记者广泛深入基层，将镜头对准群众，反映群众心声。在宽城，记者重点报道七旬老人刘广文义务守护烈士碑，9年如一日讲解抗日历史的先进事迹。在围场坝上，记者全面报道塞罕坝机械林场，与护林人同吃、同住、同劳动，挖掘出了许多感人事迹，展现塞罕坝人为实现绿色梦想，50年来扎根基层、无私奉献的塞罕坝精神。

2015年11月，开展讲好新故事·传播好声音活动。

第三节 文明新风与典型事例

一、开展文体活动扶贫济困

1994年5月，举办首届职工田径运动会。到会300多人，运动员180多人，赛出良好的体育道德风尚和竞技水平。发动全局职工积极捐款捐衣捐物。至同年5月25日，参加捐献的有260多人，共捐人民币340多元，衣物459件。

同年11月，市广播电视局机关党委、工会、共青团、妇联在元旦前联合举办爱国主义歌曲歌咏比赛活动。

1998年，党员和各级领导干部带头，组织2次抗震救灾、抗洪救灾捐款，共募捐3万多元，衣物1500多件。

2001年6月27日，举办纪念中国共产党成立80周年歌咏比赛。机关二支部、电台党支部、老干部党支部、机关一支部、〇五台党支部分获一、二、三名。2001年，成功举办全局职工支持北京申奥趣味运动会。

2003年，为迎接避暑山庄肇建300周年，举办登我长城、爱我家乡活动。组织部分党员到锦州辽沈战役纪念馆参观学习。

同年，共向市“见义勇为基金会”、丰宁小坝子扶贫村、承德市防治非典领导小组、贫困母亲和下岗女工捐款累计34930元。为困难群众送去面粉500公斤，棉衣棉被400件，以及部分扶贫慰问金。

2004年6月30日，举办主题为永远跟党走纪念中国共产党成立83周年一先双优表彰暨文艺会演。全局9个党支部演出精心排练的19个节目。老干部党支部荣获一等奖和组织奖，机关、网络公司、1085转播台党支部荣获二等奖，承德人民广播电台、承德电视台、〇五转播台、技管中心、行管中心党支部荣获三等奖。

2004年，积极落实中共承德市委、承德市人民政府扶贫帮困工作。帮助宽城前庄村修建文化广场、图书阅览室，赠送展橱，捐赠价值10000余元图书。为丰宁小坝子扶贫村捐赠面粉1000公斤，种羊款30000元。

2005年5月，参加2次全市组织的“阳光服务”活动，广泛听取群众对新闻宣传、网络服务和行业执法水平等方面的意见和建议。参加人员43人次，制作条幅1个、宣传展板3块，接待咨询60多人。

2006年7月1日，举办“知荣耻、强素质、树形象”演讲竞赛。共有9个支部的代表参加比赛，老干部代表侯毅获特等奖，机关代表韩若红获得第一名。

2006年10月19日，举办我爱广电登山比赛。共有承德人民广播电台、承德电视台、承德信广联网络公司、承德广通公司、机关1、2、3党支部、1085转播台8支代表队参加比赛。

2006年，组织全体干部职工送温暖、献爱心社会捐款活动，捐款共27000余元。

2007年4月，市广播电视局机关党委牵头，每天上午10时，组织开展全局大众广播操健身活动，广大职工踊跃参加，职工出操最多时达200余人。大众广播操坚持长达5年时间。

2007年6月8日，在市体育馆举行趣味运动会，比赛设大众广播体操比赛、跳绳、篮球、拔河比赛等多个项目。

2007年9月，参加市直“喜迎十七大、颂歌献给党”大型歌咏比赛。市广播电视局代表队与承德市文化局并列一等奖。

2008年4月，组织开展以中共十七大报告和新党章为主要内容的学习中共十七大精神知识答题活动，共有260名党员参加答题活动。

2008年6月，组队参加河北省广播电视系统乒乓球比赛，荣获女子团体第一名和女单冠军。

2009年1月，举办全市迎新春承德广电系统第一届书画摄影展。展出全市广电系统30多位干部职工精心创作的90余幅书画摄影作品。

2009年5月，参加全市实践科学发展观主题集中宣传活动。接待群众咨询150多人，发放宣传单1000多份，赠发广电报500多份，现场解答问题85件。

2009年9月，参加市直机关“迎接全民健身日、庆祝建国60周年环城长跑活动”和“市直机关职工趣味运动会”，参加围棋，乒乓球比赛。

2009年11月，参加市里组织的“博爱一日捐款”活动，捐款共23540元。

2010年1月20日，举办“广电系统春节联欢会”。

2010年，举办廉政书法比赛。

2011年6月，参加中共承德市委宣传部、承德市直机关工委组织的“颂歌献给党”群众性歌咏比赛决赛，获得一等奖。

2012年3月9日，机关党委组织无偿献血活动，全台共有 52 人踊跃献血。

同年 3—4 月，为下基层驻点村兴隆县北水泉乡北双洞村筹建“农家书屋”，组织全台职工开展捐书活动，共捐书 1000 余册，同时走访慰问该村老党员、贫困户，送去慰问金 3000 余元。

同年 6 月，举办第二届广电系统职工书画摄影展，共展示广播电视系统干部职工书画摄影作品 92 幅。

同年 9 月 12 日，组织广播电视系统首届职工篮球赛，共有 8 支县（区）广播电视台代表队参加比赛。承德广播电视台代表队荣获比赛第一名。

2013 年 9 月，参加承德市直机关运动会和市直篮球赛、乒乓球比赛并取得较好成绩。

同年 11 月 8 日，组织全台职工开展登山、寻宝、拔河比赛，庆祝第十四个记者节。

2014 年 7 月 1 日，举办“学习齐庆三 爱岗做贡献”演讲比赛。

同年 11 月至 2015 年 1 月，组织开展扶贫帮困“春雨行动”。10 个基层党组织共与宽城大地乡 4 个行政村的 23 户特困群众结成帮扶对子，发放慰问金 15000 余元。

2015 年 3 月，参加全市职工春季登山活动。

同 9 月，28 名党员志愿者参加尊老爱幼九九重阳节登鸡冠山活动。

二、帮扶救助贫困学生

1995 年 8 月，市广播电视局派出帮扶工作组到包扶贫困村双滦区偏桥子镇羊泉子村了解实际情况。自筹资金 4000 多元为村小学盖 3 间 80 多平方米的瓦房，解决学校 27 名学生的上学问题。

帮扶工作组还到宽城满族自治县塌山乡椴树洼村，自筹资金为村小学做 50 套桌椅。

1998 年 9 月，市广播电视局计财科在科长纪春景的带领下，集资帮扶兴隆县北营坊镇中学一贫困生。除替贫困生支付学费外，每月还寄去 80 元作为生活费，后来又给他买单放机、磁带等学习用具。除计财科外，局领导仇联众、孙淑琴以及乔昕兰、张习英、刘芳等多人都自发加入捐助行列。

同年，局机关还向隆化县步古沟中学捐赠 1 副篮球架及部分桌椅。

承德人民广播电台记者王九凤经常下乡采访，每当遇到因为各种原因即将失学的孩子，她都慷慨解囊，少则 100 元，多则几百元。1999 年 2 月，她把自己“十佳新闻工作者”所得的 1000 元奖金全部捐给面临失学危险的丰宁二中两个学生。入冬时节，又寄去衣物和 200 元现金，表示慰问。

这样的事例在市广播电视局有很多。承德人民广播电台节目 3 部的工作人员，在了解到承德民族中学初三一学生身患骨癌而全家为给他治病已负债累累的情况后，在 1999 年 6 月 15 日晚，就这名学生与疾病顽强搏斗等方面情况作专题报道。全体编播人员还到承德附属医院看望这名学生，送去鲜花、大米。市广播电视局领导孙淑琴还捐款 200 元。

承德电视台“今晚报道”节目组自 1998 年以来编播 40 多条救助失学儿童的新闻。在做好宣传工作的同时，采编人员还主动参与救助失学儿童的活动。

三、艰苦奋斗

承德电视台是新闻宣传单位，新闻工作者高度的政治责任感和敬业精神对做好工作十分重要。为将学雷锋活动抓到实处，台里将此项活动作为全台精神文明建设的重要组成部分，作为提高全台人员政治思想素质的重要条件抓紧抓好。工作部署中有学雷锋计划，党支部、团支部、工会定期组织学雷锋活动，台领导定期听学雷锋汇报，促使学雷锋活动不断向更高的目标迈进。

随着社会的发展，观众对电视节目的需求日益提高。而电视设备更新换代快、投入大，绝大部分设备及其零配件都是进口货，价格昂贵。

市广播电视局每年对承德电视台的设备投入与事业发展的需求差距较大。这几年，电视台在20世纪80—90年代投入的设备早已超期“服役”，很大程度上影响电视节目的质量，观众反映较多。为尽快解决这些困难，在承德电视台领导的带领下，技术中心的人员多方调查，自己动手，进行设备的技术改造和更新。一套要二三万元才能买到的非线性编辑系统，电视台靠分件购买、自己安装，只花几千块钱。一年的时间里，全台添置了40多套编辑线，节省资金80多万元。技术指标达到全国市级电视台的中上等水平，提高了节目质量。电视台原始的节目播出方式是磁带播出，存在许多安全隐患。2005年，电视台对全部的播出系统进行技术改造，又是靠因陋就简和自力更生，实现全台3套电视节目的硬盘播出，提高节目播出的安全系数和播出效果，此项技改节约资金40多万元。同年，为适应全市大型节目的录播需求，承德电视台利用现有设备和车辆，仅投入几十万元，就组装起要用100多万才能购置到的电视直播车，并进行承德电视台建台20周年庆典、“两会”市领导答政协委员问、承德人民广播电台建台60周年庆典等大型节目的直播，获得圆满成功。仅这3项，承德电视台就节省资金100多万元。

2006年7月，承德电视台办公地址整体搬迁，这对于电视台这个业务性极强，节目播出时间要求极高的单位来说是一项艰巨的考验。大量的机器设备搬迁，无数条光缆铺设，演播室、编辑机房、播出机房设备的卸装他们都自己动手。仅用一周时间，完成建台20年以来首次无错时、无差错整体迁移。

四、岗位创业

在雷锋精神的感召下，承德电视台形成团结一心、开拓进取、争创业绩的良好氛围。在全市无数次重大活动中始终走在前列，完成上级交给的各项工作任务。

2003年，庆祝避暑山庄肇建300周年活动历时半年多，任务重、人员少、时间紧。为圆满完成这次重任，全台人员废寝忘食、夜以继日地工作。有10多篇稿件在中央电视台播发，数十个节目在包括省台、全国电视协作体台和境外媒体上播发，为宣传承德、促进承德的改革开放和经济发展做出突出贡献。

2004年年初，电视台一位记者意外出车祸，生命垂危。他的家境困难，父母收入很低。在治疗最关键时刻，全台工作人员自发为他捐款，两天的时间里就捐款1300多元。

2005年5月19日，承德暖儿河煤矿发生矿难，50多名矿工被困井下。承德电视台在清晨5点多钟得到信息，从台领导到有关部门立即行动，仅用一个多小时就赶到现场，记录下第一手资料，及时把各级政府积极采取措施，抢救遇险矿工的消息播发出去。节目还被传到省台、中央台播出，稳定矿山和社会秩序。在一个多星期的时间里，参与采访的记者们饿了吃一口干面包，渴了喝一口自带的矿泉水，累了就在矿工休息室靠一会儿。采访的深入、播出的迅捷、敬业的精神，受到市领导的好评。

近几年，在全国广泛开展的维护农民工合法权益活动中，承德电视台的新闻工作者顶着压力、冒着风险，甚至面对不法包工头的恐吓，为那些遭遇欠薪的农民工奔走呼号。市区水泉沟镇一包工头拖欠20多位农民工的施工款，以致一些农民工的生活都无从保障。接到投诉后，承德电视台节目中心的记者深入调查，协调有关部门尽快解决问题。为此，包工头先是找人请记者吃饭，愿意拿出20万元钱给记者“封嘴”。遭到拒绝后，又扬言要“打断管闲事的记者的腿”。威胁利诱都没有让记者退缩半步。终于，经劳动部门裁决，为农民工讨回120多万元的血汗钱。农民工们为感激记者的义举，打算拿出工资的1%作为酬谢，也被记者婉言谢绝。从2004年至今，每年经承德电视台呼吁为农民工讨回的欠款都有数十万元，被农民工们称为“我们的贴心人”。

五、奉献社会

作为党和政府的喉舌，人民群众的代言人，承德电视台的全体同志时刻将雷锋爱憎分明的精神贯穿在自己的行动中。

2006年，在南京某大学读书的承德籍大学生董艳岭因患尿毒症被迫休学，生命面临危险。承德电视台得知此消息后，新闻中心《每日关注》栏目立即与南京电视台《东方在线》栏目共同拟定报道计划和主题，为董艳岭募捐。随后《每日关注》记者赴丰宁满族自治县对董艳岭的母亲进行采访，并将拍摄素材以特快专递的形式寄往南京。很快，承德电视台又策划南京至北京的电话连线行动，并在两地的电视节目中播出，取得非常好的社会效果。为董艳岭捐款近万元。在很大程度上缓解董艳岭治疗上的经费困难。

2006年9月，承德电视台新闻中心得知双桥区有近500名中小学生因家庭经济困难面临辍学，决定在新闻、民生节目中发起救助贫困学生的倡议。在台领导的支持下，《承德新闻》《每日关注》《今日聚焦》栏目对活动的开展情况，贫困孩子的生活现状进行报道，在社会上引起较大反响。一些充满爱心的企业和个人纷纷解囊。活动开展近3个月，全市有20家企业和个人捐款34000多元，为双桥区30个贫困学生解决学习和生活中的困难，使他们能够重新在学校里安心学习、快乐生活。

在承德电视台，捐助失学儿童、为灾区捐款捐物、帮助困难同事的事情屡见不鲜。各部门对前来反映情况的群众都热情接待，尽量帮助他们解决实际困难。记者们经常自掏腰包给前来办事的群众买饭、买返程车票。据不完全统计，仅2006年，承德电视台就接待群众来访、来电、来信1300多人次；为群众解决生产、生活中的实际困难270多件，收到锦旗11面，表扬信50多封。

第九章 先进集体和先进个人

本章以“人物”为题，从“先进集体”和“先进个人”两个方面记载市广播电视局历年来涌现出的先进典型和先进个人的突出事迹，并以人物简介的方式对省级以上优秀新闻工作者的事迹予以记述。多年来，市广播电视局领导班子坚定不移地保持组织、作风建设的先进性，认真抓好精神文明建设，成就一大批先进集体与先进个人。他们以实际行动和卓越的工作业绩彰显广电人艰苦奋斗、不断进取的精神风貌。

第一节 人物简介

一、省级以上优秀新闻工作者优秀管理人员名录

燕赵文化英才：陈曦、李瑞鲜。

省管专家：杨正义。

河北省“三三三”人才工程二层次人选：王剑辉、郭英、李瑞鲜、张子力、张宁哲、刘婕、韩志红、周丽蕴、孟宪国、吴越。

注：河北省“三三三人才工程”启动于2003年，即在全省培养30名左右45岁以下、专业技术水平在国内领先，在全省保持学科优势的学术、技术带头人，为“工程”第一层次人选；培养300名左右45岁以下，在全省各学科、技术领域有较高学术、技术造诣，作出突出贡献或成绩显著的科技骨干，为“工程”第二层次人选；培养3000名左右40岁以下，具有发展潜能的优秀年轻人才，为“工程”第三层次人选。选拔对象主要在国有、集体企事业单位中选拔，其他经济成分的企事业单位中符合条件的也可以参加。

“四个一批”人才：汪贵、宋晓静、侯云福、王剑辉、李瑞鲜、吴越、杨润忠、王赫远、韩志红、王春雨。

新世纪学术技术带头人（河北省“三三三”人才工程三层次人选）：陈克军、何维平、裴跃波、赵启林、侯云福、郭英、贾维利、杨润忠、方向云、王剑辉、孟宪国、张洪亮、刘婕、吴越、陈曦、张智新、张宁哲、李振武、韩志红、周丽蕴、韩冬梅、管媛媛、侯丽、王春雨

河北省青年拔尖人才：刘婕。

二、部分优秀新闻工作者事迹介绍

全国先进工作者郭淑贤

郭淑贤，1954年8月参加工作，在承德市广播站担任播音员，是承德市第一个播音员。当时，由于单位只有七八个人，她还同时兼任编辑、值机、采访、财务、收费等多项工作。连续4年多没有休过一次节假日，没有误过一分一秒播出，没有出过任何差错。

1958年9月，承德人民广播电台成立。建台初期，由于人员少，设备简陋，工作任务重，担任播音组长、文艺编辑、编委会委员的郭淑贤硬是靠着革命加拼命的精神，任劳任怨，确保了10月1日正式播出成功，以及随后各项重大宣传播出任务的完成。

1959年5月，郭淑贤加入中国共产党。由于长期身兼数职，一专多能，工作成绩突出，先后被评为单位、承德市、承德地区、河北省和全国先进工作者。1960年5月末，赴当时河北省省会天津参加“河北省社会主义建设先进单位和先进工作者大会”。1960年6月，在北京参加“全国教育卫生文化体育新闻方面社会主义建设先进单位和先进个人大会”（简称全国文教群英会），受到党和国家领导人刘少奇、周恩来、邓小平等的接见。事迹先后入选《中华劳模大典》《中国当代杰出共产党人》《承德劳模》等。

1962年，承德人民广播电台改为河北人民广播电台承德转播台，只播天气预报、文艺节目。郭淑贤除播音、编排文艺节目，还兼任会计工作。无论在什么工作岗位，她都始终勤勤恳恳，兢兢业业，一心扑在工作上。

1983年6月，中共承德地委决定建立承德地区电视转播台。郭淑贤主要负责筹建工作，在资金少、人员少的情况下，因陋就简，多方筹措，仅用2个月时间就正式播出。

1985年10月1日，经省广播电视厅批准，正式建立承德地区电视台，郭淑贤担任编辑组组长。为了解决节目源，她筹建北方城市电视台协作网。先后任总编室副主任、主任、副台长。

2019年，已经退休的郭淑贤荣获由中共中央、国务院、中央军委颁发的“中华人民共和国建国70周年纪念章”。

全国优秀新闻工作者汪贵

1973年1月，汪贵开始从事新闻工作。40多年来，共有96篇新闻作品荣获省级以上奖励。其中，省级一等奖以上29篇，中国新闻奖4篇。先后荣获“河北省先进新闻工作者”“河北省首届优秀新闻记者”“全国优秀新闻工作者”“承德市专业技术拔尖人才”“河北省劳动模范”等28项荣誉称号，破格晋升为主任编辑、高级编辑。

在公社广播站任编播员7年后，汪贵于1980年进入滦平人民广播电台工作。1995年，调入承德人民广播电台，先后系统的学习《新闻学》《新闻理论》《编辑学》《新闻与采访》等以及大学本科的全部新闻课程，撰写读书笔记80多万字。

1985年秋季，26岁已有9年新闻龄的滦平县广播站记者汪贵，随县经济工作检查团下乡。在拉海沟乡一个个体佛珠厂，34名工人中，就有15名十二三岁的学龄儿童，随后他到县教育局了解情况。他撰写的评论《不要割了嫩条绑扫帚》荣获河北新闻奖一等奖，还被多家媒体选用。

1996年年初，承德人民广播电台节目调整，就在紧张筹备新节目的时候，滦平县通往石家庄的班车上发生一起歹徒持枪抢劫事件，司乘人员勇斗歹徒，保护乘客的生命财产安全。他得到消息后，背起采访机赶往现场。第二天，《胡氏三姐弟勇斗持枪歹徒》的录音报道，在新改版的节目中播出，接下来他又连夜送往北京，及时在中央人民广播电台《新闻纵横》节目中播出，长达15分钟的节目成为地方台在中央台播出的重量级稿件。

他采写的《“筷子树”引发的环保警示》，敲开中国新闻奖的大门，而后又有《驼背上的希望》。2007年10月的一天，一位听众打来电话，为他收养5年之久的聋哑老人找家。他和同事火速赶往300千米以外的新闻现场，亲身感受那份浓浓深情，并策划寻亲、认亲、回家等5组节目。当年，《捡个老人当“妈”养》荣获中国新闻奖广播专题二等奖。

汪贵坚持理论研究，近年来撰写《标新立异出佳篇》《写好稿、上大台》《抓住新闻事实的深层亮点》《爱到深处情自真》等数十篇论文，发表在省级以上新闻刊物上。2015年第1期的《中国记者》配编者按刊发汪贵41年采写心得《“小城故事”缘何屡获大奖》。出版《我的广播情结》《岁月如歌》新闻专著2部。

情洒“田园”的王九凤

1998年，承德人民广播电台总编室主任王九凤荣获河北省首届十佳新闻工作者称号，受到中共河北省委宣传部和河北省记协的嘉奖。随后，她的作品《心系大南沟》荣获中国记协等3家单位联合主办的第四届“大地之光”征文一等奖。

王九凤是一个“半路出家”的新闻工作者。1993年年初，她由原中共承德地委宣传部到承德人民广播电台工作。1994年年末，通过竞争上岗，她开始领办电台的《田园交响》节目。在这里，她一干就是4年，年年都有精品问世，年年都受到嘉奖，真正把这支田园交响曲唱到农民心坎上。农家称它是“自个儿的节目”；农技人员把它当成推广农业科技的“得力助手”；主管市长夸它是“架起了政府与农民之间的一座桥梁。”

1995年1月18日，《田园交响》节目开播。为做好开播前的准备，王九凤冒雪步行到市农贸口7个单位征求意见，经过综合分析，确定“领头雁”“科技之花”“小康之路”等8个栏目。正在准备新节目开播之际，她病倒了。本应住院休息几天的她，手术后当天就出院回家。在家里，她把卧室当成办公室，把编辑约到家里商讨节目宗旨和建立通讯员队伍的方案。在床上，她给各县宣传部和农口部门打电话、写信介绍节目内容，并要求给推荐通讯员。为了采制节目，她冒着零下20°的严寒，乘班车到双桥区狮子沟镇采访。

1997年夏，女儿考大学，当妈的本应尽量多的当好“后勤”，可她却依然如故的下乡采访。平时爱人愿意吃她包的饺子，可她总是一股脑的想着稿子，不是菜刀切了手，就是馅里忘了搁盐……在她的脑海里从没有节假日，1996年国庆节放假3天，她闷在家里硬是把采访积累的素材，写成了1万多字的报告文学《在种子的“王国”里》。

这一年的腊月二十五，她双脚扭伤，正月初九还未痊愈。她把脚缠上绷带，特意买了双40号的大鞋，又到丰宁小坝子乡采访去了。她晚上住在老乡家的土炕上，白天拖着伤腿艰难地步行采访。回电台后发了录音专访《穷在深山有远亲》，感动了无数听众。

了解王九凤的人常说，为了节目她算豁出去了。没有采访机时她用自家袖珍收录机采访。去外县采访没有车时，她挤班车，不通车的地方就步行。有些偏僻地区听不到广播，她就请录音员帮忙复制录音带捎给人家，现已送出30多盘。她想方设法让群众听到节目，为此花掉了1000多元工资买收音机。

她给自己定下“深、宽、广、活、精”的5字“准则”，要求自己采访要深，思路要宽，交友要广，节目要活，精品要多。多年来，她矢志不渝的把“准则”坚持始终，为把潜埋深层的“活鱼”捞上来，她转遍市辖8县3区的120多个村庄。100余篇好作品出自她手，并由承德推向了全省、全国。她采制的录音报道《忠诚的哨兵》、通讯《一位画家的追求》等诸多作品获省市级好新闻奖。新的一年开始了，她把省里颁发的1000元奖金捐给了希望工程。

2001年10月26日，王九凤出席在北京召开的中华全国新闻工作者协会六届一次理事会开幕式，并在北京人民大会堂受到党和国家领导人的亲切接见。

被承德行署记功的老一代新闻工作者王英

1975年10月至1976年5月，王英在河北省电视台接受7个多月的电视摄影、摄像及后期采编制作培训，成为河北电视台驻承记者。1983年6月至1985年10月，王英参加承德地区电视台筹备和试播准备工作。

1983年6月30日，王英发挥自己在新闻采编方面的优势，很快就播出自采新闻《省经济报告团来我区做改革报告》，这是承德地区电视台播出的第一条新闻。此后，王英先后任新闻专题科科长，专题文艺部主任，台长助理兼专题部主任，台长助理兼总编室主任。1986年起任河北影视家协会会员，承德影视家协会理事。

从事新闻工作30多年，王英创作过的电视片有新闻类、新闻专题类、文艺类、舞台录像类、社教专题片类等，被中央台和省台采用播出的电视片有300多条，获奖作品28条。1990年，他主持的新闻专题科，被承德行署命名为“知识分子先进集体”。本人先后多次被有关部门评为先进工作者、优秀共产党员、优秀科长。1991年，由于创全台“3个第一”（上省台、上中央台、重点题材系列报道）受到行署记功奖励。同年，由于组织对首都周围绿化工程报道成绩突出受到中国绿化基金会的表彰，被授予“林业先进工作者”称号。

1989年，正值全省召开农建现场会期间，王英深入“全国农田基本建设先进县”隆化拍摄系列报道，很快在河北电视台播出，宣传效果十分突出。1990年，为了配合全区农业26项常规技术的推广，他组织本部人员制定报道计划，定岗定责，分工明确，用口播和画面资料等多种形式进行综合报道。同时，重点抓好典型，其中平泉县地膜覆盖的一组系列报道在全区起到示范引路作用。1992年，王英作为制片人与同事一起开办内容丰富多彩，形式新颖活泼的《经济广角》节目，受到群众好评。

1996年，时已年过半百的王英，毫不犹豫地参加由市领导带队的“经贸考察团”。在跟踪报道中，远赴黑龙江省黑河市，肩扛设备一路考察一路拍摄，及时抓拍到经贸活动的各种花絮，为深化承德与黑河经贸关系增光添彩。

进入20世纪90年代后期，王英十分注意引导新到岗人员学习业务。在业务培训班上，他精心准备教材，自制图片，声情并茂地讲解、传授基本理论与实践知识，多次在摄像人员培训班以及电教系统摄像人员短训班讲课，为提升全市通讯员新闻采编工作水平做出突出贡献。

甘为人梯的主任播音员侯凤贤

侯凤贤，播音名侯毅。1959年开始从事广播播音工作。1981年，侯毅作为承德市首批引进人才来到承德。1984年，作为播音工作的主要负责人，侯毅开始参与承德地区人民广播电台的筹建工作。从播音员的选拔录用到广播电视设备的配置，新闻专题节目的录制，她都是认真筛选，严格把关。

1985年元旦，承德地区人民广播电台开播时设备短缺。当时，只有一个播音室，三四个人要担负全台的播音任务。面对设备简陋，播音专业人员极其匮乏的实际情况，侯毅没有退缩，在自己主动承担起大量新闻专题节目播出任务的同时，把更多时间和精力投入到选拔培养播音人才的工作之中。在播音人才选拔培养过程中，她坚持高标准选人，去学校，进工厂，反复面试。不管是公开考试，单位推荐还是朋友介绍的人员，她都要专门面试，反复试听，不厌其烦地讲解播音知识与专业要点，提出具体改进要求。对于不符合专业要求的人员则是明确告知，一律谢绝。有时，为了选拔到合格的播音员，侯毅甚至多次利用业余时间到驻市的各高校校园考察寻访。功夫不负有心人。短短几年时间，就有徐笑梅、王欢、徐敏、徐耀、叶建军、张春玉、付红、姜韬等一批刚刚走出校门，有知识，有能力，年轻有为的新一代播音员充实到承德广播电视工作岗位。

1985年10月1日，承德地区电视台开始播出。电视台上马时是个单管摄像机，一篇稿件播音员要一气呵成，不能有一点点错，错了就要从头来。因为不好接头，接头镜头就会闪，图像不清晰不说还会变形，造成播音员的图像要比本人难看很多。为此，侯毅专门给新选拔上岗的播音员讲解播音要领与技巧，使他们很快练就一气呵成、一字不错的过硬本领。在培训工作中，她坚持因人施教，单独讲解，从实践入手，边干边学，让理论融于实践之中。创立并坚持主持人、播音员每天练声和试播制度，使主持人、播音员的成长形成快节奏，能够很快适应承德人民广播电台、承德电视台播音工作。

在认真做好两台主持人、播音员选拔培养工作的同时，侯毅还积极主动的为承德各县区广播电视台带培主持人、播音员。兴隆、滦平、宽城等县专门选派主持人、播音员到市台学习，由侯毅老师专门讲解播音要领与技巧。20 世纪 80、90 年代，承德各县（区）广播电视台有半数以上的主持人、播音员是她的学生。退休以后，侯毅依然应邀为隆化、围场、平泉等县区以及廊坊、石家庄等地的主持人、播音员选拔培养工作尽力。她还应聘担任承德师专客座教授，走上大学讲台，为播音人才培养继续努力工作。

除认真做好新闻专题节目播出，选拔培养播音人才外，侯毅还利用大量业余时间与采编人员合作生产制作大量优秀广播电视节目。如曾多次在中央人民广播电台《民族大家庭》节目与海峡之声电台的对台广播中播出并获奖的《山庄天下景，神州万里行》《翠环放异彩，明珠映山庄》等。同时，利用业余时间生产广播剧、广播小说等文艺节目 200 多讲，受河北人民广播电台之邀播讲小说《女间谍覆没记》60 讲。1986 年，侯毅播讲的广播小说《鳏寡风流》在全国长书交换会上获得一等奖；1987 年，广播小说《苍生》获得二等奖。2000 年 9 月，侯毅被承德民族师专聘为客座教授，她撰写的论文《试论新闻播音的艺术修养》被评为河北省好新闻论文二等奖。1985 年，侯毅被评为河北省十佳播音员；1986 年，荣获河北省好新闻评选委员会颁发的好播音奖。长篇小说《苍生》的作者浩然专门写信赞扬侯毅录制的广播小说《苍生》声音朴实无华，语言技巧运用娴熟，是很成功的二次创作；著名作家郭秋良在《河北日报》以《天上百灵地上人》为题撰文称赞侯毅的播音声音甜美，声情并茂，极富语言魅力。

承德是普通话之乡。工作之余，侯毅把为上级广播电视台输送人才作为自己的一件分内之责，努力把德才兼备的优秀人才推荐输送到上级广播电视台及省内外友好台。

端庄秀气，声音纯净浑厚的徐笑梅，被侯毅看作是个不可多得声像俱佳的播音人选。在承德台工作两年多之后，于 20 世纪 80 年代后期选调河北电视台，后又到中央台上了《新闻联播》节目。乐于奉献，开朗活泼的布尼伊兰；工作积极肯干，主动热情的王欢、徐跃、付红；工作认真踏实，刻苦学习播音业务的叶建军、李凤辉、杨学明、姜韬等都相继走上央视等国内各大广播电视媒体。20 多年间，侯毅为承德台及市内县区台选拔培养出来的播音员主持人 160 多人。其中，绝大多数都已经成为所在单位的“台柱子”。

三、承德广播电视台为中央台等新闻媒体输送人才简介

徐晓梅　播音名笑梅。承德市第二中学毕业后参军入伍。1985 年，笑梅到承德地区人民广播电台、承德地区电视台应聘播音员。经过专业知识与播音专业考核，并经试播后成为承德地区人民广播电台、承德地区电视台播音员，是承德地区电视台的第一任女主播。1985 年，调任河北电视台，担任《河北新闻联播》的女主播。1989 年，调入中央电视台。先后担任《新闻联播》《文学赏析》等栏目主播，参与《再说长江》等大型节目的策划与编导工作。

王欢　承德职业高中毕业。1988 年，王欢应聘承德地区电视台播音员，先后担任《承德新闻》等栏目主播。1991 年，调入中央电视台。

徐跃　毕业于承德市第八中学。1987 年，徐跃应聘担任承德地区人民广播电台、承德地区电视台播音员，先后主持《承德新闻》等多档新闻专题节目。1990 年，调入沈阳电视台。

第二节　先进集体及事迹

一、省级先进基层党组织：〇五转播台 2003 年度先进事迹

〇五转播台始建于 1964 年。建台初期山上一片荒凉。长达 9 个月的取暖期零下 40℃的气温，炼就了〇五人刚毅、坚强的性格。他们踏冰雪、冒严寒，靠手搬肩扛，硬是把座座铁塔架在了高山之巅。50多年来，〇五人始终弘扬“高山为家、广电为业、艰苦为荣、无私奉献”的精神，困难面前不低头，千斤重担不弯腰。经过坚持不懈的努力，〇五台的广播电视转播事业得到长足的发展。1970年，2800平方米的梯形机房落成；1975年，中央、河北两套电视节目开播；1976年，两路电源接通，保障连续供电；1980年，21.5千米盘山公路全线贯通，大大改善后勤保障条件。进入80年代以后，〇五人在技改上，投入大量的人力、物力和财力，取得30多项科技成果，为实现安全优质播出打下坚实的基础。

2002年下半年，〇五台新的领导班子上任后，认真贯彻落实中共十六大会议精神，始终把不断推进事业发展放在第一位，提出了“一个确保，两个提高”的总体措施，把全台各项工作推上一个新台阶。党支部首先从加强思想政治工作入手，用中共十六大会议精神教育党员和职工，达到提高思想认识、转变思想观念的目的。同时，把工作的重点放在解决事业发展中遇到的实际问题上。为了彻底改善山上职工的工作条件和生活环境，支部一班人先后多次去石家庄、北京争取资金20多万元，改善台里的工作、生活环境。对职工宿舍进行装修，职工食堂进行改造，更换宿舍内的床、被褥和电视机等，基本满足职工工作生活需要。

为了确保〇五台在事业上有一个跨越式发展，支部一班人不等不靠，多方联系，主动出击。经过大量细致周到的工作，2003年，成功实现民航华北空管局雾灵山项目签约和运行。年底，河北人民广播电台文艺频道在〇五台转播成功。2004年4月，河北交通频道也试播成功，这标志着〇五台的事业发展又跨上一个新台阶。

二、局先进基层党组织：〇五转播台2005年先进事迹

〇五转播台位于海拔2118米的燕山主峰雾灵山上（河北省兴隆县），担负着8套调频广播节目、2套电视节目的转播任务。传输2路微波信号，有2台120千瓦自备发电机组，有31.3千米10千伏高压线2路，有专用公路21.5千米。台里下设6个科室，有职工61人，离退休人员11人。

他们的口号是：发扬“高山为家、广电为业，艰苦奋斗、无私奉献”的〇五精神，坚持“内强素质、外树形象”的总体办台思路，开拓创新，创先争优，再创佳绩。

多年来，〇五台3次被广电部、人事部评为全国先进集体和先进台站，多次在河北省广播电视局评比中创优。取得广播电视科技进步奖30多项，20年来台内停播率零秒。

三、先进科室：党务办公室2005年度主要事迹（市直机关）

（一）开展先进性教育活动

2005年，作为全市第一批参加党员先进性教育活动的单位，市广播电视局党务办公室负责全局的先进性教育工作的具体落实，在局党组的正确领导下，他们克服人员少、任务重、时间紧等实际困难，严格按照市委先进性教育活动的统一安排部署，精心组织，周密安排，使整个活动严肃认真，效果明显。组织9次有影响力和感染力的全局性党课、事迹报告会、专家辅导和专题录像辅导。起草先进性教育活动一、二、三阶段实施方案、工作计划、总结和紫塞先锋工程实施方案，及时向上级机关反馈活动进展情况。他们在学习阶段针对基层组织多、党员队伍大的现状，为使先进性教育活动不留空白点，达到中共承德市委书记赵文鹤提出的“四个必须”，突出抓好“三个环节”，重点落实“七个一”要求，使教育活动取得明显成效。在党性分析评议阶段严格按照中共承德市委先进性领导小组规定的程序步骤，精心组织，周密安排，使整个阶段严肃认真，效果明显。在整改提高阶段，他们对征求上来意见和建议分层次进行认真、细致的分类归纳、汇总梳理，向党组、党组成员及党员本人作了反馈，并对意见较多的党员有针对性地做好思想工作，使局党组在制定整改措施上更完善、更具体。

（二）加强党员干部职工思想教育

加强党性教育。以开展保持共产党员先进性教育活动为契机强化政治理论学习，制订《2005年党组理论学习计划》《机关党建目标管理办法》，对领导干部和广大党员、干部政治理论学习内容都做具体安排，切实将理论学习落到实处。通过举办报告会、座谈会、专家理论辅导等形式强化党员干部理论学习，加深对先进性教育活动目的、意义的理解和认识。配合局党组共组织理论中心组学习9次，系统地学习《保持共产党员先进性活动读本》《江泽民论加强和改进执政党建设专题摘编》、中共十六届五中全会、中共河北省委六届八次全会精神以及中央、省市的重要会议精神等，另外利用宣传栏，编辑10期宣传板报。

配合市广播电视局党组认真做好领导班子专题民主生活会的前期准备工作，按照中共承德市委的统一要求，会前通过组织召开座谈会、设置意见箱、发放征求意见表、个别访谈等形式，虚心听取各方面人员对领导班子及成员的意见，并将征集上来的意见和建议及时梳理反馈给党组成员，使生活会开得更具有针对性，为开好领导班子民主生活会营造良好氛围。

（三）加强党组织建设

制定《2005年机关党委工作要点》。根据机构变动情况，在春节前，成立机关2、3支部，选举出新的支部书记和支部委员，从组织上确保支部各项工作的顺利开展。

加强对入党积极分子的培养、教育和组织发展工作。根据党章和发展党员工作的规定和要求，严格按照“坚持标准，改善结构，慎重发展”的方针，有计划地指导各党支部发展新党员及入党积极分子的培养教育工作，共吸收新党员11名，严格审批了11名预备党员的转正资格，选送11名同志参加省直机关工委举办的入党积极分子培训班。

认真组织各党支部召开党员民主生活会。机关党委结合先进性教育活动，在先进性教育活动分析评议阶段，指导各支部认真组织全体党员干部召开民主生活会。每位党员都结合自身的工作实际，畅谈先进性教育活动的学习体会，并以党员先进性岗位要求对照自己开展批评与自我批评。通过支部民主生活会，有力地促进全局的作风建设，也为各项工作的顺利开展奠定良好的思想基础。

按照市直工委的要求，组织开展民主评议党员工作。机关党委认真检查全体党员履行党员义务的情况。经过评议评选出2004年度先进基层党组织5个；优秀共产党员13名；党务工作者5名，为市直机关推选出6名优秀共产党员。并推选出机关党委和1名党务工作者、6名党员为市直工委表彰的“一先双优”。

（四）加强干部职工作风建设

制定《2005年党风廉政建设和反腐败工作要点》《2005年党风廉政建设和反腐败工作任务目标分解》《2005年行风建设工作实施方案》《关于开展行政权利公开透明运行工作的实施方案》《关于开展机关效能建设的实施方案》，把加强行风建设列入年度重点工作，明确目标责任，层层分解到人。重新修订市广播电视局新闻宣传和有线网络服务社会公开承诺事项；公布举报电话。

开展党纪政纪教育。结合先进性教育活动，组织中层以上干部收看丛福奎受贿案警示录；组织全体党员进行了保持共产党员先进性知识答题活动。

组织全局干部职工认真学习《中国广播电视编辑记者职业道德准则》和《中国广播电视播音员主持人职业道德准则》，组织在职编辑记者、主持人160多人参加2个条例的闭卷考试。

牵头组织局属2台1报、网络公司、社管

科等部门参加2次全市组织的“阳光服务”活动，广泛听取群众对新闻宣传、记者形象、网络服务和行业执法水平等方面的意见和建议。参加人员43人次，制作条幅1个、宣传展板3块，接待群众咨询60多人，发放宣传单3600多份，赠发广电报1600多份，解答问题43件，对征集到的意见建议进行梳理并及时反馈给有关部位，并对整改情况进行督办。

开展先进性教育活动满意度测评。协助党组召开由各不同岗位代表参加的5次座谈会，把整改结果通报给职工，并进一步征求各方面意见和建议，以利于整改措施的进一步完善。发放民主测评表260余份，通过广泛民主测评，群众对市广播电视局先教活动的满意度达98%。

组织召开2次社会行风监督员座谈会和行风监督员听政质询会，参加人员达80多人。组织开展全系统民主评议行风活动。聘请社会各界60多人参加动员大会，市广播电视局按照机关、部队、社会团体、院校、社区等不同比例发放问卷调查2000份，对群众的投诉及社会行风监督员提出的26条意见和建议进行认真的梳理，及时反馈到相关部门。

（五）大力开展精神文明建设

配合局工会组织全局运动会，组织参加承德市直机关长跑、登山等活动并获得优秀组织奖。

积极参与各项社会公益活动。组织部分党员利用休息日参加全市共产党员志愿者行动，清理街头小广告、擦洗护栏。响应中共承德市委提出的“开展万名党员助民大行动”“四抓五送两推进”和市残联“爱心助残募捐”活动，在具体行动中彰显党的先进性，共捐款21400元，衣物1000余件、科技图书100余册。

结合纪念中国共产党成立84周年和先进性教育活动总结大会，对2004年以来涌现出的5个先进基层党组织、13名优秀共产党员和5名党务工作者给予表彰，树立学习典型。

组织各支部参观纪念抗日战争暨世界反法西斯战争胜利60周年展览，全局参观展览人数达136人次。

四、文明科室：承德人民广播电台新闻采编部2006年先进事迹（市直机关）

承德人民广播电台新闻采编部共有10名编辑、记者，是一个充满活力、爱岗敬业的群体。承担着全台新闻节目的采写、编辑工作。由于工作性质的要求，要与社会的方方面面打交道，他们都是本着“真诚、严谨、热情、服务、创新”的理念对待工作。2006年3月下旬市直和谐机关创建活动启动以来，全台上下按照“思想作风好、团结氛围好、服务作用好、工作成效好和办公环境好”等五好要求，组织干部职工认真开展学习教育活动。新闻采编部在做好新闻报道的同时，积极组织全体人员参加，认真学习党和国家的路线、方针、政策，积极参加业务学习、业务研讨，使编辑记者的政治理论水平、科学文化素质和业务能力都有大幅度的提高。工作中廉洁自律、克己奉公，无违规违纪行为。在全台创建和谐电台的活动中，表现突出，同事之间团结友爱，生活上互相关心、互相帮助；工作中互相督促、互相补台，严谨勤奋，人人爱岗敬业，具有较高的凝聚力和战斗力。承德人民广播电台作为窗口单位，要求工作人员做到待人诚恳，服务热情周到，不推诿扯皮，不推卸责任。采编部直接接触社会的方方面面，要求就更加严格。他们把全年报道计划反复研究，围绕中共承德市委、承德市人民政府中心工作和全市改革开放、经济建设及社会发展等制定符合承德实际的报道方案。全面、准确地报道全市上下取得的各项成就，对百姓关心的热点难点问题进行客观公正的报道，在政府和百姓之间架起了联系的桥梁纽带。多年来，经过全体人员的努力，每年都有多篇报道获得国家、省、市级奖励。2006年，采编部2人分别被承德市直工委和市广播电视局党委评为优秀共产党员，1人被评为市级十佳新闻工作者。

第三节 先进个人与事迹

一．振兴承德特别奖候选人——刘俭先进事迹

刘俭，中共党员，1993年7月至2004年7月，任承德地、市广播电视局党组书记、局长。承德地市合并以来，刘俭坚持以邓小平理论为根本方针，带领班子成员为振兴承德、发展承德经济，努力抓好广播电视事业。

1993年以来，他和班子成员自加压力，负重攀登，自筹资金建起承德有线电视台，发展用户43622户，转播全国上星节目18套。他带领职工克服数九寒天不便施工的困难，用40天的时间完成承德有线电视台和双滦区联网任务，解决双滦区人民多年来看不到看不好承德电视台节目的难题。他积极争取，克服困难，在1996年9月顺利完成承德电视台在雾灵山建转播台任务，使承德电视覆盖率达到40%，解决承德8县2区长期收不到承德电视台节目问题。通过改造、更新设备，使承德人民广播电台节目，不仅覆盖承德的绝大部分，而且北京、天津和河北的保定、廊坊等地区也能收听到；全市209个乡镇有116个乡镇建起有线广播电视站，建站率居全省第一。

在抓广播电视事业的同时，刘俭注重抓新闻舆论导向，遵照中央领导同志讲话精神，认真调整工作思路，借鉴外地经验引进竞争机制，对承德人民广播电台、承德电视台节目进行调整，对栏目采取竞争上岗制和领办人制，调动广大干部、职工的积极性。承德电视台连续2年在省台发稿量居全省首位，承德人民广播电台发稿也一直排列在前，年年超额完成市委、市政府规定的上宣目标。几年来，中央电视台“与你同行”“中国报道”“东西南北中”“祖国各地”“神州风采”等栏目，对承德多次给予大篇幅报道。这些精品的播出宣传承德，展示承德的旅游、区位、资源3大优势，提高承德的知名度，把承德推向全国、全世界，对承德经济的发展起到举足轻重的促进作用。

多年来，刘俭和班子成员一起抓学习、抓教育、抓培训、树形象，积极开展“双学”“鱼水工程”“形象工程”“讲、创、建”等活动。对全局职工进行爱国主义、革命传统和法制教育以及爱岗敬业、无私奉献、艰苦奋斗、勤俭建国、遵纪守法等方面的教育。激发广大职工的爱国热情和奉献精神，提高全局凝聚力、战斗力，一种“讲学习，比贡献，创一流”的良好风气在全局形成。局“二五普法”工作被国家广播电视部评为全国广播电视系统先进单位，音像市场管理工作被中共河北省委、河北省人民政府评为“扫黄打非”先进单位。综合治理工作、计划生育工作、双拥工作、档案工作、信息工作、承办工作均被河北省广播电视厅、中共承德市委、市人民政府评为先进单位。经过对目标考核，承德市广播电视局连续2年被中共承德市委、承德市人民政府定为政绩突出单位。

面对经济改革的大潮，刘俭认真学习邓小平理论，以廉修身，以勤敬业，保持公仆本色，受到党内外同志们的好评。根据刘俭为发展承德广电事业呕心沥血的工作政绩，1997年，市广播电视局认为他具备承发[1996]45号文件第二条第十款条件，推荐应授予振兴承德特别奖。

在抓好全市广播电视工作的同时，刘俭结合广播电视宣传工作，满怀对祖国、对家乡故土的热爱，用爱书写歌词。他是中国群众文化学会会员，中国电视艺术家协会会员，中国广播电视协会电视文艺研究会常务理事，河北省影视家协会常务理事，承德市影视艺术家协会主席。多年来，他创作110多首歌词，大都被广泛传唱。除《滦河情》《我爱承德我爱家》享有盛誉外，《相约新

千年》获2000年“非常可乐杯”中国艺术歌曲音乐电视展评银奖，2001年“蓝天杯”第四届全国百家电视台电视音乐节目展评银奖。《在家不当小皇帝》获第九届中国少年儿童歌曲卡拉OK电视大赛金奖。《三十年》等10首歌词在2010年中国作家金秋笔会全国征文评比中获一等奖。

1993年至1995年，承德电视台历时2年，拍摄电视专题片《滦河—承德》。为给《滦河—承德》配主题曲，1995年刘俭创作《滦河情》，并请中国音乐家协会《音乐创作》常务副主编、国内资深作曲家龚耀年为其谱曲。《滦河情》在中央电视台播出后，获得第三届全国百家城市电视台电视音乐银奖。

1999年春节，承德电视台举办承德历史上第一个直播春晚，主题定为“我爱承德我爱家”。为了这台春晚，刘俭创作主题歌《我爱承德我爱家》，并请著名作曲家龚耀年为其谱曲。在承德春晚推出后，《我爱承德我爱家》首先在承德广为传唱。1999年8月，《我爱承德我爱家》参加“新世纪的旋律全国城市之歌大赛”。2000年8月，一举夺得大赛所设的全部奖项：艺术大奖、金奖、最佳作词、最佳作曲、最佳演唱、最佳音乐编配、优秀组织7个奖项。在全国200多支参赛歌曲中，《我爱承德我爱家》是唯一一首摘取全部大奖的歌曲。

二、优秀共产党员马建良赴川援建事迹

2008年5月27日，马建良接到关于市援建队伍进川现场报道的紧急任务。当日承德电视台才从北京购进赴川电视新闻报道所需设备。在出发前夜，马建良与台里技术部工作人员连夜加班，迅速掌握相关设备的使用和操作。在台里的全力支持下，为即将开始的新闻报道工作打下非常重要的硬件基础。

5月28日上午，马建良随承德赴川援建队伍出征。在途中立即开展新闻报道的素材采集工作，完整的记录赴川援建队伍从出发直至抵达目的地的详细过程。经过40多小时、2000多千米的行程，于5月30日凌晨4时，到达四川省都江堰市聚源镇。

作为电视台技术部门的工作人员，马建良将做好新闻报道的技术保障作为第一职责。在这次报道任务中建立和台里的传输通道成为一个非常关键的环节。由于远距离回传新闻画面对传输通道要求较高，及时架设稳定的网络回传系统，成为完成赴川新闻报道的关键所在。为解决这一难题，抵达目的地后，马建良与宣传报道组成员陈小波在第一时间和都江堰电信部门取得联系，积极争取网络宽带业务。但由于灾区条件复杂，许多地方电力都还尚未恢复，经过考察后发现指挥部并不具备架设网络的硬件条件。后在前方指挥部的协调下经过积极的努力寻找，在距离前线指挥部20多千米的郫县安德镇当地居民开办的家庭旅店中找到宽带的终端。但是得知震后该居民宽带业务已经终止，在与居民协商后，又立即与郫县当地电信部门取得联系。在当地电信工作人员的配合下，终于在5月30日11点左右开通宽带业务，成功地架设新闻素材回传系统。及时地保障新闻素材回传的通道，并于当日下午成功回传赴川援建队伍顺利抵达的电视新闻，让家乡人民及时收看到承德市援建队伍的影像画面。

在开通传输通道后，为进一步完善传输系统，马建良和台里共同努力，积极寻找更好的视频传输通道。结合当地的实际条件，在技术上尝试各种渠道，进行许多创新，为今后的工作也积累许多宝贵的经验。为保障报道任务的顺利完成，台里给报道小组配备全新的双份新闻报道设备。由于前方气候条件特殊，又由于电力供应也不是很稳定，日常的设备维护和使用更加需要注意。由于电视新闻报道的具体要求，在完成好技术设备保障本职工作的同时，还必须承担电视新闻采编的工作以及援川工程视频素材整理工作。这对马建良的工作提出更高的要求，为此，他经常白天从事新闻采编工作，晚上还要进行设备维护，

素材整理的工作，休息的时间很少。作为一名党员，在平时的工作中马建良和新闻报道小组组员一起，克服许多困难，以饱满的热情积极工作，较好地完成新闻报道任务。

承德在都江堰市聚源镇援建的施工地点分为导江村和羊桥村两个地点。两个地点并不在一起，两地中间相距10千米左右。由于受震灾影响加上交通情况较差，给日常的新闻报道增加难度。考虑到影像资料的全面性，每天马建良都要往返于两个工地之间，在初步完成素材的采集和整理后还要赶往20多千米外的安德镇进行新闻回传工作。在前期工作中，前方指挥部车辆少，用的地方多，没有车就自己想办法。安德又是一个镇，很难打到出租车，有时为赶时间就找当地的三轮车或货车作为交通工具。在完成当天工作后，还要立即为明天的采访做准备，有时还要参加指挥部夜间的会议，加班对于马建良来说是经常的事情。

由于当地气候条件和家乡气候条件差距较大，气温较高，平时又闷热潮湿，给日常工作造成一些困难。有的时候为收集足够的新闻素材，需要在工地上等上几个小时。长时间的日晒，每个人的胳膊都脱了一层皮。日常饮食上也很难适应，当地饮食习惯以辣椒为主，马建良并不适应，工作紧张的时候就在工地随便吃些面包和矿泉水。由于条件有限，新闻报道小组成员在工作中身体都出现一定的不良反映。在这种情况下，马建良主动承担更多的报道工作。并鼓励大家发扬不怕吃苦，连续作战的精神共同完成好新闻报道任务。从抵达之日起截至6月19日，在台里的大力支持下，承德电视台新闻报道小组共向家乡发回20篇电视新闻稿件，做到每天都有电视视频素材回传，并积累近2000分钟的视频素材。较为全面的通过电视画面反映承德援川工作。为此，马建良的工作得到前方指挥部的认可和表扬。

马建良在前方工作的这些天，由于从事新闻工作有机会接触到援川过程中的各个方面，发现许许多多闪光的事迹。眼中看到的是承德人民和四川灾区人民在一起为同一个目的众志成城、团结奋战的真实场景。心中最为感动的是整个援川的大集体在党组织的领导下所展现出的强大的凝聚力和战斗力。马建良作为一名党员，作为这个光荣的集体的一员由衷的感到骄傲和自豪。马建良自信能够用自己的切实行动来践行一个党员的责任，圆满地完成这次援川报道任务。

三、文化体制改革的践行者杨润忠先进事迹

杨润忠，1967年12月出生。1997年6月入党，河北大学毕业，中共河北省委党校研究生学历。承德广播电视报总编辑兼承德新闻网总编辑，承德广播电视报党支部书记，2012年，任1085转播台党支部书记。

杨润忠作为一名共产党员，一名基层党务工作者，时刻以党员的标准严格要求自己。对事业兢兢业业、勤勤恳恳，表现出强烈的事业心和高度的政治责任感，为党务工作和事业做出了积极的贡献。为其他党员树立了榜样。

2005年11月，杨润忠担任承德广播电视报总编辑。当时，《广播电视电视报》各项指标处于低谷，报纸发行量不到15000份，全年收入不到130万元，前景堪忧。面对困境，他率领报社全体人员进行一系列的改革，推出一系列举措。首先，对8县3区报刊市场进行走访、调研，与读者、发行人员进行交流，分析承德的经济形势和城市人口文化结构等，了解读者的需求。同时，多次到同行业的兄弟单位取经，借鉴办报成功经验，探索事业单位企业化管理的路子，实行零工资制，最大限度地调动全体员工的积极性。结合报社发展实际，在全省范围内率先打破员工身份、职务、职称限制，实行全员聘用制，部门主任与普通员工双向选择。真正以业绩贡献为考核标准，在报社内部营造公平、公正、和谐的工作环境。经过艰苦努力，使一个处在低谷时期的媒体，逆势扩张，业务指标实现跨越式的上扬。到2011年，

全年总收入近 800 万元，发行量稳步上升，影响力成倍扩大，为百姓和市场所认可。成为全国范围内成长较快的一家平面媒体，被评为全国城市广播电视报 20 佳，河北省报业第三届经营管理先进集体。2010 年，被承德市人民政府授予先进单位荣誉称号。报纸与中共承德市纪委、承德市监察局合办的“廉政文摘”得到中共河北省纪委领导的好评，被推荐为全市党员干部读本。

在承德广播电视台党组的领导下，2010 年与中华网合作，于 11 月 11 日成立承德广电网。后改为由中共承德市委宣传部、承德市外宣局和承德广播电视台主办的承德新闻网，成为承德市官方新闻门户网站。杨润忠兼任总编辑后，多方寻求发展机遇，成功的与中华网、土豆网、新浪河北建立起战略性合作伙伴关系，为承德新媒体的发展奠定良好基础，也为传统媒体向新媒体转型创出一条新路。

承德新闻网经过一年半时间的企业化运营，目前网站 PR 值和百度权重值等各项指标，在承德都居于首位。承德新闻网与土豆网合作，土豆映像节的颁奖典礼于 6 月 2 在承德举行，对宣传承德起到非常好的作用。

2012 年，又承接中共承德市委宣传部主办的承德文化产业网的建设与运营。至此，《承德广播电视报》和承德新闻网、承德文化产业网一起形成一报两网的格局。在宣传、发行、经营等方面形成互动，从而使企业的经营范围更广，发展空间更大。

作为一名共产党员，杨润忠积极配合文化体制改革，并在企业化后的媒体运行机制方面积极探索，为全省的非时政类报刊的转企改制做出突出贡献。他的经营思路为传媒产业的发展壮大提供经验，积累后劲。为此，受到中共河北省委宣传部、河北省新闻出版局等相关部门领导的肯定和表扬。

2006 年 1 月，杨润忠被河北省新世纪“三三三人才工程”人才工作领导小组定为第三层次人选；2007 年，先后被承德市直机关工委、市广播电视局授予优秀共产党员称号；2008 年 1 月，被河北省人事厅、河北省广播电视局授予河北省广播电视系统先进工作者光荣称号并记二等功；2008 年 4 月，被承德市人民政府授予劳动模范荣誉称号；2009 年，被承德市直机关工委、市广播电视局授予优秀党务工作者称号；2011 年 5 月，被河北省新闻出版局、河北省报业协会授予全省报业经营管理先进个人称号。系中共承德市委宣传部表彰的“四个一批”人才。

四、基层党建工作先进人物张强事迹

张强，现任承德交通文艺广播总监、电台党支部委员。从事广播工作 16 年，党龄 12 年。在工作中他始终严格要求自己，扎实地履行部门负责人与党支部委员的职责，努力发挥好专业骨干的带头作用，党员的先锋示范作用，为促进承德广播事业的发展做出了应有的贡献。

爱岗敬业、勤奋工作。因为热爱广播事业，热爱新闻工作，张强大学毕业后便投入到广播队伍中。从最基层工作做起，努力学习不断充实自己。采访、编辑、播音主持工作，样样精通，即使在 2001 年开始担任制片人工作后，也一直工作在第一线。2003 年入党后，更是严格要求自己，工作精益求精，采访足迹踏遍承德 8 县 3 区。采访制作各类节目 15000 多个小时。200 多万文字材料，涉及农村、经济、新闻、文学、服务类、娱乐等多个领域。所负责的节目深受听众喜爱，也得到领导、同事的认可。2012 年，组建领导新的承德交通广播至今。在其策划下，全新改版的承德交通文艺广播以一个全新的形象出现在听众面前。改版后的 976 交通文艺广播，努力打造专业化交通广播，贴近交通，服务百姓生活。

在担任电台党支部委员后，积极参加党组织活动，建言献策，认真学习，使电台党支部多次获得嘉奖表扬，认真培养发展入党积极分子，获得 2013—2014 年度承德广播电视台优秀党务工作者。

不断创新，探索发展。在工作中，张强不断摸索，不断创新，为承德广播的发展贡献力量。1999年，创办承德人民广播电台第一档服务类直播节目《有事您说话》，宣传党的方针政策、努力解决老百姓生活中的实际问题。节目中，免费为听众发布各类生活实用信息，解决弱势群体实际困难。至2015年已发布各类信息35万多条，解决各类实际问题10万余件，成为承德广播的十佳名牌节目。

2012年，组建领导承德交通文艺广播，真正建立交通广播机制。实现市区道路状况全天候实时播报，为市民的日常生活、交通出行提供指导。因为工作创新出色，多次评为优秀。

在基层党支部活动方面，积极策划，将党员教育学习与社会实践活动相结合。充分利用新媒体手段——微博微信，让更多人了解活动内容，了解党支部的基层建设。在976交通文艺广播率先推出“党员示范岗”，充分发挥党员的模范带头作用。

五、基层党建先进个人李国轩事迹（2014年度）

李国轩，中共党员，大学本科学历。1999年调入承德广播电视台工作，2005年开始主管上宣工作。10年来，他参与策划在河北电视台发稿3000余篇，在中央台发稿近500余篇，为宣传承德做出突出贡献。他先后15次被授予承德市优秀宣传干部、先进个人、优秀记者、承德广播电视台优秀共产党员等称号。

李国轩政治立场坚定，积极拥护党的领导，坚定共产主义信念。作品贴近实际、贴近生活、贴近群众，切实担负起宣传党的主张、弘扬社会正气、通达社情民意、传递正能量的媒体人责任。

率先垂范，无私奉献。新闻记者是媒体中最辛苦的，而新闻上宣记者是最累的。不仅承担着本地新闻的报道任务，而且还承担着新闻上宣的压力。随时随地都在绷紧着一根弦，工作没有终点，早晚及周六、周日加班已是家常便饭，别人在休闲度假和家人团聚的时候，他却是奔跑在新闻采访的路上。他不仅分管上宣工作，还兼管着承德新闻的值班工作。每天新闻播出离开单位时已是万家灯火，但他从无怨言。2013年11月8日，和中央电视台记者一起在金山岭长城上采访时，由于连续多日劳累，吃饭睡觉不及时，导致抵抗力下降，头晕、腹痛不已，但他强忍着剧痛直至将片子拍完。当他送走中央台记者到医院后，医生告诉他急性阑尾炎已严重化脓，必须马上手术。当时，医生称好险，再晚就会有生命危险。手术后躺在床上，仍然惦念工作，手术还未拆线就又投入到工作之中。

创新工作方法，上宣工作成效显著。2014年，他创新工作方式，要求电视上宣部全体人员每天早晨主动登录央视的3n网、省台新闻中心的协作联盟QQ群，及时了解当日策划重点，确保新闻当日晚上就能播发，将承德的声音、成就、举措及时准确地报道出去。2014年，他和同事与中央电视台记者共同拍摄《塞罕坝三代林场人 让高寒荒漠变林海》《承德双滦区：“民生工程 百姓点菜”》《河北承德组建的帮扶支部 促进农村发展》等群众路线教育实践活动的新闻稿件，在中央电视台《新闻联播》播发，特别是中央电视台《焦点访谈》播出正面报道《塞罕坝的坚守》的专题，实现历史性的突破。《金山岭长城修复工程完工》《散落民间的宫廷味道》等专题，报道承德特色文化旅游活动，提升城市文化魅力和吸引力。2014年，上宣部在河北电视台新闻频道发稿850余篇，在中央电视台发稿80篇，在新华视频发稿50篇，均创历史最好水平。

他时刻以优秀党员的标准严格要求自己，恪守着“奉献不言苦，追求无止境”的人生格言，用自己的实际行动诠释“共产党员”称号。2015年2月，承德广播电视台总结大会上，他带领的新闻上宣部被领导称赞为任劳任怨、无私奉献、最有战斗力的团队。

附　录

一、领导讲话

三年五千里的艰难历程

——承德新华广播电台成立前后三年的艰难历程

原承德新华广播电台台长 原中央广播事业局副局长　董　林

每当想到承德新华广播电台成立前后三年的日日夜夜，我的心难以平静，多少难忘的往事历历在目，思绪纷至沓来。

1945年“8•15”后，抗日战争的烽火还未完全熄灭，我党和国民党争夺东北战略要地的序幕就已拉开了。奋战在燕山山脉的冀热辽军区部队根据延安总部朱德总司令的命令，由军区司令员李运昌率领18000名经过抗日烈火锤炼的英勇健儿，在苏联红军的配合下，神速机智地占领山海关，解放承德、锦州，进驻沈阳，为关内我军大踏步向东北进军和全面接管东北打开前进的道路。

我军在东北的脚步还没有站稳，蒋介石卖国集团在美帝国主义的支持下，调兵遣将，昼夜不停地向秦皇岛运输军队，妄图攫取东北，决心把中国引向内战的深渊。

摆在我党面前的首要任务，就是针锋相对，寸土必争，动员一切力量，打退国民党军队的进攻，解放全东北。在此危机关头，为保存一座只有500瓦的中波广播电台，军区领导竟给予令人难以置信的特殊关照。有时宁肯耽误军需弹药、粮食的运输，也不让丢掉这座小小的电台，到处为它开绿灯。从锦州运到承德，从承德运到热河省北部边城——林西县，运到齐齐哈尔，又从齐齐哈尔运回热河省赤峰，最后又运回承德，历时三年多，行程五千多里。

一、从锦州撤到承德

一九四五年“八一五”日本宣布投降时，我正在冀热辽军区第十八军分区工作，部队驻在玉田县城，正准备收复唐山，收缴尚未投降的日伪军。10月初，军区来电调我到锦州冀热辽军区“前委”（即东北前进委员会）司令部通信科工作。

这时，已经是秋天了，天高云淡，万里无云，气候清爽宜人。我怀着“打回老家去”的愉快心情，带领12名刚从训练班结业的通信干部，由遵化出发，奔向山海关。当时，铁路沿线尚被日伪军占领，冀东腹地县城都已解放。我们这批通信干部单独行军，没有战斗部队护送，在我的记忆中还是第一次。我们是日行夜宿，一路上有说有笑，无比欢乐，这是在八年抗战中从未有过的一次安全、舒畅的行军，激动兴奋的心情是难以抑制的。

可是我们到了山海关，立刻感到战争的气氛异常紧张，美帝海军陆战队第三师已在秦皇岛登陆，国民党第十三军、九十四军也集结在秦皇岛，战争一触即发。面对这种形势，我们的美好念头也就烟消云散了。保卫山海关的我军杨国夫师长，劝我们立即出关，连夜赶到前卫车站，乘火车去锦州。

11月初，我们到了锦州，当晚我到司令部向李运昌司令员报到。他询问冀东情况后说："你来的正好，前不久晋察冀军区来电指示，各地广播电台应妥为保管。锦州也有个电台，明天你去看看，是否有用？"

第二天，我带着通信员孟宪荣到伪满锦州放送局。整个院里只有3个人，看门的老头、电台技师日本人酒井重作和他的夫人。由酒井陪着我查看了电台。当时我不懂日语，他用汉语只会说几句生活用语，好在日文无线电名词都是借用英语，他就用日语发音的英语介绍电台设备，发音虽然不很准确，我勉强可以听懂。酒井先生说发射机电力是500瓦，我吃了一惊，不自觉地说了一句："电力真够大啊！"因为在抗战期间，我们部队使用的发射机最大才有7瓦，一般都是3瓦，500瓦发射机从没有见过。

中午，我回到司令部，向李运昌司令员做汇报。他当即指令我将这座电台设备全部拆卸，不要丢掉一个部件，保证以后能够再安装起来使用，并限我在当天夜间10点将全部设备运到北票待命。

从李司令员那斩钉截铁的口气里，感到任务是紧迫的。我在他领导下工作4年，还是第一次遇到这样没有商量余地交代任务的，可见形势紧张程度。

接到任务后，我带领一个通信连，乘两辆卡车前往电台。一到那里，我就和通信连干部到电台各屋看了一遍，接着召开碰头会，分配任务。连长带一个排到军区后勤部搞木板和钉木箱用的工具，二排长带着战士到市场去购买钉子；其余负责登记、装箱、拆卸设备；指导员负责检查；怎样拆卸和拆卸应注意的事项，等候由日本人酒井交代。

随后，我让通信员把酒井请进来。他一到门口，看见持枪的警卫，满屋八路军，以为要把他当俘虏押走，吓得连走路都战战兢兢。一进屋，向我行了个九十度鞠躬礼，喃喃低语："请多多关照，多多关照"。我立即走向前去，和他握手，让他坐下。通过翻译告诉他，我们要把这座电台设备全部运走，不留一个部件，也不许损坏一件器件，并要今后随时都能安装起来进行广播。他明白我们找他的意图，情绪才有所缓和。接着他问："什么时候拆完？"

我说："今天18点前全部拆完，并要装箱。"

"我一个人拆不了。"

我指着满屋战士说："他们都参加拆卸，但是你要告诉他们怎样拆和应注意的事项。"讲到这里我把手枪放在桌子上，严肃地说："不许发生触电事故！"指着手枪说："如果发生任何伤亡事故，我要找你负责。"接着我说："机器拆完，今晚你和我们一块离开锦州。"

他说："我还有妻子，我不走。"我说："你妻子和你一块走。"后来我才知道，他们俩刚刚结婚，他怕把他老婆留下。

酒井了解我交给他的任务后，就逐屋安排拆卸工作。断开电源总开关，我们就分头干了起来。在酒井先生的具体安排下，不到17点就把整个电台设备全部拆卸完毕，逐件登记，装好箱，编好箱号，我又一箱一箱检查一遍。为保证今后能够安装广播，我把电力设备也拆了，甚至播音室的地毯、吊幕、电灯开关、螺丝钉也拆下来装箱，这才罢休。

后来听说市内有一个收音机仓库，我就带一个班前往查看．发现仓库里有1000多部收音机，无法全部运走，只搬运50部，把剩下的收音机的电子管拔掉，又装了7大箱，和电台设备一起运到锦州车站。

军区司令部通知车站军代表，立即给我们调拨3节车皮，装得满满的。一部火车机车拉着这3节车皮，当晚21点30分由锦州发车，开往北票。

在北票住了半个月。这时，山海关失守，李运昌司令员电话指示我，想办法把设备运到承德。当时铁路正处在非常混乱状态，全靠军队派出的军代表组织运输，小站没有军代表，更加混乱。这一路备受艰辛。火车开到距叶柏寿很近的一个小站，司机说没有水了，我们就动员当地群众一担一担的挑水。走着走着，又说没有煤炭，就动用车站堆放的枕木。从北票到承德只有600里路，我们走了两夜三天，终于在1946年1月3日到达承德。这是锦州失守后开到承德的第一列火车。

二、承德新华广播电台播音了

到承德后，就将3车皮设备存放在冀察热辽军区通信处仓库，等待分局决定。那时我并不愿意留下来搞广播电台工作，想回部队。在等待领导决定期间，我做好了移交准备工作。2月初，中共冀察热辽分局宣传部长赵毅敏同志找我谈话，传达分局决定说，利用原伪满承德放送局旧址，把从锦州运来的设备安装起来，争取在"五一"正式播音，并任命我为承德新华广播电台台长。听了赵毅敏同志的传达，感觉着很意外，想讲讲自己的困难，但是想到我们刚接管城市，很多工作都是不熟悉，电台要在"五一"播音，困难很多，作为一个共产党员应该服从革命需要，服从组织分配，就接受了这一任务。当即向赵毅敏同志表示，一定努力，保证"五一"播音。

原伪满承德放送局建在承德市西山坡上，"八一五"后，这个放送局遭到严重破坏，电台的设备被苏军运走。办公室、播音室、发射机房的门窗全被拆走，只剩下一所空房子。宿舍也没有一间完整的，全被拆毁。埋在底下的铜地网也给挖断，到处是垃圾粪便，眼前是一片凄凉的景象。

分局决定"五一"播音，这任务可不轻啊！拆卸电台还是比较容易的，但把它安装起来，就不那么简单了，当时我感到最大的困难，是没有技术干部。眼前首要的任务是把设备照猫画虎安装起来，能不能发出声音，没有一点把握。

当时和我一块到承德，连酒井夫人才11人，通信员小孟是从冀东来到东北，还有在锦州参加革命的7名警卫班战士。确定我们留在承德工作，警卫班长给我留了一封信，不辞而别，回部队打仗去了，只有9名工作人员。当晚我召开全体人员会议，传达分局的指示，讨论我们怎么办？

6名战士一致表示不懂技术，干不了。酒井说，他一个人也干不了。只有通信员小孟爽快，他说："队长（这可是我在冀东的职称），你说怎么干，我们跟着干，不会可以学嘛！"

大家讲的都是实际情况，我们确实不懂，只有酒井懂技术，一个人唱独角戏，怎么行？总得有个帮手！从别的部门借调，我们刚进城市，一时找不到门路，想来想去，还是要实际一点，技术人员不够，就从警卫班抽调两名有高小文化程度的年轻战士，和小孟组成一个机务小组，由小孟担任组长，请酒井先生带徒弟，边干边学，晚间我给他们讲解无线电知识。从警卫班又抽调两名战士负责房屋修缮和行政工作，剩下两名战士负责电台警卫工作。

分工确定了，还有一个信心问题。无论是酒井还是战士都信心不足，不相信我们9个人能安装起来一座电台，酒井讲他在锦州安装机器时说："我们21人（都是技术干部和技术工人）整整搞了半年才建成。"我以自己的亲身经历讲述在实践中学习的道理。我说：在参加革命前，我没有学过无线电，也没有见过收发报机，只是在参加革命以后才学会的。我又讲了几个不怕困难、勇于实践的历史故事，说明只要肯学习，只要我们9个人团结合作，就一定能够完成分局交给我们的任务。

最后，我又讲了“五一”播音的政治意义。我说：承德市人民听到党中央的声音，听到我们解放区人民战斗胜利喜讯，将会产生巨大的力量和深刻的影响。“五一”能否播音，不是我们几个人的问题，而是关系到党的威信。我说，我是充满着信心，有党的领导，有人民群众的支持，我们一定完成分局交给的任务，我们一定能够以我们自己的劳动成果庆祝“五一”国际劳动节。最后，我又对酒井先生讲了几句鼓励的话，肯定他从锦州到承德一路的表现，希望他再接再厉，做出新的成绩。

这次会议开得很好，鼓起大家的勇气和干劲，提高信心，明确了奋斗目标。第二天，我们这个小集体就开始行动起来。我们的原则是，凡是我们自己能做的工作，就不找别人，大家既分工又合作，互相学习，互相帮助，不会就问，共同提高。

我们第一项工作，清扫环境。开始我们没有让酒井参加，我们8位中国人一齐动手，用两天时间，清除室内外的垃圾和破砖碎瓦。虽然仍是严寒季节，我们个个都累得汗流浃背、满面灰尘，但大家情绪高昂。中午，我们就啃早晨带来的冻馒头，边吃边开玩笑。酒井先生见此情景被感动得热泪盈眶，他用生硬的汉语说：“共产党伟大！你们都是共产党！”他便主动地和我们一起干了起来。

不到一个月，就具备安装设备的条件，我们开始突击搬运设备和器材，大家日苦夜干，不到20天就把设备安装就绪。敷设了全部连接线，请人做的播音桌、控制桌也做好了。用锦州带来的吊幕和地毯把播音室打扮得格外漂亮。

当设备安装一天天接近完成，一座电台雏形即将出现在祖国的边陲，心里异常喜悦。同时，心情也愈加紧张，又有了新的担心，设备加电试验会不会发生故障？

3月初，一个不平静的夜晚，这是我们准备加电进行全面实验的夜晚。我们9个人全部出动，分担着试验任务，各司其职。酒井负责业务指挥，大家都听他的调度。他说：“加电”，于是就按着机器工作程序一一加电。忽然，他说了一句：“加高压”！小孟马上按了一下开关，酒井立即调整一下电容器，接着他高兴地跳了起来，大声喊叫：“成功了！成功了！”室内顿时一片欢腾，激动和自豪的心情是无法用语言表达的，不是亲自参加也很难体会这兴奋愉快的心情。我兴冲冲地走进播音室，念了一段报纸，成为承德新华广播电台第一个播音员，接着又放了一张广东音乐唱片。

这是难以忘怀的夜晚，也是我们9个人集体劳动获得成功的夜晚。为了表达这愉快的心情，我用军区补发给我的津贴费买了两瓶酒，酒井夫人炒了两盘菜，大家举杯庆贺这个有意义的胜利。

宣传部部长赵毅敏听到我们安装成功，可以如期广播的喜讯，亲自到电台来看望大家，并代表分局表示祝贺和慰问。他高兴地说：“五一”国际劳动节正式播音，电台的名称就叫承德新华广播电台。开始播音时，请热河省主席李运昌到电台来讲话。

为了保证“五一”播音，通过承德市政府，招收了2名播音员，还吸收了4名曾在伪满承德放送局工作过的见习技术员、3名编辑。赵毅敏指派他的秘书袁子纪临时到电台帮助工作，负责编辑方面的领导工作。

没有广播开始曲，我们就给张家口新华广播电台去信，想要一张“兄妹开荒”的唱片，做开始曲，等了很久，没有音讯。最后，只好从锦州带来的唱片中，选了一张曲调欢快的广东音乐《步步高》，作为开始曲。

4月30日上午，我们举行开播典礼。中共冀察热辽分局书记程子华亲临剪彩并讲话，再一次代表分局表示祝贺，还宣布给全台人员每人发一套工作服。因李运昌不在承德，当晚由副省长杨雨民在电台发表广播讲话。

因为人们都知道广播电台要在“五一”播音，中共承德市委决定召开“五一”节群众庆祝大会，会场的扩音由电台负责布置和安装，分局宣传部指示电台要转播大会的实况。为群众大会扩音，又是一个难题，我不仅没有做过这项工作，也没有见过群众大会的扩音，只好求助于酒井先生。他说：这需要10到30瓦扩音器和高音喇叭，还有声学问题，高音喇叭布置不当，会有尖叫的反馈声。他讲话的意思，要我不要接受这项任务。我想这是党交给的任务，又是承德解放后的第一个“五一”国际劳动节，承德从未开过这样规模的群众大会，我们有责任、有义务承担这个任务。再说，中共承德市委书记史立德同志亲自到电台和我谈过，我们不承担，就很难再找到一个部门可以完成这项任务。

在全台会议上，我反复说明党交给的这两项任务的重要意义和解决这两项任务的具体措施，经讨论，大家一致同意我提出的建议。当时电台有一部10瓦扩音器和两只高音喇叭，扩音器不够，利用库存器材又动手装了两部10瓦扩音器，用二备一。高音喇叭不够，从电影院和军区礼堂借了4只高音喇叭。没有现场转播用的低频放大器，就利用从锦州运来的收音机改装为低频放大器。承德市电话局帮助接通一对电话专线，传播大会的现场信号。

“五一”群众大会扩音很成功，声音清晰洪亮，没有发生尖叫声，也没有中断，现场转播效果良好，领导和群众都表示满意。事后，赵毅敏曾来电话表示鼓励。我们这个小小的战斗集体又经历了一次锻炼和考验，对我个人而言，这是一次难得的学习和实践。

承德新华广播电台播音后，延安和张家口新华广播电台都发来贺电。承德市人民收听到自己的广播异常高兴，开播一周后，我们收到100多封听众来信，表示听到广播后的愉快心情。同时，认为节目内容单调，文艺节目太少，反复播那几张广东音乐唱片，要求多广播些革命歌曲、歌剧等。那个时候既没有磁带录音机，也没有钢丝录音机，虽然请军区文工团来台演播几次，节目无法保存，不能重复使用。

三、从承德撤到齐齐哈尔

一九四六年秋，在国民党军队大举进犯承德前夕，宣传部部长赵毅敏同志通知我，在5天之内要撤离承德，电台设备要全部搬走，不得损坏和遗失，并保证在合适的地点安装起来，继续广播。

为此，分局给我们调拨3辆汽车和1辆马车，运输电台设备、器材、工作人员和家属，这是分局领导对电台的特殊照顾。那时汽车很少，汽油又特别紧张，军运繁忙，能给电台拨调3辆汽车，不是领导下决心，是很难办到的。

我们从承德撤退，路过隆化、围场，最后到林西。林西是热河省北部的一个小县城，交通不便，经济十分落后，别说发电，就是照明用的煤油、蜡烛都极其缺乏，在这里安装广播电台根本不具备条件。

这时分局领导考虑到热河战争的形势，最后决定电台全部人员和设备撤到黑龙江省齐齐哈尔市。1946年12月初，我们开始向齐齐哈尔长途转移。先头转移小队由刚调来的程广泰、梁玉芝负责，押运两辆汽车，从林西出发。一路上，他们忍饥受冻，备受艰苦，汽车走走停停，从林西到天山县罕庙500里路程，就走了七八天。罕庙是内蒙古东部的一个府镇，镇里有一个远近闻名的喇嘛庙。他们到罕庙后，被一股土匪包围在大庙里。在程广泰的带领下，紧闭庙门，用仅有3支步枪，轮流站岗，坚守岗位，与这股土匪对峙3天。就在这危难时刻，我人民解放军一支剿匪部队闻讯赶到，解除围困，把他们又护送回林东，和我们后续人员会合。

在林东，我们度过了1947年的元旦，随即又开始新的征程。我们乘3辆汽车，由林东出发。

那时汽车司机多是留用的日本人，汽车长期没有检修，又缺乏零配件，所以事故不断发生。不是汽油里有棉花，堵塞油管，就是发火塞不发火。一天，我们穿越一个荒无人烟的草原时，一辆汽车在河道抛了锚。这时已是数九寒冬，又是夜里，气温下降到摄氏零下 30 多度，我们从车上跳下来，赤脚站在冰水里，推的推，拉的拉，冰冷刺骨像刀割一样难受，但大家毫无怨言，折腾大半夜，总算把车推出了河道。可是不巧，第二辆汽车又坏了。就这样折腾来折腾去，我们在 1947 年春节前夕才到达齐齐哈尔。

四、在齐齐哈尔的日子里

齐齐哈尔是东北地区后方的重要城市，是原嫩江省省会，中共西满分局和西满军区的领导机关都设在这里，这也是冀察热辽的军区的后方基地。我们到齐市后，西满分局决定让我们到西满新华广播电台帮助工作。

从承德撤退时，分局宣传部给我交代两项任务：一要把电台设备保管好，二要培训自己的干部。所以，撤离承德时，我们从承德市联合中学调来 5 名学员，以培训技术干部；后又从哈尔滨招收 7 名青年学生，以培训编播人员。我们利用在齐齐哈尔休整的机会，办编播训练班和技术训练班，分别由程广泰和梁玉芝担当班长。编播训练班学习政治、文化，同时还请西满日报社和西满新华广播电台的同志讲新闻业务知识，还实际参加了电台编播业务活动。技术训练班主要学习无线电基本理论、数学和英语，同时参加改装发射机和西满新华广播电台夜间技术值班。这种理论和实际相结合的培训方法，成效显著，较快的提高了干部的业务水平。

改装由承德运来的发射机是我们培训技术干部的又一种尝试。分局宣传部并没有交给我这项任务，但是考虑这部机器的体积过分笨重，不适宜战时搬运需要，同时经过长途搬运，零配件有些损坏，更重要的原因是利用改装设备，培训技术干部，提高独立工作能力。原功率较小，需重新改装，扩大为 1000 瓦。于是，我就向分局宣传部写报告，分局宣传部很快批准了我的建议。

当时最感困难的是没有 1000 瓦电子管。我们在东北局领导的关怀下，从东北民主联军后勤部无线电器材厂找到 6 支大功率电子管，还要了一些铜线、铝板和各种口径的管材。又从哈尔滨采购一些其他无线电器材。改装发射机和训练班教学相结合，酒井先生担任设计负责人，设计的线路和计算方法要给训练班学员讲解清楚。在改装机器中，我们充分发挥酒井先生的专长，让他尽量动口不动手，一切零件的安装和焊接，均由学员操作，最后由酒井检查，不合格就返工重做，借以培训学员的实际工作能力，进一步提高理论技术水平。

不到 3 个月，我们就胜利地完成发射机改装和扩大电力任务，发射功率扩大一倍，机器结构尺寸缩小了，搬运和拆装都很方便，技术指标也达到了发射机规定的要求。试播几天，声音清晰宏亮，工作状态稳定。我们这一次改装发射机成功，提高了干部独立工作的信心，激励大家发奋学习技术业务的积极性。分局宣传部得知此事，曾来电祝贺和慰问，使大家都深受鼓舞。

五、重返热河

1947 年，东北形势发生对我有利的变化，东北全境解放的日子为期不远了。秋天，我接到分局宣传部通知，让我们在当年 12 月前返回热河，在赤峰把电台安装起来。

11 月，我们到达赤峰。赤峰，现在是内蒙古自治区昭乌达盟的首府，当时城市人口 10000 多，是热河北部的重要商业城市，交通方便，有不少收音机。为了传达党中央和分局的声音，及时播发中国人民解放军的胜利喜讯，我们就在赤峰把广播设备安装起来，电台改为冀察热辽新华广播电台。

当时遇到的困难是没有电源，得到热河省开源公司的支持，利用赤峰发电厂的柴油发电机，每天晚上发电3小时，供我们使用。为了进一步检验干部的独立工作能力，这次电台全部安装和调整工作，交给培训干部承担，最后由酒井先生进行技术验收。不到半个月全部设备安装完毕，试播了几次，设备运行良好，声音清晰悦耳。

由于设在石家庄的陕北新华广播电台的功率太小，我们又没有高质量短波收音机，收转陕北台节目效果不好，杂音大，听不清楚。想了各种办法，都没有解决，经宣传部批准，改为收抄新华社电讯稿，再广播。从军区调来3名刚从蒋军解放过来的报务员，负责收抄电讯稿。译电工作由编辑部门负责，没有明码译电本，就向邮电局借了1本，大家分工复写3本，供译本使用。

一切准备工作就绪，快要播音时，1948年4月18日国民党飞机大肆轰炸赤峰，在电台周围投下3颗炸弹，电台完整无损。但这次轰炸却考验了我们这个战斗集体，在敌机轰炸和低空扫射时，没有一个人惊慌失措。我们马上组织大家做抢运设备的准备工作，共产党员孟宪荣自觉地持枪守卫大门，防止地面敌人趁机破坏。

为保障人员和设备的安全，分局宣传部指示我们立即撤到赤峰郊区待命。不到一天的工夫，我们就把设备全部搬到赤峰北郊一个山庄，在那里组织大家学习政治和业务，开荒种菜，解决生活中的困难。

1948年6月，东北局召开全区广播工作会议，由于热河交通不方便，我赶到哈尔滨时会议已经结束。东北局宣传部决定调我到东北人民广播电台工作。不久，我又返回热河，将工作交给程广泰，怀着依恋、惜别的心情，离开了和我一起战斗3年多的战友。

1948年11月锦州解放后，分局要电台的同志接管锦州广播电台。沈阳解放后，分局又决定他们去天津接管广播电台，他们进驻玉田县待命。后来中央决定天津接管工作由华北局负责。他们又返回承德，在原承德新华广播电台旧址，用3个月时间，在废墟上重新建设广播电台，于1949年5月1日，正式向热河全省广播。

他们回承德不久，酒井夫妇就回国了。

每当我回想这段艰难历程，心潮澎湃，往事历历在目，终生难忘。对党有说不尽激情，是党引导我走进广播战线，是党给我力量，战胜重重困难。同时，我深情的怀念在艰苦环境中遇到的一位老师、朋友酒井重作先生。更使我难以忘怀的是在最困难的时候和我一起战斗、一起生活的战友，我衷心祝愿他们在祖国社会主义现代化的征途上，为广播电视事业做出更大的贡献。

（原文2016年5月刊发于《岁月留声》）

锐意进取，快速发展的十年

——在纪念承德地市广播电视局合并10周年大会上的讲话

承德市广播电视局党组书记 局长 刘俭

（2003年6月26日）

今天，我们召开庆典会，隆重纪念承德地、市广播电视局（台）合并10周年，《承德广播电视报》创刊发行10周年和承德市有线广播电视开办10周年。首先，我代表局党组和全局干部职工，向多年来热心关注支持我市广播电视事业发展和进步的各级领导和各界朋友表示衷心的感谢；向为承德各级广播电视事业奠基和发展做出贡献的老领导、老同志致以崇高的敬意。过去的10年，我们继往开来、团结进取，走过不平凡的道路。回顾这段历程，发扬成绩，总结吸取经验教训，将激励我们与时俱进，去开辟承德广播电视事业更加美好的未来。

一、对两局合并历程的回顾

1993年6月24日，省委召开地市合并动员大会。市领导连夜召开紧急会议部署工作，要求地、市广播电视局首先完成合并，7月1日要以一个呼号、一个台标、一个声音播出广播电视节目。我们两局的广大干部职工讲党性、讲大局、讲团结，有令即行，于6月26日召开两局领导班子成员碰头会，制定合并方案，合并工作正式启动。6月28日，广播、电视两台的新闻实现合署办公。7月 1日，合并组建的承德人民广播电台、承德电视台以新的呼号、新的台标、新的栏目设置开始播出。此后，我们采取理顺关系、思想引导、扬整体优势等一系列举措，使各项工作步入规范、有序的运行轨道，实现局合、人和、心和，增强了队伍的凝聚力、战斗力。电台、电视台集中采编力量和设备，为推进地市合并工作开展了大规模的宣传报道，营造良好的舆论氛围，赢得市领导的高度评价，当时的李月辉书记几次在市委会议上赞扬我局的领导班子和工作是“一加一大于二”。局新的领导班子组建后，我们不失时机地抓发展、上项目、兴事业，并于1994年、1996年先后提出了“抢时间、抢人才、抢跑道，闯工作上的难区、闯不合时宜的政策禁区，创造宽松和谐的工作环境”的工作指导思想和“重在建设，立在精品，成在队伍”的工作思路，为实现我市广播电视事业的快发展、大发展制定正确的方略。今天回顾这段历程，我们更加感到：两局的合并，结束系统内耗和重复建设，增强了资源优势和发展活力，积淀了团结奋进的宝贵经验，是承德广播电视发展史上影响深远的重大事件，具有现实和长远的纪念意义。

二、主要业绩

过去10年，是我们在市委市政府的正确领导下，高举邓小平理论和江泽民“三个代表”重要思想伟大旗帜，认真落实党组确定的工作指导思想和思路，不断开拓进取，并取得显著成就的10年。

（一）事业建设快速发展

——事业规模：

承德人民广播电台

1993年，两台合并后，承德人民广播电台开办1套节目，每天分早午晚3次播出共7个多小时。现发展到开办新闻综合频道和交通文艺频道两套节目、17个栏目，全天连续播出33小时

10分钟，其中自办节目23小时10分钟，建起音频工作站，实现数字化播出。

承德电视台

1993年两台合并后，承德电视台开办1套节目，每天播出5小时节目。现发展到开办新闻综合频道和公共频道两套节目，每天播出33小时30分钟节目。其中自办节目32小时55分钟。

承德有线电视台

于1993年8月成立，12月30日开播，市民可收视的电视节目由2套增加到12套。1999年9月与中信国安公司共同组建承德信广联有线电视网络股份公司，现在每天播出32套电视节目和2套广播节目。在实现市县有线电视联网后，又建设了数据平台，开通单项数据广播业务、数据传输业务、互联网业务、视频点播业务，进一步满足社会团体和人民群众的文化和信息化需求。至2002年年底，全市已建市县乡三级有线广播电视台站147个，建成有线电视网络13200多千米，有线电视用户发展到42万户。

《承德广播电视报》

于1993年6月23日创刊发行。经过10年发展，报纸版面由4开4版扩大到4开24版，印刷由单色发展为彩色，发行量由不足4千份扩大到3万份，成为深受读者喜爱、本市发行量较大的报刊。

——人口覆盖：1993年年底广播人口综合覆盖率为73.7%，到2002年年底提高到85.11%。电视人口综合覆盖率，由1993年年底的38.15%大幅度提高到84.96%。

——创收能力：市局直属部分1993年年底为139万元，2002年年底达到1328.7万元，增长近10倍。

——固定资产：市局直属部分固定资产，1993年年底为990万元，到2002年年底增加到10790.6万元，增长10.8倍。

——帮扶工作：10年间，根据市委市政府要求，先后帮扶了双滦区杨泉子、宽城椴树洼小菠萝树和丰宁小坝子4个贫困村，在帮助贫困村增强自身造血机能的基础上，为扶贫村建桥2座、修路11千米、建校舍7 间，购学生桌椅一批，建村办公室2间，修筑河坝2000延长米，解决210户村民收看有线电视问题。

（二）舆论宣传影响深广

——10年来，我们广播、电视，广播电视报在舆论宣传工作中，始终如一地坚持党性原则，坚持宣传思想工作的基本准则，坚持团结、稳定、鼓劲、正面宣传为主的方针，紧紧围绕市委、市政府的中心工作和重大决策部署积极营造浓厚的舆论氛围。在地市合并、经济工作、塑造名城形象、抗洪抗旱救灾、创建文明卫生城、“1358”工程、城市综合环境治理、城市重点建设拆迁改造、展示全市改革开放成就变化、以德治市等一系列重大活动的宣传上，紧跟部署，周密策划，开办专栏，各新闻、专题栏目依自身定位，深入挖掘、反映体现地方特色、体现时代性和先进文化的题材，从不同角度深入报道、连续报道、典型报道、批评报道和配发言论，把宣传搞得有力度、有深度、有声势、有实效，在社会上产生了广泛深刻的影响。特别是“1358”活动的宣传，受到当时的温家宝副总理的好评；发展旅游产业、城市拆迁改造、城市四项环境治理的宣传，特别是这次抗击非典的宣传，被市委书记赵文鹤肯定为“功不可没”。

——过去的10年，我们在宣传工作中坚持把话筒、镜头更多地对准基层和群众，及时发现、推出和深入报道大量鲜活的典型，我们发现和推出的任爱军、承德交警两个典型，引起强烈的社会反响和市委的高度重视，在全市迅速掀起学习任爱军、学习承德交警的热潮。我们推出的“平泉生产食用菌的经验”“绿色再就业之路”“承大教师顾延蕃的悔悟”“反邪教的斗士——屈汕”等几个典型，在全国、全省产生很大的影响。我们深入宣传报道的姜淑琴、张焕余、范振喜等身体力行“三个代表”重要思想的典型；市公安局、土地局、工商局、环保局等转变工作作风、简化办事程序、一站式办公的典型；“千斤顶厂盛衰启示录”“避暑山庄集团以诚兴业”“承钢集团以德治企”“露露十年磨一剑”“军嫂赵红英”等一系列两个文明建设的典型，都对我市社会生活的各个领域和不同群体产生很强的示范、鼓励、引导和幅射作用。这些身边可亲、可敬、可信、可学典型的大量推出和广泛宣传，有力促进我市两个文明建设，有力推动我市的经济发展和社会进步。

——这10年，我们扎实开展对党和国家重大部署、重要会议、重大活动、重大决策的宣传。采取党组领导亲自谋划报道方案、节目选题和节目编排；亲自协调整合宣传资源，形成强大合力、同唱一合戏；加强采编播队伍自身学习，吃透上级精神，准确把握宣传的度，帮忙不添乱；采用多种宣传报道方式，使节目好听、好看，增强宣传教育的吸引力、感染力和影响力；密切结合本地实际，增强宣传的针对性等做法。我们全面、及时、准确地宣传邓小平理论、“三个代表”重要思想和党的路线方针政策；通过一波紧连一波的宣传高潮，以舆论强势深入宣传中共十五大、十六大和全国九届、十届人大政协两会精神；配合迎接香港、澳门回归、申办奥运，组织开展知识竞赛、专题节目展播等丰富多彩的爱国主义教育活动，焕发起全市人民投身经济建设，建设强大国家的激情和干劲；围绕纪念改革开放20周年、中国共产党成立80周年和中华人民共和国成立50周年，深入宣传共产党好、社会主义好、改革开放好的主旋律，充分展示全国、全市各行业、各战线取得的辉煌成就，起到了鼓舞人心、催人奋进的宣传作用；结合1998—1999年全国抗洪救灾、迎接新世纪的宣传，我们大张旗鼓地弘扬抗洪精神和时代精神；我们运用大量鲜活的身边典型，深入、持久地宣传中央关于国企改革、农村产业结构调整、下岗职工再就业、发展少数民族区域经济等重大决策，有力促进我市的改革和发展。这次面对突如其来的非典疫情，我们广电人做到临危不惧，紧跟市委市政府的战斗部署，在遭遇战、攻坚战、保卫战3个战役中，充分发挥广播电视的职能和优势，向党和人民交上了一份优秀的答卷。

（三）安全播出取得佳绩

多年来，我们始终把规范技术管理和实现安全优质播出作为提高宣传质量的重要环节，自觉抓、常抓不懈。工作中，经常开展安全防范教育，健全完善全市系统的安全防范、安全播出管理机制，不断强化技术管理手段、技术培训和岗位练兵，认真检测、检修、维护设备，使之随时保持良好的运行状态，使我局各技术部位连年实现安全优质播出，并荣获多项荣誉；1993年以来，〇五转播台3次荣获全省技术管理优胜单位称号；1996年、2002年两次被广电部、广电总局表彰为全国广播影视系统先进台（站）；下属调频、电视、微波机房15次荣获全省市级台际广播电视安全优质播出竞赛奖。成为全市广电系统安全优质播出的一面旗帜。1085转播台，6次荣获全省市级台际广播电视安全优质播出竞赛奖。局技管中心9次荣获全省安全优质播出竞赛奖。在推进技术进步方面，荣获“河北省广播电视科技进步（创新）奖”19项，获国家级河北省优秀科技论文奖23项。

（四）行业管理力度加强

突出体现在八个方面：一是从制度上完善科学规范管理。我局相继出台音像市场管理、音像制品经营管理、节目录像带向家庭出租管理、有线电视文艺节目供片管理、有线电视设施保护、新闻出版广播电视业管理、市县播出机构职能转变、公共频道管理使用、加强有线电视网络安全防范、加快网络整合9个方面的管理制度。二是采取媒体宣传和社会宣传咨询活动，印发张贴宣传品，把行业管理法规宣传到家喻户晓，营造了知法守法的整体社会环境。三是于2001年，在全省率先实现县广播电视机构的垂直管理。四是持续深入地开展音像市场整治工作。1997年和2000年，我局分别被省委、省政府和省广电厅表彰为“扫黄打非”先进单位和行业管理先进单位。五是维权工作取得明显效益。收回滦平、围场等县系统外广播电视经营权；网络整合收回了寿王坟铜矿、黑山铁矿、市麻纺厂、丝绸厂等企业的广播电视经营权。六是大力度开展治散治乱活动，有效解决乱插播、擅自停播、私设台站等问题，保障了中央和省一套广播电视节目的完整转播。七是及时有效查处多起损毁广播电视设施、网络，干扰安全播出的事件。八是广播电视信息工作，自1996年、1997年度获评全省系统先进单位以来，一直保持着市级台排名的领先位次。

三、基本经验

回顾总结我们10年工作中的成功做法和经验，主要是：

（一）抓发展

遵循邓小平同志“发展是硬道理”的基本理论和“三个代表”重要思想，10年来，我们始终把发展作为兴局、兴台、兴事业的核心问题和第一要务来抓，精心谋划，真抓实干。

一是突破政策禁区抓发展。1993年，我们突破政策上对发展有线电视的限制，于6月18日在平泉召开农村有线电视现场会，1996年在营子区召开有线电视联网现场会，积极推动我市有线电视事业的迅速发展。1999年，我们突破对系统外融资发展有线电视网络业务的限制，在全国率先与中信国安公司共同组建承德信广联有线电视网络股份公司，引入资金2200万元，为我市有线电视网络建设和多功能开发创造条件。二是突破工作难区抓发展。一方面是不断地教育引导干部职工解放思想、锐意进取，树立起“敢于把竞争很强、风险很大、困难很多的事办成”的三敢精神，为抓发展营造良好的氛围。另一方面，是想方设法突破发展事业缺少资金的困境，我们采取集资、引资、融资、贷款、赊欠等多种手段，筹集和投入事业发展资金1.68亿元。其中，从国家和省各部门争取到的资金达1600万元。三是发扬连续作战的精神抓发展。为把我市广播电视事业做大做强，我们在积极兴办事业产业的同时，还采取大力度加强基本建设的做法，连续搞了一批工程项目。

——围绕扩大广播电视节目覆盖，搞了四大工程：

扩大承德人民广播电台节目覆盖工程。

扩大承德电视台节目覆盖工程。

“村村通”广播电视工程。

有线广播电视网络工程。

以上四大工程投入资金达1.3亿元，

——围绕改善工作条件和生活条件，搞了6项重点建设：

1．先后投入2130万元，更新购置一大批广播电视采编、制作、播出设备；投入730万元装备了大、中、小3个电视演播室和电台、电视台两个技术区，为提高广播电视节目质量，提供良好的硬件环境。

2.1996年，投入520万元建设2300平方米的办公楼和320 平方米的电视演播厅。

3.1998年，投入110万元，建设800平方米的有线电视前端机房。

4.1999年，投入120万元整治修缮3座办公楼、播出机房和院落环境。

5.2001年，投入近百万元、建立电视摄、录、编设备计算机自动管理系统和广播数字化播出系统。同时建起计算机局域网，推进办公和管理的现代化、信息化。

6.1998年，完成4500平方米的职工住宅楼建设，使64户职工喜迁新居。还为19名职工调整改善了住房。

（二）抓改革

在社会主义市场经济条件下，广播电视事业要不断发展，不断前进，就必须坚持深化改革，从改革中找出路。10年来，我们本着这一思路积极探索、勇于实践，大刀阔斧地推进一系列的改革。

——管理体制改革

为了加强宏观调控，1998 年，我局由局管台体制改革为局台合一体制，全局财务由两级管理改为一级统收统支、收支两条线，对创收部位一律实行先交款、后播出。

组建局技术管理中心和行政管理中心，对全局技术部位的设备使用、维护、播出、技改、购置等实行统一管理；对后勤保障、三产开发、安全保卫及物业实行统管。

2002 年，根据政府机构改革的部署要求，平稳顺利地完成机关机构改革，干部队伍实现了精减和年轻化。

——人事制度改革

在总结电台“山庄之声经济台，用人机制、分配形式等项改革经验的基础上，1995 年，我局在全市市直单位率先实行竟聘制，使一大批有才华的年轻人通过竞争上岗，走上制片人、栏目领办人和部门经理的岗位。各栏目采取双向选择、平等竞争办法聘用工作人员，使职工增加了压力和动力。

——宣传管理改革

1994 年，两台由部办节目改革为节目安排栏目化，电台的播出方式由录播为主改为直播为主，直录播结合。

1998 年，将有线电视台节目纳入无线电视台一体化管理；无线电视台开办新闻综合频道和影视娱乐频道两套节目，突出频道特色。

2000 年，实行以经费养节目和节目评审收购制，个人收益与节目质量挂钩。

2002 年，对电视台 9 个栏目，依据季度收视率调查，实行末位淘汰。

——分配制度改革

机关实行档案工资加岗位工资的分配形式；技术、行政管理部位，实行档案工资加岗位工资加效益工资的分配形式；电台、电视台人员工资与节目质量挂钩，节目严格评审，优质优价；电视台广告中心、广播电视报社实行零工资制。

——技术管理改革

电台、电视台的所有制作，一律实行成本核算，效益与工资挂钩；使用摄像机、编辑机、字幕机、特技机、演播室等一律按标准收费。

（三）抓品牌

节目品牌，是广播电视节目整体水平的标志与体现，是我们地方小台树形象、争空间、求发展、建强台的基础。这几年，我们在工作中始终把抓节目整体质量的提高放在突出的位置，在创名牌栏目、出精品节目上下功夫，锲而不舍。采取了“树、抓、创、攻”的做法，取得可喜成果。

——名牌栏目

电台《百姓热线》栏目、积极引导、化解社会热点，为政府分忧、为群众解难，特别是舆论监督作用强，节目深受社会各界的关注。

电视台《法制经纬》栏目，坚持精心选题、深入报道、推出的节目社会反响大、宣传教果好。

两台的《承德新闻》栏目，以新闻宣传的准确性、鲜明性、生动性、时效性和舆论监督的力度，为广大受众喜爱，成为社会收听、收视率最高的栏目。其中电视台《承德新闻》栏目于 1994 年，1995 年连续两年夺得市级台在省台发稿综合排名第一位，1996 年被表彰为出席省、市的先进集体。

——大型活动

为扩大广播电视宣传的社会影响，更好地服务大局，近年来我们成功策划、举办“露露杯”《2002 年聚焦承德》大型电视异地采访活动、“迎接新世纪大型庆典活动”“饮水思源燕山情大型演出活动”“《百姓热线》500 期与群众见面活动”。

——对上宣传

据不完全统计，10 年来，我局在中央台发稿 276 件，在省台发稿 3188 件。2001 年度，承德电视台成为在中央电视台播出节目较多的市级台。

——对外宣传

电视节目：有43件作品（30分钟以上的作品）在中央电视台各频道播出。

自1998年10月始，每年制作52期《渤海潮》节目，在天津、大连等16个环渤海城市电视台播出。

通过中国黄河台，在美国斯科拉有线电视网和澳门卫视台播出专题片16部。

广播节目：配乐系列广播节目《承德避暑山庄》（98期）赴台参加海峡两岸广播节目交流会。大型专题节目《欢迎你到承德来》在“海峡之声”广播电台播出。《皇家旅游城——中国承德》节目在中国国际广播电台播出48期，在省台《环球博览》栏目播出9期。自2002年1月5日始，每年制作52期《飞跃城市》互动直播节目，在全国48家历史文化名城台分别播出。

——精品创作

10年来，我们广播、电视、广播电视报有294件作品获全省好新闻一、二、三等奖。

电视专题片《承德和世界语》获巴塞罗那世界语大会电视片展一等奖。

电视音乐风光片《承德音画》，电视公益广告片《乌鸦喝水》分获第18届和第19届中国电视金鹰奖最佳摄像奖、优秀作品奖、最佳制作奖、最佳作品奖四项大奖。《承德音画》并获全国第三届百家电视台音乐节目金奖，受到中国视协、省视协专家的高度评价。

电视专题片《普宁寺的小喇嘛》《长城之子》获中国外宣金桥奖。广播剧《交警爸爸们》、电视剧《巴掌小学》获省“五个一”工程奖；电视剧《我和爸爸们》获全国金盾奖二等奖、省鱼水工程一等奖、省“五个一”工程奖。

（四）抓队伍

建设一支政治强、业务精、作风正、纪律严的职工队伍，是加强宣传思想工作的迫切需求，是实现广电事业快发展、大发展的关键。10年来，我们着眼于提高队伍的整体素质，

采取三项措施：一是抓领导班子建设。我们通过强化理论学习、严格监督管理、促进观念更新、整饬作风纪律、加强民主集中制建设、发挥领导垂范作用等措施，使领导班子的核心作用、凝聚力、战斗力不断增强，科学民主决策的水平不断提高，有力推进各项事业的健康快速发展。二是抓机关建设。为加强队伍建设力度，我们密切结合机关党的建设、思想政治建设、行业作风建设和文明单位建设，有的放矢地抓队伍的教育、培养和锻炼提高，并实施党政领导一岗双责责任制，党政群团齐抓共管。10年来，我们坚持思想教育常抓不懈，开展一系列主题实践活动，使广大干部职工普遍增强了政治意识、大局意识、责任意识和服务意识。三是注重作风培养，塑造广电人的良好形象。在职工中大力倡导党的优良作风；树立“团结务实安全优质”的局风；认真开展作风整顿和社会评议；树立〇五转播台和陈克军、王九凤、韩振岐、王贵荣、何维平等一批先进典型。为促进队伍整体素质的不断提高，我们出台政策，支持、鼓励职工学文化、钻业务。我们采取派出参训、自办培训等方式，对职工进行了政治理论、转业技术、管理知识、世贸知识、计算机应用、英语等多方面的培训。队伍整体素质的不断提高，有力促进各项工作的开展。1993年以来，我局荣获国家、省、市级奖励74项；自1995年以来，我局一直被市委、市政府评定为“工作实绩突出单位”；1996年以来，一直被市委市政府评为“市级文明单位”；1998年以来，我局连年被双桥区委、区政府评定为社会治安综合治理模范单位，被命名为花园式单位；1998年在全市行风评比中，位列市直服务管理类第一名，1999年被市纠风办确定为行风免评单位。队伍中涌现出一批拔尖人才，跨世纪学术带头人。评出一批优秀编辑、记者、优秀播音员、主持人、优秀工程师、技术员，优秀经营、管理者。为中央和省级台输送10多位站得住、叫得响的主持

人和采编、技术工作骨干。

四、努力方向

中共十六大提出积极发展文化事业、文化产业的方针政策，也赋予我们为全面建设小康社会营造良好舆论氛围的新的使命。机遇与挑战同在，把握机遇，应对挑战，需要我们在以下四个方面做出不懈的努力：

（一）解放思想、与时俱进

思想的不断解放，是实现与时俱进的前提。因此，我们既要看到10年来的发展进步，更要看到我们与国内、省内先进地区比，在综合实力和竞争力上存在巨大差距。不能满足成绩、沾沾自喜，而要与时俱进，要在总结运用前10年发展经验的基础上，进一步解放思想，谋求跨跃式发展，加快把事业做大、做强，在日趋激烈的媒体竞争中，为自己打造出一片广阔的生存发展空间。

实现与时俱进，我们必须做到一切妨碍发展的思想观念都要坚决冲破，一切束缚发展的做法和规定都要勇于去改变，一切影响发展的体制弊端都要坚决革除。以思想的解放，促进改革的深入，增强发展的生机和活力。

（二）开拓创新、发挥优势

实现跨越式发展，我们必须具有很强的开拓进取、勇于创新的精神。落脚在工作上，要突出抓好五个方面的开拓创新：一要积极探索宣传工作的新规律、新路子、新方法，以新闻改革为突破口，以提高舆论引导水平为目的，全面推进广播电视节目的改革创新。二要以机制创新为重点，大力推进内部各项改革，在改革用人机制、分配机制等方面进一步学习借鉴事业单位企业化管理的经验。三要抓住“广播发展年”和“网络发展年”这个机遇，开创事业发展的新局面。四要采取行政手段整合、市场机制运作的办法，积极推进市县乡广播电视机构垂直管理，实行统一管理，分级运营、利益共享、协调发展的新机制。五要依靠科技创新，推进我市广播电视的数字化、网络化进程。

实现跨越式发展，我们还必须进一步挖掘和发挥自身优势。从现实看，广播电视行业在社会和群众心目中的位置还没有真正树立起来，改变这一局面，需要我们更好地发挥媒体作用、利用网络和宣传资源，认真打造节目品牌和队伍形象，把优势转换为加快发展的条件。

（三）研究市场、增创效益

过去的10年，我局的整体创收能力有了显著的增强，但从保障能力上看，我们的日子过得很紧，收支达不到平衡，还没有余地用于发展。因此，在今后的工作中，我们要把研究市场、增创效益作为主攻点去研究、去突破。要深入研究市场上的企业需求、商家心理和商机所在。要在提高节目质量、降低经营成本、做好广告开发的同时，把宣传功能和产业功能进一步开发出来，把我们的精品节目、品牌栏目和广播电视剧作品推向市场，大力开拓有线电视经营业务，开办付费电视节目，开发网上音频、视频及增值业务，扩大农村有线用户，多渠道拓展新的经济增长点。

（四）打造品牌、勇攀高峰

10年来，在打造品牌栏目、节目，推出名编辑、名记者、名主持人上，我们取得一定的成绩，但是像《百姓热线》《承德音画》这样有很大震撼力和影响力的栏目、节目还不多，我们的名编辑、名记者、名主持人的队伍成长得还不够快。因此，我们必须把打造品牌的工作摆到事关立局立台和生存发展的重要位置上，高起点要求，大力度打造，切实抓出成果。以品牌带动我们再攀宣传工作、队伍建设和事业发展新高峰。

同志们，展望未来，只要我们坚持以邓小平理论和“三个代表”重要思想统领广播电视工作，坚持解放思想、与时俱进、真抓实干、开拓创新，我们就一定能够实现承德广播电视事业的跨越式发展，一定能够推进我们的工作取得更大进的步。

深入落实科学发展观

推进全市广播电视持续、快速、健康发展

承德广播电视台党组书记 台长　孙　林

（2009 年 11 月）

推进广播电视持续、快速、健康发展，是科学发展的要求，是社会全面进步的标志。今年以来，按照市委要求，市广播电视局组织党员干部紧紧围绕“新闻宣传上水平、节目生产上档次、事业产业大发展、体制机制有创新、干部作风大转变”的总体目标，以“科学引导舆论、精心打造品牌、扩大网络覆盖、构建新型传媒”为主题，认真开展学习实践科学发展观活动。通过开展活动，局党组对科学发展观的认识和推动科学发展的能力全面提高，思想观念发生深刻转变，工作方法发生明显变化，发展方式向科学发展迅速转轨，呈现出促进科学发展、加快科学发展的新局面。总结我局实践活动，主要有五点体会。

一、解放思想是推进学习实践活动的前提

思想确定思路，思路决定出路。当前，广电竞争越来越激烈，随着各省台电视节目上星和新媒体的出现，竞争已从一地一域的竞争转变为全国性、国际性的竞争，从单一的广播电视竞争转变为多元化广播电视产品的竞争和多元化新媒体产品的竞争。在这一大形势下，广电部门唯一的选择就是必须大胆解放思想，按照科学发展观的要求，找准定位，坚定不移地推进广播电视的科学、快速、可持续发展。所以，我们高度重视干部职工思想层面的学习教育，组织开展集中学习、专题讲座、支部讨论等多种形式的学习教育活动。聘请中国传媒大学教授、专家到承讲形式、谈发展。每位党员都记了笔记，撰写了心得体会文章，参加了知识答卷。按照活动办公室确定的 8 个调研题目，局党组成员率先垂范，深入基层，深入群众，撰写了近 20 多篇高质量的论文，在《承德广电研究》刊发。通过学习调研，广大党员干部普遍受到一次全面系统的科学发展观教育，加深了对科学发展观深刻内涵、精神实质和基本要求的理解和把握，对推进广播电视科学发展的认识更加全面、思路更加清晰。

在思想认识上，确立“六大观念”，即必须敢于立大志，按照“全省一流”的标准来想事、谋事、干事；必须抓住大机遇，在全省、全国的大事件、大趋势中，做好大文章、完成大制作、产生大影响；必须善用大优势，充分挖掘承德独特的历史文化底蕴，利用独特的生态皇家旅游优势，形成承德广电的鲜明特色和核心竞争力；必须坚持大合作，善于与省内外一流的资源、资本、智力伙伴展开多种形式的合作，借多方之力，成多赢之势；必须全力大创新，通过观念创新、内容创新、形式创新、技术创新、模式创新、制度创新等，创造不同凡响之作；必须建设大和谐，珍惜内和外顺之境，形成上下同欲之势，营造自觉协作之气。

在发展理念上，实现“五个转变”：一是转变单纯注重宣传或单纯注重经营创收等于发展的片面发展观，确立宣传创优、经济创收，工作创新的全面发展观。二是转变宣传规模、经济创收规模等同于总体实力的单一发展实力观，确立注重提高宣传质量，拓宽创收渠道，提高人才力、文化力、科技力和可持续发展能力，反映具体实力、活力、竞争力的综合实力观。三是转变重发展、轻民生的单纯发展观，确立以人为本、顺从

人民意愿，发展为了人民、改善民生的人本观。四是转变主要依靠广告拉动和收视费带动的传统经济创收方式，确立靠活动、广告协调拉动和收视费、新媒体新业务扩展协调带动的新型经济创收方式。五是转变靠增大转变量、提高收视费获取经济创收的粗放发展方式，确立靠品牌栏目、特色频道精彩影视剧和拓展网络新领域推动创收增长，实现提高宣传质量与促进经济创收相促进、相协调的科学发展方式。

二、深入实践是学习实践活动取得成效的关键

学习实践活动重在实践。科学发展观作为马克思主义中国化最新成果，最本质的特征就是实践性。在学习实践活动中，广电局坚持把突出实践特色提现到活动的方方面面。

围绕科学引导舆论，加大宣传策划力度。实行重大宣传主题由编委会研究决定。重大宣传活动由编委会组织实施，日常宣传主题由编委会定期编排指导制度。在“迎国庆60周年”“三年大变样”“科学发展观”“新农村建设”等重大主题宣传中，市县区广播电台、电视台均开设了专题、专栏，进行宣传报道，形成市县宣传重点一致、步调统一的格局和氛围，提高了宣传的引导力和影响力，促进了重点工作的深入开展。

围绕中心打造品牌，加大考核考评力度。坚持节目按等级评定稿酬制度，推进与外埠媒体的交流与合作，学习其先进经验，先后与唐山、朝阳电台、电视台签订合作协议，与韩国青州、日本名古屋电视台确立了合作意向。落实“民本为上”的新闻理念，关注群众的意愿和期盼，加大舆论监督力度。《百姓热线》《每日关注》《民生直达》《今日聚焦》4档栏目采编人员坚持每天深入街道、深入社区、深入热点问题的发生地，对市民反比较突出的问题，进行跟踪报道。1至8月份，两台编发民生稿件达2600余篇，促使800多个民生问题得到圆满解决，百姓反映居住环境、道路交通、社保、医疗和教育等问题引起了市委市政府及有关部门的高度重视，并得到较好解决，解决和落实率达到95%。通过我们的节目，市委杨汭书记亲自或指派工作人员协调解决的事项就达20余件。目前，群众对两台的关注度越来越高，《百姓热线》《民生直达》成了百姓寻求解决问题的投诉站。

围绕扩大网络覆盖，坚定有线数字电视整转信心不动摇，市城区顺利实现数字电视整体平移。克服各种困难，对方融资1.8亿元，完成农村数字电视整体转换近50万户，占在网总户数的80%。数字电视的开通，不仅丰富了节目源，提高了信号传输质量，更为广大农村的文化生活开辟了新天地。

三、解决问题是学习实践活动的落脚点

活动是载体，解决问题是根本，针对制约广播电视科学发展及党性党风党纪方面的六大类15个问题，局党组认真进行研究并制定了20条具体的整改措施，明确到责任领导，责任单位、责任人以及整改时限，定期调度督导督办，有问题不回避，整改不走过场，一切实际问题得到解决。

针对药品广告较多，影响用户收视的问题，顺应民意，大力开展净化整治声频荧屏活动。制定《广播电视监听、监看人员管理实施细则》和《广播电视分级负责和责任追究制度》等规章，强化内控自律机制。采取明察暗访、监听监管的方式，对辖区内广播电视播出机构播出的节目、广告等进行全面排查，按照违反宣传管理规定分别给予整改（白牌）、警告（黄牌）和停播（红牌）的出发方式方法，给予个别县局台黄牌警告处理，起到较好的警示作用，我局的宣传环境治理工作得到省局充分肯定。

针对设备老化、安全播出技术保障能力较弱的实际，健全完善安全传输优质播出的组织、制度、责任保障体系。投资近300万元对电视台的演播室和电视传输机房进行数字化系统改造。目前，电视台前端节目摄制、后期节目播出均实现了数字化，并实现与中央电视台节目传送的直通化。完善了传输线路分段管护、定期维修制度，在全市广电系统组织开展应急预案演练的应急培训工作，为鼓励发明、激励创造，我局还设立广播电视科技创新专项奖励基金。为维护正常播出秩序，对非法安装地面接受设施的用户进行查处。1—8 月份，共拆除、收缴非法卫星地面接受设施 4000 多套，乱销私按“小锅”的势头得到有效遏制。

针对群众收听收视广播电影电视贵、难、差的问题，认真实施“广电惠民”工程。按照省政府要求，取消有线电视初装费、移机费等，免费为数字电视整转用户赠送机顶盒。恢复围场、丰宁、滦平、平泉、承德县 5 个县广播电台播出，满足特殊行业和偏僻区域群众的收听的需求。积极推进 CMMB 移动多媒体项目，市区发射主站建成投入使用，市区中心地带用户能够接受服务。实施“一村一月一场电影”工程，组织全市 100 个放映队，进村入社区放映电影 2 万余场。同时，我们还组织党员干部和全体职工为山区群众捐款献爱心，总计捐款 2.5 万元。

针对全市广播电产业实力较弱的实际，认真研究推进广播电视传媒产业园区项目建设。目前，广播电视演播中心、广通公司数字传媒中心、中国传媒大学教学科研基地等项目均取得一定程度的进展。其中，广通公司数字传媒中心项目即将动工。学习实践活动让广大职工和人民群众看到了实实在在的成果。

四、创新是推进学习实践活动的内在动力

将不合时宜的制度废止，按照科学发展的要求修改完善一系列规章，进一步理顺体制，创新机制，是学习实践活动取得成效的重要环节。在学习实践活动中，市广播电视局大力度推进制度的“废、修、立”，先后废止包括《机关后勤管理办法》《机关车辆管理办法》《电台电话费指标分配及管理办法》等过时文件 3 件；修改完善包括《局聘人员工资管理办法》《电台编辑记者主特人岗位责任制》《电视台节目质量管理办法》等文件 20 个；新出台包括《广播电视产业发展管理规定》《电台技术部位规章制度汇编》等文件规章 15 个，为全市广播电视发展提供强有力的制度保障。着眼增强动力，激发活力，深入推进各部位管理改革。一是将电视台广告中心从事业单位剥离，注册成立承德广视文化传播有限公司，实行总经理负责制，按照市场化运作，企业化管理的方式从事经营活动。二是改革广播电视报社管理体制，广播电视报社拓展经营范围，实行总编负责制。局下放人权、财权和经营权，由总编全权负费广播电视报社的经营管理，对广播电视报业公司员工实行绩效工资制，三是将局机关行政科与物业科合并，组建行政物业服务中心，减少机构设置，实现管理的科学与优化。四是推进电影行政管理职能划转。完成电影公司和电影院人员和资产交接，实现平稳过渡。通过改革，各部位效益初步显现。1 至 8 月份，广告经营收入达到 2643 万元，比去年同期增长 15%；广播电视报社经营收入创历史新高，完成收入 343 万元，比去年同期增加 87 万元；电台在中央台和省台发稿 25 篇和 185 篇；电视台在中央台和省台发稿 20 篇和 320 篇，均比上年同期有较大幅度提高，实现了位次前移的目标。

五、突出特色是学习实践活动的重要标准

规定动作不走样，特色工作有创新。技照市委要求，市广播电视局在抓好本局学习实践活动的基础上，严格落实“一岗双责”，创新宣传形式，为全市活动开展鼓劲造势。按照突出宣传报道连续性、典型性和理论性的要求，两台分别在《承德新闻》开设“深入开展学习实践科学发展观活动”专栏，对全市名级各部门学习实践活动各阶段情况进行集中连续报道，对学习实践活动先进典型进行重点报道，邀请我市各行业专家做客《今日聚焦》和《938 新闻广角》节目。从理论角度阐述如何落实科学发展观推动各行业发展，邀请有关部门负责人做客电台《百姓热线》

直摇间，畅谈整改落实具体举措。两台采编人员还深入基层一线，采制一大批反映各行业科学发展生动实践的稿件，对活动起到较好的宣传、引导作用。1至8月份，两台一报作多种形式新闻宣传400余期，作专题50期，围绕学习实践科学发展观活动，积极做好对上宣传，在省级以上电台、电视台发稿200余篇。

学习实践科学发展观，努力回应人民群众新期特是一项长期的任务和永恒的主题。市广电局将坚特以科学发展观为指导，深化改革，不新创新，扎实抓好巩固和深化活动成果工作，努力开创全市广播电视大发展大繁荣的崭新局面。

在北京电视台《聚焦承德--滦平行》采访活动媒体见面会上的致辞

承德广播电视台党组书记 台长　梁世杰

（2015年9月23日）

在这秋高气爽、花果飘香的美好时节，我们再次非常荣幸地邀请到北京电视台的记者朋友们莅临承德，参加“聚焦承德—滦平行”采访活动。在采访任务异常繁重的形势下，北京电视台抽调全台主要采编力量，宣传选题专门聚焦一个县区，体现了北京电视台对承德的厚爱，对滦平县的厚爱。在此，我代表中共承德市委、承德市人民政府向参加活动的北京电视台各位领导、各位来宾、记者朋友们表示最热烈的欢迎，对活动的举办表示最诚挚的祝贺！

“以史为鉴，可以知兴替”。自战国时期以来，承德的命运，就与北京连在一起。早在秦汉时期，承德就与北京同属渔阳郡管辖；唐代，是拱卫幽州即北京的军事要地；元代，归上都路管辖，是“大都”北京的“兄弟城”。明初，承德大部归京师北平府管辖。明代洪武、永乐年间，承德地区的人口，被大规模南迁到北京附近。此后到清初，承德一直是一个“名号不掌于职方”的小村落，叫热河上营。康熙四十二年（1703年），在承德修建避暑山庄，随后人口日增，到乾隆四十年（1775年）前后，成为“宫殿壮丽、市连十里”的“塞北大都会”。承德最繁华的100多年，就是清王朝最强盛的100多年。随着清王朝的没落，承德服务北京的功能不断削弱，经济发展日益凋敝。新中国成立以后到1969年，承德有了20年的缓慢发展；随着70年代初中苏关系紧张，承德作为首都北京的军事要塞，在其后近30年里，不建大型基础设施，这也是承德经济发展落后的主要历史原因。历数承德过去经历的大事、要事，无不与北京直接相关，正可谓“生也北京、兴也北京”。300年前，为“合内外之心、成巩固之业”，康熙皇帝在承德肇建避暑山庄，铸就了一座不朽的历史丰碑；300年后，京津冀协同发展上升为重大国家战略，习近平总书记作出了“承德要建设京津冀水源涵养功能区，同步解决贫困问题”的重大指示。千载难逢的历史机遇，再次青睐这片物华天宝的土地。水是京津两大都市的根基命脉。在“以水定城、以水定地、以水定人、以水定产”的时代，只要承德全面实施好水源涵养重大战略，全力做好以千湖工程为代表的“水文章”，那么，承德就一定能在协同发展中大有作为。若干年后，“京津水源地”，必将成为继避暑山庄之后，影响承德今后百年历史的又一重大品牌。

“京津冀协同发展，媒体要先行”。今天，北京电视台多个电视频道“聚焦承德市滦平县”，聆听承德对外开放、接轨世界的声音。用首都媒体的独特视角观察承德、解读承德、报道承德，推介承德特有的生态环境、旅游资源、特色文化，深度宣传承德县区发展成就，将会极大地影响顶层设计、企业决策和公众心理，为推进京承合作争取更加有利机遇。我们希望，通过北京电视台的生动报道，向首都展示一个更加开放、快速发展、期盼合作的承德；我们希望，通过“聚焦承德”这个平台，更进一步密切承德与北京各企事业单位、产业集团的联系合作，推动产业转移与合作；我们更希望，通过北京电视台的妙笔生花和镜头再现，让世界了解承德，扩大承德的国际知名度和影响力，为打造国际旅游城市推波助澜。

2009年以来，我们成功举办四届“聚焦承德”电视媒体异地采访活动，全国乃至全世界的电视观众通过这个平台领略到承德的秀美风光和民族风情，感受到承德文化的博大精深和承德人民的质朴善良、热情好客。对此项活动，北京电视台均全程参与。借此机会，让我们再次对北京电视台不遗余力对承德外宣做出的贡献、对北京电视台付出艰苦工作的各位记者朋友致以衷心的感谢。今年举办这项活动，我们一定牢牢把握难得的宣传机遇，一如既往配合各位记者朋友做好节目拍摄工作，倾尽所能提供帮助和服务，为活动顺利开展创造有利条件。

最后，让我们共同祝愿“聚焦承德—滦平行”采访活动取得圆满成功！祝北京台领导、各位来宾、各位记者朋友工作顺利，身体健康！

二、规章制度

中共承德广播电视台党委会议议事决策规则

为提高台党委会议议事决策科学化、民主化、制度化水平，根据有关规定，制定本规则。

一、议事决策原则

1. 坚持正确的的政治方向。贯彻执行党的路线、方针、政策，保证中央决策在本台实施。

2. 坚持依法合规原则。议定决策的事项必须符合相关法律法规。

3. 坚持总揽全局、协调各方。充分发挥台党委的领导核心作用，集中精力谋全局、把方向、抓大事、管干部。

4. 坚持党的民主集中制原则，实行集体领导和个人分工负责相结合的制度。凡属重大问题，要由台党委集体讨论，按照少数服从多数的原则作出决定。

二、议事决策范围

1. 传达学习中央和省市委重要会议、重要文件、重大决策部署和中央、省市委领导同志重要讲话、重要批示精神，研究贯彻落实意见。

2. 研究广播电视改革发展有关问题，包括广播电视事业、产业发展规划和年度计划、重要宣传报道工作安排、广播电视节目整体或较大范围的调整、年度收支预算安排、内部管理体制和运行机制改革、涉及广大干部职工切身利益问题的解决方案或意见等重大问题。

3. 研究重要人事问题，包括党委委员分管工作的调整，机构设置、调整，人事调配，招聘工作人员等事项，人事、劳资、称职、教育的内部规定的制订、出台等重大问题。

4. 研究基础设施和经营发展项目，包括广播电视基础设施建设、经营创收重大项目、大额度资金使用等问题。

5. 研究党的建设有关问题，包括党的思想建设、组织建设、作风建设和制度建设，按照干部管理权限和规定的程序推荐、提名、考核、任免交流干部，后备干部的培养、选拔，对干部的奖励和严重违纪问题的处理等重大问题。

6. 研究审定台党委年度工作要点和重要文件及台党委领导代表党委所作的重要报告、讲话。

7. 研究〇五台、1085台、电影公司、电影院等下属单位请示台党委决定的重大事项。

8、研究其他应由台党委会议决定的事项。

三、议事决策程序

1. 台党委会议一般每月召开一次，如遇重要情况可随时召开。党委委员一般不得缺席，确有情况不能参加会议的，会前要向党委书记请假，并对有待会议表决的重要问题表明态度和意见。台党委会议由党委书记召集并主持，书记不能参加会议的，可以委托副书记召集并主持。

2. 台党委会议的议题由党委委员提出，台党委办（或由党委书记委托台办公室）进行综合协调，提出党委会议安排建议，报党委书记同意后，通知议题承办部门、汇报人做好准备。台党委会议坚持管方向、议大事、做决策，台一般性工作不提交台党委会议研究。按照工作分工、党委委员能够独自解决且不涉及其他党委委员的事项，或党委委员之间沟通协调能够解决的事项，或通过台长办公会议等形式能够解决的事项，不再提交党委会议。能够通过台党委委员以会签形式下发的文件或阅知的事项，议题一般不再提交台党委会议。

3. 台党委会议召开的时间，议题一般应提前两天通知出席和列席人员。会议议题材料一般应在会前送达出席人员，有特殊原因或不宜提前送达的，可在会场分发。议题材料应主题明确、重点突出、文字精练、简明扼要，所提意见和建议具体可行。

4. 党委会讨论决定重要事项前，应当进行充分酝酿。重要方案或议题在提交党委决策前，有关党委委员要组织相关部门进行充分研究论证，向党委提出可供决策参考的主导性意见。原则上意见基本一致的议题方可提交党委会议，意见不一致的不上会。

5. 凡提交党委会讨论的议题，有关部位和单位要深入调查研究，认真分析论证。

6. 党委会议按照民主集中制的原则进行。一般情况下，与会成员分别发表意见，会议主持人最后做结论。在决定重大问题时，可采取无记名投票、举手表决或其他征求意见的方式决定。少数服从多数，不同意见可以保留。

四、议事决策实施

1. 党委会议和党委扩大会议都要整理会议纪要，由台党委书记签发，或由党委书记委托党委副书记签发。

2. 党委会作出的决策、议定的事项，由党委委员按照分工，明确责任，抓好落实。党委书记对组织实施工作负总责。

3. 在决策实施中，应加强督促检查和信息反馈，决策执行和工作进展情况，应当及时向党委书记和台党委会报告，并在一定范围内通报。对台党委会作出的决策进行重大调整或变更，由台党委决定。

4. 党委办公室主任、台办公室主任列席会议。党建方面决定的事项跟踪督办由党委办负责，其他事项由台办负责，会议通知由台办会同党办商定后由台办发出。

承德广播电视台行政领导班子办公会议议事规则

为规范决策行为，保证行政决策高效执行，制定本规则。

一、议事范围和原则

1. 坚持正确的政治方向，贯彻执行党的路线、方针、政策，坚持民主集中，保证上级决策在本台贯彻实施。

2. 研究讨论全台行政工作年度计划、总结、重要活动、重要会议等事项，提出阶段性或专项工作实施意见，研究一般日常性、事务性工作。

3. 听取分管领导或机关各科室、业务各部位、台属各单位行政工作汇报，提出改进工作的具体指导意见，并就请示的有关问题作出决定。

4. 审议和审定以行政名义发布的涉及全台行政工作的政策性文件及上报主管部门的重要文件。

5. 研究处理其他重要问题和突发事件。

二、议事程序

1. 行政领导班子办公会议坚持“会前充分准备，会中议题集中，会后检查落实”的程序，确保会议质量和议事效率。

2. 行政领导班子办公会议参加成员为：台长、总编辑、副台长和其他班子成员。台办公室主任列席会议，机关各处室和台属各单位负责人或指定人员根据需要列席相关议题。根据工作需要，为推动某项工作落实，领导班子成员也可召集相关部位人员召开行政领导班子办公会议。

3. 台长办公会议应设专人做好记录，存档备查。

三、议事决定或决议

1. 行政领导班子办公会议作出决定的过程，必须体现决策规范化、民主化、科学化的要求。需要决定的事项必须充分讨论，在大多数会议成员同意的基础上，由台长提出决定性意见。遇争议较大、不能马上确定的事项，应暂缓做出决定，由台长安排会下分别交换意见后，待下次行政领导班子办公会议再定。

2. 行政领导班子办公会议决议或决定应形成会议纪要，经主持人签批后存档。议事结果由台办公室通知有关部门和人员执行。

3. 行政领导班子办公会议形成的决定和决议，必须认真贯彻执行。如有不同意见，可以保留或通过正常渠道反映。

4. 行政领导班子办公会议议定的事项，按照行政领导分工，由承办部门，在规定时限内认真贯彻落实。台办公室负责督办、检查，协调解决落实中的问题。

四、情况反馈

1. 行政领导班子办公会议议定事项的承办部门或人员需将落实情况书面材料及时报台办公室。

2. 会议决定或决议的事项，遇特殊情况不能按期落实的，承办部门或人员要及时向台长或分管领导说明情况和理由，不得推诿拖延。

承德广播电视台
宣传管理工作制度（试行）

第一章　总则

为进一步规范承德广播电视台的宣传工作秩序，提高采编播队伍的素质和新闻宣传的整体水平，更好的为市委、市政府和全市人民服务，特制定本制度。

第二章　宣传例会工作制度

第一条　广播编委会例会制度

（一）召开时间：每周一上午10：00

（二）参加人员：总编辑、分管上宣工作副台长、分管广播工作的副台长、广播副总编辑、总编室主任、广播电视协会秘书长、总编室负责信息工作人员、广播综合管理部副主任，广播各中心副主任、各频率副总监以上人员。

（三）会议内容：总结上周广播宣传工作，安排部署本周宣传工作，明确周内宣传重点；学习中央和省、市重大政治、经济政策和相关宣传报道精神。

第二条　电视编委会例会制度

（一）召开时间：每周一上午9：00

（二）参加人员：总编辑、分管上宣工作副台长、电视副总编辑，总编室主任、副主任，市广播电视协会秘书长、手机台负责人，融媒体中心主任、副主任，电视各中心主任、副主任、频道总监、副总监以上人员，影视节目交流部主任、副主任，纪录片精品工作室主任、副主任。

（三）会议内容：总结上一周电视宣传工作、安排部署本周宣传工作；明确周内宣传重点；学习中央和省、市重大政治、经济政策和相关宣传报道精神。

第三条　广播、电视各中心（频率、频道）业务培训会

（一）召开时间：广播、电视各中心（频率、频道）每月分别召开一次。

（二）参加人员：广播、电视各中心（频率、频道）全体人员。

（三）会议内容：总结、分析本中心（频率、频道）上月宣传报道情况，查找问题和不足，制定改进办法；制定、部署当月或下月宣传报道重点；学习中央和省市重大政治、经济政策和宣传报道要求，对本中心进行新闻业务培训，开展业务研讨。

（四）具体要求：为使例会制度切实发挥作用，广播、电视各中心（频率、频道）都要精心组织、周密策划，实现每次会议有主题、有内容、有讨论、有记录、有效果。

第三章　电视节目质量评析办法

第四条　基本原则

节目评审以习近平新时代中国特色社会主义思想为指引，将在舆论引导力、主流价值观、公益性、影响力、文化和专业品质、创新力等多维度进行评估。多方参与、客观公正，公开透明。

第五条　评审内容

以月份为周期，每月初开展一次，评审委员会随机从上月抽取某一天的播出节目进行评审。

第六条　评审范围

电视新闻中心、新闻综合频道、公共频道、旅游文化频道各部门的所有栏目。

第七条　评委构成

由总编辑、电视副总编辑共 5 人分别任主任评委。总编室主任、新闻中心主任、副主任、各频道总监、副总监、纪录片精品工作室主任、副主任、承德广电协会秘书长为评委。

主任评委轮流值班，每次由一人担任主任评委，主持评审工作，做最后总点评，形成评审意见。同时，为公平起见，主评委有 2 个投票权。评委有 1 个投票权。每次评审，每个部门派两人担任评委。

第八条　评审等级

采用等级评定制，每次评选出两个优秀节目。每个评委投票评出两个优秀节目，统计每个节目获得优秀的票数，获得最多的两个节目为优秀节目。超出两个时由主任评委再投一次。

根据全年评定结果，年终评选出年度最佳节目。

第九条　评审标准

坚持正确的舆论导向，符合国家各项法律、法规。在此基础上，对节目进行以品质评价为核心的综合评审，主要包括：

（一）思想性：体现“习近平新时代中国特色社会主义思想”，新时代新闻报道的主题、规律和走向，反映新时代社会大局的脉动、激情和发展。宣传壮大主流思想舆论，广泛弘扬社会主义核心价值观和中华优秀传统文化、国家文化软实力和中华文化影响力，促进社会和谐稳定。

（二）创新性：考察创作者的洞察力、鉴别力和敏感性。节目策划、选题、编排推陈出新、不落俗套。内容内涵深刻，独具个性。传播形式适应当下传播生态和受众接受习惯，融媒体表现突出。

（三）专业性：节目无逻辑错误，细节表现充分，编辑流畅，无技术性制作硬伤；画面镜头拍摄运用合理，字幕表现规范，播音主持自然大方，音响音乐运用恰当。

（四）影响力：节目思想性艺术性俱佳，触动人心。

第十条　其他

（一）总编室负责组织评审并将结果汇总后，予以公示通报。并在《承德广播电视》刊登，同时在微信公众号推送。

（二）本办法试行中遇到的问题，可及时进行修正。

（三）广播节目评析工作参照本办法，由广播综合部组织评审工作。

第四章　电视节目评优办法

第十一条　评审周期

以季度为周期，每季度评选一次。

第十二条　评审范围

由电视新闻中心、新闻综合频道、公共频道、旅游文化频道、广告信息中心自行申报节目。评委根据类别进行评审。

第十三条　评委构成

由总编辑、电视副总编辑、各频道总监、中心主任、总编室主任、广电协会秘书长任评委。总编辑担任评审主任。

第十四条　评审标准

（一）以习近平新时代中国特色社会主义思想为指导，贯彻团结稳定鼓劲、正面宣传为主的方针，坚持正确舆论导向，落实“三贴近”要求，社会效果好。

（二）消息要求新闻要素完整，时效性强，角度新颖，内容充实，信息量大，结构清晰，语言文字精练，报道准确。

（三）评论要求观点鲜明，论点正确，论据准确，论证有力，论述精辟。

（四）新闻专题要求主题鲜明，材料典型，事实准确，结构合理，语言（声音、画面）生动，有细节，有深度，音响、画面运用得当，有感染力。

（五）公益广告要求有时代特色，格调高雅，设计新颖，简洁明快，制作精湛。

第十五条　评审模式

（一）参照河北新闻奖的评奖办法进行评定，不分类别。优秀比例按照报送节目的20%左右确定，如当季评选整体节目质量较高，由评审主任确定优秀节目数量。

（二）优秀节目将选送《全国广播电视新闻作品季度推优》和河北新闻奖、河北影视奖等评奖。

第十六条　其他

（一）总编室电视节目考评部负责组织评选工作

（二）本办法试行中如遇到问题，及时修正。

（三）优秀广播节目评选，参照本办法，由广播综合部组织评选工作。

第五章　舆论监督类报道的管理规定

第十七条　严格选题审批制度

（一）各中心、频率、频道所有涉及舆论监督类报道的节目，必须在节目制片人、中心主任、频率频道总监、分管副总编辑对选题进行审查、签字后，方可进行节目的前期采访工作。

（二）两会召开期间或其他政治敏感时期，必须要有总编辑签字同意，方可进入舆论监督类节目的前期采访。

第十八条　采访、编辑规定及原则

（一）舆论监督类报道一定要本着客观、公平、公正的原则进行，记者要在采访前进行深入的调查研究并查阅必要的法律法规和文件。法规和文件的选取要以国家最高机构的口径为准。采访中引用的资料一定要有精确的出处，慎用网上消息，对作为线索的消息必须严加核实，避免侵权事件的发生。

（二）采访时严禁记者先入为主，把个人的倾向和情绪带入到采访中去。要以沉着、冷静的态度去应对各类采访对象。采访中不能因任何原因导致情绪偏激，绝不能与采访对象发生口角、争执。

（三）涉及舆论监督类报道，一定要采访到当事人各方，记者不得接受任何一方提供的车辆、就餐、礼品。

（四）所有舆论监督类报道的节目在播出前不得通知节目中涉及的任何一方当事人。接受舆论监督类报道任务的编辑、记者不得向他人泄露报道线索，未参与报道的人员不得打探与采访有关的消息，更不得向外界透漏有关情况。遇有违反上述纪律者将严肃处理。

（五）不得以任何借口阻挠舆论监督类报道的进行，不得以利益作为条件搞有偿宣传，不得以节目换取人情和金钱。一旦发现有偿新闻和影响节目运作的，无论数额多少将严肃处理。

（六）对舆论监督类报道中选用的嘉宾和专家、评论人的身份要仔细确认，确保不出现问题。

（七）对节目播出后有关单位或个人持不同意见的，原则上不由当事记者出面进行解释、调解工作。

（八）经常涉及舆论监督类报道的部门，要定期召开选题研讨会、节目策划会、社会各界座谈会，对舆论监督类报道中存在的问题进行讨论，提高节目质量。对于舆论监督类报道的采访，各部位要选派敏感性强、政策性强、善于把握主题的资深记者。

（九）隐蔽拍摄要在前期报送选题时说明，经同意后方可实施，并要符合国家的相关规定要求。

第十九条　审片规定

（一）舆论监督类报道必须由制片人、中心主任、频率频道总监共同初审，做前期的把关。

（二）节目制作完成后，要经分管副总编辑审看，重要选题请总编辑审看。节目审看完成后，方可播出。除总编辑外，任何人无权取消播出安排。

第六章　严格执行节目播出计划的规定

第二十条　广播、电视节目播出计划是根据上一年全台各类节目播出状况、节目调整基础上作出的整体安排，是全台节目播出的依据，没有特殊批准、特殊需要，各频率、频道、部室、中心及个人无权擅自改变节目播出编排计划。

第二十一条　各中心、频率、频道、部室要严格按照台广播、电视节目编排要求制作、播出节目，不得擅自更换节目、延长或缩短节目时间，变更节目形式，不得空播和漏播。确需更改的，须经总编辑签字批准，报总编室备案、影视节目交流部调整节目编排单后，方可正式更改播出。

第二十二条　正常播出计划之外的指令性节目（广播电视讲话、特别节目、现场直播等），有关中心、频率频道要在播出前二天填写《节目播出时间变更申请表》，由中心主任、频率频道总监、分管副总编辑、总编辑签字，报总编室备案、影视节目交流部调整节目播出单后，方可安排播出。

第二十三条　节假日、特殊时期（时段）需增加节目（包括广告时间）的，必须在前一周的台编委会上提出，征得总编辑同意后，将节目变更计划提前告知总编室，影视节目交流部下单后再按程序填表、审批，影视节目交流部下单后方可安排播出。

第二十四条　未经总编辑和总编室主任同意，任何人不得以任何理由要求总编室编程部调整或更改电视节目编程表。

第二十五条　总编室编程部对在节目运行过程中发现有未按规定要求擅自变更节目的，要及时向总编室主任反映、上报。遇有特殊情况要立即向总编辑请示，听取指示，不得延误。

第七章　电视节目安全播出的管理规定

第二十六条　电视新闻中心、各频道所属各栏目要严格执行三级审片制，从文字、画面等多方面进行把关。各栏目播出节目文字稿要经过制片人、中心（频道）值班主任（总监）和分管副总编辑签字后方可配音编辑。节目编辑完成后，须由制片人、中心（频道）值班主任（总监）和分管副总编审看合格，在值班日志上签字后方可生成上传，严禁由他人代签。值班日志由值班主任（总监）保管，每周由总编室更换并存档。

第二十七条　电视广告信息中心广告要经业务员、部门主任和中心主任共同签字、审看合格后方能播出。所有文字、音像资料存档（包括游走字幕播出的文字稿）。

第二十八条　外引节目由影视节目交流部工作人员、副主任、主任审看分别签字后，方能进行传送，要求有规范的播出单并进行存档管理。

第二十九条　本台自办栏目的时长与所设定节目时长之间的误差为 ±0 秒。

第三十条　各中心、频道要按照总编室编程部的要求，将当天播出的自办节目在规定时间内上传至媒资库。节目上传完成后，上传人员要与总编室编程部值班人员进行核实，无误后方可离开。遇特殊情况节目必须延时上传的，须经值班总编辑同意，提前通知总编室编程部。如在节目播出前无法实现节目上传，须经值班总编辑同意，提前 10 分钟与总编室编程部及播出机房值班人员联系，做好直播准备。每天 9 点 30 分前影视节目交流部须将第二天三个频道的《节目播出单》送至总编室编程部。

第八章　关于禁止有偿新闻的规定

第三十一条　新闻记者不得以任何名义和形式向被采访对象索要或接受钱物、有价证券、信用卡等。

第三十二条　不得以任何名义向被采访对象借用、使用车辆、住房、家用电器、通信工具等物品。

第三十三条　参加新闻发布会和企业开业、产品上市以及其他庆典活动，不得索要和接受各种形式的礼金。

第三十四条　不得向被采访对象和活动主办单位提出工作以外个人生活方面的特殊要求。严禁讲排场、比阔气，挥霍公款。不准在被采访单位和活动主办单位报销应由个人支付的票据。

第三十五条　不得私自组团进行采访报道活动；不得参加由个人自行组织的采访报道活动。

第三十六条　不得利用职务之便要求他人为自己或亲友办私事，严禁采取批评报道、公开曝光等方式要挟他人以达到个人目的。

第三十七条　未经批准，不得受聘担任其他新闻单位的兼职记者、特约记者或特约撰稿人、播音员、主持人，不得私自外出从事节目主持、庆典主持、婚礼主持工作。

第三十八条　新闻报道不得收取任何费用，不得以新闻报道形式为企业或产品做广告。广告和产品信息必须播放广告标识，与其他非广告信息相区别。

第三十九条　赞助和协办节目必须按规定报批，并签署合同或协议，经费纳入财务统一管理，合理使用，定期审计。

承德广播电视台关于禁止有偿新闻的规定

一、新闻记者不得以任何名义和形式向被采访对象索要或接受钱物、有价证券、信用卡等。

二、不得以任何名义向被采访对象借用、使用车辆、住房、家用电器、通信工具等物品。

三、参加新闻发布会和企业开业、产品上市以及其他庆典活动，不得索要和接受各种形式的礼金。

四、不得向被采访对象和活动主办单位提出工作以外个人生活方面的特殊要求。严禁讲排场、比阔气，挥霍公款。不准在被采访单位和活动主办单位报销应由个人支付的票据。

五、不得私自组团进行采访报道活动；不得参加由个人自行组织的采访报道活动。

六、不得利用职务之便要求他人为自己或亲友办私事，严禁采取批评报道、公开曝光等方式要挟他人以达到个人目的。

七、未经批准，不得受聘担任其他新闻单位的兼职记者、特约记者或特约撰稿人、播音员、主持人，不得私自外出从事节目主持、庆典主持、婚礼主持工作。

八、新闻报道不得收取任何费用，不得以新闻报道形式为企业或产品做广告。广告和产品信息必须播放广告标识，与其他非广告信息相区别。

九、赞助和协办节目必须按规定报批，并签署合同或协议，经费纳入财务统一管理，合理使用，定期审计。

承德广播电视台
广播电视节目评价实施办法
（试行）

为确保广播电视节目的正确导向，激发采编人员争创精品的积极性，促进节（栏）目上档次、树品牌，树立承德广播电视台主流媒体的形象，依据国家广电总局出台的广播电视节目评价体系指导意见，结合我台实际，制定本办法。

一、指导思想

以邓小平理论、三个代表重要思想和科学发展观为总的指导思想，按照高举旗帜、围绕大局、服务人民、改革创新的总要求，通过建立和完善广播电视节目评价办法，进一步坚持正确的舆论导向；提高广播电视节目质量和品位，树立广播电视节（栏）目品牌；促进社会主义核心价值体系生动、有效和广泛的传播，满足人民的精神文化需求；进一步发挥广播电视节目引领风尚、教育人民、服务社会、推动发展的作用，不断提高广播电视的公信力、吸引力和美誉度，为提高国家文化软实力，弘扬中华文化，实现文化大发展大繁荣做出更大的贡献。

二、基本原则

广播电视节目评价要坚持正确的舆论导向，始终把社会效益放在首位；坚持以人为本，始终把满足人民的精神文化需求作为根本目标；坚持客观公正，综合科学评价；坚持尊重规律，多方参与，结果公开，绩效挂钩，奖优罚劣的原则。切实起到把握正确方向和激励作用，推进广播电视节目更好的发展。

三、评价范围、内容及权重

（一）评价范围。包括：广播新闻中心、新闻综合频率、交通文艺频率、旅游生活频率、电视新闻中心、新闻综合频道、公共生活频道、旅游文化频道所属的各档自办节（栏）目。

（二）评价内容。广播电视节目必须坚持正确的舆论导向，符合国家各项法律、法规。在此基础上，对节（栏）目和频率、频道进行以品质评价为核心的综合评价。主要包括：

1. 思想性（25分）：体现社会主义核心价值观，宣传正确的世界观、人生观、价值观，弘扬社会正气，传承优秀传统文化，倡导科学思想，促进社会和谐稳定。

2. 创新性（25分）：节目定位准确，策划、选题、编排等内容独到、形式新颖，体现时代精神，表现手段推陈出新，具有原创性。

3. 专业性（25分）：文案策划充分，节目整体无明显逻辑错误，细节表现充分；编辑编排合理，串词衔接顺畅；制作剪辑精准，无制作硬伤；画面镜头拍摄运用合理，无明显硬伤；字幕表现规范，无错别字和表达错误；播音主持流畅，无明显磕巴和错别字；音响音乐运用恰当。

4. 满意度(25分)：节目贴近生活、贴近群众、贴近实际，符合群众的需要；支持人有亲和力；画面有美感，有较强的烘托力；节目整体气氛较好，有较强的感染力；受众对节目比较认可和赞许。

(三)评价结果等级。根据评价权重，对中心、频率、频道、室分别计算得分。

评价等级分为甲级、乙级、丙级、丁级四级，为广播电视新闻中心、各频率、频道每月的整体等级。

平均分在85分（含）以上的为甲级，84–75

分（含）的为乙级，74—60 分（含）的为丙级，60 分以下的为丁级。原则上，全台年获得甲级、乙级的数量分别控制在年广播或电视节目评价总量的 30% 以内。评委会根据评定等级情况，每半年对甲、乙等级进行一次综合评价调整。

四、评价结果的应用

评价结果与各部位奖励性绩效工资相挂钩。甲级——在中心、频率、频道奖励性绩效工资总额基础上上浮 15%；乙级——在中心、频率、频道奖励性绩效工资总额基础上上浮 5%；丙级——中心、频率、频道奖励性绩效工资总额不变；丁级——在中心、频率、频道奖励性绩效工资总额基础上下浮 10%。

五、组织实施

（一）台成立评委库。评委库由台党组成员、部分副处级领导、广播电视副总编辑、总编室主任、部分台高级职称人员和离退休老领导，以及外聘评委（20 人左右）组成。外聘评委从人大代表、政协委员、主管部门、媒体、热心听（观）众中挑选部分代表组成。评价时从评委库中抽选部分人员分别组成广播评委会和电视评委会，每次总人数分别为 6—8 人。其中，要有 1 名台党组成员或副处级领导担任主评委，每次必须要有 2—3 名外聘评委。每次的广播（电视）评委会负责当月广播（电视）所有频率（频道）的评价，中途不更换评委。所评节目的中心主任或频率、频道总监要到场听评，但不参与打分。

（二）广播电视节目评价采取月抽评的方式，每月抽评 1 次，每次由广播（电视）评委会从当月中随机抽取 2 天，各中心、频率（频道）均以此两天节目作为评委会的评价节目，并按照评价内容进行打分。广播、电视节目均须为首播节目。

（三）具体操作办法。

1. 广播电视节目评价工作由总编室负责组织实施。

2. 各中心、频率、频道每周二前，要将上一周各节目的播出单按广播和电视部位，分别交予总编室广播管理部和电视管理部，播出单上要对重播节目加以注明。广播管理部和电视管理部要由专人负责保管，并以此作为节目评价时调取节目的依据。

3. 为预留工资做表时间，广播、电视节目评价时间为每月 25、26 日（具体时间以总编室工作人员通知为准）。

4. 节目时间段选取：每次评价时从上一次评价截止日期至本次评价截止日期的时间段内抽取节目。电视各频道节目如遇到重播节目，则以前一天或后一天（最近日期的）首播节目为准。

5. 每个中心、频率、频道的节目听（看）完后，由评委填写评价打分表，并进行点评。所评节目的中心主任或频率、频道总监负责将评委意见传达给本部位相关采编人员。

6. 评委们每填写完一个中心、频率、频道的评价打分表后，总编室工作人员要及时将评价打分表收齐，进行登记，每天节目的打分表都要去除一个最高分和最低分，将余下的分数进行汇总，计算出平均分。全天节目评价结束后，工作人员要对所评各节目平均分数进行汇总，当场公布，评委会根据得分情况，按照第三项第（三）条规定，确定中心、频率（频道）的等级。评价结果与两次评价打分表一同由总编室装订存档。

六、其他说明

（一）要高度重视广播电视节目评价工作，按照本意见精神和要求，采取措施，健全机构，充实人员，保证经费，确保广播电视节目评价工作顺利进行。

（二）各中心、频率、频道、室要建立内部节目质量评价机制，对本部位节目参照评价内容进行逐条、逐期评价，评价结果用于内部绩效工资核算。

（三）本办法从 2013 年 1 月 1 日起实行，原有节目评价方法等相关文件同时作废。

（四）本办法由台总编室负责解释。

2013 年 3 月 13 日

承德广播电视台上宣统计办法

为适应机构改革及频率频道专业化发展的需要，促进和鼓励各县区广播电视台对上宣传工作，共同提升节目质量，依据我台实际，对原上宣统计办法进行重新修订。具体内容如下：

一、上宣统计范围

（一）在我台的上宣节目。指在我台广播、电视栏目播出的，由县区台制作上传或是由县区台协助我台记者采访、制作、播出的稿件。范围包括在我台广播、电视所有自办栏目中播出的节目。

（二）在中央台和省台的上宣节目。要求必须是着眼于树立承德良好形象，体现我市推进全面小康社会建设的新思路、新举措、新成就，反映承德先进经验和先进典型等内容的报道。

鉴于中央台和省台的发稿通知延迟时间较长，影响全台上宣及时统计和县区台年终总结评比工作，为及时总结上宣工作，从2013年年底开始，对中央台和省台的上宣稿件以截至最近月份统计为当年统计分数，余下的转下一年度统计分数。广播、电视分别统计。

二、计分办法

鉴于广播和电视节目在表现形式上的不同，广播和电视节目分别计分，在分数计算上将采取不同的计分办法（重播节目不计分）。

（一）电视节目：在电视各自办栏目中播出的7分钟以内的片子按消息计分，7分钟以上片子按专题计分。

1. 消息：

(1)《承德新闻》栏目：单条计3分，上提要计4分，头条计5分。

(2) 其他栏目（含电话连线）每条计3分。

(3) 以图片等非视音频方式的每条计2分。

2. 专题：包括新闻专题、社教专题、访谈节目、旅游节目等，每条计4分。

（二）广播节目：在广播各自办栏目中播出的节目。

1. 消息：

(1) 录音消息、电话连线计2分，上提要计3分，头条计4分；

(2) 文字消息计1分，上提要计2分，头条计3分。

2. 专题：

(1) 新闻专题：包括深度报道、解释性报道、调查性报道、新闻特写、新闻综述等，以记者见闻式叙述为主。节目长度在7分钟以上，每条计4分。

(2) 社教专题：以目标受众为特定收听群体的对农节目、少儿节目、青年节目、妇女节目、老年节目、残疾人节目；以社会某一领域、某一方面为报道内容面向多层次听众的经济、科技、军事、法制、文化、体育、教育、卫生和心理咨询等方面的节目。节目长度在15分钟以上，每条计4分。

(3) 新闻评论：对社会关注的新闻事件、热点话题、社会现象等进行事实分析和说理。节目长度在6分钟以上，每条计4分。

(4) 访谈：由县区台协作（联系嘉宾、提供资料）完成的访谈节目。节目长度在15分钟以上，每条计4分。

（三）在中央台和省台发稿统计：

1. 中央电视台《新闻联播》单条计20分，上提要计30分，头条计45分，综合新闻计10分；

《新闻30分》、《中国新闻》单条计15分，上提要计25分，头条计35分，综合新闻计5分；《焦点访谈》计30分；党代会、全国两会等重大政治活动的相关新闻专题计25分；突发事件直播酌情计分；CCTV1及央视新闻频道其他重要新闻专题计10分；在央视播出的由各县区自行组织策划的展示当地历史人文底蕴的专题片每集计8分。

2. 中央人民广播电台《全国新闻联播》、《新闻和报纸摘要》单条计15分，上提要计25分，头条计30分，综合新闻计8分；《新闻纵横》单条计10分，上提要计15分，头条计20分，综合新闻计5分；《直播中国》计15分；党代会、全国两会等重大政治活动的相关新闻专题计20分；突发事件直播酌情计分；《中国之声》其他重要新闻专题计8分。

3. 河北电视台《河北新闻联播》单条计10分，上提要计15分，头条计20分。《午间视野》《晚间新闻》《直播京津冀》单条计8分，上提要计12分，头条计15分。

4. 河北电台《全省新闻联播》单条计10分，上提要计15分，头条计20分。《河北新闻》单条计8分，上提要计12分，头条计15分。

5. 各县区自行组织策划的展示当地历史人文底蕴的专题片，中央电视台每集计10分，中央电台每集计8分，省电视台每集计5分，省电台每集计5分。

6. 采用的稿件依中央台、省台的正式发稿通知单复印件和录像资料进行认定。

（四）总编室每月将对各县区台广播和电视的上宣得分分别进行汇总，并将此得分情况发至各县区，年底依据此得分对各县区台进行表彰。

三、具体要求

（一）为保证此项工作顺利进行，各中心、频率、频道值班编辑（或值班总监、副总监），每周二前将上一周节目播出串联单（需注明县区台名称）分别交到总编室广播管理部和电视管理部存档。

（二）各中心、频率、频道如有漏统的片子，须由中心主任或频道（率）总监签字，在当月统计表下发后一个月内交到总编室，经总编室核对后纳入下月统计单。

（三）为保证统计分数的公正，要求各中心、频率、频道要认真填写节目播出单，严禁在节目播出单中弄虚作假。总编室将加大审核力度，严格把关，并接受县区台的监督。如发现中心、频率、频道有弄虚作假行为，一经核实，在取消作假分数的同时，还将取消参与弄虚作假栏目的上宣统计资格。

（四）此办法从2013年1月1日起试行，此前制定的办法同时作废。此办法由总编室负责解释。

2013年3月13日

承德广播电视台
关于进一步加强广播电视技术管理工作的暂行规定

为进一步规范广播电视技术工作管理秩序，提高技术工作管理水平，根据当前广播电视技术管理工作的有关标准规范，结合广播电视台实际，制定本规定。

一、综合管理

1. 台科技处负责全台广播电视技术工作的综合管理，重点做好安全播出管理、信息安全管理、频率频道管理、覆盖网规划设计和建设管理、从业人员业务培训、技术资料档案管理、技术报表归纳统计上报、科技创新以及新技术应用推广、评优评先、上级工作精神的传达落实、工作信息报送等方面工作。

2. 台内各技术单位负责本部位技术工作的日常管理。重点做好应急预案、规章制度的建立健全和执行落实、设备检修维护、节目安全优质播出、队伍建设、技术革新改造、技术报表填报、安全播出保障体系建设等方面工作。

3. 广播电视系统所用的频率频道必须具有上级广电行政单位批准使用的批复文件和无线电管理机构颁发的频率频道使用许可证，严禁擅自使用未经核准的频率频道转播发射广播电视节目。经核准使用的频率频道不得出租、转让。频率频道使用手续由台科技处统一申请办理，并负责做好相关核验工作。

4. 各单位必须严格按照上级单位批准的节目内容、传输方式、覆盖范围以及相关技术参数播出、传输、转播发射广播电视信号，未经批准不得擅自停止服务或者变更服务。严禁擅自改变技术参数。

5. 各技术系统需要临时停播、停传应当向科技处递交书面申请，由科技处按有关规定报请上级单位批准。未经上级批准不得擅自停播广播电视节目。发射功率在50瓦以上发射机，需要临时停播7天（不含）以上的，应提前7个以上工作日报科技处，需要临时停播7天（含）以内的提前2个以上工作日报科技处。广播、电视制播中心临时停播应提前5个以上工作日报科技处。

6. 开办中短波广播、50瓦以上调频、电视广播、调频同步广播、地面数字电视广播、数字声音广播、多工广播以及跨地区微波传输业务需要向省级以上广播影视行政部门申请办理《广播电视节目传送许可证》。《许可证》由台科技处统一申请办理，并负责做好相关核验工作。

7. 科技处按年度组织开展广播电视优秀论文奖、节目技术质量奖、科技成果奖的评审工作，并推荐优秀奖项参评省局组织的相应类别奖项评审。

8. 广播电视监测台每月按时向科技处递交广播电视监测报表。科技处依据监测数据组织开展年度广播电视安全播出竞赛评比工作，以评促管，奖优罚劣。同时推荐优秀单位参加全省安全播出竞赛。

9. 科技处不定期组织开展广播电视高新技术知识、安全播出等方面业务培训工作，并做好广播电视行业标准规范的宣传贯彻和组织实施工作，定期对安全播出责任单位的技术维护管理工作进行督导检查。

二、安全播出管理

10. 广播电视安全播出是指广播电视节目播出、传输过程中的节目完整、信号安全和技术安全。安全播出工作是广播电视的生命线，关系到国家安全和社会稳定。各单位应高度重视、精心组织，周密部署，切实保障广播电视信号安全优质播出，维护用户收听收看广播电视的权益。广播电视安全播出工作应当坚持不间断、高质量、既经济、又安全的方针。

11. 台科技处承担安全播出管理职责，并与监测台共同负责全台广播电视安全播出工作的指挥、协调与调度。广播制播中心、电视制播中心、〇五转播台、一〇八五转播台、广播电视发射台、一〇八四转播台、承德新闻网、承德手机台、保卫处、后勤处电力部门为安全播出责任单位，承担本部位安全播出具体工作。

12. 安全播出责任单位年度运行指标应分别满足以下标准：广播、电视制播中心、无线转播发射台站停播率≤ 60 秒／百小时，即可用度≥ 99.983%；微波站业务可用度不低于 99.97%。

13. 台科技处要充分发挥安全播出管理职能，加大安全播出的督导与检查力度，及时传达上级单位的安全播出工作精神和工作要求，建立健全安全播出考核奖惩机制，组织开展安全播出培训，完善内外协调机制，为安全播出责任单位提供良好的服务与保障。

14. 安全播出责任单位要建立健全安全播出工作管理机制，针对技术岗位的实际特点制定科学严谨的安全播出应急预案，预案应包括供配电故障应急处置、播出重要环节故障应急处置、非法破坏事件应急处置、信息安全应急处置、自然灾害应急处置、防暴恐应急处置以及其他突发事件应急处置等方面内容。安全播出应急预案要不断修改补充完善，定期组织做好预案的学习和演练工作。安全播出应急预案要上报台科技处备案。

15. 安全播出责任单位要严格按照《广播电视安全播出管理规定》相关实施细则规定的安全播出保障等级标准对技术系统进行保障配置。广播、电视制播中心应达到三级保障要求，无线转播发射台站应达到二级保障要求。

16. 安全播出责任单位要坚持人防、物防、技防相结合的原则，加大资金投入力度，建立健全安全播出保障体系，充分利用监测、预警等高新技术手段提高安全播出保障能力。

17. 重要保障期间，安全播出责任单位不得进行例行检修或者有可能影响安全播出的施工；因排除故障等特殊情况必须检修并可能造成广播电视节目停播（传）的，应当报科技处，科技处报省以上广播影视行政部门批准后实施。 因重要保障期取消例行检修时段的，广播、电视播控机房应当提前做好节目安排和节目单核查，避免造成节目空播。

18. 发生安全播出事件、事故后，安全播出责任单位应在是第一时间电话上报台科技处。事故发生 1 小时内递交事故事件报告单，6 小时内报送详细书面报告。书面报告应说明事件事故发生时间、地点，受影响的频率（频道）、节目、设备，停播时长，发生和处理详细过程、起因、性质、造成的损失等，并总结经验教训，提出事件、事故的处理意见和改进措施。科技处根据事故事件的影响程度按照有关规定逐级上报。任何单位、部门和个人不得以任何理由故意隐瞒、缓报、谎报安全播出事故事件。

19. 科技处与安全播出责任单位对重大事故应成立调查组，对事故原因、处置过程进行调查，对处置方式、方法进行分析，形成调查分析报告；编写事故案例，并及时组织召开案例分析会，通报情况，总结经验教训。应按照有关规定对事故责任人予以处理，对排查发现的播出事故隐患及时进行整改。

20. 台内各单位要提高安全保密意识，安全播出涉密文件的收发、传达、保存、销毁等环节要严格按照《保密法》及国家其他有关规定进行处理。办公用计算机严禁接入互联网。

21. 任何单位和个人均有保护广播电视设施的义务。安全播出责任单位要建立健全系统内外协同联动机制，形成应急联动长效机制。应加强与公安、综治办、三电办、610办、无线电管理以及街道、社区、居委会等单位的联络协调，建立健全与公安机关的联动报警机制，把广电设施保护工作纳入立体化社会治安防控体系。

三、科技成果项目管理

22. 科技处负责广播电视科技成果、科技项目管理工作，组织科技项目的评审、申报、奖励工作及广播电视科技项目的论证，调研、验收、鉴定和广播电视高新技术的应用与推广。

23. 科技处每两年组织开展一次科技成果奖评审工作。对于水平较高，创造较好社会效益和经济效益的项目，由科技处组织做好项目的鉴定、验收、评审和向省局推荐工作。

24. 各单位要高度重视科技创新工作，注重在工作中总结积累科技成果，并及时向科技处申报备案。科技处按相关规定组织开展鉴定工作。

四、覆盖网建设维护管理

25. 广播电视大型工程建设性要严格按照国家法律法规以及广播电视行业标准、规范组织实施。一般性工程建设要严格按照勘察、设计、论证、实施、验收、审核、备案等环节组织实施。

26. 广播电视迁建工程应当坚持先建设后拆除的原则，建设过程中要确保广播电视节目安全优质播出。

27. 广播电视无线转播发射系统中使用的发射设备必须具有国家无线电发射设备型号核准证和广播电视设备器材入网证书。

28. 新建、扩建或者更新改造的广播电视技术系统工程项目，实施前应当将技术方案上报科技处，科技处组织专家召开技术论证会，或者委托专业评估机构对技术方案进行安全播出评估，并按规定逐级办理审批手续。工程项目完工后，由科技处组织开展验收工作。

29. 新建广播电视技术系统投入使用前，试运行时间不得少于一个月。新建广播电视播出、传输、发射系统需要试播的，应提前7个以上工作日向科技处递交书面申请材料，由科技处报请上级单位批准。试播期不超过六个月。

30. 超过3万元的广播电视工程建设、器材购置，实施单位需要填报《技术论证书》，并上报科技处，科技处组织召开技术论证会形成技术性论证意见后方可实施。

五、技术人员管理

31. 安全播出责任单位要坚持以人为本原则制定科学详细的队伍建设中长短期规划，扎实组织技术培训工作，努力建设政治强、业务精、作风正的广播电视技术队伍。

32. 安全播出责任单位要严格审查新上岗人员。政治审查合格，具有相应的专业技能，并通过岗位培训和考核的人员方可从事值班员工作。在值班员岗位工作多年，经过专业培养，专业考核合格，综合素质较好，民主评定良好的技术人员方可从事技术维护工作。

33. 安全播出责任单位要制定年度培训计划，每年按计划组织开展业务培训工作，重点普及岗位基本知识、基本情况、基本规律和基本技能。业务培训工作要列入绩效考核范围，做到有目标、有计划、有授课记录、有笔记、有考核、有奖惩。每月累计学习不少于 2次，每次不少于3小时。

34. 安全播出责任单位要加强全员的安全教育，组织开展安全教育专项学习培训，严格安全操作、安全施工、安全防范等各项流程，提高全员的安全意识。组织开展安全播出应急演练，消防演练、防暴恐演练，提高一线值检人员的应急反应能力和应急处置能力。

六、附则

35. 本规定由台科技处负责解释

36. 本规定自下发之日起执行。

广播电视技术维护管理工作规范

为进一步提高技术维护管理工作水平，确保广播电视技术维护管理工作科学化、规范化、标准化，参照广播电视行业技术维护管理工作相关的标准、规定，结合全台技术工作实际，制定本规范。

第一章　技术管理工作规范

第一条　技术管理工作应贯穿于广播电视采集、编辑、制作、播出、转播、发射、传输、监测等各个环节，通过规范化的管理手段确保广播电视技术系统安全稳定运行，确保实现广播电视安全优质播出是技术管理工作的根本任务。

第二条　台内各科技处负责全台广播电视技术工作的综合管理，重点做好安全播出管理、信息安全管理、频率频道管理、覆盖网规划设计和建设管理、从业人员管理、技术资料档案管理、技术报表归纳统计上报、科技创新以及新技术应用推广、评优评先、上级工作精神的传达落实以及系统内外的综合协调等方面工作。

第三条 台技术单位负责本部位技术工作的日常管理。重点做好应急预案、规章制度的建立健全和执行落实、设备检修维护、节目安全优质播出、队伍建设、技术革新改造、技术报表填报、安全播出保障体系建设等方面工作。

第四条　技术管理工作应坚持科学化、标准化、规范化、制度化的总原则，结合岗位实际，明确责任任务，完善管理措施，丰富管理手段，提升管理水平。

第五条　广播电视传输覆盖网的工程选址、设计、施工、安装应当按照国家有关规定办理，并有已发取得相应资格证书的单位承担。工程建设和使用的广播电视技术设备应当符合国家标准、行业标准，工程竣工后，由广播电视行政部门组织验收，验收合格方可投入使用。广播电视迁建工程应当坚持先建设后拆除的原则，建设过程中要确保广播电视节目安全优质播出。

第六条　新建、扩建或者更新改造的广播电视技术系统工程项目，实施前应当将技术方案上报科技处，科技处组织专家召开技术论证会，或者委托专业评估机构对技术方案进行安全播出评估，并按规定逐级办理审批手续。工程项目完工后，由科技处组织开展验收工作。

第七条　新建广播电视技术系统投入使用前，试运行时间不得少于一个月。新建广播电视播出、传输、发射系统需要试播的，应提前7个以上工作日向科技处递交书面申请材料，由科技处报请上级单位批准。试播期不超过六个月。

第八条　各单位必须严格按照上级单位批准的节目内容、传输方式、覆盖范围以及相关技术参数播出、传输、转播发射广播电视信号，未经批准不得擅自停止服务或者变更服务。严禁擅自改变技术参数。

第九条　广播电视系统所用的频率频道必须具有上级广电行政单位批准使用的批复文件和无线电管理机构颁发的频率频道使用许可证，严禁擅自使用未经核准的频率频道转播发射广播电视节目。经核准使用的频率频道不得出租、转让。

第十条　各技术系统需要临时停播、停传应当向科技处递交书面申请，由科技处按有关规定报请上级单位批准。未经上级批准不得擅自停播广播电视节目。发射功率在50瓦以上，需要临时停播7天（不含）以上的，应提前7个以上工作日报科技处，需要临时停播7天（含）以内的提前2个以上工作日报科技处。广播、电视制播中心临时停播应提前5个以上工作日报科技处。

第十一条　开办中短波广播、50瓦以上调频、电视广播、调频同步广播、地面数字电视广播、数字声音广播、多工广播以及跨地区微波传输业务需要向省级以上广播电视行政部门申请办理《广播电视节目传送许可证》。《许可证》由台科技处统一申请办理，并负责做好相关核验工作。

第十二条　广播电视监测台每月按时向科技处递交广播电视监测报表。科技处依据监测数据组织开展年度广播电视安全播出竞赛评比工作，以评促管，奖优罚劣。同时推荐优秀单位参加全省安全播出竞赛。

第十三条　科技处按年度组织开展广播电视优秀论文奖、节目技术质量奖、科技成果奖的评审工作，并推荐优秀奖项参评省局组织的相应类别奖项评审。

第十四条　科技处不定期组织开展广播电视高新技术知识、安全播出等方面业务培训工作，并做好广播电视行业标准规范的宣传贯彻和组织实施工作，定期对安全播出责任单位的技术维护管理工作进行督导检查。

第二章　广播电视安全播出工作规范

第一条　广播电视安全播出是指广播电视节目播出、传输过程中的节目完整、信号安全和技术安全。安全播出工作是广播电视的生命线，关系到国家安全和社会稳定。各单位应高度重视、精心组织，周密部署，切实保障广播电视信号安全优质播出，维护用户收听收看广播电视的权益。

第二条　台科技处承担安全播出管理职责，并与监测台共同负责全台广播电视安全播出工作的指挥、协调与调度。广播制播中心、电视制播中心、〇五转播台、一〇八五转播台、广播电视发射台、一〇八四转播台、承德新闻网、后勤处电力部门为安全播出责任单位，承担本部位安全播出具体工作。

第三条　广播电视安全播出工作应当坚持不间断、高质量、既经济、又安全的方针。

第四条　安全播出责任单位年度运行指标应分别满足以下标准：广播、电视制播中心、无线转播发射台站停播率≤60秒／百小时，即可用度≥99.983%；微波站业务可用度不低于99.97%。

第五条　台科技处要充分发挥安全播出管理职能，加大安全播出的督导与检查力度，及时传达上级单位的安全播出工作精神和工作要求，建立健全安全播出考核奖惩机制，组织开展安全播出培训，完善内外协调机制，为安全播出责任单位提供良好的服务与保障。

第六条　安全播出责任单位要建立健全安全播出工作管理机制，针对技术岗位的实际特点制定科学严谨的安全播出应急预案，预案应包括供配电故障应急处置、播出重要环节故障应急处置、非法破坏事件应急处置、信息安全应急处置、自然灾害应急处置、防暴恐应急处置以及其他突发事件应急处置等方面内容。安全播出应急预案要不断修改补充完善，定期组织做好预案的学习和演练工作。安全播出应急预案应上报台科技处备案。

第七条　安全播出责任单位要严格按照《广播电视安全播出管理规定》相关实施细则规定的安全播出保障等级标准对技术系统进行保障配置。广播、电视制播中心应达到三级保障要求，无线转播发射台站应达到二级保障要求。

第八条　安全播出工作要坚持人防、物防、技防相结合的原则，加大资金投入力度，建立健全安全播出保障体系，充分利用监测、预警等高新技术手段提高安全播出保障能力。

第九条　台内各单位要提高安全保密意识，安全播出涉密文件的收发、传达、保存、销毁等环节要严格按照《保密法》及国家其他有关规定进行处理。办公用计算机严禁接入互联网。

第十条　任何单位和个人均有保护广播电视设施的义务。安全播出责任单位要建立健全系统内外协同联动机制，形成应急联动长效机制。应加强与公安、综治办、三电办、610办、无线电管理以及街道、社区、居委会等单位的联络协调，建立健全与公安机关的联动报警机制，把广电设施保护工作纳入立体化社会治安防控体系。

第十一条　安全播出责任单位发生各类安全播出事故、事件，要在第一时间上报台科技处。任何单位、部门和个人不得以任何理由故意隐瞒、缓报、谎报安全播出事故事件。

第十二条　建立健全事件、事故管理奖励制度，对及时挽救特大、重大事件事故的个人可给予奖励。

第十三条　定期对技术系统和播出管理进行安全播出风险评估，对评估发现的不足和薄弱环节及时进行整改。新技术、新系统、新业务、新应用、新服务和新设施上线前应进行安全测试和评估，确保不降低已有的整个系统的安全性能。

第三章 机房值班巡检规范

第一条　值班员要熟练掌握设备开关流程、信号切换流程、网管操作流程、供配电操作流程、主备系统切换流程，巡机流程、事故报告流程，并严格按照操作流程做好值班工作。

第二条　值班员到岗后，要认真查看值机日志，查看是否有通知、留言和遗留问题。上下班值班员当面交接时应严格按照交接班规定详细说明上一班的工作情况，重点事项要做重点提示。

第三条　查看机房内各类技术设备、常用仪表工具、通讯工具、消防器材是否齐全和正常；查看节目上载情况、传输情况及节目带和节目单是否齐全。

第四条　设备开机前查看安全铭牌是否摘除，检修人员是否退出现场。开机时，要按照开机顺序依次检查有关表头指示是否正常、有无缺相情况；查看稳压电源、UPS电源、蓄电池是否正常；各种指示灯是否正常；听风机工作声音是否正常；各种服务器、工作站、系统网络是否正常；检查试验各路信号源是否正常。

第五条　各类发射机加高压时，要及时查看各级电压，电流，输出功率等相关表头指示是否正常，并做好登记记录。

第六条　值班员每半小时巡机一次，巡机时认真查看各表指示是否正常、机器是否正常，每班按规定做好抄表记录。值班时必须认真监视、监听及监测，发现故障及时处理、报告和记录。

第七条　广播电视监测、指挥调度机构值班员要熟练掌握业务流程，加强对广播电视信号的综合监听、监测和监管，避免出现漏监、错监，及时准确的向安全播出责任单位发布预警信息、调度指令，及时反馈事故事件监测信息。

第八条　广播电视制播中心要加强对群众参与直播类节目的安全管理，值班人员要熟练掌握延时、切换等设备的操作流程，发现问题要确保快速准确操作。

第九条　未经允许，严禁值班人员擅自变更技术系统的各项技术参数。专用计算机网络不允许接入互联网，严禁利用专用网络计算机进行与业务无关的任何操作。

第十条　技术系统设备机器（系统）发生故障，要立刻切换另一备份设备（系统）播出，并及时通知带班人员，在带班人员的带领下进行故障处理。发射机房切换发射机要注意天线倒换开关的位置。

第十一条　值班员要严格审查机房出入人员，未经允许严禁无关人员进入机房。严禁值班人员在机房内吸烟、饮酒、喧哗、会客或者做与工作无关的事情。

第十二条　机房内严禁放置易燃、易爆、易发挥物品，严禁存放粮食和食品，值班人员就餐后的剩余食品和餐具应及时清洗并存放在机房外的指定地点。

第十三条 机房内不准使用明火，设备或者技术系统的专用供电线路上严禁接入大功率用电设备，临时性性用电设备或用电插销等用后要及时放回指定地点。

第十四条 值班员要树立良好的职业道德，爱岗敬业，恪尽职守。要认真钻研业务，提高岗位技能。值班期间严禁脱岗、空岗、串岗、机房要时刻保持整洁，不随意堆放杂物，随时清扫机房卫生。不长时间私用机房内业务用电话，待人接物、汇报工作、接听电话要举止文明，用语规范。

第十五条 值班结束后，做好详细的交接班记录。值班结束时接班人员仍未到岗，严禁擅自离岗，要及时向当班主任汇报。

第四章 设备检修维护规范

第一条 安全播出责任单位应严格按照广电总局颁发的各专业《运维规程》的相关要求，针对不同系统和设备分类制定周检、月检、季检、年检等周期性检修维护计划，并按计划组织实施。

第二条 安全播出责任单位要将技术系统各环节的检修维护责任落实到部门、班组、个人、做到界面清晰、责任明确、不漏检、不重叠。上下游播出单位要明确维护责任、划清维护界限、必要时应签订维护协议。

第三条 检修维护工作必须把安全放在第一位，确保人员和设备安全。安全播出责任单位要根据国家、行业相关的技术标准、技术规范，结合自身系统以及各类设备实施的特点制定科学完备的检修维护操作规程，操作规程要根据系统的变更不断予以更新完善。建立健全检修维护工作记录及档案。

第四条 安全播出责任单位每周要重点检查易损元件、动作频繁、高电压、大电流部件以及受温度影响较大的元件，对重点节点、重要部位进行波形抽测、码流分析、网络测试，对系统进行全面除尘清扫。重要播出保障期前要对系统进行全面检修维护，无人值守机房、天线匹配间每两周要进行常规性检修维护。雷雨季节，恶劣天气过后要例行检查。

第五条 广播电视相关网络信息系统每周要重点检查机房温度、湿度、防雷击、防静电、硬件连接、物理访问控制措施等方面是否良好；分析、管理、审计网络运行日志，进行系统漏洞扫描，病毒查杀，实施补丁升级、系统升级，完善口令、账号管理；对服务器、交换机、工作站等重要设备进行重启，实施系统优化，清理系统垃圾，做好数据整理备份。

第六条 一般检修必须断开有关机器设备附近的电源，检修高压电源设备时，除按有关规定拉闸和悬挂安全牌外,应先用高压验电器验电。对发射机高末级、高压元件（包括交流、直流和高频部分）的检修以及对天线交换闸和天馈线设备进行检修时，必须先行放电并接地。受静电影响较大的设备、元件必须进行防静电处理。必须带电作业时要有专人监护，必须做到二人以上参加，必须戴好绝缘手套、穿好绝缘鞋等保护用品并有相应的其他安全保护措施。停电维修要实行挂牌制度，在电源合闸处挂上“勿合闸”字样，谁断电、谁挂牌，维修结束后负责摘牌，合闸加电、加高压要相互呼应后进行。

第七条 检修维护所需各种工具和器材要妥善放置、专人管理、定期检查补充、定期标校。备品备件要进行登记造册，放置于满足其存储环境要求的指定位置，并定期加电监测和维护。

第八条 检修维护结束后，要对系统的复原状况和维护质量进行自查和互查,确认无误后，要及时清扫现场，摘除临时设置的安全地线、安全铭牌等，检修后必须进行系统试运行，保证系统工作正常、技术指标良好。

第九条 委托其他单位承担维护任务时，安全播出责任仍由委托方承担。委托方应选择具有相应保障能力的代维单位并签订有效协议，明确双方的责任和义务；应指定专人对代维单位的运行维护质量进行监督、检查和管理；应对代维单位的操作进行规范,在代维单位进行维护操作时，应安排内部人员监督管理；应禁止代维单位的远程维护。

第十条　加强对外单位驻场代维人员的安全管理，从维护工作连续性考虑，对其人员流动性进行约束；如驻场代维人员变更，要求驻场代维单位及时通知安全播出责任单位主管部门，对人员资料、操作权限、出入门禁等及时进行更新。

第十一条　检修维护人员要具备较好的业务技能，能够熟悉设备或系统的原理、结构和性能，熟练掌握系统或设备的检修维护技能以及调整、测试标准和方法。要定期组织开展检修维护工作专项培训，及时召开安全工作例会。

第五章　交接班工作规范

第一条　交接班工作是确保实现广播电视安全播出的重要环节，必须做到严肃认真、交接清楚、责任分明。

第二条　交接班前，交班人员应根据设备运行情况、机房工作环境、电话接听情况、任务完成情况以及其他方面情况详细填写工作日志，中间班次能够见面的值班员要同时进行详细语言说明。

第三条　接班人员应提前10-15分钟到岗，阅读值班日志、检修记录、电话记录以及其他记录，并严格按照《设备值班巡检规范》要求进行全面巡查。

第四条　交接班过程发生故障或者异态，由当班主任负责处理，交接班人员要听从其指挥，共同进行故障处理，待处理完毕设备运行稳定后再进行交接。

第五条　交班人员错交、漏交且不能为接班人员在交接班时交接发现的问题，其后果由交班人员负责，交班人员错交、漏交，由于接班人员疏忽而未能发现的问题,交班前由交班人负责，接班后由接班人员负责。

第六条　每日末班值班员要对机房内的设备、设施、电源、工具等进行全面检查，下班时，关好门窗，切断无关电源，搞好机房卫生。

第六章　应急抢修处置规范

第一条　安全播出责任单位要针对本部位技术系统的实际特点，参照广播电视行业标准和规程规范，制定突发故障应急抢修或者突发事件应急处置操作流程。操作流程要科学实用，可操作性强。要定期组织操作流程的培训演练，并根据系统的变化更新不断修改补充完善应急处置操作流程。

第二条　安全播出责任单位要投入必要的资金用于应急资源储备和更新，各种应急设备、应急备件、应急抢修工具等要经常检查、补充、更新，重要环节、核心设备、重点部件要冗余配置或冗余备份。要保证所有应急抢修器材保存得当，确保出现问题可随时取用。

第三条　定期组织开展安全播出风险自评估工作。严格按照《广播电视安全播出管理规定》（总局62号令）实施细则中各专业安全播出保障等级标准进行系统建设，对于暂时无法解决的问题要实行切实可行的应急措施予以保障。

第四条　安全播出责任单位处理突发事故事件要行动迅速、服从指挥、顾全大局、强团结协，每个部位、每个人员必须无条件服从指挥投入到应急抢修工作中，集中各种技术设备、各种资源保证应急抢修，最大限度地降低事故事件的影响和损失。

第五条　出现技术类故障时，要立即切换备份系统。并及时报告检修人员,清查故障原因，尽快组织人员检修故障设备，必要时要连夜加班检修。故障范围较大有可能出现停播时，为确保不停播可采用降低输出功率、设备直通手段或其他临时性措施进行播出。

第六条　播出、传输、发射、接收的广播电视节目信号受到侵扰或发现异常时，应当立即切断异常信号传播，并在可能的情况下倒换垫播信号或正常信号。

第七条　无线广播电视信号受到干扰时，立即上报科技处，科技处协调无线电管理部门共同排查干扰。

第八条　广播电视相关网络信息系统受到攻击、篡改、入侵等情况时，要立即中断相应的物理连接，出现非法内容，要立即终止非法内容的传播，停止相应的服务，及时消除内部业务网络、分发网络和用户中断等相关系统中驻留的内容。

第九条　发生危及人身安全或者设施安全的突发事件时，应当在保证人身安全、设施安全的情况下，采取措施尽快回复播出。

第十条　恢复节目播出时，应当遵循“先中央、后地方；先公益、后付费”的原则。

第七章　安全播出重要保障期工作规范

第一条　安全播出重要保障期是指国务院广播影视行政部门指定的安全播出重要保障阶段，责任重大，安全播出责任单位应高度重视，周密安排部署，确保万无一失。

第二条　安全播出责任单位要制定重要保障期安全播出预案，预案应包含重要播出前的准备、重要播出中的保障措施以及突发故障和突发事件的应急处置流程等内容。

第三条　安全播出责任单位在重要播出保障期以前要及时召开工作会议，启动应急预案，做好动员部署、安全防范和技术准备。

第四条　重要播出保障期以前应做好技术系统的全面检修、测试工作，应对备品备件、应急工具进行全面检查并及时补充。

第五条　发挥协调联动机制的作用，提前协调电力供应、线路传输、通信联络、设备生产商、系统集成商等相关单位和部门为播出提供重点保障。

第六条　具有代维业务或信号传输等业务外包以及机房、线路租用等业务的单位，应与合作单位签订安全协议，明确重要保障期保障要求和双方责任，建立协同保障机制共同保障业务连续性。

第七条　重要保障期间，安全播出责任单位应当全面落实重要保障期预案的措施、要求，加强值班和监测，并做好应急准备。重要节目和重点时段，关键岗位要增加值班力量，主管领导应当现场指挥。

第八条　重要保障期间，安全播出责任单位不得进行例行检修或者有可能影响安全播出的施工；因排除故障等特殊情况必须检修并可能造成广播电视节目停播（传）的，应当报科技处，科技处报省以上广播影视行政部门批准后实施。因重要保障期取消例行检修时段的，广播、电视播控机房应当提前做好节目安排和节目单核查，避免造成节目空播。

第九条　重要保障期间，广播电视相关信息系统应切断与业务无关的网络连接，禁止采用远程方式进行系统操作。停止除故障处理之外的一切施工和软硬件设备调试，禁止无关人员进入机房，禁止对设备、系统及线路进行其他相关风险操作。

第十条　重要保障期间，安全播出责任单位要在每天播出结束后向监测台汇报当日24小时播出情况，监测台汇总后按要求向上级单位汇报。

第八章　信息安全管理规范

第一条　信息安全事件是指因人为原因对广播电视播出相关的信息系统或网站造成危害，或对社会造成负面影响的突发事件，包括有害程序、网络攻击、信息破坏、信息内容安全、设备设施故障等情况。信息安全是安全播出工作的重要组成部分，必须将信息安全纳入安全播出管理，合理配置工作岗位和人员，落实信息安全责任制，并建立监督机制。

第二条　安全播出责任单位应按照《广播电视相关信息系统安全等级保护定级指南》（GD/J037）的要求，划分播出相关信息系统的安全保护等级。播出相关信息系统应符合《广播电视相关信息安全系统安全等级保护基本要求》（GD/J038）的相关规定，并按照相应等级要求进行规划、设计、建设、评估、管理和整改。

第三条　安全播出责任单位应结合信息系统等级制定相应的信息安全管理方案和策略，制定信息安全管理各项制度和操作规程，从访问控制、运行维护、应急处置、人员管理和培训、文件档案管理、审核检查等方面规范各项信息安全管理工作。

第四条　应结合广播电视相关信息系统实际情况采取相应的安全防护措施：广播电视网站应采取访问控制、安全审计、边界完整性检查、入侵防护、恶意代码防范等措施，进行系统边界防护；应采用必要的技术措施，提高内容防篡改、防攻击能力；应加强终端管理，对网内终端非法外联、网外终端非法接入等行为进行管控；应加强移动存储介质管理，移动存储介质应经过恶意代码检查，非涉密移动存储介质不得存储涉密信息。广播电视制播网应采用网间物理隔离；组合使用路由器、网关、防火墙和安全隔离网闸等设备的功能特性，进行网络边界安全防护；采用多重、异构杀毒引擎对跨信息系统的输入文件进行检测；合理设置用户权限，防止非授权访问；封闭不必要的外部数据接入端口；限制用户安装非法软件；安装防病毒软件，并定期升级病毒库；部署补丁管理系统，及时进行操作系统更新。

第五条　应对系统账号进行安全管理，制定账号申请、审批、分配、更新、注销、审核等流程。严格执行账号操作权限管理，控制具有管理权限的账号使用范围，人员调岗、调动、离职等应及时取消权限，注销账号，修改密码。

第六条　网管、电力和环境监测、信号监听监测等播出相关信息系统应与外部网络物理隔离，并采取病毒防护、授权认证、数据备份等安全措施，同时根据安全需求对病毒库及操作系统等进行更新和升级，保障系统安全。

第七条　根据系统中各类数据的重要性，应采取相应的数据加密、数据备份、访问控制等措施。

第八条　对网络流量、用户行为、主机和网络设备的运行状况等要进行监测，及时处置异态报警，系统审计日志应保留 3 个月以上。

第九条　定期对广播电视网站进行安全播出评估、信息安全测评，根据评估、测评结果制定相应的信息安全优化方案，对系统进行信息安全加固。

第十条　广播电视相关信息系统应配备专业的网络维护人员进行安全管理，维护人员应具备相应的学历和资质，具有较强的业务能力。

第九章　安全播出事故事件管理规范

第一条　安全播出事件是指影响或威胁广播电视节目正常播出和传输的突发事件。安全播出事件分为特别重大、重大、较大三级。按照事件的起因和性质，安全播出事件分为破坏侵扰、信息安全、自然灾害、技术安全和其他等 5 类。安全播出事故是指安全播出责任单位在制作、播出、传输和覆盖过程中，因各种原因造成广播电视节目停播或劣播的事故。按照对安全播出的影响程度，安全播出事故分为特大、重大、一般三级，按照事故起因和性质，安全播出事故分为责任、技术和其他三类。

第二条　安全播出责任单位负责本单位发生的安全播出事件事故的处置、上报、记录、分析和整改等工作，并配合监测台、科技处和上级广播影视行政部门开展事件事故调查。

第三条　广播电视监测台、安全播出责任单位应按照《广播电视安全播出管理规定》有关要求，对事件、事故信息进行完整记录和保存；应对所监测的事件、事故信息保存一年以上。

第四条　对于上、下游安全播出责任单位之间，因上游单位信号源中断造成停播，节目包中全部节目中断时，在有正常备用信号的情况下，由下游单位负责切换并通知上游单位，停播时长小于等于 30 秒，计上游播出单位事故，停播时长大于 30 秒，全部计下游播出单位事故；节目包中部分节目中断时，由上游单位负责处置，停播时长全部计入上游单位，如上游单位要求切换，下游单位应立即进行切换，切换引发相关节目中断的停播时长全部计入上游单位。

第五条　因同一原因造成多套节目播出受影响，且恢复播出时间不等的情况下，记为一次事故，事故停播时长按照受影响节目最长停播时长记录；节目累计停播时长为各套节目实际停播时长之和。

第六条　事故调查过程中，如事故单位不明确，按照播出链路逐环节调查，各环节安全播出责任单位应对本环节正常播出提供举证；各环节之间维护界面不清晰的，由该环节所涉及的安全播出责任单位负责。

第七条　事件事故停播时长以监测台记录为主，在安全播出责任单位自台监测数据与监测台提供的事故停播时长有较大出入时，如安全播出责任单位能够提供有效的音视频异态录音或录像，事故停播时长可按安全播出责任单位提供的时长记录。

第八条　非重点时段和非重要保障期，在连续 10 分钟时间内，因主备站、主备系统、主备链路、主备设备切换等造成的无线发射信号累计中断不超过 1 分钟、其他台站类型信号累计中断不超过 5 秒的停播；已计入上游安全播出责任单位的停播；经省级以上广播影视行政部门批准的安全播出责任单位试播期间发生的非责任性停播；经广播影视行政部门批准的安全播出检修期间的停播。上述情况的停播不计入安全播出事故。

第九条　发生安全播出事件、事故后，安全播出责任单位应立即按照相关预案采取有效措施，防止事件、事故扩大。

第十条　发生安全播出事件、事故后，安全播出责任单位应在是第一时间电话上报台科技处。事故发生 1 小时内递交事故事件报告单，6 小时内报送详细书面报告。书面报告应说明事件事故发生时间、地点，受影响的频率（频道）、节目、设备，停播时长，发生和处理详细过程、起因、性质、造成的损失等，并总结经验教训，提出事件、事故的处理意见和改进措施。科技处根据事故事件的影响程度按照有关规定逐级上报。

第十一条　科技处与安全播出责任单位应对重大事故应成立调查组，对事故原因、处置过程进行调查，对处置方式、方法进行分析，形成调查分析报告；编写事故案例，并及时组织召开案例分析会，通报情况，总结经验教训。应按照有关规定对事故责任人予以处理，对排查发现的播出事故隐患及时进行整改。

第十章　安全施工管理规范

第一条　安全施工是广播电视安全工作的重要组成部分，关系到人民群众生命安全和国家财产安全，安全播出责任单位要切实增强安全“红线”意识，牢固树立“安全第一”思想，确保施工安全。

第二条　广播电视大型工程建设性要严格按照国家法律法规以及广播电视行业标准、规范组织实施。一般性工程建设要严格按照勘察、设计、论证、实施、验收、审核、备案等环节组织实施。

第三条　施工安排应以减少对播出影响为

原则，宜安排在例行检修时间进行，需要临时停机的，应做好临时停机申请（或备案）和操作通知等工作。

第四条　施工前，应制定详细的施工方案和应急预案。施工方案和应急预案应明确：施工的目的和要达到的效果、施工内容和施工区域、详细操作步骤和时间进度；施工过程中的技术、消防等各项安全保障及应急措施；施工可能对安全播出造成的影响、防范措施、应急操作处理流程以及相关责任人和需要协调配合的部门等。

第五条　施工过程中，应遵守相关安全规范，并做到：严格隔离出施工区域，放置警示牌，并进行有效管控；安排熟悉安全播出的人员监督整个施工过程，发现威胁安全播出的行为，立即予以制止；在播出机房内施工，应与播出运行设施隔离，并加强对播出设备、机房环境的巡视；施工用电应与播出用电分离。

第六条　天线高塔维护人员应具有相应的专业资质，在实施检修维护作业时要多人监护，多重防护。雷雨或五级以上大风，一般禁止上塔作业。天线维护人员精神不好或体力疲乏时，严禁上塔。进行高空作业必须戴线手套、穿硬底鞋、扎安全带打绑腿。安全防护器具要及时检查，定期更换。

第七条　高压供电检修维护人员一般应具有相应的专业资质。高压供电系统检修维护工作应实行工作票制度。高压操作时要戴好防护工具，一人操作，一人呼应。高压绝缘手套、绝缘靴、高压拉闸杆等防护工具要定期检查更换。老化电线电缆、空气开关、刀闸、插座、消防设施等要及时检查、及时更换。

第八条　重点要害部位要实施封闭式控制，位于开放场地的重要设施要加装围墙（栏），围墙（栏）高度要切实能够有效防止攀爬进入，同时要安装入侵报警系统。广播电视直播区、主控机房、播出机房、发射机房、监测机房、运行维护中心、电力机房、发电机房等重要部位要安装防盗门，加装门禁系统和视频监控、报警等设备。人员出入必须严格履行出入手续。高压变压器、高压供电系统要按照电力行业标准建设专用机房放置，并增加防护装置。

第九条　增强广电设施保护意识，完善联动报警机制。对无人看管的机房、发射塔、匹配间、信号传输光缆等设施设备要张贴悬挂广电设施保护宣传标语，并安排人员定期巡护。

第十条　对外单位承建的广播电视工程，要严格审核对方的施工资质，并专门签订有关的安全协议。施工期间要加强监管力度，审核施工人员的身份资料、约束施工人员活动范围，严格履行进出手续，并随时对其安全生产、安全施工情况进行督导检查，发现安全违规问题及时予以制止。

第十一章　技术从业人员管理规范

第一条　安全播出责任单位要坚持以人为本原则制定科学详细的队伍建设中长短期规划，扎实组织技术培训工作，努力建设政治强、业务精、作风正的广播电视技术队伍。

第二条　安全播出责任单位要结合岗位实际制定科学完善、公平公正的考核激励机制和详细的奖惩实施细则，以量化考核的方式每月认真组织开展绩效考核考评，并公示考核结果。

第三条　严格审查新上岗人员。政治审查合格，具有相应的专业技能，并通过岗位培训和考核的人员方可从事值班员工作。在值班员岗位工作多年，经过专业培养，专业考核合格，综合素质较好，民主评定良好的技术人员方可从事技术维护工作。

第四条　安全播出责任单位要制定年度培训计划，每年按计划组织开展业务培训工作，重点普及岗位基本知识、基本情况、基本规律和基本技能。业务培训工作要列入绩效工资考核范围，做到有目标、有计划、有授课记录、有笔记、有考核、有奖惩。每月累计学习不少于 2 次，每次不少于 3 小时。

第五条　加强全员的安全教育，组织开展安全教育专项学习培训，严格安全操作、安全施工、安全防范等各项流程，提高全员的安全意识。

第六条　组织开展安全播出应急演练，消防演练、防暴恐演练，提高一线值检人员的应急反应能力和应急处置能力。

第七条　队伍建设工作要坚持做到与时俱进，不断丰富手段和载体，通过引进来、走出去等各种方式加强从业人员对高新知识和高新技术的学习，培养技术岗位骨干力量，为事业发展提供人才保障。

第八条　做好从业人员的思想政治工作，充分发挥党员的先锋模范作用，加强队伍作风建设，提高队伍综合素质。

第十二章　技术资料档案管理规范

第一条　安全播出责任单位要建立技术资料档案，有条件的单位可建立电子化技术资料库。

第二条　技术资料档案主要包括：建站档案、技术审批文件、运维与技术管理制度、设备档案、运维档案（含运维工作记录、系统操作记录、运行监测记录等）、应急预案、事故档案、系统方案、系统图纸、系统重大技改资料、有关技术标准规范及安全播出文件、报表以及相关信息网络数据、软件、音视频、图片等。

第三条　建立健全资料档案入库、转存、借阅、使用、归档、检查、更新、删除、销毁审批登记制度。

第四条　安全播出责任单位应建设标准规范的档案室用来保存技术资料档案，并安排专人负责管理。电子存储、磁介质等方式存储的档案要严格按照保存环境要求进行保存。

第五条　涉及保密的技术资料要严格按照保密规定进行管理。用于技术资料档案管理的计算机严禁接入互联网。

第六条　技术资料档案管理人员要定期对技术资料进行收集、分类、立卷、编号和整理，发现破损应及时进行修补或复制。定期检查特殊存储介质的完整性和可用性，确保数据软件没有丢失或者损坏。

第七条　本单位或本系统工作人员借阅图纸、文件等资料必须办理相关手续，管理人员要提示借阅人员保护好借阅资料，不得涂改或污损。外单位人员借阅技术资料必须经主管领导批准。

第八条　音视频资料、图片照片资料、电子化存储的技术资料以及其他重要资料要多级冗余备份。

承德广播电视台财务管理制度

为使我台财务管理工作实现规范化、制度化、科学化，切实提高资金的使用效益，保障广播电视事业健康发展，根据《事业单位会计制度》、《广播电视事业单位财务制度》，结合我台实际情况，特制定本制度。

一、财务管理基本原则

严格执行国家有关法律、法规和财务规章制度，坚持勤俭办事业的方针，正确处理事业发展需要和资金供给的关系，社会效益和经济效益的关系，国家、集体、个人三者利益的关系。

实际工作中要注意把握好以下四个原则：

（一）开源节流重视政策激励和奖励机制的促进作用，推进经营领域扩展，开辟增收途径。严格支出管控，树立发展意识、责任意识，量入为出，保障重点，统筹兼顾，确保资金使用效益。

（二）坚持集体、民主理财，严格财务管理制度。发挥纪检监察监督作用，强化执行和管控，坚决防止违规决策、违规操作。

（三）符合程序，严格财务报销审批权限。所有单据必须由经办人、部门负责人、财务处长、各部位分管台领导、分管财务台领导审签后方可履行报销手续。重大开支由分管财务台领导报请台长审定后，经台党组会研究后执行。

（四）严格遵守财经纪律，全台实行收入统一入账，支出统一管理的核算方式。严禁挪用、私分国有资产资金；严禁私设小金库。对违反财经纪律的人员，按有关规定严肃查处。

二、财务运行方式

全台财务实行统收统支、收支两条线管理方式，财务活动统一计划、统一管理、统一核算，核算方法实行全面预算、切块经费、分级核算。各创收部位按年初签订的收入目标责任书和月回款计划积极组织收入，对完不成计划的部位采取必要的督导措施，年终按台有关规定兑现奖惩。各部位严格执行年初预算和月支出计划，财务处每月末向分管财务台领导和台长反馈各部位收支情况。

三、预算管理

（一）预算编制程序

我台年度预算由财务处汇总各部位预算后，按照收支情况量入为出提出全台预算方案，报分管财务台领导和台长，经台党组会研究批准后执行。

（二）预算编制方法

收入预算包括财政补助收入、上级补助收入、事业收入、经营收入、其他收入。收入预算根据事业计划，参照近年收入情况并考虑预算年度可能出现的收入增减因素编制。

支出预算包括事业支出、经营支出、自筹基本建设支出。支出预算根据我台事业发展需要与实际收支情况测算编制。

四、经费管理

（一）收入管理

全台各项收入包括：财政补助收入、上级补助收入、事业收入（含广告收入、售报收入、节目交换收入、合作合拍收入、技术服务收入、其他收入等）全部纳入台财务处统一管理、统一核算、统筹安排。各项收入的取得要符合国家法律法规规定，及时全额登记入账。

（二）支出管理

经费开支实行“一支笔”审批，大额度开支须提交台党组会研究决定。各部门所列切块经费预算内的支出，由经办人及各部位负责人签字，各部位分管台领导签批，财务处审核后，经分管财务台领导签批后到财务处报销。

全台实行统筹支出，各部位根据年初预算按月向台财务处提交开支计划，由分管财务台领导和财务处根据资金周转情况合理安排各部位切块经费预算内开支，无特殊情况均按计划在切块经费预算内执行。如遇特殊情况确需预算外列支的，须事前提出书面申请，由分管财务台领导审核后，经台党组会批准追加预算指标后，再行开支。凡未经批准自行开支的一律不予报销。正常业务支出要严格执行经费支出审批权限和审批程序，各项支出要严格执行国家规定的开支范围及标准。

五、经费支出审批程序和权限

（一）经费支出审批程序

1. 专项经费的审批：各项专项经费安排，由各部位提出书面意见，报分管财务台领导审批后，财务部门列入支出计划。

2. 会议费的审批：台各部位召开会议，需提前报会议召开计划及预算，场地及食宿由办公室统一安排。会议结束由财务处审核后报分管财务台领导审批。如外出参加会议，需提供会议通知，履行签字审批手续后，方可参加会议。

3. 公务接待费用的审批：公务接待费按照市纪检委的有关制度办理，公务接待费用实行先审批后开支制度，未经审批的公务接待费用支出财务处不予报销。各部位有接待任务时，一律填写《公务接待费审批单》，填写清楚被招待人员及级别、时间、招待原因及计划支出额度，履行签字审批手续后交办公室统一安排接待。接待完毕由办公室向财务处报相关结算单据，由财务处审核后报分管财务台领导审批。

4. 差旅费的审批：差旅费的开支标准、范围及具体报销事宜按相关规定办理。

5. 办公用品购置的审批：行政管理机构的办公用品统一由办公室到政府定点采购单位购置并发放，其他部门不得擅自购置。各部位需用办公用品时先填写《办公用品领用审批表》，部位负责人签字确认后由办公室主任签字批准，批准后再到办公室领取。办公用品购置需填写《办公用品购置审批表》。金额在1000元以内的办公用品购置，由办公室主任签批、分管台领导签批、财务处长审批，金额在1000元（含1000元）以上的办公用品购置需报分管财务台领导审批。一万元以下的经分管财务台领导审批后购置；一万元（含一万元）以上的需报台党组会研究决定后执行。所有报销单据必须是正式发票并由购置人、办公室主任、财务处长签字，报分管财务台领导签批后报销。宣传保障机构、技术保障机构的办公用品购置按经费审批权限在切块经费预算内到政府定点采购单位自行购置使用。

（二）经费审批权限

1000元以内由各部位负责人签批后报财务处长审批。

1000元以上至10000元由各部位负责人、分管台领导签批后报财务处长审核后报分管财务台领导签批。

10000元至50000元由各部位负责人、分管台领导签批后报财务处长审核后分管财务台领导签批报台长审批。

50000元以上支出由台党组会研究决定。属于临时特殊性的支出由分管财务台领导请示台长后审批。数额较大的由台党组会研究决定。如属于设备采购方面的开支，按采购管理制度执行。

六、货币资金管理

根据国务院颁布的《现金管理暂行条例》的规定，结合我台实际制定下列现金管理制度。

（一）现金使用的范围严格按照《现金管理暂行条例》的规定执行。在下列范围内可使用现金：

1. 职工工资，津贴；

2. 个人劳务报酬；

3. 根据国家规定颁发给个人的科学技术、文化艺术、体育等各种奖金；

4. 各种劳保、福利费用以及国家规定对个人的其他支出；

5. 出差人员必须随身携带的差旅费及应报销的出差补助费用；

6. 结算起点在规定限额以下的零星开支；

7. 中国人民银行确定需要支付现金的其他支出。

（二）除以上规定外，财务人员支付个人款项，使用现金超过1000元部分，应当以支票支付；确需全额支付现金的，经财务处长审核，分管财务台领导批准后支付现金。

（三）现金收入应当及时存入银行，不得用于直接支付单位自身的支出。单位借出款项必须执行严格的授权批准程序，严禁擅自挪用、借出货币资金。

（四）取得的货币资金必须及时入账，不得私设“小金库”，不得账外设账，严禁收款不入账。

（五）出纳人员定期核对银行账户，编制银行存款余额调节表，使银行存款账面余额与银行对账单调节相符，如调节不符应查明原因及时处理。

（六）出纳人员办理完毕现金收付款和银行收付款业务后，应及时在单据上加盖“现金收讫”、“现金付讫”“银行收讫”、“银行付讫”戳记及出纳员签章，并将自制原始凭证加盖“附件”章。

（七）出纳人员要每天清点库存现金，登记现金日记账，做到日清月结，账账相符，账实相符。

（八）出纳人员必须将库存备用金放入保险柜，凡当天收到的现金款项应及时存入开户银行不得用于其他款项支出。

（九）根据市政府统一安排，积极推行公务卡制度，待时机成熟时在我台全面推开。

七、个人借款管理

（一）职工因公借款，需首先在出纳员处填写借款单据，由分管台领导签批，经分管财务台领导审批签字后生效。严禁个人借公款私用。

（二）因受银行核定的库存现金额的限制，因公出差借用现金2000元以上的，需提前一天通知财务处，以便出纳人员备款。因公出差人员必须在返回七日内办理报销手续，对过期不报账者，从本人工资中扣回。

（三）涉及现金业务，在办理过程中须手续齐全，现钞当面点清，事后出现差错，概由领款人负责。

（四）公务卡制度施行后，按公务卡管理暂行办法执行。

八、财务报销制度

（一）任何支出须按经费审批权限规定由经办人、部位负责人、各部位分管台领导、财务处长、分管财务台领导审批签字后，方可报销。

（二）用以报销的原始单据应为当年合法有效票据，严禁白条抵账。跨年度的票据，原则上不予报销。如遇特殊情况确需报销的，必须以书面形式陈述理由，在次年的第一季度内报销。逾期的票据一律不予报销。

（三）每周二、周四为分管财务台领导签批、财务处长审核报账时间，其他时间不予办理报销事宜，遇特殊情况另行处理。

九、应纳个人所得税管理制度

根据《中华人民共和国个人所得税法》的规定，个人工资、薪金、稿酬等各项收入所得，应依法缴纳个人所得税。结合我台实际情况制定如下应纳个人所得税管理制度。

（一）个人所得税征税范围：工资、薪金所得；个体工商户的生产、经营所得；对企事业单位的承包经营、承租经营所得；劳务报酬所得；稿酬所得；特许权使用费所得；利息、股息、红利所得；财产租赁所得；财产转让所得；偶然所得；经国务院财政部门确定征税的其他所得。

（二）个人所得税税率及计算方法：

1. 工资、薪金所得，以每月收入额减除费用3500元后的余额，为应纳税所得额。适用超额累进税率，税率为3%–45%。

个人所得税税率表（工资薪金所得适用）

级数	全月应纳税所得额（含税级距）	全月应纳税所得额（不含税级距）	税率(%)	速算扣除数
1	不超过 1,500 元	不超过 1455 元的	3	0
2	超过 1,500 元至 4,500 元的部分	超过 1455 元至 4155 元的部分	10	105
3	超过 4,500 元至 9,000 元的部分	超过 4155 元至 7755 元的部分	20	555
4	超过 9,000 元至 35,000 元的部分	超过 7755 元至 27255 元的部分	25	1,005
5	超过 35,000 元至 55,000 元的部分	超过 27255 元至 41255 元的部分	30	2,755
6	超过 55,000 元至 80,000 元的部分	超过 41255 元至 57505 元的部分	35	5,505
7	超过 80,000 元的部分	超过 57505 元的部分	45	13,505

2. 稿酬所得、每次收入不超过 4000 元的，减除费用 800 元；4000 元以上的，减除 20% 的费用，其余额为应纳税所得额。适用比例税率，税率为 20%，并按应纳税额减征 30%。

3. 劳务报酬所得、每次收入不超过 4000 元的，减除费用 800 元；4000 元以上的，减除 20% 的费用，其余额为应纳税所得额。适用比例税率，税率为 20%。

4. 偶然所得和其他所得，以每次收入额为应纳税所得额。适用比例税率，税率为 20%。

（三）各部位报销费用时，凡属于个人所得税征税范围的费用，应按规定程序履行签字审批手续后，到财务处填制《承德广播电视台个人所得税代扣单》方可报销。

十、采购管理制度

为提高设备采购的计划性和透明度，对我台设备采购实行如下管理制度。

（一）采购重要、大宗、贵重或限额以上的设备，应当遵循公平、公正、公开、高效和维护单位利益的原则。

（二）各部位购置设备必须严格按年初预算执行，设备采购先由各部位根据工作需要，提出采购计划及预算，报台领导批准后，财务处会同设备采购部位确定购买商家，签订购货合同。大型设备购置须经纪检部门审核，采取公开竞价、招标、产品订货会等方式，确定购买商家，签订购货合同。各部位不得自行签订购货合同。

（三）各部位购置设备时，凡属于专项控制的设备需政府采购的，应按规定程序报有关部门审核批准后方可购买。

（四）各部位维修和基建工程支出，应先由各部位负责人做好预算，上报台领导批准。大项工程支出需台党组研究同意后，再由各部位进行招标，确定施工单位，报分管财务台领导同意后，签订合同。维修和基建工程支出在竣工时，必须由财务处会同有关部门出具工程决算审计报告，方可支付款项。

（五）凡不按以上规定执行，财务处将拒绝付款。

十一、固定资产管理

为了加强对固定资产的管理，保证固定资产的合理使用，确保固定资产的安全与完整。结合我台的实际情况，对固定资产的管理实行如下规定：

（一）各部位购置、购建的设备、设施，使用年限在一年以上，并在使用过程中保持原来物质形态的资产均作为固定资产进行核算管理。

（二）固定资产规定标准为：一般设备单位价值在 1000 元以上，专用设备单位价值在 1500 元以上。单位价值虽未达到规定标准，但使用时间在一年以上的大批同类物资，也按固定资产进行核算管理。

（三）固定资产的计价

1. 购入、调入的固定资产，按照实际支付的买价和调拨价及运杂费、安装费等作为原价。购置车辆按规定支付的车辆购置附加费计入购价之内。

2. 自行建造的固定资产，按照建造过程中实际发生的全部支出为原价。

3. 其他单位投资转入的固定资产，按照评估确认或合同、协议约定的价值记账。

4. 融资租入的固定资产，按照租赁协议确定的价款加运输费、途中保险费、安装调试费等记账。

5. 接受捐赠的固定资产，按照发票账单金额加上运输费、安装调试费记账，无发票账单的，按照同类物品的市价记账。

6. 在固定资产基础上改扩建的固定资产，加上改扩建支出增加固定资产原价。

7. 盘盈的固定资产，按照同类固定资产的重置完全价值计价。

8. 固定资产的变价收入，除国家另有规定外一律转入修购基金。

（四）各部位购置固定资产后，资产使用保管部门应会同购置部门按照有关专业标准、合同条款进行验收。验收合格后，到财务处填列“固定资产验收单”，办理结算手续。验收不合格，不得办理结算手续。

（五）各部位负责人要严格管理好本部门的固定资产，保持资产的安全完好，避免损坏、丢失，造成经济损失。如有损坏、丢失，按情节轻重，将追究部门负责人的责任，并赔偿相应的经济损失。

（六）如固定资产的使用保管人工作有变动，应到财务处办理固定资产移交手续，未办理移交手续的，人事部门不予办理工作变动手续。

（七）各部位的资产如需转移，须经分管财务台领导批准后，到财务处登记办理移交手续，方可进行资产移交。

（八）未经分管财务台领导批准的固定资产不得随意转借、转赠、变价处理和自行报废。

（九）各部位待报废的资产，严禁乱拆、乱放，要妥善保管，专人负责，写出书面报告，经财务处会同有关部门（财政、国资委、评估公司等）清点核实并报分管财务台领导及上级部门和财政部门审批后，由台统一进行处置。

（十）每年的第四季度财务处会同有关部门应对全台的固定资产进行清查盘点，做到账、卡、物相符。对于盘盈、盘亏的固定资产应及时查明原因，分清责任，按规定做出处理。

十二、发票管理

为了严格发票管理，根据《中华人民共和国发票管理办法》结合我台的实际情况，现对发票管理做如下规定：

（一）发票的领取和使用由财务处统一管理，财务处设专人负责发票的开具，建立发票使用登记簿，反映发票的领用情况。

（二）发票领用按先后顺序使用，对开出发票的客户名称、项目、时间、金额、一律如实填写。

（三）建立健全交款制度，严格遵守款到开票的原则。如有特殊原因确需要先开发票的，必须有部门负责人签字。根据税务部门当月开出发票必须全额上税的规定，自开出发票之日起到当月结账之前必须交回广告费或收回已开发票予以作废。

（四）如有作废发票必须在当月结账之前退回，如逾期退回作废发票所发生的税费由各部位自行承担。

（五）各部位如私自收款，不上交财务处，一经查实，将按违反财务纪律予以查处。

十三、会计月报管理

（一）对财政、税务、银行每月报送的会计报表，根据报送部门统一设计和布置的格式来编制上报。报表需要变动时，根据报送部门统一调整和安排更新报表格式文件。

（二）内部管理会计报表，每月终了及时向各部门主管领导及台领导提供各部位的支出情况明细表及全台的收支情况汇总表，做到数据准确、及时、清晰。

（三）内部基层单位上报的会计报表应将所属单位的报表数据输入机器进行汇总，保证表间关系勾稽严密，数据一致。

（四）每月的会计报表必须以书面的形式打印出来统一整理，并经分管财务台领导审阅签字或盖章。

（五）每月的会计报表必须以电子版和书面版两种形式保存。电子版报表和书面版报表的数据必须一致。

（六）每年年终时，必须将一年会计数据（包括备份盘和打印书面报表）统一整理装订并归档。

十四、工作纪律

（一）严守职业道德。财务人员应努力做到敬业爱岗，忠于职守；勤奋学习，踏实工作；依法办事，坚持原则；客观公正，实事求是；谨慎稳健，保守秘密。

（二）加强自身的监督职能。财务人员不仅要坐衙把关，还要深入业务部门进行调查研究，全面了解业务活动，熟悉业务流程，对具体情况有深刻的了解，掌控财务监督的关键控制点，有针对性的进行财务监督，提出切实可行的解决方法，使监督工作做得深入、细致，并达到较好的效果。

（三）规范会计核算。在会计业务处理上，要加大管理力度，从会计凭证接收、审核、入账、复核、归档等各环节进行控制和把关，严把细核，确保会计凭证处理的规范、及时和正确，从而进一步达到"账证、账实、账账、账表"四相符。并要求在会计工作流程上，按照源泉控制法，本着"源头把关，流程跟进"的思路去理顺和完善，设计有关票据，完善相关制度，规范传递程序，提高工作效率和工作质量。严格执行各项财务制度，加强资产管理，加大实物盘查和应收款对账清查力度。必须达到清晰、真实、准确、及时反映资产状况与经营成果。

（四）理好财，把好关，使有限的资金发挥最大的效益。财务人员要主动参与到固定资产设备的采购，自建工程的预算、决算、验收等工作中去，保证在同等质量条件下做到价格最低，以发挥最大的资金效益，节约资金成本。

（五）理顺与各方面的关系，减少不必要的开支。财务人员要主动与财政、税务、审计、政府监察、银行等相关部门进行联络沟通以便在各项财务工作中争取到优惠政策和支持，使财务工作顺利进行。

（六）加强与总局及省局的联系，争取总局和省局对我台更大的支持。

（七）加强财务知识的学习，为领导当好参谋助手。

附件：

1、《公务接待费审批单》

2、《办公用品领用审批表》

3、《办公用品购置审批表》

2013 年 3 月 13 日

公 务 接 待 费 审 批 单

申请接待部门		经办人		陪同领导	
被接待单位及事由				宾客人数	
带队领导及宾客姓名					
经费预算		就餐时间		陪客人数	
部门负责人签　字		办公室主任签　字			
部位分管台领导签字		分管财务台领导签字			

办公用品领用审批表

序号	品 名	型号规格	数量	领用人	领用时间	备注

部室负责人签字：　　　　　　办公室主任签字：

办公用品购置审批表

<table>
<tr><td>购置人</td><td></td><td>购置时间</td><td colspan="2"></td></tr>
<tr><td colspan="3">办　公　用　品　名　称</td><td>件数</td><td>单价（元）</td></tr>
<tr><td colspan="3"></td><td></td><td></td></tr>
<tr><td colspan="3"></td><td></td><td></td></tr>
<tr><td colspan="3"></td><td></td><td></td></tr>
<tr><td colspan="3"></td><td></td><td></td></tr>
<tr><td colspan="3"></td><td></td><td></td></tr>
<tr><td colspan="3"></td><td></td><td></td></tr>
<tr><td colspan="3">合　　计</td><td></td><td></td></tr>
<tr><td>办公室
主任审核</td><td colspan="4">年　月　日</td></tr>
<tr><td>财务处长
审核</td><td colspan="4">年　月　日</td></tr>
<tr><td>分管财务台
领导
审批</td><td colspan="4">年　月　日</td></tr>
</table>

承德广播电视台广播节目播出管理规定

为保证我台各档节目安全优质播出，增强相关人员的责任意识、防范意识，特制定本规定：

（一）本台节目主持人实行持证上岗制度，未取得主持人资格证的不得参与节目主持工作；

（二）直播节目的主持人和导播在直播时间内必须认真监听、分析听众的每一个问题，不得做与工作无关的事情，直播节目期间，如遇敏感政治话题、法轮功邪教组织侵扰等现象必须按规定正确使用“延时装置”和“储存电话”。主持人和导播人员要保证在岗的每一分钟高度警醒，以强烈的责任心和高度的政治敏感性认真对待节目进行中的每一秒；

（三）直播新闻节目主持人必需提前20分钟到岗，其他节目主持人提前10分钟到达直播间，做好节目交接前的各项准备工作并就热线、点歌等问题与导播及时做好沟通；如发现主持人一次不按时到岗提出警告，二次做出检查，三次下岗。主持人未能按时间到岗，导播要及时与主持人联系，并同时报告相关部室主任、中心主任(频率总监)，并在第一时间上报台领导；如因主持人未按时到岗，发生延播误播事故除追究当事主持人责任外，未按规定及时处理造成播出事故的导播人员一同追究相关责任；

（四）两档节目交接及节目中间需注意衔接紧凑，空档时间超过30秒按播出事故处理；

（五）主持人要严格遵守节目设定时长，节目进行期间，主持人不得提前离岗，如有发现按违纪处理；

（六）主持人不得随意更改节目形态（直、录播转换），如遇特殊情况须经频率总监批准签字，交由主管副总编辑备案；

（七）各部位负担的节目（包括直录播节目、直录播讲座节目）时间内，主持人需按规定到岗，负责监听节目、处理相关问题；如有违反按违纪处理；

（八）主持人不得私自替换上节目，如发现私自替班，追究双方责任，替班未造成事故的，每人罚款50元；造成事故的，视其轻重加大经济处罚力度直至辞退；如确因特殊情况不能到岗，需提前半天向部主任提出申请，由中心主任、频率总监安排替换；

（九）实习人员不得参与节目直播主持工作；

（十）录播节目及相关录制音频的播出严格执行重播重审制度；

（十一）认真执行广告管理规定，严禁在节目中私自插播广告、漏播广告，随意延长或缩短讲座广告时间按其造成损失的一倍罚款；

（十二）主持人工作期间不得看与节目无关的书籍或浏览与节目无关的网站，违者每次罚款50元，屡次违规者下岗；

（十三）导播人员应按时到岗，尽职尽责；如出现脱岗、不及时切换热线电话造成电话占线，每次罚款50元，屡次违规者下岗；

（十四）主持人和导播因工作责任心不强，违反上述各项规定造成节目播出事故的，将在以上各项处罚基础之上按规定严肃追究当事人的责任；

（十五）本规定自即日起实行。

承德广播电视台广播部位

2015年10月28日

附：节目播出事故处理细则：

一、播出事故界定及等级划分：

节目播出事故是指在节目正常播出期间，因人为因素造成广播节目的错播、延播、误播事件。

等级划分如下：

1. 在重大会议、重大节假日、重大政治活动期间，在本台重点节目中出现非法信号造成重大政治影响的为重大事故；

2. 因当班主持人原因出现延播、误播事件，时间超出 5 分钟以上的，为一级事故；

3. 因当班主持人原因出现延播、误播事件，时间超出 1 分钟以上的，为二级事故；

4. 因当班主持人原因出现延播、误播事件，时间超出 30 秒以上的，为三级事故；

二、播出事故处理方案：

1. 重大事故：按国家相关安全制度处理，触犯法律的按有关法律规定处理；

2. 一级事故：相关人员罚款 1000 元，写出书面检查，并在全台通报批评；

3. 二级事故：相关人员罚款 500 元，写出书面检查，并在全频率（中心）通报批评；

4. 三级事故：相关人员罚款 300 元，写出书面检查，并在部位通报批评；

承德广播电视台广播部位直播间使用管理规定

一、保持直播间环境整洁卫生，除机器设备以外，房间内的地面、桌椅、窗户和墙壁卫生由各个频率的主持人负责清扫。

二、禁止在直播间内喝水、吸烟、玩游戏等任何与工作无关的事情。

三、除当前直播节目的主持人和技术人员外，任何人不准进入直播间，嘉宾必须按照相关规定由主持人带入。

四、主持人必须熟练掌握直播设备及上网电脑的操作，才能进行直播。

五、必须使用个人的账户和密码登录播出站，离开后注销；禁止在外网电脑浏览与播出无关的网站和私自安装软件。

六、不得随意改动直播设备的参数和摆放位置，如有需求应联系技术人员。

七、直播设备出现故障，要马上通知值班技术人员，由技术人员进行处理并逐级上报。

八、各档节目交接时应检查设备是否完好，电脑是否正常运行，如发生因操作不当造成的事故由当事人负责。

以上规定如有违反，由台里进行处罚。

2015 年 3 月 1 日

承德广播电视台广播部位节目审查管理制度

一、为了切实履行对广播电视宣传的管理职能，规范广播宣传管理，完善广播宣传工作机制，确保导向正确，根据《中国新闻工作者职业道德准则》、《中国广播电视播音员主持人职业道德准则》、《关于新闻采编人员从业管理的规定(试行)》、《广播电视管理条例》，特制定本制度。

二、节目审查

（一）节目审查属于宣传把关管理，包括稿件审核、成品审听。根据有关规定，所有自办播出的节目必须根据不同节目、不同情况，由不同层级负责人先审查后播出。未经审查的广播节目不得播出。

（二）节目审查必须坚持“政治标准第一”的原则，坚持正确的舆论导向，所有自制节目一律实行对节目选题、稿件和播出成品的三项内容审查制度。

（三）新闻、评论或新闻性节目实行严格的三级审查制度，即由责任编辑、部主任、中心主任审查签发，严格把关。原则上实行文责自负，谁审谁签（署）名，谁负责。重大宣传任务和重大消息报道，分管领导要亲自组织指挥和审查，并按程序报审后方可播出。

（四）市委、市政府、市人大、市政协重要会议、重大活动以及特别重大的问题或特别重要的节目和把握不准的内容要严格按照主管台长或台长授权分管副副总编辑——市委宣传部领导——上一级领导的审稿程序严格完成各项送审签字批准后方可播出。

（五）批评性报道或影响较大的曝光，要深入细致核实情况，用事实说话，客观公正地进行报道。各频率、中心负责人要严格把关。涉及敏感、重大问题的批评性报道需经市委宣传部批准。

（六）遇有重大突发性事件的采访报道，应立即派出记者到现场进行采访，如实记录新闻事件的现场情况，及时向有关部门了解、核准情况，并向当地党委、政府或党委宣传部门请示是否可以公开报道、如何报道等有关事宜，待有关领导批准后方可播出，未经领导批准，不得擅自播出。

（七）专题节目、文艺节目、公益节目、广告节目及其他节目，播出前需经相关负责人审查。

（八）各频率引进类节目需由专人审听后方可播出。

（九）所有节目重播必须安排重审后方可安排播出。

（十）本制度自颁布之日起实施。

2015 年 10 月 1 日

承德广播电视台广播节目档案管理办法

为落实国家新闻出版广电总局、国家档案局的《广播电视节目档案管理规定》，做好我台的节目档案管理工作，为我台事业发展并丰富和保存我台节目资料，科学利用这些宝贵资源，制定本办法。

一、组织机构及职责

本台节目档案管理工作实行专人负责制，由广播综合管理部负责。档案管理人员负责本台全部音频资料、节目文字档案、图片资料的收集管理工作。其中音频资料由制播中心及相关人员提供，文字及图片资料由各相关部位负责提供。档案管理人员有责任督促要求各相关部位及时提供各种档案资料。

二、资料归档制度

本台需归档保存的档案资料包括：

1. 本台三个频率节目播出的完整记录，由制播中心负责提供；

2. 早晚新闻播出稿件（纸质文字版），由新闻中心负责提供；

3. 各频率节目播出串联单（电子文档），由三个频率分别负责提供；

4. 各节目制作播出部位制作播出的特别节目、重要知名人士的访谈类节目、重大事件的专题报道节目的最终播出音频资料及相关图片，由制作播出主要责任人提供；

5. 本台制作播出各级各类获奖节目、作品的音频及文字资料，由各相关责任人提供；

6. 本台员工在各级报刊、杂志上发表的论文等作品，条件允许的话台里保留原始出版物，原始出版物没有的话保留作品复印件（包括，封面、版权页、全部目录页、及完整作品）；

7. 本台各部位各种类型的活动图片资料及文字说明（包括记者采访图片），由各主要责任人提供。

三、归档保管制度

1. 以上各类资料由档案管理人员做好标记分类保管，科学地编制分类法，根据分类法，编制分类目录，完善检索工具，以便于查找。

2. 重要音频资料资料定期制作数字光盘永久保留；

四、档案资料借阅制度

1. 档案资料属本台历史资料未经许可不得随意查阅，外部人员未经台领导批准不得查阅；

2. 借阅档案，必须履行登记、签收手续。

3. 借出档案材料的时间不得超过一周，必要时可以续借。过期由档案管理员催还。

4. 借阅档案资料者必须妥善保管档案资料，不得任意转借损坏文件，归还时保证档案材料完整无损，否则，追究当事人责任。

五、本办法从 2014 年 1 月 1 日起执行

2013 年 12 月 30 日

承德广播电视台电视节目评价暂行办法

为确保我台电视节目的正确舆论导向，提高电视节目质量，促进节（栏）目上档次、树品牌，结合2014年我台广播电视管理体制和绩效工资运行机制的变化，对2013年制定的《承德广播电视台广播电视节目评价暂行办法》进行了修改，出台本《暂行办法》。

一、时间：每周四下午2点（夏季2：30）

二、地点：电视二楼会议室

三、参加人员：总编辑、电视副总编辑，总编室、电视新闻中心、电视各频道、纪录片精品工作室、电视制播中心。节目交流部主任、副主任、总监、副总监。

四、评价范围：参与评价节目范围包括新闻中心、新闻综合频道、公共生活频道、旅游文化频道、纪录片精品工作室，审评安排：每周评审一个部门节目，按一个月的跨度，随即抽取上、中、下三期节目。

五、评价方式及应用：所有节目审看结束后，评委逐一发言，再由副总编辑、总编辑分别进行点评，点评意见由各部位对相关人员进行传达。点评后，由总编辑、副总编辑和总编室及各部位正职进行打分。总编室工作人员进行统计，进行公布。评价结果将作为频道绩效工资核定、人员任用、人员奖励等的参考依据。

本《暂行办法》从2014年3月17日开始执行。本《暂行办法》为临时执行办法，最终以台里出台的正式文件为准。

承德广播电视台电视节目部位广告操作规程

一、节目部位广告收入统一纳入广视传媒公司统计和管理，并严格遵守款到播出的原则。严禁私自插播广告内容，一经发现按照相应广告收费的1–5倍对相应部位进行处罚。

二、凡栏目内涉及的广告内容必须符合台相关规定，并经由相关节目部位负责人及广视传媒公司负责人审核同意后，由承接人与客户签订标准的广告制式合同，一式四份，其中一份在广视传媒公司存档。

三、广告费交入台财务后，由相关节目部位负责人填报广告承接单，连同财务进款单、广告合同、广告成片一并交至广视传媒公司，由负责此项管理工作的同志审核无误后，统一下单播出，占用节目自留时间的广告由广视传媒公司统一串播。

四、节目部位自办节目内的植入广告，同样按照上述流程操作。植入广告形式及广告价格，由广视传媒公司和相关节目部位共同制定，并严格遵守。见到广视传媒公司播出通知单后，相关部位才能安排播出，否则，按私播广告处理。

五、广告费用到帐后，由广视传媒公司填写费用分配单，经由广视传媒公司经理签字后，再由主管台长签批交至台财务。由台财务再行划拨。

承德广播电视台
电视节目部位收费政策及管理办法
（试行）

为适应文化体制改革的需要，真正实现经营与宣传分开，强化经营管理，并兼顾责、权、利相统一的原则，做到应收尽收，并达到适当补充节目经费，调节节目部位人员收入，调动节目部位人员积极性的目的，特制定广播电视节目部位收费及管理办法如下：

一、节目部位收费（原电视台称为“阳光绿地收入”）统一纳入广视传媒公司收入统计和管理。凡栏目内涉及的广告内容必须由承接人与客户签订标准的广告制式合同在广告中心存档，广告费交入台财务后，由广视传媒公司统一下单播出。严禁私自插播广告内容，一经发现按照相应广告收费的1–5倍对相应部位进行处罚。

1. 节目部位所办的自办节目前，给新闻中心、新闻综合频道、公共生活频道、旅游文化频道各留30秒的广告时长，在不影响广视传媒现有客户，符合广告价格标准，并得到广视传媒公司负责人认可的，各节目部位可自行承揽广告。

2. 自2013年1月1日起，节目部位占用自留广告时间承揽的广告，由节目部位相应负责人填报广告承接单，经由广视传媒公司负责人审核同意后，与客户签订广告合同，并到台财务交款，由相关节目部位负责人将合同、进款单统一交至广告中心存档，由广视传媒公司下播出单后，方可安排在相应时段播出。费用按15%提取给承接人。除去税费和稿费后剩余收入的70%由台财务直接划拨给相应节目部位，用于节目部位内部人员浮动工资调控或补充节目经费支出；30%计入广视传媒公司收入。

3. 节目部位自办节目内的植入广告，同样按照上述流程操作。费用按15%提取给承接人。扣除稿费和税费后纯收入的70%给相应节目部位，30%计入广视传媒公司收入。植入式广告见广告中心播出单后，节目部位方可安排播出。

二、严格执行专题片等有偿节目制作的审批程序，各中心、频道不得擅自与外单位签定相关协议。必须严格执行台制定出的专题片收费标准和企业形象片制作收费标准，全台执行统一价格。

节目部位通过节目制作和播出收取的费用，承接人提取15%稿费和扣除税费后的纯收入全部留给相应节目部位。

由台主要领导同意，各部位与县区、部门合办节目的收入，不提取稿费，扣除税费后的纯收入全部留给相应节目部位。

三、鼓励各节目部位通过赞助开展节目推介、形象展示、主题宣传、现场录制等媒体营销活动，需要广告回报的应与广视传媒公司共同举办，共同协商制定活动招商方案，统一按方案中确定的的赞助、冠名收费标准执行，享受对客户的统一回报政策，承接人享受广告业务员的同等费用标准。活动收入统一由台财务进行结算，扣除活动费用和稿费、税费后，整个活动纯收入计入广视传媒公司创收任务。同时，本着谁承办谁受益的原则，以纯收入的适当基数按比例提取给相应部位一定的费用。其他大型活动一事一议。

四、各节目部位各项自行可支配收入，40%用于人员工资浮动，60%用于弥补经费不足。

五、收入、支出、下单、核算等应公开透明，计帐手续由广视传媒公司专人负责。

六、各中心、频道考核，与栏目收视率、广告承载量挂勾，具体办法另行制定。

七、此政策从 2013 年 1 月 1 日起执行

2013 年 3 月 13 日

三、理论文章选载

"四大一推一建"活动与承德广电发展的战略选择

承德广播电视台党组书记 台长　孙　林

当前，复杂多变的经济社会发展形势、交融交锋加剧的全球思想文化交流以及日新月异的科技发展态势，给广播影视宣传媒体和产业实体带来了难得的发展机遇，也提出更加严峻的挑战。特别是进入新的历史时期，新一届市委、市政府领导班子以历史的高度、世界的眼光、战略的思维审视承德后，做出"率先发展休闲旅游业、建设国际旅游城市"的战略决策。作为广电传媒机构，我们必须准确把握当前以至未来一个时期广播影视工作面临的新形势、新任务和新要求，切实增强率先行动、率先改革发展意识，立足当前，着眼长远，以扎实开展"四大一推一建"活动为抓手，努力从战略高度规划解决好广播电影电视发展的系列重大核心问题，全面提升承德广电的内容生产、传输覆盖、安全保障、公共服务、科技创新和产业发展能力，推动广播影视的大发展、大繁荣。

承德广电面临的新挑战建设与国际旅游城市相匹配的新型广电传媒，这是战略总目标，要实现这个战略总目标，就必须正确认识并找准当前承德广电面临的挑战，我认为，挑战来自于以下五个方面：

转型升级的挑战。主要包括四个方面：1. 广播影视由模拟向数字高清技术全面转换，由单向被动接收向双向交互、大容量转换。2. 传统媒体改造升级同新媒体发展并行推进、相互促进。3. 发展事业提供更广泛的公共服务与发展产业提供更优质的市场服务成为基本目标和双重任务。4. 逐步构建以公共服务、市场运营、政府监管、中介社会服务体系为基本框架的广播电影电视新体制。对承德广电局来讲，这意味着从发展理念、节目形态、制播传播手段到管理体制机制、队伍结构、服务方式需要全面变革，意味着需要从传统媒体向现代媒体的加快转变。

结构调整的挑战。主要表现在：1. 频率频道有数量、有规模，节目内涵、质量、效益还有较大提升空间。2. 频率频道核心资源配置向城市倾斜、向民生倾斜较大，对农村的服务、对旅游的关注较小，旅游特色不明显。3. 产业结构失衡，局财务收入主要来自两台一报广告，影视产业、新媒体产业尚未产生收入。4. 队伍结构不合理。从业人员总量不少，但复合型高端新闻人才和经营性高管人才短缺，两台一报有副高职人员 34 人，仅占从业人员的 10%。

体制改革的挑战。主要包括：1. 电影公司、电影院还属事业单位，必须进行事转企改革，解决发展活力不足问题。2. 电台、电视台、广播电视报社内部管理机制还待进一步优化，资源利用效率还不高。3. 广电行政管理体制、管理方式还需改进，文化市场执法主体不明问题

急需解决。

产业发展的挑战。主要问题是：1．广播影视产业核心业务不强，尚未形成产业开发的基础优势。2．盈利模式单一，目前只是紧盯广告，广告仍是最主要的收入来源，对广播电影电视的后产品、衍生产品和相关产品的开发严重不足。3．广通公司分离出去后，广电局内部还存在事业企业混营问题，发展产业的内在动力不足，投融资受到很大限制。

新媒体竞争的挑战。随着数字化技术和网络技术的迅速发展，视听新媒体正在悄然崛起。虽然目前规模不大，尚属起步阶段，但发展势头强劲，发展前景看好。目前，广电网、电信网、互联网三网融合发展已正式成为国家行为，中国下一代广播电视网示范工程建设已在上海正式启动，央视也组建了中国网络电视台，这给承德广电发展提出了新的课题。

承德广电发展的战略选择面对挑战，承德广电必须做出战略选择。通过大讨论、大培训，我们确定了今后一段时间承德广播电影电视的发展思路，就是围绕实现“一流目标”（全国一流）“两个跨越”（从一般传媒到旅游特色明显的强势媒体的跨越、从传统媒体到现代传媒的跨越）“三型广电”（创新型广电、效益型广电、民生型广电）任务，调动方方面面的积极性、创造性，采取超常规举措，持续用力，推进跨越发展，建成与国际旅游城市相匹配的新型广电传媒。

一、大力加强基础装备和人才建设，在促进广播影视跨越发展上有新的突破。按照集中资金办大事的原则，每年落实1～2项改善广播影视基础发展条件的重大项目，通过几年十几年持续用力，力求承德广电的基础发展条件有一个质的飞跃。一要提高广播影视基础装备水平。每年投入资金不少于500万元，力促电台电视台采编播及电影播放设备上档升级。2010年，投入1500万元，装备电视转播车、微波直播车和广播音频车。微波直播车3月底到位，投入使用；电视转播车正在招投标，国庆节前装备到位。二要加快广电传媒产业园区基础建设进度。加快启动无线数字传播公司、中国传媒大学承德培训中心、CMMB传输中心、1085转播台迁址、广播电视发射台等园区项目。广播影视演播大厅工程年内启动。通过招商吸纳社会资本的方式，争取与中国老年健康基金会合作建设承德老年养生基地，与中国传媒大学产业学院建设集演艺、星级宾馆、酒店、休闲娱乐等多种功能于一体的广播影视星光城。8月底前，在老城区改建1家有典型示范效应的3D数字电影院。三要加强人才基础储备建设。借助中国传媒大学教学实习基地平台，吸引和培养各类传媒高端人才。培养一批名记者、名编辑、名播音员、名主持人，通过名人效应，提高节目的收视率和收听率，巩固固定收视（听）人群，形成知名栏目和知名品牌；培养一批精技术、懂经营、善管理的复合型人才，增强广电队伍的智力水平和创新能力，到2015年，广电从业人员专业化率要达到60％以上。大力提升人员素质，通过邀请专家讲座、参观考察、外派挂职等形式对全系统的干部职工进行分专业、分层次培训，培养战略眼光、辩证思维和系统思维，增强大局意识、责任意识，提高工作标准和服务水平，以广电人的良好作为展示承德完美的城市形象，为建设国际旅游城市做出重要贡献。

二、优化频率频道资源结构，在促进传统媒体转换升级上有新的作为。统筹整合全市宣传资源，2010年成立全市广播电视新闻联盟，集约新闻力量，优化资源结构，构建宣传舆论主阵地。一要坚持新闻立台。把新闻节目的建设、新闻品质的提升、新闻品牌的打造作为重中之重。适时尝试新闻的整点滚动播报，增加信息量和时效性，实现主要新闻栏目的常态直播、重大活动和重大新闻的现场直播。加强对新闻宣传管理，建立完善的宣传舆论质量管理和考核奖励体系。调动采编人员精品创作的积极性和主动性，使精品生产创造始终保持领先位次。二要重视品牌打造。立足城市地缘特点做足本土品牌文章；立足节目栏目做足精品品牌文章；建立健全节目质量考评体系，从导向、收视率、市场份额、美誉度等方面制定严格标准，严格考核。面向全市受众，开展名栏目评选活动；继续开展“业余主持人大赛”和“明日之星”选拔活动，在主持人打造上做足明星品牌文章；在与受众互动中做足品牌推广文章。三要突出旅游特色。创新宣传形式。对电视频道进行改版，将电视台都市频道改为旅游专业频道。对频道重新定位，加强策划。融合原有频道节目资源，增加旅游节目内容，注重专业旅游频道特征与满足观众娱乐需要的高度统一。以旅游资讯为主线，增加观众参与性旅游生活节目；定期推出有百姓和游客参与的演播室谈话节目、纪实片；围绕各旅游景点的景观特色，策划和组织系列规模较大、持续期长、体现特色的旅游文化活动和形象展示活动，将大型活动和品牌打造有机结合，充分展示我市的旅游文化，打造具有本土和皇家生态旅游特色、发展休闲旅游产业的电视窗口。实现栏目设置固定化，节目播出常态化，为创建国际旅游城市搭建全新的宣传平台。拓宽宣传渠道。与外埠知名媒体合作，向域外推介承德。全力配合市委市政府城市形象宣传，制作反映民俗民风、历史风情、人文景观的城市形象宣传片。与中视协《当代电视》杂志社合作，筹备“聚焦承德·建设国际旅游城市”电视采风活动。与京津等周边地区媒体对接，定期邀请来承拍摄制作生态、皇家、民俗文化专题片（今年邀请央视四套《走遍中国》栏目组来承拍摄制作七期旅游文化电视节目）。6—9月，与韩国青州电视台开展异地采访活动，拓展与加拿大温哥华多元文化电视台109频道《遥望神州》节目的合作领域，增加在美国斯格拉电视台的发稿数量，推介部分旅游节目在澳洲播出。

三、加快推进产业发展，在广播影视生产效益上有新的提升。高度关注社会需求新动向，加强广播影视产业发展的战略性研究，凝神聚力着力发展好有线电视网络产业、广播影视产业和基于数字技术、网络技术的广播电影电视新兴业态。一要发展有线电视网络产业。适应三网融合形势，按照大容量、双向交互的要求，加快推进全市有线电视网络升级改造，向用户提供包括高清频道收看、高清视频点播、在线游戏、电视支付、远程教育等多种视频和应用服务。让承德人民和外来游客享受到国际大都市才能享有的便利服务。二要发展广播影视产业。设立影视剧生产周转基金，融通吸纳社会资本，鼓励和扶植影视剧创作生产，研究制定面向全国征集反映承德风情特色的广播剧、电视剧、动画片创意方案。为打造宣传承德的特有品牌，按照建设国际旅游城市的要求，借助先进的现代传媒手段和表达方式，以国际化的视野、开放性的思维，拟筹拍一部历史纪实电影电视故事片《这里改变了中国》（暂定名），实现在央视播出。用影像还原承德历史，用画面书写承德记忆，尽可能真实地展现康乾盛世时期在承德这片土地上演绎的一幕幕历史话剧，通过穿越时空隧道，贯通古今的历史回眸，向世界真实、权威、完整地解读和推介承德，提升承德的文化品位和国际旅游城市的品牌形象。目前，已完成剧本初稿并获得拍摄许可。按照存量（传统广告和行业专营业务）精耕细作保增长，增量（内容的衍生产品开发、欢乐购物）积极拓展上规模的原则，巩固做强媒体广告，建立新的商业模式和盈利模式，引进社会资本和战略伙伴，让产品进更多的渠道，更多的园子，变一次性赢利为多点、多轮赢利，打通内容的上下游产业链，做大产业规模。三要发展新兴业态。实施CMMB移动多媒体、广电网站、网络电视台、广播视频等新媒体项目。今年，CMMB移动多媒体广播电视实现市区无缝覆盖；实现地面数字电视播出，增加收视节目套数6～8套。办活办好承德网络电视台，增加点击率，扩大影响力。

四、深化改革创新，在推进广播影视科学发展上有新的进步。一要深化体制机制改革。按照

“转制安置，资产重组”的方式，完成电影发行放映公司、群众电影院体制改革。按照“活化管理，改革增效”的方式，完成电台广告中心、电视台广告中心、广播电视报社体制改革。按照“丰富节目源，降低成本，提高质量”的原则，积极推进制播分离改革。增强广播电视传播力、影响力和竞争力。二要推进广播影视创新体系建设。加强基础性、战略性和前瞻性的技术问题研究（广播电视与通信、互联网融合的技术，下一代广播影视技术），提高自主创新能力。抢抓新技术革命机遇，推进广播电视数字化、网络化、现代化，构建采、编、播、存、用一体化的数字技术新体系，走多媒体综合集成发展的道路。加强应用技术研究，切实提高传输覆盖和安全播出能力。

在“四大一推一建”活动中，承德广播影视局大有可为，大有作为，我们一定要抓住大机遇，善用大优势，坚持大合作，全力大创新，用我们广电人的聪明才智，为建设国际旅游城市这一宏伟工程做出应有的贡献。

坚持党性与人民性相统一　用改革创新的办法推进广播电视转型发展

承德广播电视台

（2014 年 1 月 24 日）

刚刚过去的 2013 年，我台在面对各种困难和复杂矛盾的情况下，不辱使命，迎难而上，圆满完成对内对外宣传和自身生存发展的各项任务，为全市科学发展、绿色发展、和谐发展提供了强有力的舆论宣传保证和精神文化支撑。2014 年，我们将深入宣传、贯彻、落实党的十八大、十八届三中全会和中央、省、市委宣传思想工作会议精神，牢固树立政治意识、大局意识、责任意识、阵地意识，坚持党性与人民性相统一，坚持以人民为中心的办台理念，坚持“新闻立台、经营强台、人才兴台”战略，全面提升宣传水平，深化体制机制改革，壮大文化产业实力，为建设美丽幸福承德做出新的更大贡献。

第一，坚持正确的政治方向，强化宣传立台。把围绕中心、服务大局作为基本职责，把握大势，着眼大事，坚守媒体的政治责任，始终坚持团结稳定鼓劲、正面宣传为主。一是做大做强主题宣传，不断提高舆论引导能力，将镜头紧紧聚焦于市委、市政府中心工作，开设和提升“群众路线教育实践活动”、“中国梦·我的梦”、“科学发展绿色崛起”等专栏专题，努力在力度、深度、延展度上下功夫，营造主题宣传舆论强势。二是做深做大典型宣传。深入基层、深入群众，发现总结和宣传各行各业的先进典型、重大典型，做到提前策划、连续报道、跟踪报道、深度报道，使报道有更强的引导力和影响力，凝聚强大正能量。三是做细做实民生宣传。坚持“三贴近”，践行“三深入”，深化“走转改”，把握新闻宣传的党性和人民性的统一，全力做好民生服务类节目，坚决砍掉脱离生活、不接地气、同群众贴得不够紧、服务群众不到位的广播电视节目，在精度、温度、平衡度上下功夫，有效引导社会热点，传播崇德向善的中华文化。

第二、深化体制机制改革，激发发展活力。新时期新形势下，做好宣传思想工作，比以往任何时候都更加需要创新。我们将下大力推进理念创新、手段创新、方法创新，进一步解放和发展文化生产力，解放和激发全台文化创造活力，以新办法占领新阵地，努力实现“频率频道定位专业化、广告效益最大化、体制机制灵活化”。一是充分发挥台发委会、技委会、安委会作用，规范运作机制，实现良性运作。二是按照频率频道发展定位和发展策略，打造本土特色鲜明的节目形态，建设专业化、特色化的频率频道。每个频率频道倾力打造一个品牌明星节目，强力宣传推介。建立创新节目研发组织，实现节目研发系统化、流程化运作。三是推进广播、电视广告管理体制改革。探索实行分频率、分频道创收体制；推动由单一广告经营向整合营销转型；实施新闻与广告资源共享体制改革；积极推进广播、电视、报纸、网络资源新闻与广告的互联互通，减少人力成本和资源浪费，拓展媒体营销和广告投放空间，促进节目与广告的深度结合，打造承德广电特色全媒体。四是推进电影公司、电影院体制改革。完成资产变现、产权置换和人员安置工作，处理好以资产置换解决改革成本等关键问题，确保队伍稳定。成立以资本为纽带、产权明晰、权责明确、管理科学的经营公司。五是提高管理服务水平。精简服务管理机构，调整合并职能部门。全面推行岗位管理、量化考核，收入绩效挂钩的薪酬体系，完善质量主导的量化考核和绩效二次分配机制。加强财务预算管理，严格控制各种费用支出。完善财务核算管理办法，建立实行节目生产成本核算制度，加强成本控制，进一步提高财务管理能力。

第三、壮大文化传媒产业，提升发展实力。一是狠抓项目。全力推动承德网络电视台、特种电影放映系统的开发集成及在乡村科普教育中的应用示范2个在建项目取得实质进展；力促电视剧《勇敢的心》、电影《水煮金蟾》年内开播公映；谋划好电影《回家》《碧海青天》《龙飞凤舞》《熊出没的夏天》、“太阳部落”电视闯关及大型儿童游乐项目，逐细节、逐项落实，力争落地实施。二是打造品牌活动。加强策划，积极对接市场，重点举办好车房联展、模特大赛、家装艺术节等活动，提高社会和经济效益。三是培育和打造骨干企业。与市场需求相结合，与群众需求相结合，创新管理运营机制，培育和打造骨干企业，提升经营竞争能力。重点抓好广视传媒、视承传媒、非凡影视、金石传媒等集团各子公司的建设，创造有利条件和良好环境，提高运营水平，实现快速发展。四是转型升级。加快多媒体全媒体发展，加速广播影视技术升级和战略转型，建设手机电视本地节目集成播控平台，走多媒体综合集成发展道路。

建议：当前，我市文化体制改革正处在关键环节决断阶段，建议市委、市政府要在推进文化体制改革、保护和推进文化产业发展方面出实招、举实措。要更多关注和支持市级主流媒体的生存发展问题。

四、报刊资料选登

从四部专题片说起

熔岩

去年7月中央电视台先后在《与你同行》栏目播出“承德行”（45分钟），在《中国报道》栏目播出了“承德专版”（30分钟），一度成了承德人街谈巷议的话题。今年9月，中央电视台又先后在《祖国各地》栏目播出了“我说承德”（30分钟），在《东西南北中》栏目播出承德与上海的两组文艺节目（50分钟），于是让承德人又骄傲自豪了一阵子。

这四部专题片，有的侧重介绍承德美丽的风光，有的侧重报道发展中的承德经济，有的侧重揭示承德人勤劳质朴勇于奉献的美好心灵，有的侧重展现富有承德特色的文化艺术。四部专题片的播出确实把承德推向了全国，推向了世界，确实让承德人精神为之一振。

在中央电视台如此大部头、大分量、大块时间，连续集中地宣传一个城市是不多见的。难怪从中央电视台一位副台长嘴里说出“对承德的宣传比重太大了”的话来。确实要感谢中央电视台的领导和朋友们，没有你们的支持与青睐，无论如何我们也不能取得如此辉煌的战果。

战果说明些什么呢？

优势。承德是中国首批24个历史文化名城之一、44个风景名胜区之一、最佳10大风景名胜之一，避暑山庄和与之结为一体的周围寺庙，被列为世界文化被列为世界文化遗产。这是我们上中央台的优势。这一优势如同一块一硕大无比的磁石，吸引着无数的志士仁人要认识她、研究她、展示她。凭着这一优势，我们得以闯进中央台，邀请他们到承德来做客。于是中央电视台海外中心的领导和记者们来了，跟着新闻中心的朋友们来了，记者中心的朋友来了，艺术中心的朋友来了，朋友的朋友来了。他们中有名导演、名编辑、名记者、名主持人，有名负重望的专家学者。到承的朋友们有一个共识：承德太美了，世人对承德了解得太少了，承德太值得宣传了。难怪他们在承德采访、拍摄期间是那样的痴情，忘了吃饭，忘了休息，脸晒暴了皮，还舍不得放下手中的摄像机。难怪《东西南北中》节目的摄像师方展帆说：我拍了这么多片，从没象在承德拍得这么透亮，蓝天、白云、金碧辉煌的寺庙、一望无际的林海、地毯一样的草原，这才是真正的大自然。

机遇。近年来中央电视台正在探讨一条与地方台合作制节目的路子。这就为我们接触中央台、走进中央台提供了机遇。只要有好的选题，中央台就可以列进计划，还可以承担部分资金投入，于是我们就可以借助中央台的力量，拍摄一些我们力所不及的片子。去年7月和今年9月在中央电视台播出的四部片子，就是由于抓住了这个机遇，达到了少花钱办大事、小投入大效益之目的。

1993年地市合并，市委、市政府高度重视外宣工作，一再强调新闻单位要加大外宣力度，要上大报、攻大台。市政府每年还拿出一定的专项经费用以支持外宣工作。此举又为承德电视台能与中央电视台联袂完成四部力作，提供了条件与机遇。

精神。人活着要有一点精神，办成任何一种事情都需要一种精神。回顾四部片子的成功，承德电视台的同志们靠的是“敢于把竞争很强，敢于把风险很大、敢于把困难很多的事办成”的“三敢”情神。要上中央台谈何容易！全国940多家城市台都在争着上，面对强手如林，我们敢。要制作30分钟的节目，需要时间、人才、设备，需要几十万资金的投入，一旦节目质量达不到，不能播出，将是鸡飞蛋打。面对成功率甚微的风险，我们敢。拍摄一部专题片，困难之大不言而喻，来自天气的，来自环境的，来自人为的。一部片下来，主创人员不掉个十斤八斤肉是说不过去的。面对预料之内和预料之外的困难，我们敢。正是凭着“三敢”精神，我们才能认识优势，发挥优势；正是凭着“三敢”精神，找们才抓住了机遇，攻上了大台。正是凭着“三敢”精神，我们才把承德的山，承德的水，承德的人通过中央电视台这一宣传媒体展示在全世界人民的面前。

哦，回首战果，展望征程，我领悟到一个公式：

优势＋机遇＋精神＝辉煌

（刊发于1996年11月14日《承德广播电视报》第46期头版头条。作者：刘俭。时任承德市广播电视局党组书记、局长）

飞向高远

——写在音乐风情片《承德音画》获第18届"金鹰奖"之后

本报记者　何山柏

2000年10月20日下午，湖南长沙世界之窗五洲大剧院内人流涌动，第18届中国电视艺术金鹰奖颁奖酒会在这里如期举行。人潮中，承德广播电视局刘俭一行人的心情久久不能平静，他们已得到通知：承德电视台拍摄的音乐风情片——《承德音画》荣获本届艺术节电视文艺类优秀奖和最佳摄像奖两项大奖。

颁奖酒会过半，中国广播电视学会副会长兼秘书长于广华，湖南广播电视厅副厅长、湖南经济电视台台长欧阳常林走上台来，将代表着中国电视艺术最高荣誉的金鹰奖杯颁发给刘俭。刘局长双手接过奖杯，高高举起，思绪万千，心里暗自庆祝："胜利了！"

本届金鹰节18至21日为期3天，霏霏细雨也挡不住中国电视人的喜悦之情。这次中国电视艺术的大检阅活动，包括大型开幕式晚会、颁奖典礼、狂欢之夜、巨星演唱会、颁奖晚会暨闭幕式等，湖南电视台连续52小时滚动直播"金鹰节"盛况，全国14个省、市电视台参与直播活动，1000多名代表来湘，现场观众总数超过10万人，收看电视直播的观众在2亿人次以上。

回想起当时的情景，刘局长感慨颇多："本届'金鹰节'盛况空前，狂欢之夜上观众或穿雨衣，或打雨伞观看演出，说明人们对电视艺术关注的热情高涨，这也是我们电视人前进的动力。'金鹰奖'共设五大类99个奖，河北拿了10个，其中就有我们承德两个。成绩固然可喜，更为重要的是：《承德音画》宣传了承德，让更多的人了解了承德，我们的初衷也在于此。同时，我深感制作一部好片子非常艰辛、曲折，我们在前边领奖很风光，孰不知奖杯的背后凝聚的是全体承德电视人的汗水。"

往事一幕幕再现。

1998年初春，承德广播电视局接到通知，中国音乐研究会与全国市长协会将联合举办全国第三届百家电视台电视音乐《城市风情》评奖活动，以展示改革开放以来的城市建设成果，展示祖国河山的湖光山色。广播电视局旋即召开紧急会议，请到承德音乐、文学艺术、影视、美学评论界腕级人物，共商对策。与会人员各抒己见，最终达成一致意见突出承德特色、民族特色，来一个融满蒙风情、宫廷音乐、城市建设、旅游、机关、学校、工厂崭新面貌的大展示。

有人提出，可以用这样一种形式：邀请两个外国人到承德来举办婚礼，从火车站出发，遍游承德的山山水水，通过他们的视角把承德的名胜古迹、风土人情以及各条战线所取得的成就展现出来。

随后，《城市风情》评委会在北京梅地亚会议中心召开会议，中国电视界权威人士，原中央电视台总编、副台长洪民生要求：片子要拍得有历史价值，不为一时一事；还要有国际价值，可供交流。

刻不容缓，承德电视人不敢有丝毫懈怠，拍摄工作随即展开：上下班的人流，交警指挥交通的英姿，避暑山庄的秀美山水……主创人员分别是：创意刘俭、李申友，编导摄像成毅，作曲韩建民，撰稿戴天孚。

两个月后成片，一个音乐版，一个散文版，全体制作人员终于松了一口气。事情却并非一帆风顺：成片送到北京请专家审片，专家不置可否，承德电视人的心又悬在了半空。

事隔不久，中国音研会副会长奚铭玉、宋培福、曾文济等来承，道出个中缘由："片子拍得确实不错，却缺少一点自己的东西，也就是'这一个'。城市建设人人拍，你们比不过北京、上海、广州，承德的优势在风光美，风土人情淳厚，应把这部音乐风情片拍出承德特色，让它成为承德的名片。"

刘局长找来几位主创人员，一锤定音：片子推翻复做，改成一部文化内涵的风情片。通过对历史文化名城承德的音画描述，在庄重而又灵秀亲切的表述中，展开对多民族国家传统文化的追溯。在追溯中，表现人与自然的亲合，表现人类对生命、对历史的深切感悟。整个作品在表述上设计在由清晨到傍晚的这样一个时间流程，在"这一天"的时间中分成4个部分：春、夏、秋、冬。这个"四季"，既是画面上相对集中的季节表现，又暗含着对中华民族历史的更迭交替，同时又承载着人类对生命从生至亡的独特感悟。用浓烈的文化符号来引导观众，来阐述创作者对承德地域风情的认识和文化主张。

制作组坐不住了，跟韩建民商量："片子的定位有了，还得请你的老师中国音乐协会的龚耀年和中国电视音研会的老师们出山，让他们给把把脉。"

经推荐，石家庄电视台导演、拍摄过多部MTV片的谢亚平火速来承。

这时已是1998年初冬，离《城市风情》电视评奖的时间越来越近。

天有些凉了，李申友、谢亚平、成毅、韩建民等几人在租来的山庄宾馆客房里运筹帷幄。戴天孚闻讯连夜骑自行车赶到，谢亚平嘱咐她："解说词要一种对自然界的感受，对生命的感悟，一夜写成，别长，每段别超过200字。我们在这做片子。"

戴天孚熬了大半宿，终于找到了感觉。第二天谢亚平一看，就一句话："挺好，就是它了。"

根据音乐配画面，50多盘资料带和入冬以来拍的冬景带子翻了不知道多少遍。一幅幅美景连接起来，成了跳动的音符。

没有解说，没有歌词，没有演员的表演，也没有故事情节，画面语言平和简约，娓娓道来，每一组电视画面的组合都是一个完整的相对独立的语言意境，每一个镜头都构图完美，静中带动。在这样一个用钟构成的音乐框架里，还加入了蒙古族民族的旋律、满族舞蹈的节奏、风铃声、宫廷器乐等同期声，使画面更易被观众理解。

与此同时，音乐创作也进入尾声，石家庄电视台做了乐器合成，还请北京一支知名乐队演奏。音乐语言空间宏大，弥漫着民族特色，抒发着人类对历史脚印的沉重拾穗。

音乐风情片《承德音画》终于录制完成。合着轻缓抒情的旋律，承德风情尽收眼底，一段段优美的文字跃上荧屏：

读，世界文化遗产千秋神韵；

听，山水云天迷人的交响；

看，故里乡情淡淡的诉说。

春，一个躲开了中原王气的山水；

夏，一个演绎民族兴衰的所在；

秋，一个用跳跃的存在诠释岁月的庭院；

冬，一个用凝固的音乐堆叠起的祭祀碎语……

1999年，音乐风情片《承德音画》迎来了丰收的季节，一举夺得全国第三届百家电视台音乐评选《城市风情》金奖，并获音乐奖、组织奖；紧接着在首届中国丽江国际电视音乐作品展评中获得铜奖和音乐创作奖；继而获得河北省委、省政府文艺振兴奖；今年更获得第18届"金鹰奖"两项大奖。

面对一尊尊奖杯，广电局刘俭局长，《承德音画》的主创人员，还有无数承德电视人目光凝重。金鹰奖杯铜质镏金，一名少女手托展翅高飞的雄鹰，它预示着承德的电视事业也会凌空而起，飞向高远。

（刊发于2000年11月12日《承德日报》文化周刊第037期头版头条）

后　记

按照承德市地方志编纂委员会的统一部署和要求，《承德市志·广播电视志（1989—2015）》在台领导的筹划指导下，经过7年多的缀辑，终于在2023年夏初完稿付印。

这本志书在编纂过程中，坚持实事求是的原则和认真求实的精神。本着以时为径，详近略远，详主略次的原则，查阅大量档案、回忆录，广泛征集文字、照片资料，走访多位老同志和相关人员。在获得原始资料的基础上，进行鉴别、分析、比较和考证，择优选用，梳理成章，基本做到了横不缺要项，竖不断主线。

《承德市志·广播电视志（1989—2015）》能够得以顺利完成，承各级领导和老同志的赐教、帮助和支持。尤其离退休的老前辈、老同志提供了许多宝贵材料。台属各部门负责人，在繁重的工作之余，亲自抓材料收集、整理和章节编纂工作，以科学认真的态度、精益求精的学风，将质量意识贯穿于修志工作始终。他们的热忱、支持和激励，促使我们把这项工作做得更好。在本书资料征集过程中，刘俭、孙林、梁世杰、孙健、孙淑琴、刘非、张少华、郭荣秋、于清溪、王英、侯毅、王九凤、汪贵、刘芳等老领导、老前辈克服年老体弱等各种困难，积极查找整理资料，撰写回忆文章，审阅志书样稿，提供了大量珍贵的原始文稿和照片。台办公室武承颖、刘学梅等同志在日常工作十分繁忙的情况下，抽出时间加班加点为志书的编纂完成默默奉献，在此表示真诚的感谢。

本志书编写过程中，市地方志办公室的领导和专家始终给予精心的帮助和专业具体的指导，多次审阅书稿并在结构层次调整、语言规范运用、图片说明要素等方面提出明确具体的修改意见，实现“三审三校”。为使资料做到准确翔实，更具权威性，按照市地方志办公室关于志书编纂规定和要求，我们又多次对志书内容进行增补与修改完善。同时又把书稿打印成册，分送给台领导、部分老同志及台属各部门负责人审阅、修改。

本志书图片部分囿于资料所限，只是呈现了20多年间承德广播电视事业跨越发展的部分精彩瞬间，更多珍贵的历史镜头，由于缺乏素材而未能得以全面展示，实在引为憾事，祈请见谅。志书所记述的内容，有的因多方原因，虽然经反复考证，疏漏仍在所难免，尚望同人予以匡正。

编　者

2023年5月1日